AF756622

पुस्तक की अग्रिम प्रशस्तियाँ

"यदि आप वास्तव में जानना चाहते हैं कि हम कौन हैं और यहाँ कैसे आए, तो यह पुस्तक आपके लिए ही है। हमारे असाधारण अतीत का रोमांचकारी वर्णन। मैं इस पुस्तक को पढ़ता ही चला गया।"

—गुरचरण दास

"एक अद्भुत पुस्तक, जो मोहक शैली में लिखी गई है। पहले वाक्य से ही यह आपकी रुचि जगा देती है।"

—बिबेक देबरॉय

"एक ऐसे वक़्त जब शारीरिक बनावट की दृष्टि से आधुनिक मनुष्यों द्वारा इस धरती को बसाए जाने का मुद्दा उत्तरोत्तर गरमाता जा रहा है, तब टोनी जोसेफ़ इस मुद्दे को सराहनीय ढंग से शान्त कर देते हैं। वे इंसानी अवशेषों के प्राचीन डीएनए के अध्ययनों के क्षेत्र में हुई ताज़ा खोजों में गहराई तक जाते हैं और 'आर्यों के बाहर से आए होने' के मुद्दे की ज़बरदस्त छानबीन करते हैं। यह अप्रिय मुद्दा है और इसे निष्कर्ष तक ले जाना आसान नहीं है, लेकिन इस मुद्दे पर अपने दृष्टिकोण के समर्थन के लिए जोसेफ़ ने पुरातत्त्व, भाषाविज्ञान, आनुवांशिकी और साहित्य जैसे बहु-विषयक आँकड़ों को सुसंयोजित किया है। आर्यों से संबंधित बहस को प्रस्तुत करने का यह संभवतः सर्वाधिक वैज्ञानिक ढंग है। सुबोधगम्यता इस पुस्तक की ख़ासियत है।"

—रवि कोरिसेट्टर

"बौद्धिक सामग्री की चाह रखने वाले टोनी जोसेफ़ हमें जिज्ञासा की आनन्ददायी यात्रा पर ले जाते हैं और बताते हैं कि हमारे पूर्वज यहाँ कैसे पहुँचे थे।"

—प्रणय लाल

"भारत में मानव की उपस्थिति पर कुशल और पूर्वाग्रह से रहित रचना, जिसमें विशेष झुकाव के साथ पुरातत्त्व, प्राचीन और आधुनिक इतिहास, भाषाविज्ञान, भूगोल और आनुवांशिकी के साक्ष्यों का इस्तेमाल किया गया है।"

—पार्थ पी. मजूमदार

"जोसेफ़ अत्यन्त निपुण और प्रतिभाशाली ढंग से दक्षिण एशिया की पुरानी समस्याओं को निश्चित तौर पर सुलझाने वाली आनुवांशिकी की नई खोजों का सार प्रस्तुत करते हैं। वे दर्शाते हैं कि हम सब बाहर से आए लोग हैं और अन्ततः एक कुटुम्ब के हैं। एक सामयिक, सम्मोहक और साहसिक पुस्तक।"

—शेल्डन पॉलक

“विभिन्न आबादियों के उद्गम को लेकर बहुत ज़्यादा विवाद रहा है, और हिन्दुस्तान में इस विवाद का बहुत-सा हिस्सा धार्मिक प्रतीत होने वाली विचारधारा से प्रेरित रहा है। ऐसे में यह देखना ताज़गी देने वाला है कि किस तरह विभिन्न प्रजातियों और इसी के साथ-साथ प्राचीन लोगों के अवशेषों की डीएनए सीक्वेन्सिंग के क्षेत्र में हुई हाल की प्रगति लोगों के उद्गम और समूचे इतिहास के दौरान जारी रहे आगमनों और परस्पर मिश्रणों पर रोशनी डाल रही है। अपने इस अत्यन्त पठनीय वृत्तांत में टोनी जोसेफ़ ने ताज़ा-तरीन अनुसंधानों के परिणामों का निचोड़ पेश किया है और उनकी यह पुस्तक ऐसे किसी भी व्यक्ति की रुचि जगाएगी, जो उन बाहरी आगमनों और परस्पर मिश्रणों के सैलाबों के बारे में जानने को उत्सुक है, जिन्होंने आज के हिन्दुस्तानी समाज के बहुरंगी चित्रपट की रचना की है।”

—वेंकी रामकृष्णन

“हिन्दुस्तानियों के ईसापूर्व हज़ारों साल पहले के डीएनए अध्ययन इस बात की पुष्टि करते हैं कि वे एक मिश्रित आबादी थे, और एक ख़ास समय में उनका मिश्रण मध्य एशिया से आए लोगों के साथ भी हुआ था। चूँकि ये आरम्भिक अध्ययन हैं, इसलिए इन डीएनए पहचानों को दूसरे स्रोतों से हासिल पहचानों का पर्याय बताते समय, इनका पठन एहतियात की माँग करता है। टोनी जोसेफ़ का बोधगम्य सारसंक्षेप दर्शाता है कि किस तरह यह नई जानकारी आरम्भिक अतीत की हमारी समझ को स्पष्ट करने में सहायक हो सकती है।”

—रोमिला थापर

“टोनी जोसेफ़ की पुस्तक प्राचीन भारतीय इतिहास के आरम्भिक चरणों का अद्भुत रूप से सुगम्य सारसंक्षेप उपलब्ध कराती है, उन आरम्भिक चरणों का, जिनकी शुरुआत अफ़्रीका के सामयिक मनुष्यों के आगमन से हुई थी और जो वेदों के युग तक जारी रहे थे। वे वैज्ञानिक अनुशीलन के अनेक क्षेत्रों से साक्ष्य उपलब्ध कराते हैं, जिनमें पुरातत्त्वविज्ञान, भाषाविज्ञान, प्राचीन ग्रन्थ, और प्राचीन जीन्स (डीएनए) के हाल ही में हुए अध्ययन प्रमुख रूप से शामिल हैं। ये डीएनए अध्ययन इस समय न केवल हिन्दुस्तान के बल्कि यूरोप, अफ़्रीका और दक्षिण अमेरिका के भी प्राचीन इतिहास में क्रान्ति ला रहे हैं। इसी तरह, टी. जोसेफ़ तथाकथित (भारतीय) आर्यों के उद्गम और प्राचीन भारत में उनके बसने के उस सवाल पर पूर्णविराम लगा देते हैं, जो बुनियादी तौर पर, विशेष रूप से पिछले चालीस वर्षों से राजनीतिक स्तर पर प्रेरित सवाल रहा है। जैसा कि अनुसन्धान के क्षेत्र में होता है, संभव है कि अलग-अलग अध्येता इन सारे सवालों और निष्कर्षों से सहमत न हों (जैसे कि सिन्धु सभ्यता की प्रकृति और द्रविड़-भाषियों के उद्गम के साथ उसका संबंध), तब भी, अन्ततः, प्राचीन भारत का इतिहास लिखने के लिए मज़बूत आधार तो इससे तैयार होता ही है। आख़िर, विभिन्न विज्ञान हमें अंधकार से प्रकाश की ओर ही तो ले जाते हैं।”

—माइकल विट्ज़ेल

आरंभिक भारतीय

आरंभिक भारतीय

हमारे पूर्वज कौन थे?
उनका आगमन कहाँ से हुआ था?

टोनी जोसेफ़

अनुवाद : मदन सोनी

MANJUL
मंजुल पब्लिशिंग हाउस

First published in India by

MANJUL

Manjul Publishing House

Corporate and Editorial Office

•2 Floor, Usha Preet Complex, 42 Malviya Nagar, Bhopal 462 003 - India

Sales and Marketing Office

• C-16, Sector 3, Noida, Uttar Pradesh 201301 - India

Website: www.manjulindia.com

Distribution Centres

Ahmedabad, Bengaluru, Bhopal, Kolkata, Chennai,
Hyderabad, Mumbai, New Delhi, Pune

English edition first published by Juggernaut Books

Copyright © Tony Joseph, 2018
All rights reserved.

Hindi language translation of *Early Indians* by *Tony Joseph*
Copyright © Manjul Publishing House Pvt. Ltd., 2020

This edition first published in 2020

ISBN 978-93-90085-08-8

Hindi translation: Madan Soni

Printed and bound in India by Repro India Limited

The international boundaries on the maps of India are neither purported to be correct nor authentic by Survey of India directives.

Passages quoted from Who We Are and How We Got Here: Ancient DNA and the New Science of the Human Past (2018) by David Reich have been translated into Hindi, as they are in the original English edition, in which they were reprinted by permission of Oxford University Press.

Passages quoted from Greater Magadha: Studies in the Culture of Early India (2007) by Johannes Bronkhorst have been translated into Hindi, as they are in the original English edition, in which they were reprinted by permission of the author.

While every efforts has been made to trace copyright holders and obtain permission, this has not been possible in all cases; any omissions brought to our attention will be remedied in future editions.

The views and opinions expressed in this book are the author's own.The facts contained herein were reported to be true as on the date of publication by the author to the publishers of the book, and the publishers are not in any way liable for their accuracy or veracity.

All rights reserved. No part of this publication may be reproduced, stored in or introduced into a retrieval system, or transmitted, in any form, or by any means (electronic, mechanical, photocopying, recording or otherwise) without the prior written permission of the publisher. Any person who does any unauthorized act in relation to this publication may be liable to criminal prosecution and civil claims for damages.

समर्पण

हर चीज़ के लिए मेरे माता-पिता को,
मेरी पत्नी को, जिसने इस पुस्तक को संभव किया,
मेरी बेटी को, जिसकी वजह से मैंने यह पुस्तक लिखी

अनुक्रमणिका

भारत के प्रागैतिहास में आधुनिक मनुष्य का एक संक्षिप्त कालक्रम

~ 300,000 साल पहले : आधुनिक मनुष्य, *होमो सेपियन्स*, के अब तक प्राप्त प्राचीनतम अवशेषों का युग। ये अवशेष मोरक्को में साफ़ी नगर से क़रीब पचास किलोमीटर दूर ज़ीबेल इरहाउद की एक गुफ़ा में पाए गए थे।

~ 180,000 साल पहले : अफ़्रीका से बाहर पाए गए आधुनिक मनुष्य के प्राचीनतम जीवाश्मों का युग। ये जीवाश्म उत्तरी इज़रायल में मिस्लिया के एक शैलाश्रय में पाए गए थे।

~ 70,000 साल पहले : आनुवांशिकी के आकलन के मुताबिक़ अफ़्रीका से लोगों का प्राचीनतम कामयाब निष्क्रमण (माइग्रेशन) इसी समय के आस-पास हुआ था। इस निष्क्रमण को 'कामयाब' इसलिए कहा गया था, क्योंकि ये प्रवासी ही आज की समस्त ग़ैर-अफ़्रीकी आबादियों के पूर्वज हैं। (इसके पहले अफ़्रीका से बाहर निकले आधुनिक मनुष्यों ने ऐसी कोई वंशावली नहीं छोड़ी है, जिसको आज चिह्नित किया जा सकता हो।) इसकी पूरी संभावना है कि 70,000 वर्ष पहले अफ़्रीका से बाहर निकले प्रवासियों ने दक्षिणी मार्ग अपनाया हो, जो उनको अफ़्रीका से (ख़ासतौर से आधुनिक समय के एरिट्रिया और जिबूती से), लाल सागर के दक्षिणी सिरे पर स्थित बाब अल मंदेब के रास्ते एशिया (आधुनिक समय के यमन) में ले गया हो।

~ 65,000 साल पहले : अफ़्रीका से बाहर निकले प्रवासी भारत पहुँचते हैं और उनका सामना आदि मानवों की बलशाली आबादी से होता है। वे ख़ुद को इस उपमहाद्वीप की उन अन्य *होमो* प्रजातियों से दूर रखने के लिए जिनका मध्य और दक्षिणी भारत पर वर्चस्व था, हिमालय की तलहटी का ज़मीनी मार्ग और तटीय मार्ग, दोनों अपनाते हैं, और फिर भारतीय उपमहाद्वीप के पार दक्षिण-पूर्व एशिया, पूर्व एशिया और ऑस्ट्रेलिया चले जाते हैं।

~ 60,000-40,000 साल पहले : इस कालखण्ड के दौरान दक्षिण अफ़्रीका से बाहर निकले प्रवासियों के वंशज मध्य एशिया और यूरोप को आबाद करते हैं।

~ 40,000 साल पहले : यूरोप से निएंडरथल विलुप्त हो जाते हैं। दक्षिण-पश्चिम यूरोप का इबेरिया प्रायद्वीप (आधुनिक समय के पुर्तगाल और स्पेन) उनका आख़िरी शरण-स्थल और ठिकाना साबित होता है।

~ **45,000-20,000 साल पहले** : अफ़्रीका से बाहर निकले प्रवासियों के वंशज प्रथम भारतीय सूक्ष्मपाषाणीय प्रौद्योगिकी (माइक्रोलिथिक टेक्नॉलॉजी) का इस्तेमाल करना आरम्भ करते हैं, और मध्य तथा पूर्वी भारत में उनकी आबादी में तेज़ी-से वृद्धि होती है। दक्षिण एशिया वह जगह बन जाती है, जहाँ 'मानव-जाति का अधिकांश हिस्सा' रहता है। आधुनिक मनुष्य उस जगह पहुँचते हैं, जो शायद दक्षिण और मध्य भारत में अन्य *होमो* प्रजातियों का लम्बे समय से स्थापित शरण-स्थल रहा था।

~ **16,000 साल पहले** (ईसा पूर्व 14,000) : आधुनिक मनुष्य अमेरिका पहुँचते हैं, वह अन्तिम बड़ा महाद्वीप, जहाँ आधुनिक मनुष्य साइबेरिया और अलास्का के बीच का ज़मीनी पुल बेरिंजिया (लैंड ब्रिज) पार करने के बाद जाकर बसते हैं।

~ **7000 साल ईसा पूर्व** : बलूचिस्तान की बोलान पहाड़ियों की तलहटी में स्थित, आज मेहरगढ़ के नाम से ज्ञात एक गाँव में एक नई खेतिहर बस्ती की शुरुआत होती है, जो आगे चलकर अन्ततः सिन्धु और भूमध्यसागर के बीच अपने समय की सबसे बड़ी बसाहट बनती है।

~ **7000-3000 साल ईसा पूर्व** : इस समय के आस-पास ज़ेग्रॉस क्षेत्र के ईरानी कृषकों का एक समूह दक्षिण एशिया पहुँचता है, जिसके नतीजे में प्रथम भारतीयों के वंशजों के साथ उनका मिश्रण होता है। आनुवांशिकीविदों का आकलन है कि यह मिश्रण कम-से-कम ईसापूर्व 4700 से ईसापूर्व 3000 तक हो चुका था।

~ **7000-2600 साल ईसा पूर्व** : मेहरगढ़ स्थल जौ और गेहूँ की खेती और पालतू जानवरों के उत्तरोत्तर बढ़ते उपभोग के साक्ष्य दर्शाता है। इस स्थल को ईसापूर्व 2600 और ईसापूर्व 2000 के बीच किसी समय में त्याग दिया गया था। तब तक खेतिहर बस्तियाँ समूचे उत्तर-पश्चिम भारत में यानी सिन्धु, घग्गर-हकरा नदी घाटियों और गुजरात में फैल चुकी थीं।

~ **7000 साल ईसा पूर्व** : इस समय के आस-पास से गंगा के ऊपरी मैदान में उत्तरप्रदेश के सन्त कबीर नगर स्थित लाहुरादेव से चावल की फ़सल काटने और टिकाऊ बसाहट के साक्ष्य मिलने लगते हैं। जंगली चावल को काटने से लेकर चावल की खेती तक का कालक्रम अभी तक निश्चित नहीं हुआ है, लेकिन इसमें कोई सन्देह नहीं है कि लाहुरादेव कृषि के क्षेत्र में प्रयोगों के जो संकेत देता है, वे प्रयोग इसी समय के आस-पास दक्षिण एशिया में कई जगहों पर जारी थे और मेहरगढ़ का प्रकरण अलग-थलग नहीं था।

~ **5500-2600 साल ईसा पूर्व** : आरम्भिक हड़प्पा युग, जो हिन्दुस्तान में कालीबंगा और राखीगढ़ी तथा पाकिस्तान-स्थित बनावली और रहमान ढेरी जैसे नगरों में इनकी अपनी विशिष्ट शैलियों में आरम्भिक खेतिहर बस्तियों के उदय की गवाही देता है।

~ **3700-1500 साल ईसा पूर्व** : हिन्दुस्तान के विभिन्न हिस्सों - पूर्वी राजस्थान, दक्षिण भारत, मध्य भारत के विन्ध्य क्षेत्र, पूर्वी भारत और कश्मीर की स्वात घाटी - में आरम्भिक कृषि के साक्ष्य उभरने लगते हैं।

~ **2600-1900 साल ईसा पूर्व** : परिपक्व हड़प्पा युग, जिसमें अनेक स्थलों का नवनिर्माण या पुनर्निर्माण होता है, और बहुत-से स्थलों को तज दिया जाता है। समूचे क्षेत्र में मानकीकरण का उच्च स्तर भी दिखाई देता है, जिसके तहत एक साझा लिपि, साझा मुहरों और साझा बाटों का प्रयोग किया जाता था। आरम्भिक हड़प्पा दौर से परिपक्व हड़प्पा दौर में प्रवेश चार या पाँच पीढ़ियों या 100 से 150 वर्षों के दौरान घटित होता है।

~ **2300-1700 साल ईसा पूर्व** : ऑक्सस नदी (जिसे अमू दरिया के नाम से भी जाना जाता है) पर बसी और आज के उत्तरी अफ़गानिस्तान, दक्षिणी उज़्बेकिस्तान और पश्चिमी ताजिकिस्तान को अपने दायरे में समेटती सभ्यता बैक्ट्रिया-मार्जिआना आर्कियोलॉजिकल कॉम्प्लैक्स (बीएमएसी) का युग। बीएमएसी के हड़प्पा सभ्यता के साथ क़रीबी व्यापारिक और सांस्कृतिक संबंध हुआ करते थे।

~ **2100 साल ईसा पूर्व** : कज़ाख़ स्टेपी से चरवाहों का दक्षिणाभिमुखी निष्क्रमण, जिसके तहत वे दक्षिण मध्य एशिया के उन क्षेत्रों की ओर जाते हैं, जिनको आज तुर्कमेनिस्तान, उज़्बेकिस्तान और ताजिकिस्तान कहा जाता है। ये प्रवासी बीएमएसी पर प्रभाव डालते हैं, लेकिन ज़्यादातर उससे कतरा कर निकल जाते हैं और ईसापूर्व की समूची दूसरी सहस्राब्दी के दौरान दक्षिण एशिया की ओर बढ़ते रहते हैं, जैसा कि नीचे (ईसापूर्व 2000-1000 के अन्तर्गत) दर्शाया गया है।

~ **2000 साल ईसा पूर्व** : चीन से शुरू हुए स्थानान्तरण के दो बड़े सैलाब दक्षिण-पूर्व एशिया को नई शक्ल देते हैं। ये स्थानान्तरण तब होते हैं, जब चीन कृषि क्रान्ति और उसके नतीजे में आबादी में आए उफ़ान के दौर से गुज़र चुका होता है। पहला सैलाब ईसापूर्व 2000 के बाद हिन्दुस्तान में अपने साथ ऑस्ट्रो-एशियाई भाषाएँ, नई वनस्पतियाँ और चावल की एक नई क़िस्म लेकर आता है।

~ **2000-1000 साल ईसा पूर्व** : मध्य एशिया से दक्षिण एशिया में स्टेपी के चरवाहा प्रवासियों के कई सैलाब आते हैं, जो अपने साथ इंडो-यूरोपियन भाषाएँ और नई मज़हबी और सांस्कृतिक प्रथाएँ लेकर आते हैं।

~ **1900-1300 साल ईसा पूर्व** : परवर्ती हड़प्पा काल में हड़प्पा सभ्यता का पतन और अन्ततः लोप होता है, जिसकी मुख्य वजह वह दीर्घकालीन सूखा था, जिसने पश्चिम एशिया, मिस्र और चीन की सभ्यता पर बुरा प्रभाव डाला था।

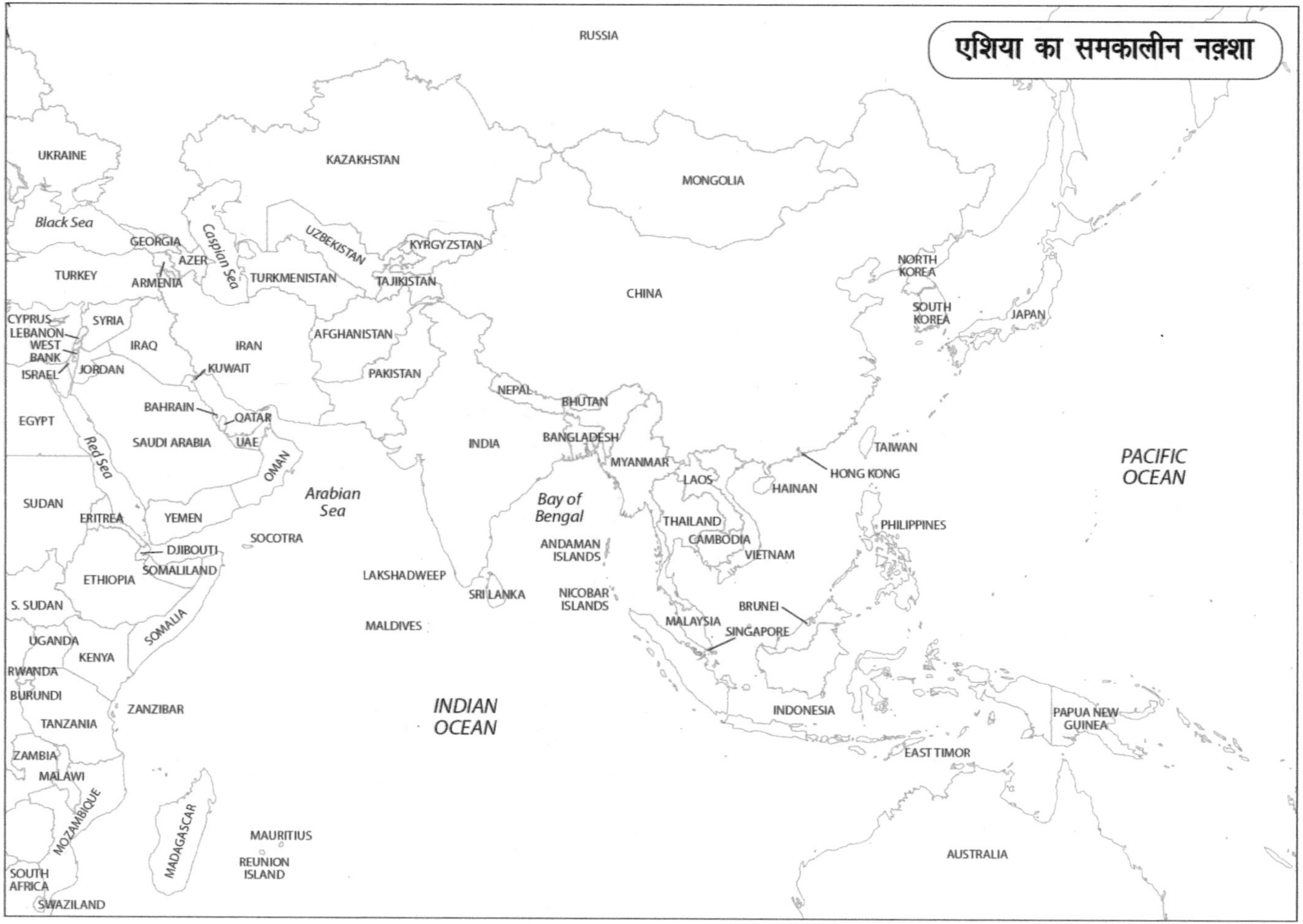
एशिया का समकालीन नक़्शा
RUSSIA
UKRAINE
KAZAKHSTAN
MONGOLIA
Black Sea
GEORGIA
Caspian Sea
UZBEKISTAN
KYRGYZSTAN
AZER
TURKEY
ARMENIA
TURKMENISTAN
TAJIKISTAN
NORTH KOREA
CHINA
SOUTH KOREA
JAPAN
CYPRUS
SYRIA
LEBANON
WEST BANK
IRAQ
IRAN
AFGHANISTAN
ISRAEL
JORDAN
KUWAIT
PAKISTAN
NEPAL
BHUTAN
BAHRAIN
QATAR
EGYPT
SAUDI ARABIA
UAE
INDIA
BANGLADESH
OMAN
Red Sea
MYANMAR
TAIWAN
HONG KONG
PACIFIC OCEAN
LAOS
HAINAN
Arabian Sea
Bay of Bengal
SUDAN
ERITREA
YEMEN
THAILAND
PHILIPPINES
SOCOTRA
CAMBODIA
ANDAMAN ISLANDS
DJIBOUTI
VIETNAM
SOMALILAND
ETHIOPIA
LAKSHADWEEP
SRI LANKA
NICOBAR ISLANDS
S. SUDAN
BRUNEI
MALAYSIA
SOMALIA
MALDIVES
SINGAPORE
UGANDA
KENYA
RWANDA
BURUNDI
INDIAN OCEAN
ZANZIBAR
INDONESIA
PAPUA NEW GUINEA
TANZANIA
EAST TIMOR
ZAMBIA
MALAWI
MOZAMBIQUE
MADAGASCAR
MAURITIUS
REUNION ISLAND
AUSTRALIA
SOUTH AFRICA
SWAZILAND

भूमिका

हम हिन्दुस्तानी अस्तित्व में कैसे आए

हमारे उन पूर्वजों, शुरुआती हिन्दुस्तानियों की कहानी, जो अफ़्रीका, पश्चिम एशिया, पूर्व एशिया से आए और जिन्होंने पिछले 65,000 सालों के दौरान इस भूमि को अपना बनाया।

लेकिन क्या आपने कभी इस पर सोचा है कि जिस वक़्त लगता है कि आप बिलकुल भी गतिशील नहीं हैं, उस वक़्त आप कितनी तेज़ी-से गतिशील होते हैं?

— प्रोफ़ेसर ऐंड्र्यू फ़्रेक्नोइ, खगोलशास्त्री

चीज़ें प्रायः वैसी नहीं होतीं, जैसी वे दिखाई देती हैं। अपने अध्ययन-कक्ष में किसी आरामदेह कुर्सी पर बैठकर यह वाक्य पढ़ते हुए संभव है आप स्वयं को स्थिर मानकर चल रहे हों, लेकिन वास्तव में ऐसा है नहीं, क्योंकि जिस आकाशगंगा का आप हिस्सा हैं, वह अंतरिक्ष में 21 लाख किलोमीटर प्रति घंटा की रफ़्तार से गतिशील है। और यहाँ हम पृथ्वी के अपनी धुरी पर घूमने (भूमध्यरेखा पर 1600 किलोमीटर प्रति घंटा और ध्रुवों पर शून्य), उसके सूर्य की परिक्रमा करने (107,000 किलोमीटर प्रति घंटा), और आकाशगंगा (मिल्की-वे) नामक तारक पुंज (गैलेक्सी) के चारों ओर सूर्य की परिक्रमा (792,000 किलोमीटर प्रति घण्टा)[1] के प्रभावों पर विचार नहीं कर रहे हैं।

इस तरह ऊपर का पैराग्राफ़ पढ़ने में आपको मोटे तौर पर, जो बीस सेकंड लगे होंगे, उतने में आप हज़ारों किलोमीटर चल चुके होंगे, जिसकी आपको जानकारी तक न होगी।

ऊपर की इन गणनाओं तक ले जाने वाली प्रत्येक क्रमिक खोज, जैसे पृथ्वी सूर्य की परिक्रमा करने वाले कई ग्रहों में से एक ग्रह है, सूर्य आकाशगंगा नामक तारक पुंज का महज़ एक औसत, अधेड़ उम्र का तारा है और यह तारक पुंज स्वयं भी कम-से-कम सौ अरब तारक पुंजों में से महज़ एक तारक पुंज है आदि ने कुछ मनुष्यों के मन में किंचित छोटे

1. ऐंड्र्यू फ़्रेक्नोइ, 'हाउ फ़ास्ट आर यू मूविंग ह्वेन सिटिंग स्टिल', *यूनिवर्स इन द क्लासरूम* (एस्ट्रोनॉमिकल सोसायटी ऑफ़ द पेसिफ़िक, 2007)।

होने का अहसास जगाया, तो वहीं कुछ अपेक्षाकृत बुद्धिमानों के मन में इससे उस चीज़ के आकार और तेज को लेकर विस्मय का नया अहसास जागा, जिस चीज़ के हम सब हिस्सा हैं।

और यह बात न सिर्फ़ ब्रह्माण्ड के अर्थ में सही है, बल्कि जैविक अर्थ में भी सही है। जब से डार्विन ने डेढ़ सदी पहले विकासवाद का सिद्धान्त गढ़कर और यह संकेत कर कि चिम्पाज़ी हमारे सबसे क़रीबी रिश्तेदार हो सकते हैं, मानव-जाति को सकते में ला दिया है, तब के बाद की हर खोज हमारी उस विशेष हैसियत को नष्ट करती रही है, जिससे हम खुद को उसके पहले तक उदारतापूर्वक नवाज़ते आए थे। पहले हम सोचते थे कि जब हम, आधुनिक मनुष्य या *होमो सेपियन्स*,[2] दृश्य में आए थे, तब पहले जिस तरह के औज़ार बनाए जाते रहे थे, उनमें, साथ ही कारीगरी और अमूर्त चिन्तन की पूर्वविकसित अवस्था में एक आकस्मिक और सराहनीय बदलाव आया था। आज हम जानते हैं कि वह सब अहंकार था, और यह कि हमारे द्वारा निर्मित औज़ार और विकास-प्रक्रिया के हमारे सबसे क़रीबी चचेरों -

Smithsonian National Museum of Natural History / Wikimedia Commons

***होमो इरेक्टस* (जो 18.9 लाख से 143,000 वर्ष पहले अफ़्रीका और एशिया के कुछ हिस्सों में रहते थे)**

2. इस समूची पुस्तक में आधुनिक मनुष्यों और *होमो सेपियन्स* (बुद्धिमान मानव) को एक-दूसरे के पर्याय के रूप में इस्तेमाल किया गया है। इसके विपरीत मनुष्यों का अर्थ होमो मानव, प्रजाति के कोई भी सदस्य हो सकते हैं, जैसे कि *होमो हैबिलिस, होमो इरेक्टस, होमो निएंडरथलेन्सिस* या *होमो सेपियन्स।* आदि मानव से अभिप्राय होमो प्रजाति के उन सदस्यों से है, जो अब लुप्त हो चुके हैं - जैसे कि *होमो हैबिलिस, होमो इरेक्टस, या होमो निएंडरथलेन्सिस,* लेकिन होलोसीन (ईसापूर्व ~9700 से आगे) में 'मनुष्यों' का अर्थ आधुनिक मनुष्य होगा, क्योंकि ऐसा विश्वास है कि आदि मानव तब तक लुप्त हो चुके थे।

होमो हिडेल्बर्गेन्सिस (जो 700,000 से 200,000 वर्ष पहले अफ़्रीका और एशिया, यूरोप के कुछ हिस्सों में रहते थे)

होमो निएंडरथलेन्सिस 400,000 से 40,000 वर्ष पहले तक यूरोप, दक्षिण- पश्चिम और मध्य एशिया में रहते थे)

होमो इरेक्टस, होमो निएंडरथलेन्सिस, डेनीसोवनों - द्वारा निर्मित औज़ार अक्सर ऐसे थे जिनमें फ़र्क़ नहीं किया जा सकता और यह कि ऐसा कोई क्षण नहीं रहा, जिसे निर्णायक क्षण कहा जा सकता हो। *होमो* प्रजातियों (जिनमें होमो परिवार के जो सदस्य आज बचे हैं वे सिर्फ़ होमो सेपियन्स ही हैं) के मस्तिष्क भी हमारे जितने ही बड़े थे।

पिछले दशक में हमें पता चला था कि वे आनुवांशिक तौर पर (जनेटिकली) होमो सेपियन्स के इतने पर्याप्त क़रीब थे, जिनके साथ यौन संसर्ग किया जा सकता था और ऐसे बच्चे पैदा किए जा सकते थे, जो स्वयं भी सन्तानों को जन्म देने में सक्षम होते। यह बात हम इसलिए जानते हैं, क्योंकि आज सारे ग़ैर-अफ़्रीकी *होमो सेपियन्स* अपने डीएनए में निएंडरथलस के 2 प्रतिशत जीन्स धारण किए हुए हैं। हम में से कुछ - जैसे कि मेलेनेसियाई, पापुआई और ऑस्ट्रेलिया के मूल निवासी - 3 से 6 प्रतिशत डेनीसोवियाई डीएनए भी धारण किए हुए हैं। इस आनुवांशिक विरासत की वजह से हम उनको अपने पूर्वज कह सकते हैं, लेकिन ज़्यादा तर्कसंगत यह होगा कि हम उनको अपने विकासपरक चचेरों के रूप में देखें, जिनके साथ *होमो सेपियन्स* ने खिलवाड़ किया था। जैविक तौर पर हम उत्तरोत्तर जारी विकास-प्रक्रिया के महज़ एक अंग हैं, जिसमें *होमो सेपियन्स* के डीएनए में चिम्पांज़ियों का 96 प्रतिशत हिस्सा है। और स्वयं *होमो सेपियन्स* का उदय कोई एकमात्र नाटकीय प्रकरण नहीं था। यह एक धीमी प्रक्रिया थी, जिसमें कई शुरुआतें हुई थीं और होमो प्रजाति के उन विभिन्न सदस्यों का परस्पर मिश्रण हुआ था, जिनमें से सारे-के-सारे अब लुप्त हो चुके हैं। हमारे बीच के जो लोग संकुचित सोच रखने वाले हैं, उनके लिए यह अगर स्वीकार न किए जाने लायक़ नहीं, तो भुला देने लायक़ तथ्य होगा। बाक़ी लोगों के लिए यह अपने आस-पास के जीवन को सराहने और उस एकता पर विस्मय करने की एक और वजह होगी, जिसने समस्त जीवन को आपस में कसकर बाँध रखा है।

जो बात सृष्टिविज्ञान और जीवविज्ञान पर लागू होती है, वही हमारे इतिहास पर भी लागू होती है। *होमो सेपियन्स* के किंचित संक्षिप्त-से इतिहास (जो पृथ्वी पर जीवन के 3.8 अरब वर्षों के इतिहास के मुक़ाबले में महज़ 300,000 साल के आस-पास है) में हमारा प्रत्येक क़बीला, वंश, राज्य, साम्राज्य और राष्ट्र स्वयं को श्रेष्ठतम मानता रहा है। कुछ का ख़याल था कि वे किसी विशेष ईश्वर की सन्तानें हैं, कुछ का ख़याल था कि वे ईश्वर द्वारा चुने गए लोग हैं, और कुछ का ख़याल था कि उन्हें हर किसी पर शासन करने का दैवीय आदेश मिला हुआ है। लोगों का यह भी ख़याल था कि पृथ्वी के जिस हिस्से पर उनका अधिकार है, वह सब कुछ का केन्द्र है - उदाहरण के लिए, चीनियों के मध्य राज्य (मिडिल किंगडम ऑफ़ चायनीज़) या नॉर्स के 'मिडगार्ड' (मिडिल एन्क्लोज़र) के मिथक को लिया जा सकता है। अठारहवीं और उन्नीसवीं सदी के राष्ट्रवाद इन्हीं तमाम धारणाओं पर आधारित थे, जिनका उद्देश्य हर किसी को यह विश्वास दिलाना था कि वे जिन नए रचे गए 'राष्ट्रों' के निवासी हैं, वे दूसरे राष्ट्रों से बेइंतहा श्रेष्ठ हैं, और वे 'चिरकाल' से अस्तित्व में रहे हैं! वास्तव में, जब भी कभी हम अपने सुदूर इतिहास को समझने की कोशिश करते हैं तो जो शब्द हमें अक्सर सुनने को मिलता है, वह 'चिरकाल' ही होता है।

निश्चय ही इनमें से कोई भी धारणा सही नहीं है। इंसानों के किसी भी समुदाय की दूसरे समुदायों की अपेक्षा विशेष हैसियत नहीं है। कोई भी जाति ईश्वर की सन्तान या ईश्वर

द्वारा चुनी गई नहीं है, और अगर है तो फिर सभी हैं। और हममें से कोई भी पृथ्वी के केन्द्र में उससे ज़्यादा नहीं है, जितना पृथ्वी की परिधि पर है, क्योंकि हम भूमण्डल की सतह पर रहते हैं। राष्ट्रों को हम जिस रूप में आज समझते हैं, उस रूप में वे कुछ सदियों से ज़्यादा पुराने नहीं हैं, और हम सब - आनुवांशिक, सांस्कृतिक और ऐतिहासिक तौर पर - एक-दूसरे से उससे ज़्यादा जुड़े हुए हैं, जितना जुड़े होने की हम कल्पना करते हैं। और यहाँ तक कि 'चिरकाल' की भी उत्तरोत्तर व्याख्या की जा सकती है। उसका काल-निर्धारण, और विश्लेषण किया जा सकता है, उसको समझा जा सकता है। और जब हम ऐसा करते हैं, तो हमें अपने समाज और संस्कृति और उनके निर्माण की प्रक्रिया की बेहतर समझ हासिल होती है।

क्या यह किसी के लिए विचलित करने वाली बात होगी? निश्चय ही। यह कुछ इस तरह की बात है, जैसे उस जादूगर के रहस्यों की असलियत बताई जा रही हो, जो आपको बचपन में मन्त्रमुग्ध कर लेता था। जब आपको उसके रहस्यों के बारे में पता चलता है, तो या तो आप अपनी खोई हुई मासूमियत और जादू के ध्वस्त हो चुके सम्मोहन पर आँसू बहा सकते हैं, या फिर अपने नए ज्ञान पर, उस ज्ञान द्वारा बहुत-सी चीज़ों के साफ़ होने पर तथा उन चीज़ों के साथ कुछ करने की संभावनाओं पर आनन्द मना सकते हैं। प्रिय पाठक, इस पुस्तक का पक्का विश्वास है कि आप इस दूसरी तरह के व्यक्ति हैं।

आगामी अध्यायों में हम देखेंगे कि किस तरह और कब हिन्दुस्तान में आधुनिक इंसानों या *होमो सेपियन्स* का आगमन हुआ; वे हमारे लिए कौन-से साक्ष्य छोड़ गए; आज उनके वंशज कौन हैं; वे कौन लोग हैं, जो उनके बाद इस देश में प्रवासियों के रूप में आए; कैसे और कब हमने कृषि और दुनिया की उस समय की सबसे बड़ी सभ्यता खड़ी करने की शुरुआत की; कब और क्यों इस सभ्यता का पतन हुआ; और फिर उसके बाद क्या हुआ।

यह पुस्तक प्रागैतिहास (प्रिहिस्टॅरी) के बारे में है, और प्रागैतिहास उस काल के बारे में होता है, जो इतिहास के पहले आता है। इतिहास की शुरुआत तब होती है, जब लेखन की शुरुआत होती है और जब व्यक्ति स्वयं अपने नामों के साथ और कभी-कभी पहचान सकने योग्य क़िस्सों के साथ, हमारे सामने साकार हो उठते हैं। प्रागैतिहास में कोई लिखित दस्तावेज़ नहीं होते और इसलिए हम लोगों के नामों और व्यक्तियों के स्थानों या क़िस्सों के बारे में निश्चित तौर पर नहीं जान सकते, लेकिन, किसी हद तक, हम दूसरी तरह के साक्ष्यों का इस्तेमाल करते हुए यह पता लगा सकते हैं कि तब के लोगों का जीवन किस तरह का रहा होगा। प्रागैतिहास का साक्ष्य जीवाश्मों से, प्राचीन इंसानी बसवाटों के पुरातात्त्विक उत्खननों से, इंसानों द्वारा गढ़ी गई औज़ारों जैसी विभिन्न वस्तुओं से, और, प्राचीन तथा आज के समय के व्यक्तियों के, उत्तरोत्तर महत्त्वपूर्ण होते जा रहे डीएनए से प्राप्त होता है।

तब हिन्दुस्तान का प्रागैतिहास कहाँ पर समाप्त होता है और उसके इतिहास की शुरुआत कहाँ से होती है? यह पेचीदा सवाल है, क्योंकि हमारे पास मुद्राओं तथा पट्टिकाओं पर उकेरे गए हड़प्पा की उस सभ्यता के समय के लिखित दस्तावेज़ उपलब्ध हैं, जो ईसापूर्व 2600 से ईसापूर्व 1900 तक फलती-फूलती रही थी, इसलिए एक अर्थ में हम कह सकते हैं कि यही वह समय है, जब हमारे इतिहास की शुरुआत होती है और प्रागैतिहास का अन्त होता है, लेकिन हम अभी भी हड़प्पा की लिपि को पढ़ नहीं सके हैं और, चूँकि हमें इसकी

कोई जानकारी नहीं है कि उन दस्तावेज़ों में क्या लिखा है, इसलिए वह कालखण्ड इतिहास के बाहर और प्रागैतिहास के भीतर आता है, लेकिन फिर, हमारे पास पश्चिम एशिया की मेसोपोटेमियाई सभ्यता के समकालीन दस्तावेज़ों में हड़प्पा की सभ्यता के कुछ संदर्भ मौजूद हैं, इसलिए यह चीज़ इस सभ्यता को एक बार फिर इतिहास का हिस्सा बना देती है।

यही वह संशयात्मक स्थिति है, जिसने कुछ इतिहासकारों को प्रागैतिहास और इतिहास के बीच के कालखण्ड को चित्रित करने के लिए 'आसन्न-इतिहास' (प्रोटो-हिस्टॅरी) की संज्ञा के इस्तेमाल के लिए प्रेरित किया है। इस पुस्तक में हम हड़प्पा की सभ्यता के आख़िरी सिरे और उसके बाद की कुछ सदियों तक आएँगे, और बाक़ी शायद एक अन्य पुस्तक के लिए छोड़ दें!

यह पुस्तक आज क्यों?

इसकी एक वजह है कि यह पुस्तक सिर्फ़ अभी ही क्यों लिखी जा सकती थी और इसके पहले क्यों नहीं लिखी जा सकती थी। यह इसलिए, क्योंकि पिछले पाँच सालों के दौरान सुदूर इतिहास के बारे में हमारी समझ में ज़बरदस्त बदलाव आया है। जिस वक़्त हम बात कर रहे हैं, उस वक़्त हज़ारों या दसियों हज़ार साल पहले के व्यक्तियों के डीएनए के विश्लेषणों के आधार पर हमारे प्रागैतिहास की लम्बी अवधियों के बारे में नए सिरे से लिखा जा रहा है। बहुत-से ऐसे 'तथ्य' जिनकी ओर हम ख़ास ध्यान नहीं देते थे, वे ग़लत साबित हो चुके हैं और इतिहासकारों, पुरातत्त्ववेत्ताओं तथा मानवविज्ञानियों के बीच हुई बहसों के दौरान जो बहुत-से सवाल अधर में छोड़ दिए गए थे, उनके ऐसे नए जवाब दिए गए हैं, जो यक़ीन दिलाने वाले हैं - जो आनुवांशिकी वैज्ञानिकों की हाल ही में अर्जित उस क़ाबिलियत की बदौलत संभव हुआ है, जिसके तहत उन्होंने बहुत कामयाबी के साथ प्राचीन जीवाश्मों से डीएनए निकाला है और उसकी उस सीक्वेंसिंग को पहचाना है, जो उस सब कुछ को समझने में सहायक है, जो लोगों को आपस में जोड़ती है या उनको एक-दूसरे से अलग करती है। प्रौद्योगिकी में जिस स्तर की परिपक्वता आई है, वह अगर न आई होती, तो वैज्ञानिक वे खोज न कर पाए होते, जो वे आज कर रहे हैं। और अगर उनकी ताज़ातरीन खोज सामने न आई होतीं, तो हमारा प्रागैतिहास पहले जितना ही धुँधला और विवादास्पद बना रहता और यह पुस्तक न लिखी जा सकी होती।

चीज़ों ने जो रफ़्तार पकड़ी है, उसकी एक झलक पाने के लिए ज़रा इस पर विचार करें : जब छह साल पहले इस पुस्तक पर काम की शुरुआत हुई थी, तब हमें यह जानकारी नहीं थी कि हड़प्पा सभ्यता के लोग कौन थे या उनके वंशज कहाँ चले गए थे, लेकिन आज हम यह बात जानते हैं। छह साल पहले, हमें यह जानकारी नहीं थी कि हम अपनी वंशावली के लिए 65,000 साल पहले हिन्दुस्तान पहुँचे मूल अफ़्रीकी प्रवासियों के कितने ऋणी हैं, लेकिन आज हम यह जानते हैं। छह साल पहले, हमें यह जानकारी नहीं थी कि जाति-प्रथा की शुरुआत कब हुई थी, लेकिन आज हम समुचित आनुवांशिक सटीकता के साथ उस कालखण्ड पर अंगुली रख सकते हैं। ये कुछ उदाहरण हैं, जो प्रागैतिहास के बारे में हमारी तेज़ी-से बढ़ती समझ को दर्शाते हैं और यह समझ सिर्फ़ हिन्दुस्तान के संदर्भ तक ही सीमित नहीं है।

डीएनए की वजह से दुनिया के दूसरे हिस्सों के मानवीय प्रागैतिहास के बारे में आए बदलावों की एक संक्षिप्त सूची कुछ इस प्रकार है : आज हम जानते हैं कि पिछले 10,000 सालों के दौरान यूरोपीय आबादियों के बड़े हिस्से एक बार नहीं, बल्कि दो बार पुनर्स्थापित हुए थे। पहली बार, लगभग 9000 साल पहले पश्चिम एशिया से सामूहिक रूप से आए किसान यूरोप में पहले से स्थापित शिकारी-संग्रहकर्ताओं से या तो घुल-मिल गए थे या उन्होंने उनकी जगह ले ली थी। और फिर लगभग 5000 साल पहले यूरेशियाई घास के मैदानों से लोगों का सामूहिक आगमन हुआ, जो यूरोपीय किसानों की पहले से मौजूद आबादी के साथ या तो घुल-मिल गए या उन्होंने उनकी जगह ले ली। इसी तरह, आज हम जानते हैं कि यूरोपीयों के आगमन के पहले अमेरिका की स्थानीय अमेरिकी आबादियाँ अपनी वंशावली के लिए एशिया से हुए एक नहीं, बल्कि कम-से-कम तीन स्थानान्तरणों (माइग्रेशन्स) की ऋणी हुआ करती थीं। पूर्व एशिया में, हम जानते हैं कि इस क्षेत्र के लोगों की ज़्यादातर वंशावली चीन के खेतिहर केन्द्र-स्थल की आबादियों के आगमन से हुए दो या उससे अधिक बड़े विस्तारों का परिणाम हैं। 2010 में हमें पता चला कि आधुनिक इंसानों ने निएंडरथलों के साथ संसर्ग कर सन्तानों को जन्म दिया था और 2014 में हमें पता चला है कि हमारे पूर्वजों ने डेनीसोवनों (*होमो* प्रजातियों की एक सदस्य प्रजाति, जिसकी पहचान सिर्फ़ डीएनए अनुक्रमण की वजह से हो सकी) के साथ भी संसर्ग कर सन्तानें पैदा की थीं।

हालाँकि, जब छह साल पहले इस सफ़र की शुरुआत हुई थी, तब मैं नहीं जानता था कि प्रागैतिहास के जिस क्षेत्र में मैं प्रवेश कर रहा था, वह नए ज्ञान के एक विस्फोट का अनुभव करने जा रहा था। यह एक ऐसी घटना थी, जो एक सुसंयोग के तौर पर घटित हुई थी। जब मैंने शुरुआत की थी, तब मैं हड़प्पा सभ्यता और उन सवालों से सम्मोहित था, जिनका समाधान अभी भी नहीं हुआ था : वे कौन लोग थे, जिन्होंने अपने समय की सबसे बड़ी सभ्यता खड़ी की थी और वे लोग कहाँ चले गए? मैंने गुजरात के धोलावीरा और लोथल से लेकर हरियाणा के राखीगढ़ी तक हड़प्पाई स्थलों का भ्रमण किया था, जिसके नतीजे में हिन्दुस्तान और दुनिया के दूसरे देशों के इतिहासकारों, पुरातत्त्ववेत्ताओं, पुरालेखविदों, भाषाविज्ञानियों और आनुवांशिकीविदों के साथ मेरी कई बार मुलाक़ात हुई और ईमेल पर चर्चाएँ हुईं - नई दिल्ली में रोमिला थापर और बी. बी. लाल से; न्यू यॉर्क में शेल्डन पॉलक से; हार्वर्ड में माइकल विट्ज़ेल, डेविड राइक और वागीश नरसिंहन से; चेन्नई में इरावथम महादेवन से; हडर्सफ़ील्ड, इंग्लैंड में मार्टिन बी. रिचर्ड्स से; स्टैनफ़ोर्ड में पीटर अंडरहिल से; पुणे में एम.के. धवलीकर, वी.एन. मिश्र, वसन्त शिन्दे और के. पद्दैया से; मुंबई में शेरीन रत्नागर से; धारवाड़ में रवि कोरिसेट्टर से; कोलकाता में पार्थ मजूमदार से; हैदराबाद में के. थंगराज से; वाराणसी में लालजी सिंह से; लखनऊ में नीरज राय से; येना, जर्मनी में माइकल पेट्राग्लिया से... सूची लम्बी है।

ऐसा नहीं था कि इनमें से सभी लोग एक-दूसरे से सहमत रहे हों, और जहाँ हर चर्चा से मेरे कुछ सवालों के जवाब सामने आए, वहीं उसने मेरे मन में और भी सवाल पैदा कर दिए, सिर्फ़ हड़प्पा की सभ्यता के बारे में नहीं, बल्कि उसके पहले के कालखण्डों के बारे में भी। इसके पहले कि मैं समझ पाता, जिस सवाल से मैं उलझ रहा था, वह अब यह नहीं रह गया था कि हड़प्पावासी कौन थे, बल्कि उस सवाल ने यह रूप ले लिया था कि हम हिन्दुस्तानी कहाँ से वजूद में आए।

इस रास्ते में किसी मुक़ाम पर यह बात स्पष्ट हो गई कि सबसे महत्त्वपूर्ण रहस्योद्घाटन आबादी-आनुवांशिकी (पापुलेशन जनेटिक्स) के क्षेत्र में हो रहे थे। यह चीज़ मुझे दक्षिण एशिया में बसावट के प्रश्न से उलझने वाले आबादी-आनुवांशिकी से संबंधित आलेखों - और उनकी संख्या दर्जनों में है - की खोज की ओर ले गई, जिसके बाद इनके लेखकों से मुलाक़ातें और चर्चाएँ हुईं। मैं हैदराबाद स्थित सेंटर फ़ॉर सेलुलर ऐंड मॉलेकुलर बायलॉजी (सी.सी.एम.बी) के प्रमुख वैज्ञानिक के. थंगराज से, और सी.सी.एम.बी. के पूर्व प्रमुख तथा बाद में बनारस हिन्दू विश्वविद्यालय, वाराणसी के कुलपति रहे लालजी सिंह से मिला। ये 2015 की बात थी और मैं हड़प्पा सभ्यता तथा 'आर्यों के आगमन'[3] के मुद्दे पर, इन चर्चाओं तथा शोध पर आधारित अपना पहला वृत्तांत प्रकाशित करने की उम्मीद कर रहा था, लेकिन एक समस्या थी। मैं अपना लेख इसलिए पूरा नहीं कर सका, क्योंकि सिंह और थंगराज ने मुझे जो बताया था, उसका उन बातों से मेल नहीं बैठता था, जो मैंने उस आलेख में पढ़ी थीं, जो उन्होंने 2009 में दुनिया के अन्य वैज्ञानिकों के साथ मिलकर लिखा था।[4] इसलिए मैंने अपने वृत्तांत को स्थगित रखने तथा आबादी-आनुवांशिकी पर कुछ भी लिखने से पहले इस विषय की और भी बेहतर समझ हासिल करने का फ़ैसला किया। फिर, दो साल बाद, 2017 में मुझे 'अ जनेटिक क्रोनोलॉजी ऑफ़ द इंडियन सबकॉण्टिनेण्ट प्वाइंट्स टु हैवीली सेक्स-बायस्ड डिस्पर्सल्स' नामक एक लेख पढ़ने मिला, जो इंग्लैंड के हडर्सफ़ील्ड विश्वविद्यालय के प्रोफ़ेसर मार्टिन बी. रिचर्ड्स ने अपने सहयोगियों के साथ मिलकर लिखा था।[5] मैं इस लेख को धीरे-धीरे तब तक पढ़ता रहा, जब तक कि स्थितियाँ स्पष्ट नहीं हो गईं। अन्ततः इस मुद्दे पर मेरी पकड़ बनी और जो चीज़ इस असम्बद्धता की वजह बनी हुई थी, उस पर मैं अपना पूरा ध्यान एकाग्र कर सका।

भ्रम की स्थिति इसलिए बनी थी, क्योंकि जब 2015 में मैं इन वैज्ञानिकों से मिला था, तो उन्होंने मेरे सामने एक ऐसी नई परिकल्पना रखी थी, जो उनके 2009 के आलेख में नहीं थी। परिकल्पना यह थी कि हिन्दुस्तान में पिछले लगभग 40,000 सालों के दौरान किसी बड़े पैमाने पर बाहर के लोगों का आगमन नहीं हुआ था। उन्होंने यह भी कहा था कि दो अत्यन्त प्राचीन आबादियाँ थीं, जिनमें से एक उत्तर भारत में थी और दूसरी दक्षिण भारत में थी और आज की सारी आबादियाँ इन दोनों समूहों के मिश्रण से उत्पन्न हुई थीं, जिनको तकनीकी

---

3. 'आर्यों का आगमन' इस परिकल्पना की ओर संकेत करता है कि हिन्दुस्तान में संस्कृत के आरम्भिक रूप समेत इंडो-यूरोपियन भाषाओं का आगमन ईसापूर्व लगभग 2000 साल पहले यूरेशियाई घास के मैदानों से आए उन लोगों के माध्यम से हुआ था, जो स्वयं को आर्य कहते थे। 'आर्य' लोगों के उस समूह का आत्म-निरूपण है, जो एक ही भाषा-परिवार की भाषाएँ बोलते हैं। इस पुस्तक में जहाँ कहीं भी 'आर्यों का आगमन' पद का प्रयोग किया गया है, वह 'स्वयं को आर्य कहने वाले इंडो-यूरोपियन-भाषा-भाषी लोगों का आगमन' के रूप में पढ़े जाने के लिए किया गया है। और जहाँ कहीं 'आर्य' शब्द का प्रयोग किया गया है, उसे 'स्वयं को आर्य कहने वाले लोगों' के रूप में पढ़ा जाना चाहिए।
4. डेविड राइक, और अन्य, 'रिकन्स्ट्रक्टिंग इंडियन पॉपुलेशन हिस्टॅरी', *नेचर* 461:489-94 (सितम्बर 2009)।
5. मैरीना सिल्वा और अन्य, 'अ जनेटिक क्रोनोलॉजी…', *बी.एम.सी इवोल्यूशनरी बॉयोलॉजी* (2017)।

तौर पर ऐन्सेस्ट्रल नॉर्थ इंडियन (ए.एन.आई.) (पैतृक उत्तर भारतीय) और ऐन्सेस्ट्रल साउथ इंडियन (ए.एस.आई.) (पैतृक दक्षिण भारतीय) का नाम दिया गया है।

लेकिन लालजी सिंह और थंगराज ने हार्वर्ड मेडिकल स्कूल के वैज्ञानिकों के साथ मिलकर 2009 में जो आलेख ('रिकॅन्स्ट्रक्टिंग इंडियन पॉपुलेशन हिस्टॅरी') लिखा था, उसमें पिछले 40,000 सालों के दौरान हिन्दुस्तान में बाहर के लोगों के किन्हीं बड़े आगमनों के न होने का कोई दावा नहीं किया गया था। इस आलेख में स्पष्ट तौर पर कहा गया था कि ए.एस.आई. से भिन्न, ए.एन.आई. पश्चिमी भारतीय-यूरोपीयों (पश्चिम एशियाइयों, यूरोपीयों, मध्य एशियाइयों और कॉकेसॅस क्षेत्र के लोगों) से संबंधित थे। इसने इस परिकल्पना को मज़बूत सहारा दिया होता कि अपने को आर्य कहने वाले इंडो-यूरोपियन भाषा बोलने वाले लोग पिछले लगभग 4000 सालों के दौरान, हड़प्पा की सभ्यता के पतन की शुरुआत के बाद हिन्दुस्तान आए थे। 'आर्यों के आगमन' का मुद्दा दशकों से अत्यन्त संवेदनशील राजनीतिक मुद्दा रहा है, जिसके तहत बहुत-से लोग इस विचार का विरोध करते रहे हैं कि 'आर्य' हिन्दुस्तान की सबसे आरम्भिक आबादी का हिस्सा न होकर इस देश में बाद में आए थे। एक अतिरिक्त समस्या हड़प्पा सभ्यता की थी : अगर हिन्दुस्तान पर अमिट छाप छोड़ने वाली यह बलशाली सभ्यता 'आर्यों के आगमन' से पहले की थी, तो यह चीज़ इस दक्षिणपन्थी दृष्टिकोण की जड़ पर कुठाराघात करती है कि 'आर्य', संस्कृत और वेद हिन्दुस्तानी संस्कृति के मूलभूत स्रोत हैं। (अध्याय 2 का 'दूसरी पद्धति : जीन-समूह संबंधी सम्पूर्ण आँकड़े' शीर्षक वाला खण्ड भी देखें)।

मार्टिन बी. रिचर्ड्स के सहयोग से लिखा गया आलेख 23 मार्च 2017 को प्रकाशित हुआ था और यह मुझे एक हफ़्ते बाद मिला था। अगले दो महीने मैंने अलग-अलग समयों में लिखे गए और हिन्दुस्तानी आबादी के निर्माण से जूझते आनुवांशिक विज्ञान से संबंधित जटिल आलेखों को बार-बार पढ़ते हुए बिताए, जिस दौरान मैं इन आलेखों के उन लेखकों से सम्पर्क करता रहा, जिनमें से कई अपने-अपने क्षेत्र के लब्धप्रतिष्ठ विशेषज्ञ हैं और जिन्होंने कई मौलिक खोज की हैं, और जिन निष्कर्षों पर मैं पहुँच रहा था, उनका परीक्षण-पुनर्परीक्षण करता रहा, तथा और भी बहुत-से आलेख पढ़ता रहा।

17 जून 2017 को *द हिन्दू* ने 'हाउ जनेटिक्स इज़ सेटलिंग द आर्यन माइग्रेशन डिबेट' शीर्षक से मेरा लेख प्रकाशित किया। इसमें मैंने इस बात पर रोशनी डाली थी कि किस तरह डीएनए साक्ष्य ने इस परिकल्पना का समर्थन किया है कि स्वयं को आर्य कहने वाले इंडो-यूरोपियन भाषा बोलने वाले लोग लगभग 4000 साल पहले मध्य एशिया से हिन्दुस्तान आए थे। उस लेख में किए गए कथनों की पुष्टि मार्च 2018 में एक अत्यन्त मौलिक आलेख 'द जीनोमिक फ़ॉर्मेशन ऑफ़ साउथ ऐंड सेंट्रल एशिया' से हुई, जिसे दुनियाभर के बान्वे वैज्ञानिकों ने लिखा था, और जीवविज्ञान के प्रीप्रिंट सर्वर bioRxiv पर पोस्ट किया गया था। राइक और थंगराज इस अध्ययन के सह-निदेशकों में शामिल थे। जिस पैमाने पर यह अध्ययन किया गया था, उसने और इसके प्राचीन डीएनए पर आधारित होने के तथ्य ने इन निष्कर्षों को कहीं अधिक मज़बूत बना दिया था और बाहरी लोगों के आगमनों के कालक्रम को कहीं ज़्यादा सटीक बना दिया था।

इस पुस्तक को लिखने के दौरान हुए मेरे अनुभवों ने मुझे यह सिखाया है कि निजी प्राथमिकताएँ अत्यन्त दक्षतापूर्ण स्थितियों में भी अनुसन्धानों से प्राप्त निष्कर्षों की व्याख्या के ढंग में एक भूमिका निभा सकती हैं। और प्रायः ज़रूरी नहीं कि यह पूर्वाग्रह का प्रश्न हो, बल्कि वह यह सच्चा विश्वास भी हो सकता है कि सच्चाई नुक़सानदेह दुष्प्रभावों (साइड इफ़ैक्ट) का कारण भी बन सकती है और, इसलिए उसको सावधानीपूर्वक देखा जाना ज़रूरी है। उदाहरण के लिए, इस बात का भय हो सकता है कि घास के मैदानों से हुए आगमनों का तथ्य भाषा और क्षेत्र के पुराने विभाजनों को पुनर्जीवित कर सकता है, ठीक उसी तरह जैसे कि संभव है कि आधी सदी पहले कुछ हिन्दुस्तानी इतिहासकारों को इस बात का भय रहा हो कि मध्ययुगीन अत्याचारों के ब्योरे विभिन्न मज़हबों के बीच दुश्मनी पैदा कर सकते हैं, लेकिन वास्तव में, सच्चाई को छिपाकर खाइयों को भरा नहीं जा सकता। यह सिर्फ़ उनको अन्दर-ही-अन्दर और भी बदतर बना सकता है। इसी के साथ, कोई भी वैज्ञानिक या लेखक किसी ख़ास सच्चाई को दबाए रखने के दुष्परिणामों का सटीक अनुमान नहीं लगा सकता : इतिहास का निर्माण लगभग पूरी तरह से ऐसे परिणामों से होता है, जिनकी कामना नहीं की गई होती है। इसलिए किसी भी वैज्ञानिक के लिए, और किसी भी लेखक के लिए भी, एकमात्र तर्कसंगत दृष्टिकोण यह है कि वह तथ्यों को बोलने दे, लेकिन साथ ही यह भी सुनिश्चित करे कि उनसे कोई भी निराधार निष्कर्ष न निकाले जा सकें।

इस मामले में, यह सही है कि ईसापूर्व दूसरी सहस्राब्दी में दक्षिण एशिया में इंडो-यूरोपियन भाषाएँ बोलने वालों का कोई बड़े पैमाने का आगमन नहीं हुआ था (इस बारे में आप अध्याय 4 में और अधिक पढ़ेंगे), लेकिन यह भी सही है कि आज के हिन्दुस्तान के सारे आबादी समूहों ने अपने जीन्स (वंशाणु) हिन्दुतान में बाहर से आए बहुत-से लोगों से हासिल किए हैं: ऐसा कोई 'विशुद्ध' समूह, नस्ल या जाति नहीं है, जिसका वजूद 'चिरकाल' से रहा हो। निश्चय ही, विभिन्न आबादियों के बीच हुए मिश्रण का स्तर तमाम क्षेत्रों और समुदायों में अलग-अलग रहा है। इसलिए भारतीय-यूरोपीय आगमनों के तथ्य का कथन करते हुए सहस्राब्दियों के दौरान बाहर से हुए अनेक आगमनों और बड़े पैमाने पर हुए आबादी के मिश्रण की सच्चाई को स्वीकार करना ज़रूरी है। आज हम एक ऐसी अनूठी भारतीय सभ्यता हैं, जो बाहरी लोगों के आगमनों के विभिन्न इतिहासों के दौरान आए बहुत-से आबादी समूह से मिलकर बनी है, और इसकी प्रेरणाएँ, संस्कृति, परम्पराएँ और दस्तूर किसी एक स्रोत की नहीं, बल्कि कई स्रोतों की देन हैं।

आगामी पृष्ठों में हम एक-एक करके अपने अतीत की तहों को खोलने के लिए प्राचीन डीएनए के माध्यम से हासिल किए गए निष्कर्षों और उनके साथ-साथ पुरातत्त्ववेत्ताओं, मानवविज्ञानियों, पुरालेखविदों (वे लोग जो पत्थरों आदि पर उकेरे गए प्राचीन अभिलेखों का अध्ययन करते हैं), भाषाविज्ञानियों, पैलिओसाइंटिस्ट्स (भूगर्भीय अतीत के अध्येता) और इतिहासकारों द्वारा की गई दिलचस्प खोजों का उपयोग करेंगे। यह चित्ताकर्षक क़िस्सा तो है ही, साथ ही ऐसा क़िस्सा भी है, जिसका वर्णन शायद ही कभी किया जाता है। तो साथ आइए।

1

प्रथम भारतीय

किस तरह मूल अफ़्रीका से स्थानान्तरित एक क़बीले ने हिन्दुस्तान का रास्ता खोजा, किस तरह वह विकास-प्रक्रिया में सहभागी अपने चचेरे भाइयों और तरह-तरह की पर्यावरणपरक चुनौतियों से निपटा, किस तरह उसने नई प्रौद्योगिकी (टेक्नॉलॉजी) में महारथ हासिल की, इस भूमि को अपना बनाया और किस तरह वह पृथ्वी की सबसे बड़ी इंसानी आबादी बन गया।

अगर आप हिन्दुस्तान के प्रथम आधुनिक इंसानों के भरसक क़रीब पहुँचना चाहते हैं, तो इसके लिए मध्यप्रदेश के रायसेन जिले में भीमबेटका सबसे श्रेष्ठ स्थल है, जो मध्यप्रदेश की राजधानी भोपाल से लगभग पैंतालीस किलोमीटर की दूरी पर स्थित है। यह सम्मोहक स्थल है, जो सात पहाड़ियों में फैला है और उन नैसर्गिक शैलाश्रयों से भरपूर है, जो इक्कीसवीं सदी में मनुष्यों द्वारा निर्मित आवासों की तुलना में कहीं ज़्यादा प्रभावशाली और भव्य हैं। वहाँ सदाबहार झरने, नाले, और मछलियों से भरी छोटी-छोटी जलधाराएँ हैं; बड़ी तादाद में फल और कन्द-मूल हैं; हिरण, जंगली सूअर और खरगोश हैं; और निश्चय ही उतनी मात्रा में क्वार्टज़ाइट चट्टानें हैं, जितनी की ज़रूरत आपको उतने औज़ार बनाने के लिए हो सकती है, जितने आप बनाना चाहते हैं। इसके अलावा पहाड़ियाँ इतनी ऊँची हैं कि वहाँ के लोग इस पर निगाह रख सकते हैं कि कौन उनके क़रीब आ रहा है : वह भोजन है या परभक्षी, नीलगाय है या तेंदुआ!

आरम्भिक मनुष्यों की दुनिया में यह निश्चय ही लोकप्रिय और ऐश्वर्यपूर्ण सैरगाह रहा होगा। जब पहली बार लगभग 100,000 साल पहले इसमें रहने की शुरुआत हुई थी, तब के बाद से यह कभी भी लम्बे अरसे तक ख़ाली नहीं रहा और कल्पना की जा सकती है कि इसमें प्रवेश पाने के लिए लम्बी प्रतीक्षा-सूची रही होगी। इस क़दर पसन्दीदा जगह कि वहाँ एक-के-बाद-एक सहस्राब्दी के दौरान हमारे पूर्वजों *होमो* सेपियन्स समेत कोई-न-कोई होमो प्रजाति वहाँ रही और उन्होंने वहाँ शिकार किए और चित्र बनाए और जश्न मनाए। हाँ, ये शैलाश्रय चित्रों से भरे हैं। इनमें कुछ ऐसे चित्र भी शामिल हैं, जिनमें लोगों को ढोल की तालों पर नाचते दिखाया गया है। इन चित्रों की निश्चित तिथि-निर्धारण ज्ञात नहीं है, इसलिए

इस बात की पूरी संभावना है कि अगर सब नहीं, तो इनमें से ज़्यादातर चित्र, दसियों हज़ार साल पहले नहीं, बल्कि पिछले कुछ हज़ार सालों के दौरान बनाए गए होंगे, लेकिन ऐसे कुछ शैलोत्कीर्णन (पैट्रोग्लिफ़्स), या चट्टानों पर की गई नक्काशियाँ या अंकन हैं, जो दुनिया में कहीं भी *होमो* प्रजातियों के सदस्यों द्वारा रची गई कला के सबसे आरम्भिक साक्ष्य हो सकते हैं - कुछ ऐसे ठीक-ठीक क्यूप्यूल (कप-नुमा छोटे-छोटे गड्ढे) जिनकी बग़ल में रेखाएँ हैं।

Tony Joseph

भीमबेटका का एक शैलाश्रय

लेकिन क्या हमें ठीक-ठीक जानकारी है कि भीमबेटका में, यानी हिन्दुस्तान में, प्रथम आधुनिक मनुष्यों ने कब क़दम रखा था? इसका जवाब कुछ मुश्किल है। सबसे पहले हमें इस बात को परिभाषित करने की ज़रूरत है कि 'हिन्दुस्तान में प्रथम आधुनिक मनुष्य' से हमारा क्या अभिप्राय है। तकनीकी तौर पर इस पद का अर्थ होगा, *होमो सेपियन्स* प्रजाति से संबंध रखने वाला कोई भी ऐसा व्यक्ति, जिसने हिन्दुस्तान में पहली बार क़दम रखा, लेकिन जब हम 'हिन्दुस्तान में प्रथम आधुनिक मनुष्यों' पद का इस्तेमाल करते हैं, तो अक्सर हमारा अभिप्राय हिन्दुस्तान में आज रह रहे लोगों के सबसे पहले के क़रीबी पूर्वजों से भी होता है। इन दोनों के बीच के फ़र्क़ को समझना महत्त्वपूर्ण है।

भीमबेटका के एक शैलाश्रय की दीवारों पर ठीक-ठीक कप-नुमा गड्ढे। यह संभवतः दुनिया में कहीं भी *होमो* प्रजातियों के सदस्यों द्वारा रची गई कला का सबसे आरम्भिक साक्ष्य है।

उदाहरण के लिए, हम कह सकते हैं कि हिन्दुस्तान में *होमो सेपियन्स* का भीमबेटका में 80,000 साल पहले तीस लोगों का एक समूह था। हम यह भी कह सकते हैं कि किसी आपदा, जैसे कि 74,000 साल पहले इंडोनेशिया के सुमात्रा में हुआ टोबा नामक महाज्वालामुखीय विस्फोट, जिसने पूर्व एशिया से लेकर पूर्व अफ़्रीका के समूचे इलाक़े पर असर डाला था - ने आधुनिक मनुष्यों के इस समूह के एक-एक व्यक्ति को ख़त्म कर इस उपमहाद्वीप में बसने के लिए किसी को नहीं छोड़ा।[1] अब हम लगभग 50,000 साल पहले भीमबेटका में आधुनिक मनुष्यों के एक दूसरे समूह की कल्पना करें, जो वहाँ बसने में कामयाबी हासिल करता है और अपने पीछे उन लोगों का एक वंश छोड़ जाता है, जो आज भी हिन्दुस्तान में पाए जाते हैं। इस तरह जब हम 'हिन्दुस्तान में प्रथम आधुनिक मनुष्य' पद का प्रयोग करते हैं, तब क्या हम इस दूसरे समूह की ओर संकेत कर रहे होते हैं? यह एक शब्दार्थ-विज्ञान की तरह का मसला लग सकता है और, एक अर्थ में, वैसा है भी, लेकिन उस वक़्त इसके महत्त्वपूर्ण अभिप्राय होते हैं, जब हम आरम्भिक हिन्दुस्तानियों के इतिहास को समझने के लिए पुरातात्त्विक या दूसरे साक्ष्यों की व्याख्या करते हैं।

1. यह एक परिकल्पना है। हाल के शोध यह संकेत करते हैं कि इस क्षेत्र के जीवन पर उक्त ज्वालामुखीय विस्फोट का प्रभाव उतना प्रचण्ड नहीं था, जितना पहले समझा जाता था।

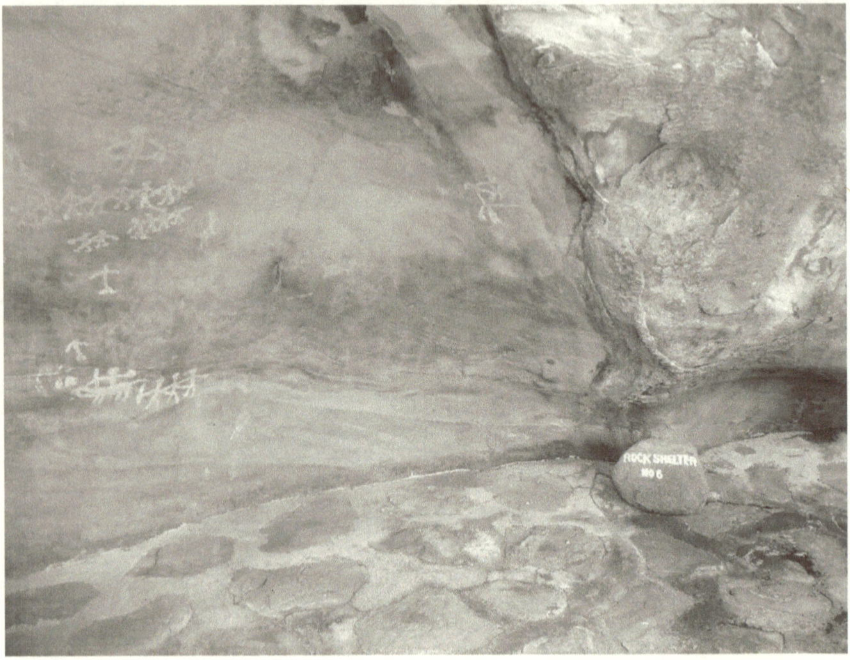

Tony Joseph

भीमबेटका में शैलाश्रय की एक दीवार पर चित्रकारी, जो शायद कुछ हज़ार साल पुरानी है।

अगर आप हिन्दुस्तान के पुरातत्त्वविदों से पूछें कि प्रथम आधुनिक मनुष्य हिन्दुस्तान में कब आए थे, तो इस बात की पूरी संभावना है कि उनमें से कम-से-कम कुछ पुरातत्त्वविद एक ऐसी तिथि पेश करें, जो 120,000 साल पहले तक की हो सकती है, लेकिन अगर यही सवाल आप किसी आबादी वंशविज्ञानी से, यानी, विभिन्न आबादी समूहों के भीतर और उनके बीच वंशपरक भिन्नताओं का अध्ययन करने वाले किसी वंशविज्ञानी से पूछें, तो पूरी संभावना है कि उसका जवाब हो - लगभग 65,000 साल पहले। दो विज्ञानों के बीच का यह असंगत प्रतीत होता भेद ज़रूरी तौर पर अन्तर्विरोधी नहीं है। जब वंशविज्ञानी हिन्दुस्तान के प्रथम आधुनिक मनुष्यों की बात करते हैं, तो वे आधुनिक मनुष्यों के उस समूह की बात करते हैं, जो अपने पीछे उस वंश को छोड़ने में कामयाब रहे, जो आज भी मौजूद है, लेकिन जब पुरातत्त्वविद हिन्दुस्तान के प्रथम आधुनिक मनुष्यों की बात करते हैं, तो वे आधुनिक मनुष्यों के उस पहले समूह की बात कर रहे होते हैं, जो अपने पीछे ऐसे पुरातात्त्विक साक्ष्य छोड़ गए हैं, जिनका आज परीक्षण किया जा सकता है, भले ही उनका कोई वंश बचा रह गया हो या न बचा हो।[2]

2. हालाँकि इस अन्तर को लेकर सारे पुरातत्त्वविद एकमत नहीं हैं। पुरातत्त्वविद रवि कोरिसेट्टर कहते हैं, "कामयाब या नाकामयाब वंश-विस्तार की यह धारणा भी परीक्षण के अधीन है।" साथ ही, वे यह भी कहते हैं कि "वंश-विस्तार की सारी घटनाएँ कामयाब होती हैं।"

क्या हमारा बाहर से आया होना वाक़ई ज़रूरी था?

लेकिन हम यह मानकर चलते ही क्यों हैं कि आधुनिक मनुष्य हिन्दुस्तान में कहीं और से आए थे? क्या उनका उद्गम यहाँ नहीं हो सकता था? कुछ दशक पहले तक, इसे एक वाजिब सवाल के रूप में देखा गया होता, क्योंकि तब तक यह धारणा प्रभावी थी कि आधुनिक मनुष्यों का विकास लगभग 10.9 लाख वर्ष पहले समूचे यूरोप और एशिया में फैली *होमो इरेक्टस* जैसी *होमो* प्रजातियों से, दुनिया के विभिन्न हिस्सों में अलग-अलग ढंग से हुआ था, यद्यपि चार्ल्स डार्विन ने 1871 में ही आधुनिक मनुष्यों का उद्गम अफ़्रीका से होने की बात कही थी। मान्यता यह थी कि अत्यन्त भिन्न ढंग से विकसित आबादियों के बाद में हुए आपसी मिश्रण ने हमें एक प्रजाति के रूप में बनाए रखा, और इस तरह विभिन्न महाद्वीपों में विभिन्न प्रजातियों के रूप में विभाजित होने से बचाए रखा, लेकिन यह परिकल्पना अब कचरे की टोकरी के हवाले हो चुकी है और कहीं का भी कोई भी वैज्ञानिक इसे अब एक संभावना के रूप में प्रस्तावित नहीं करता (हालाँकि कुछ छिटपुट प्रतिरोध अभी भी हो सकते हैं, ख़ास तौर से चीन में जो, कम-से-कम अभी हाल के दिनों तक, आदिमानवों से चीनी जाति के स्वदेशी, स्वतन्त्र विकास की धारणा से चिपका रहा था)। इस परिकल्पना के अप्रचलित हो जाने के पुरातात्त्विक और आनुवांशिक, दोनों कारण हैं। अफ़्रीका का जीवाश्म अभिलेख हमारे निकटतम संबंधियों - 70 लाख साल पहले के *सहेलान्थ्रोपस चडेन्सिस,* 40 लाख साल पहले के *आर्डीपिथेकस रेमीडस,* 35 लाख साल पहले के *केन्यान्थ्रोपस प्लेट्योप्स,* 24 लाख साल पहले के *होमो हैबिलिस* और 700,000 से 200,000 साल पहले तक के *होमो हिडेल्बर्गेन्सिस* के अवशेषों से समृद्ध है और दुनिया में दूसरा कोई और ऐसा इलाक़ा नहीं है, जो इसके क़रीब ठहरता हो, लेकिन अलग-अलग महाद्वीपों में मनुष्यों के अनेक उद्गमों के विरोध में जाने वाला सबसे अडिग तर्क आनुवांशिक है। डीएनए साक्ष्य इस बारे में निर्णयात्मक रहा है कि अफ़्रीका के बाहर के सारे मनुष्य अफ़्रीका से आए उन प्रवासियों की एकल आबादी के वंशज हैं, जो 70,000 साल पहले कभी एशिया आए थे और उसके बाद सारी दुनिया में फैल गए थे, जिस दौरान वे *होमो निएंडरथलेन्सिस* जैसे अपने आनुवांशिक चचेरों की जगह लेते गए थे। हाल में हुई तमाम खोज सारे आधुनिक मनुष्यों के अफ़्रीकी मूल के होने की पुष्टि करती रही हैं। सबसे ताज़ा ख़बर जून 2017 में आई थी कि मोरक्को के साफ़ी नामक शहर से लगभग पचास किलोमीटर दूर ज़ीबेल इरहाउद की एक गुफा से मिले एक प्राचीन खोपड़ी के जीवाश्म को *होमो सेपियन्स* की प्रजाति के अन्तर्गत वर्गीकृत किया गया है और इसका काल-निर्धारण करते हुए कहा गया है कि यह लगभग 300,000 साल पहले की है।

ज़ीबेल इरहाउद के जीवाश्म के काल-निर्धारण और वर्गीकरण से पहले तक, आधुनिक मनुष्य के जो सबसे प्राचीन जीवाश्म मिले थे, वे दो खोपड़ियों के ऊपरी हिस्से थे, जिनको 195,000 साल पहले का माना गया था, और ये इथियोपिया के ओमो किबिश के एक पुरातात्त्विक स्थल पर मिले थे। इस तरह ज़ीबेल इरहाउद खोज आधुनिक मनुष्य के उद्गम को 100,000 साल और पीछे तक ले जाती है और इस बारे में किसी भी रहे-सहे सन्देह को मिटा देती है कि हम कहाँ से आए हैं। हालाँकि, ज़ीबेल इरहाउद की खोपड़ी अपने चेहरे के लक्षणों से एकदम हमारे जैसी लगती है, लेकिन इस खोपड़ी का पिछला हिस्सा

आदिमानवों की तरह लम्बा है और उसके दाँत भी 'बहुत बड़े' हैं, जो इस ओर संकेत करते हैं कि आधुनिक मनुष्य अकस्मात और पूरी तरह निर्मित स्वरूप में नहीं उभरा था, बल्कि कम-से-कम 300,000 साल पहले से जारी रही प्रक्रिया के दौरान रचा गया है।

आनुवांशिकी का तर्क

लेकिन अगर आप यह स्वीकार भी कर लेते हैं कि आधुनिक मनुष्यों का उद्भव अफ़्रीका में हुआ था, तब भी आनुवांशिकीविद इस नतीजे पर कैसे पहुँचे कि सारी ग़ैर-अफ़्रीकी आबादियाँ अफ़्रीका से हुए उस एकल आगमन से उपजी हैं, जो 70,000 साल से भी पहले हुआ था? उनके इस तर्क को समझने के लिए हमें आनुवांशिकी के बारे में थोड़ा-सा जानना ज़रूरी है। जिसने आनुवांशिकी की ओर पहले ध्यान नहीं दिया है, उसके लिए वह किसी हद तक जटिल लग सकती है, लेकिन उससे परिचय पाने के लिए उसे कुछ मिनट देना वाजिब होगा। इस विज्ञान की जिस प्रक्रिया का यहाँ वर्णन किया जा रहा है, उसकी ठीक-ठीक समझ के बिना भी आप इस क़िस्से को समझ सकते हैं, इसलिए अगर यहाँ की गई व्याख्याएँ पर्याप्त स्पष्ट न हों, तो परेशान न हों। एक बार आप इस शब्दावली से अधिक परिचित हो जाएँ, तो फिर आप वापस लौटकर इस हिस्से को दोबारा पढ़ सकते हैं। तो लीजिए।

मनुष्यों को जितने जनेटिक कोड की ज़रूरत है, उनमें से लगभग सारे-के-सारे क्रोमोज़ोम के उन तेईस जोड़ों में बन्द हैं, जिन्हें हम सब अपनी कोशिकाओं (सेल्स) के नाभिकों (न्यूक्लाई) में धारण किए होते हैं। इसमें एक अपवाद है और वह है माइटोकोंड्रियल डीएनए, या एमटी-डीएनए, जो कोशिका-नाभिकों के बाहर होता है। हर व्यक्ति को उसका एमटी-डीएनए पूरी तरह से उसकी माँ से कुदरती तौर पर मिला होता है (पिता भी अपनी माँ द्वारा प्रदत्त एमटी-डीएनए को धारण करता है, लेकिन वह उसे अपने, नर या मादा, किसी भी बच्चे को नहीं सौंपता)। ये तेईस क्रोमोज़ोम एमटी-डीएनए के साथ मिलकर एक व्यक्ति के जीन-समूह की रचना करते हैं।

एमटी-डीएनए से भिन्न, कोशिका के नाभिक में मौजूद क्रोमोज़ोम के तेईस जोड़ों में से प्रत्येक के आधे का योगदान माँ करती है और बाक़ी का योगदान पिता करता है। प्रत्येक जोड़े को तैयार करने वाले दो क्रोमोज़ोम समरूप होते हैं, जो एक जैसी जगहों पर एक जैसे कोड धारण किए होते हैं, लेकिन वे समरूप ही होते हैं, अभिन्न नहीं होते। हमारे दोनों अभिभावकों में से प्रत्येक द्वारा प्रदत्त क्रोमोज़ोमों के बीच का फ़र्क़ लगभग 0.1 प्रतिशत होता है। यह भेद औसतन किन्हीं भी दो व्यक्तियों के जीन-समूहों के बीच के भेद जैसा ही होता है। ये भेद उन उत्परिवर्तनों (म्यूटेशन्स), या उन अनियमित चूकों की वजह से पैदा होते हैं, जो विशेष रूप से कोशिका विभाजन - जो कि प्राणियों के प्रजनन का एक अनिवार्य हिस्सा है - के दौरान घटित होती हैं। ये उत्परिवर्तन पीढ़ी-दर-पीढ़ी हस्तान्तरित होते जाते हैं - बशर्ते कि, कुल मिलाकर, वे नुक़सानदायक न हों और नैसर्गिक वरण (नेचुरल सिलेक्शन) की प्रक्रिया में हटा न दिए गए हों।

आप जीन-समूह को एक ऐसे आनुवांशिक कोड की तरह देख सकते हैं, जिसे महज़ चार रसायनों - A (adenine), C (cytosine), G (guanine) और T (thymine) - की एक

'वर्णमाला' का इस्तेमाल करते हुए लिखा गया है और अगर आप इस तरह देखेंगे, तो पाएँगे कि प्रत्येक जीन-समूह लगभग तीन अरब स्वतन्त्र अक्षरों से मिलकर बना है।[3] दो लोगों के जीन-समूहों के बीच का 0.1 प्रतिशत भेद दो जीन-समूहों के बीच के लगभग तीस लाख भेदों की शक्ल ले लेता है। अगर दो जीन-समूह किन्हीं ऐसे लोगों से आए हों, जो किसी हाल के पूर्वज से साझा करते हों, तो ये भेद अपेक्षाकृत कम होंगे (जिसका मतलब यह भी है कि आनुवांशिक भेदों का उपयोग एक ऐसे पैमाने के रूप में किया जा सकता है, जिससे इस बात का आकलन किया जा सकता है कि दो व्यक्ति आनुवांशिक तौर पर कितने क़रीबी या दूर के हैं)।

ध्यान दें कि हालाँकि हर व्यक्ति अपने अभिभावकों से विरासत में मिले क्रोमोज़ोम के तेईस जोड़े धारण करता है, तब भी उनमें से प्रत्येक क्रोमोज़ोम के तेईस जोड़े नहीं, बल्कि मात्र तेईस क्रोमोज़ोम हस्तान्तरित करता है। यह कैसे होता है? इसे आनुवांशिकी में पुनर्संयोजन यानी रिकॉम्बिनेशन कहा जाता है और इसका मतलब है कि हर अभिभावक अपने अभिभावकों से मिले क्रोमोज़ोम के तेईस जोड़ों को बेतरतीब ढंग से आपस में मिलाता है और विभाजित करता है और फिर अपने बच्चे को तेईस क्रोमोज़ोम का मात्र एक सैट हस्तान्तरित करता है। दूसरे शब्दों में, प्रत्येक अभिभावक वह पूरी-की-पूरी आनुवांशिक सामग्री हस्तान्तरित नहीं करता, जो उसने अपने अभिभावकों से प्राप्त की होती है। उनमें से प्रत्येक मात्र तेईस क्रोमोज़ोम हस्तान्तरित करता है, इस तरह दोनों मिलकर अपनी सन्तान को क्रोमोज़ोम के तेईस जोड़ों का एक सम्पूर्ण सैट प्रदान करते हैं।

लेकिन इस नियम का एक अपवाद है : क्रोमोज़ोम का तेईसवाँ जोड़ा, या यौन क्रोमोज़ोम। यौन क्रोमोज़ोम वे हैं, जो किसी व्यक्ति को नर या मादा बनाते हैं। अगर कोई व्यक्ति XX क़िस्म के दो यौन क्रोमोज़ोम धारण करता है, तो वह व्यक्ति मादा होगा, और अगर वह XY क़िस्म के दो यौन क्रोमोज़ोम धारण करता है, तो वह व्यक्ति नर होगा। बहुत सारी पेचीदा वजहों से प्रत्येक नर द्वारा धारण किया जाने वाला क्रोमोज़ोम का Y हिस्सा सीधे-सीधे उसके पिता से आता है, जिसमें कोई पुनर्संयोजन नहीं होता। दूसरे शब्दों में, किसी नर के मामले में, उसके यौन क्रोमोज़ाम में शामिल Y-क्रोमोज़ोम पूरी तरह से सैकड़ों हज़ारों साल लम्बी पैतृक वंशावली के माध्यम से आया होता है।

इसलिए हम, किसी हद तक, कह सकते हैं कि Y-क्रोमोज़ोम - या Y-डीएनए, जैसा कि उसे कभी-कभी कहा जाता है - उस एमटी-डीएनए की विपरीत छवि हैं, जो पूरी तरह से सैकड़ों हज़ारों साल लम्बी मातृक वंशावली के माध्यम से आता है। अगर Y-क्रोमोज़ोम आपको आपके पिता से और क्रमशः पिता के पिता के पिता से प्राप्त होता है,

---

3. नेशनल ह्यूमन जीनोम रिसर्च इंस्टीट्यूट के मुताबिक़, "क्रोमोज़ोम वह इमारत है, जिसमें डीएनए एक कोशिका में रहता है... डीएनए एक आश्चर्यजनक रूप से सीधी-सादी संरचना है। वह चार पायों - A, C, T, और G - पर खड़ा एक पोलीमर (polymer) है, लेकिन वह, एक-एक करके इन पायों के पैटर्नों द्वारा रचे जाने वाले कोडों की विपुल जटिलता को गुंजाइश देता है।" डीएनए के खण्ड या कोड की लड़ियाँ, जो लम्बाई या आँख के रंग जैसे प्रत्यक्ष लक्षणों का कारण होती हैं, जीन कहलाती हैं।

तो एमटी-डीएनए आपको आपकी माँ से और क्रमशः माँ की माँ की माँ से प्राप्त होता है। जहाँ यह समानान्तरता भंग होती है, वह इस बात में है कि जहाँ पुरुष और स्त्री, दोनों ही एमटी-डीएनए धारण करते हैं, वहीं Y-क्रोमोज़ोम सिर्फ़ पुरुष धारण करते हैं। चूँकि स्त्री के यौन क्रोमोज़ोम XX क़िस्म के होते हैं, इसलिए उनमें Y-क्रोमोज़ोम बिलकुल भी नहीं होते। समरूपता के प्रकट अभाव की एक वजह है। हर कोशिका में एमटी-डीएनए निर्णायक भूमिका निभाता है - इसमें एक ऐसा कोड मौजूद होता है, जो भोजन की रासायनिक ऊर्जा को एक ऐसे रूप में बदलता है, जिसका इस्तेमाल कोशिकाएँ कर सकती हैं। आश्चर्य की बात नहीं कि एमटी-डीएनए को अक्सर 'कोशिका के पॉवरहाउस' की संज्ञा दी जाती है। इसलिए सीधे-सीधे ढंग से कहें, तो एमटी-डीएनए के बिना किसी पुरुष का काम नहीं चल सकता, लेकिन Y-क्रोमोज़ोम के बिना हर स्त्री का काम चल सकता है।

Y-क्रोमोज़ोम और एमटी-डीएनए की यह प्रकृति - कि वे पुनर्संयोजन और निशान के बिना पूरी तरह से व्यक्ति की पैतृक और मातृक वंशावली से आए होते हैं - व्यक्तियों तथा आबादियों के देशान्तरगमन को समझने के मामले में बहुत मददगार साबित हुई है, ख़ास तौर से आबादीपरक आनुवांशिकी के शुरुआती स्तरों पर। जिस चीज़ ने इसे संभव बनाया, वे उत्परिवर्तन या प्रतिलिपिपरक चूक थीं, जैसा कि हमने पहले चर्चा की थी। अगर किसी व्यक्ति का एमटी-डीएनए ठीक उसकी माँ, नानी इत्यादि के एमटी-डीएनए जैसा ही होता, या अगर किसी पुरुष का Y-क्रोमोज़ोम ठीक उसके पिता, दादा इत्यादि के Y-क्रोमोज़ोम जैसा ही होता, तो किसी व्यक्ति के एमटी-डीएनए या Y-क्रोमोज़ोम से कोई सारगर्भित सूचना या गहरी समझ हासिल होने की संभावना न होती, लेकिन लम्बे समय तक संचित होते रहने वाले उत्परिवर्तन इस बात को तय कर देते हैं कि किसी व्यक्ति का Y-क्रोमोज़ोम या एमटी-डीएनए उस सब कुछ का आनुवांशिक हिसाब-किताब रखता है, जो पूरी तरह से उस व्यक्ति के पैतृक या मातृक वंश में घटित हुआ होता है।

उदाहरण के लिए, अगर नानी की माँ के एमटी-डीएनए में PCX नामक उत्परिवर्तन घटित हुआ था, तो उसने उस उत्परिवर्तन को अपनी बेटियों से जन्मी सारी नातिनों और इसी क्रम में उनकी बाद की स्त्री-सन्ततियों को हस्तान्तरित किया होगा। और अगर आप किसी विशेष इलाक़े की आबादी का आनुवांशिक परीक्षण कर रहे हैं और इस प्रक्रिया में एमटी-डीएनए में हुए PCX के कई प्रकरण आपके देखने में आते हैं, तो आप उस उत्परिवर्तन से युक्त - और अगर उसके बाद कोई उत्परिवर्तन हुए होंगे, तो उनसे युक्त - लोगों का वंश-वृक्ष तैयार कर सकेंगे। दूसरे शब्दों में, अगर आपके पास किसी व्यक्ति का एमटी-डीएनए या Y-क्रोमोज़ोम है, तो आप उसके अतीत में फैली उसकी मातृक या पैतृक वंशावली का ठीक-ठीक स्थान निर्धारित कर सकेंगे। चूँकि Y-क्रोमोज़ोम और एमटी-डीएनए, दोनों के वैश्विक इंसानी आनुवांशिक डेटाबेस मौजूद हैं, अब यह जानना संभव है कि एक ही समूह या उत्परिवर्तन से संबंध रखने वाले लोग फ़िलहाल व्यापक तौर पर कहाँ मौजूद हैं।

लेकिन मामला यहीं तक सीमित नहीं है। वैज्ञानिक बहुत पहले इस बात को लक्ष्य कर चुके हैं कि उत्परिवर्तनों में एक ख़ास तरह का क्रम होता है। यह कोई परिशुद्ध विज्ञान (इग्ज़ैक्ट साइंस) तो नहीं है, तब भी इन वैज्ञानिकों ने संभावनाओं की व्यापक गुंजाइश के

साथ समूचे जीन-समूह की, साथ ही Y-क्रोमोज़ोम और एमटी-डीएनए जैसे जीन-समूह वाले विशिष्ट क्षेत्रों की उत्परिवर्तन दरों का आकलन कर लिया है।

जहाँ एमटी-डीएनए और Y-क्रोमोज़ोम से प्रकट होने वाला उत्परिवर्तनों का पिछला हिसाब-किताब आनुवांशिक वंश-वृक्ष तैयार करने की गुंजाइश देता है, वहीं उत्परिवर्तन की दर हमें उस अनुमानित समय के आकलन की गुंजाइश देती है, जो समय किसी वंश-वृक्ष की दो शाखाओं या उपशाखाओं के विभिन्न दिशाओं में विकसित होने के बाद से बीता होता है।

आबादियों का अध्ययन करने वाले आनुवांशिकीविदों ने वैश्विक स्तर पर तैयार किए गए एमटी-डीएनए और Y-क्रोमोज़ोम संबंधी उन वंश-वृक्षों की शाखाओं का नामकरण किया है जो उन्होंने व्यापक आनुवांशिक अध्ययनों का उपयोग करते हुए तैयार किए हैं। आबादीपरक आनुवांशिकी में ऐसी शाखा के लिए मिलता-जुलता शब्द है हैप्लो समूह (हैप्लोग्रुप)। ग्रीक भाषा में हैप्लो का अर्थ होता है एक, इसलिए हैप्लोसमूह का अर्थ है एक-समूह।[4] जहाँ अभिभावक शाखा को मैक्रो-हैप्लोग्रुप (दीर्घ-एकसमूह) कहा जाता है, वहीं सबहैप्लोग्रुप या क्लेड उप-शाखाओं की ओर संकेत करता है। एमटी-डीएनए के वंशवृक्ष की कुछ सबसे पुरानी शाखाएँ L0, L1, L2 और M7 एक-समूह हैं, जबकि Y-क्रोमोज़ोम की कुछ सबसे पुरानी शाखाएँ A, B, CT और D हैं। इसलिए किसी व्यक्ति के एमटी-डीएनए या Y-क्रोमोज़ोम की पहचान करते हुए आप मोटे तौर पर उस व्यक्ति की दीर्घकालीन पैतृक या मातृक वंशावली और इस बात को समझ सकते हैं कि दूसरी वंशावलियाँ उसकी कितनी क़रीबी या दूर की हैं। अगर दो व्यक्ति एक ही एमटी-डीएनए हैप्लोसमूह के हैं, तो इसका मतलब है कि उनके उस हैप्लोसमूह के उद्भव के समय से ही एक साझा नारी पूर्वज रही है। और अगर दो व्यक्ति एक ही Y-क्रोमोज़ोम हैप्लोसमूह के हैं, तो इसका मतलब है कि वे उस हैप्लोसमूह के उद्भव के समय से ही एक नर पूर्वज को साझा करते हैं।

यहाँ एक प्रतिवाद ज़रूरी है। याद रखें कि आप जिस Y-क्रोमोज़ोम या एमटी-डीएनए को धारण करते हैं, वह आपके समूचे जीन-समूह का महज़ एक छोटा-सा, तेईसवें से भी छोटा हिस्सा है। इसलिए मात्र आपके Y-क्रोमोज़ोम या एमटी-डीएनए की समझ इस बारे में बहुत ज़्यादा जानकारी नहीं देती कि आपकी समूची आनुवांशिक बनावट क्या है : यह आपको सिर्फ़ इतना बताती है कि आपके पूरी तरह से पैतृक या पूरी तरह से मातृक पूर्वज कौन हैं। और वे उस समुदाय का महज़ एक छोटा-सा हिस्सा हैं, जिनको आप जायज़ तौर पर अपना पूर्वज कह सकते हैं। उदाहरण के लिए, अगर आप सिर्फ़ Y-क्रोमोज़ोम या एमटी-डीएनए वंशानुक्रम का अनुसरण करते हैं, तो आपकी माँ के पिता, या आपके पिता की माँ, या आपके पिता की माँ के पिता समूह से बाहर छूट जाते हैं। अगर आप दस पीढ़ी पीछे जाएँगे, तो आपको 1024 लोग मिलेंगे, जिनको आप अपना पूर्वज कह सकेंगे, लेकिन

---

4. यह इस तथ्य की ओर संकेत है कि Y-क्रोमोज़ोम और एमटी-डीएनए एकल-क्रोमोज़ोमीय (हैप्लॉइड) हैं - दूसरे अभिभावक के डीएनए से मिश्रित हुए बिना एक अभिभावक से वंशानुगत रूप से प्राप्त। यह उन बाक़ी क्रोमोज़ोमों से भिन्न है, जो द्वि-क्रोमोज़ोमीय होते हैं, या दोनों अभिभावकों से वंशानुगत रूप से प्राप्त होते हैं।

आपके एमटी-डीएनए या Y-क्रोमोज़ोम का उनमें से मात्र दस लोगों से ही कोई संबंध होगा। अगर आप पन्द्रह पीढ़ी पीछे जाएँगे, तो आपके पूर्वजों की संख्या तेज़ी-से बढ़कर 32,768 हो जाती है, लेकिन आपका एमटी-डीएनए या Y-क्रोमोज़ोम उनमें से मात्र पन्द्रह लोगों से जुड़ा होगा! यह चीज़ कभी-कभी अजीबोग़रीब नतीजों की ओर ले जाती है।

मसलन, किसी व्यक्ति के संदर्भ में यह लगभग पूरी तरह संभव है कि वह चीनी वंशावली का हो, लेकिन उस Y-क्रोमोज़ोम के हैप्लोग्रुप से संबंध रखता हो, जो आमतौर से केवल हिन्दुस्तान में ही पाया जाता है। इसके लिए केवल इतना ही ज़रूरी रहा होगा कि कोई हिन्दुस्तानी पुरुष, मान लीजिए, दस सदी पहले अपने एक बेटे को चीन में छोड़ आया हो और फिर इस बेटे ने एक ऐसी वंशावली स्थापित की हो, जिसकी हर पीढ़ी में कम-से-कम एक बेटा हुआ हो, और वे सब चीन में ही रहे हों और उन्होंने चीनी स्त्रियों से विवाह किया हो। इसी वंश का आज का हिन्दुस्तानी नर उत्तराधिकारी - बेटे के बेटे का बेटा...- अभी भी हिन्दुस्तानी पुरुष का Y-क्रोमोज़ोम धारण किए हो सकता है, लेकिन वह वास्तव में चीनी वंशज होगा, क्योंकि उसको हिन्दुस्तान से जोड़ने वाला एक महीन, सदियों पुराना धागा है।

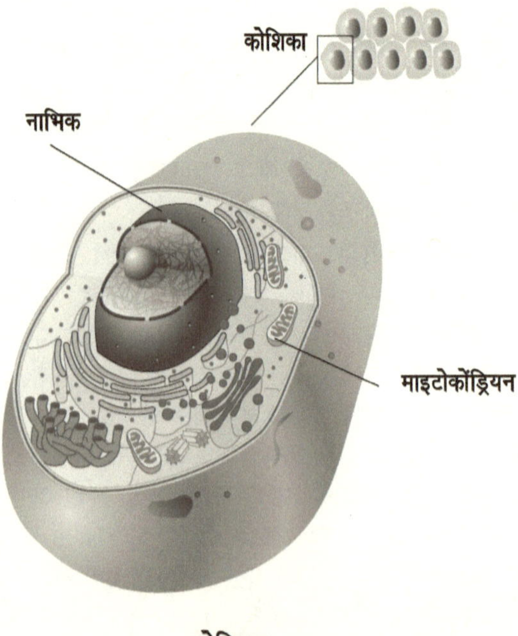

कोशिका

स्रोत : नेशनल ह्यूमन जीनोम रिसर्च इंस्टीट्यूट, बेथेस्दा

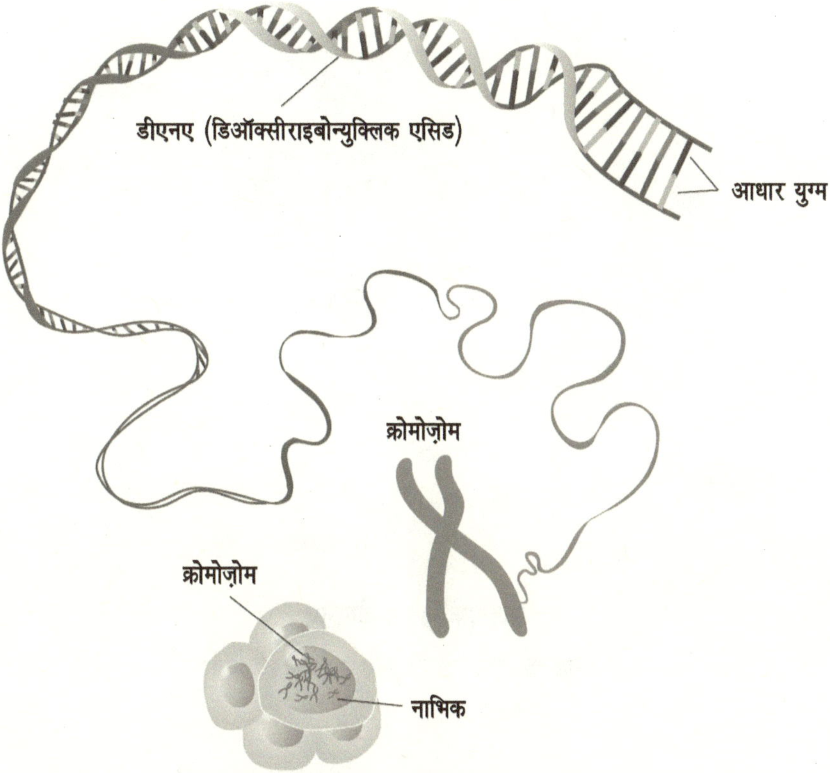

क्रोमोज़ोम

स्रोत : नेशनल ह्यूमन जीनोम रिसर्च इंस्टीट्यूट, बेथेस्दा

इसलिए जहाँ आबादियों के आवागमन या व्यक्तियों अथवा समूहों के इतिहास को समझने के लिए एमटी-डीएनए और Y-क्रोमोज़ोम मददगार हैं, वहीं वे किसी व्यक्ति या आबादी की समूची आनुवांशिक बनावट या दूसरी आबादियों के साथ उसके रिश्ते को समझने के लिए पर्याप्त नहीं भी हो सकते। इसके लिए हमें समग्र जीन-समूह सीक्वेंसिंग की ज़रूरत होती है, जो किसी व्यक्ति के समूचे जीन-समूह का अध्ययन करती है, सिर्फ़ Y-क्रोमोज़ोम या एमटी-डीएनए की नहीं। हम बाईस ग़ैर-यौनपरक क्रोमोज़ोम - जो अलिंगसूत्री (ऑटोसोम) कहलाते हैं - से कोई वंश-वृक्ष तैयार नहीं कर सकते, क्योंकि जीन्स का पुनर्संयोजन या उलट-फेर और विभाजन इसे असंभव बना देता है, लेकिन समग्र जीन-समूह अनुक्रमण विभिन्न आबादी-समूहों के बीच के रिश्तों के स्तर को मापने में स्पष्ट तौर पर मदद कर सकता है। पहले समग्र जीन-समूह सीक्वेंसिंग बहुत महँगा और बहुत ज़्यादा समय लेने वाला मामला हुआ करता था, लेकिन उन्नत होती प्रौद्योगिकी के साथ अब यह आनुवांशिक अध्ययनों में उत्तरोत्तर आम होता जा रहा है।

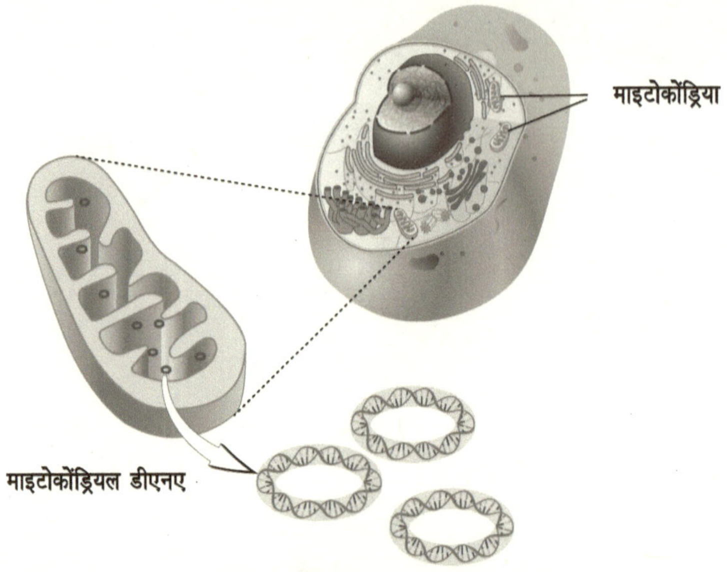

माइटोकोंड्रियल डीएनए

स्रोत : नेशनल ह्यूमन जीनोम रिसर्च इंस्टीट्यूट, बेथेस्दा

'अफ़्रीका से निष्क्रमण' ('आउट ऑफ़ अफ़्रीका') का काल-निर्धारण

अब जबकि आनुवांशिकी की बुनियादी कार्यप्रणाली संबंधी बाधा से निपटा जा चुका है, तो हम अगले सवाल से निपटते हैं : आनुवांशिकीविद यह क्यों कहते हैं कि अफ़्रीका के बाहर के सारे आधुनिक मनुष्य उस महाद्वीप से आए एकल समूह का हिस्सा हैं, और वे यह क्यों कहते हैं कि यह सामूहिक निष्क्रमण 70,000 वर्ष पहले या उसके बाद हुआ था? वजह एकदम सीधी-सी है। जब आप सारी दुनिया में अफ़्रीका से बाहर के लोगों के एमटी-डीएनए पर नज़र डालेंगे, तो आप पाएँगे कि वे सब L3 नामक उस एक हैप्लोसमूह से आते हैं, जिसकी वंशावली अफ़्रीका में गहराई तक फैली है। ज़रा इस बारे में सोचिए कि इसका क्या मतलब है : यह कि अफ़्रीका के बाहर के सारे लोग उस एक अफ़्रीकी स्त्री के वंशज हैं, जिसने L3 एमटी-डीएनए हैप्लोसमूह को जन्म दिया था! अफ़्रीका में इससे भी पुरानी पन्द्रह अन्य वंशावलियाँ हैं, जिनके L0, L1, L1a और L1c जैसे नाम हैं, लेकिन इनमें से कोई भी उस समूह का हिस्सा नहीं थे, जो बाक़ी दुनिया को आबाद करने निकले थे। आज L3 की दो तत्काल बाद उत्पन्न हुई वंशावलियाँ सबहैप्लोसमूह M और N हैं, जिनमें से N का अपना बड़ा सबहैप्लोसमूह R है। इस तरह अफ़्रीका के बाहर की दुनिया की सारी इंसानी आबादी उन वंशावलियों को धारण करती है, जो M, N या R का नतीजा हैं। जहाँ दक्षिण एशिया में ये तीनों हैप्लोसमूह हैं, वहीं यूरोप में इनमें से सिर्फ़ दो N और R हैं, M अनुपस्थित है।

क़रीब-क़रीब वैसी ही तसवीर तब भी सामने आती है, जब आप Y-क्रोमोज़ोम पर नज़र डालते हैं। बाक़ी दुनिया को आबाद करने वाले अफ़्रीका के सिर्फ़ तीन हैप्लोसमूह हैं - C, D और F, जो सभी CT नामक एक मूल हैप्लोसमूह से उत्पन्न हैं। एक बार फिर, इसका मतलब है कि अफ़्रीका के बाहर के सारे मनुष्य उस एक पुरुष के वंशज हैं, जिसने Y-क्रोमोज़ोम हैप्लोसमूह CT की शुरुआत की थी। ये तथ्य यह बताते हैं कि अफ़्रीका के आधुनिक मनुष्यों की आबादी का सिर्फ़ एक उप-अंश ही बाक़ी दुनिया को आबाद करने वहाँ से निकला था। दूसरे, अफ़्रीका से स्थानान्तरित सारे एमटी-डीएनए हैप्लोग्रुप के L3 के वंशज होने तथा किसी अन्य हैप्लोसमूह के वंशज न होने का तथ्य इस ओर संकेत करता है कि स्थानान्तरण की यह घटना एक बार हुई थी और अनेक बार नहीं हुई थी, क्योंकि अगर स्थानान्तरण की ये घटनाएँ अनेक बार हुई होतीं, तो उसके नतीजे में संभवतः आज की आबादियों की वंशावलियाँ मात्र L3 से नहीं, बल्कि एमटी-डीएनए की बड़ी संख्या से उत्पन्न हुई होतीं। इस बात की संभावना बहुत, बहुत कम है कि अनेक स्थानान्तरण एक ही L3 वंशावली को उत्पन्न करने के लिए हुए हों।

स्वयं स्थानान्तरण की इस घटना के 70,000 साल पहले या उसके बाद घटित हुए होने के इस काल-निर्धारण पर हम कैसे पहुँचते हैं? यह भी एकदम सीधा-सादा है। उत्परिवर्तन की रफ़्तारों और आज के समय के जीन-समूह संबंधी आँकड़ों के सहारे आनुवांशिकीविद किन्हीं भी हैप्लोसमूहों के उद्भव के समय का हिसाब लगा सकते हैं। उन्होंने निष्कर्ष निकाला है कि L3 का उद्भव लगभग 70,000 साल पहले हुआ था। इसी तरह N वंशावली का काल-निर्धारण 61,000 वर्ष पूर्व और M का काल-निर्धारण 48,000 वर्ष पूर्व किया गया है। इसलिए यह संभव नहीं है कि अफ़्रीका से निष्क्रमण की घटना 61,000 वर्ष पूर्व से ज़्यादा बाद में कभी घटित हुई हो (अगर ऐसा होता तो अफ़्रीका में N वंशावलियाँ होतीं, जैसा कि नहीं है), और वह घटना 70,000 वर्ष से ज़्यादा पहले की भी नहीं हो सकती, क्योंकि वैसी स्थिति में अफ़्रीका में L3 वंशावली होती ही नहीं, जैसी भी स्थिति नहीं है।[5]

यह एक साफ़-सुथरा तर्क लग सकता है, जो अफ़्रीका से हुए सामूहिक निष्क्रमण के काल-खण्ड को लक्ष्य बनाता है, लेकिन ये आकलन उन हैप्लोसमूहों की 'औसत' आयु पर आधारित हैं, जिनमें हमारी दिलचस्पी है। उन गणनाओं की वास्तविक सीमा का विस्तार दोनों ओर कुछ हज़ार साल हो सकता है। इसलिए यह कहना ज़्यादा तर्कसंगत है कि अफ़्रीका से बाहर हुए निष्क्रमण की घटना लगभग 50,000 वर्ष पूर्व के बाद और लगभग 80,000 हज़ार वर्ष पूर्व से पहले के किसी समय में हुई हो सकती है। और अगर हम आनुवांशिक मसलों के अतिरिक्त कुछ ख़ास जलवायुपरक मसलों को ध्यान में रखें, तो इस बड़े फैलाव के भीतर से हम मोटे तौर पर 50,000 और 60,000 वर्ष पूर्व के बीच के एक झरोखे तक पहुँच सकते हैं।

---

5. आज अफ़्रीका में N और M की धीमी आवृत्ति की उपस्थिति है, लेकिन इसकी वजह अफ़्रीका से हुए स्थानान्तरण के बाद यूरेशिया से वापस अफ़्रीका में हुए स्थानान्तरण में देखी गई है।

उचित जलवायु

यह इसलिए है, क्योंकि लगभग 57,000 वर्ष पूर्व से लेकर लगभग 71,000 वर्ष पूर्व तक का काल-खण्ड हिमानी (ग्लेशियल) था, जब जलवायु ठण्डी और शुष्क थी और वह महाद्वीपों के बीच आवाजाही करने के लिहाज़ से किसी के लिए भी अच्छा समय नहीं रहा होगा। हिम युग के दौरान विशालकाय जलाशय बर्फ़ की चादरों से ढके होते हैं, और ठण्डे मौसम का मतलब होता है कि समुद्र से बहुत कम वाष्पीकरण होता है और बारिश कम और शुष्कता ज़्यादा होती है।

प्राणियों का विस्तार नए इलाक़ों में अपेक्षाकृत उन गर्म और नम काल-खण्डों के दौरान होता है, जब उन जगहों पर झीलें और जलाशय तैयार हो जाते हैं, जहाँ वे नहीं होते थे, और जब रेगिस्तान प्रचुर मात्रा में नए घास के मैदानों में तब्दील होने लगते हैं। गाय, बकरी, भेड़ और हिरण जैसे घास खाने वाले पशु भरपूर आहार और सुरक्षा की तलाश में इन नए इलाक़ों में आ जाते हैं और बहुत जल्दी ही, *होमो सेपियन्स* समेत, परभक्षी जीव भरपूर भोजन की तलाश में पशुओं के इस झुण्ड के पीछे चले आते हैं। इसलिए अगर आप किसी बड़े पैमाने पर लोगों के एक स्थान से दूसरे स्थान पर जाने की पहचान करने की कोशिश कर रहे हैं, तो आपके लिए जलवायु-चक्रों को जाँच लेना उचित होगा, हालाँकि, निश्चय ही, इसके भी निर्णायक महत्त्व रखने वाले अपवाद हैं, जैसे कि हर किसी स्थिति के होते हैं। कुछ स्थानान्तरण निश्चय ही उन शुष्क, ठण्डी जलवायुओं द्वारा सुगम बनाए गए हो सकते हैं, जो झीलों और समुद्रों को सिकोड़कर महाद्वीपों और इलाक़ों को अलग कर देती हैं, और इस तरह उनको पार करना आसान बना देती हैं।

1960 और 1970 के दशक में भूगर्भशास्त्रियों ने समुद्र के तलछटी भीतरी भागों का पता लगाने और फिर विभिन्न गहराइयों में इन तलछटों में मौजूद ऑक्सीजन आइसोटोपों की खोज करने के लिए समुद्र में गहरे छेद करके भूमण्डलीय जलवायु संबंधी उतार-चढ़ावों का हिसाब लगाने का एक तरीक़ा खोजा था। ऑक्सीजन-18 के उच्च स्तर ठण्डे, हिमानी काल-खण्डों को दर्शाते हैं और ऑक्सीजन-18 के निचले स्तर गर्म, नम कालखण्डों को दर्शाते हैं। इसके आधार पर अब हम दुनिया के पिछले कई लाख सालों के उस जलवायुपरक इतिहास पर नज़र डाल सकते हैं, जिसको मैरीन आइसोटोप स्टेजेज़ (एमआईएस) (समुद्री आइसोटोप अवस्थाएँ) नामक कालखण्डों में विभाजित किया गया है। वर्तमान में हम एमआईएस-1 में हैं, जो एक गर्म और नम कालखण्ड है, जिसकी शुरुआत लगभग 14,000 साल पहले हुई थी और जो अभी भी जारी है। एमआईएस की सभी विषम संख्याओं वाली अवस्थाएँ गर्म और नम होती हैं, जबकि सम संख्याओं वाली एमआईएस अवस्थाएँ ठण्डे और शुष्क हिमानी कालखण्डों को सूचित करती हैं।

समुद्री आइसोटोप अवस्थाएँ	आरम्भ होने की तिथि ('000 वर्ष पूर्व)
एमआईएस 1	14
एमआईएस 2	29
एमआईएस 3	57
एमआईएस 4	71
एमआईएस 5	130
एमआईएस 6	191
एमआईएस 7	243
एमआईएस 8	300
एमआईएस 9	337
एमआईएस 10	374
एमआईएस 11	424
एमआईएस 12	478
एमआईएस 13	528
एमआईएस 14	563
एमआईएस 15	621
एमआईएस 16	676
एमआईएस 17	712
एमआईएस 18	761
एमआईएस 19	790
एमआईएस 20	814
एमआईएस 21	866

यह सूची एमआईएस 104 तक जारी रहती है,
जिसकी शुरुआत 26.14 लाख साल पहले होती है।

इन एमआईएस आँकड़ों के माध्यम से ही हम जानते हैं कि जलवायु-परिवर्तन लगभग 57,000 वर्ष पूर्व घटित हुआ था, जिसने तब एक अपेक्षाकृत गर्म, नम दुनिया की रचना कर दी थी, जब उत्तरी अफ़्रीका के रेगिस्तान और अरब प्रायद्वीप हरे-भरे घास के मैदानों में तब्दील हो गए थे, और इस तरह उन्होंने शाकाहारी और मांसाहारी, दोनों तरह के प्राणियों

को अपनी ओर आकर्षित किया था, जिनमें हमारे अपने पूर्वज, उप-सहाराई अफ़्रीका के शरणार्थी भी शामिल थे। उससे पहले, 71,000 से 57,000 साल पूर्व तक का काल-खण्ड एमआईएस-4 के रूप में वर्गीकृत एक हिमानी युग था, जब हरियाली और घास के मैदान और उनके साथ-साथ शाकाहारी तथा मांसाहारी कमज़ोर पड़ गए थे और रेगिस्तान फिर से रेगिस्तान बन गए थे। उससे भी पहले, 71,000 से 130,000 वर्ष पूर्व का काल-खण्ड गर्म था, लेकिन यह ज़्यादातर अफ़्रीका से हुए स्थानान्तरण की विस्तृत आनुवांशिक सीमा के बाहर है। इसलिए अगर अफ़्रीका से स्थानान्तरण किसी गर्म, नम काल-खण्ड में हुआ था, तो हम कह सकते हैं कि यह मोटे तौर पर 60,000 और 50,000 वर्ष पूर्व हुआ था।

अब तक आप लक्ष्य कर चुके होंगे कि जहाँ तर्क आसानी-से आगे बढ़ता जाता है और जहाँ कुल मिलाकर एक कालक्रमबद्ध दायरा है, जो मज़बूत प्रतीत होता है, वहीं जिन विशिष्ट काल-खण्डों तक पहुँच बनती है, वे स्थिर होने की बजाय अस्थिर हैं, जो बदलती स्थिति के अनुसार परिवर्तन की पर्याप्त गुंजाइश देते हैं। पुरातत्त्व या आनुवांशिकी की नई खोज उनको विस्तृत परिधि के भीतर यहाँ-वहाँ खिसका सकती हैं, जैसे आनुवांशिकीविद नवीन और अधिक विशद जानकारी के अनुरूप तालमेल बैठा लेते हैं।

एशिया के प्रवेश-द्वारों पर

अभी तक हम अफ़्रीका से हुए स्थानान्तरण के क़िस्से के आनुवांशिक और जलवायुपरक पहलुओं को देखते रहे हैं, लेकिन जब हम पुरातत्त्व पर आते हैं, तो स्थितियों को किंचित भिन्न रोशनी में देखते हैं, उन वजहों से जिनको पहले स्पष्ट किया जा चुका है : आनुवांशिकी विद्या ज़्यादातर उन लोगों पर ध्यान केन्द्रित करती है, जो अपने पीछे कोई वंशावली छोड़ गए होते हैं, जबकि पुरातत्त्वशास्त्र उन लोगों पर ध्यान देता है, जो अपने पीछे भले ही कोई वंशावली न छोड़ गए हों, लेकिन जो कुछ पुरातात्त्विक साक्ष्य छोड़ गए होते हैं (दोनों विद्याओं के बीच का यह फ़र्क़ बहुत जल्दी मिट सकता है, क्योंकि पुरातत्त्ववेत्ता और आनुवांशिकीविद उत्तरोत्तर उन मनुष्यों के प्राचीन डीएनए हासिल करते जा रहे हैं, जिनके कोई जीवित वंशज हो भी सकते हैं और नहीं भी हो सकते हैं)।

उदाहरण के लिए जनवरी 2018 में पुरातत्त्ववेत्ताओं ने ऐलान किया था कि उत्तरी इज़रायल के मिस्लिया में मिले एक आधुनिक इंसान के ऊपरी जबड़े के दाँत 180,000 वर्ष पूर्व के हैं, जिससे यह अफ़्रीका के बाहर पाया गया अब तक का सबसे प्राचीन मानव-जीवाश्म साबित होता है। मिस्लिया-स्थल एक शैलाश्रय था, जिसका इस्तेमाल *होमो* प्रजाति के आदिम या लुप्त हो चुके लोगों द्वारा सैकड़ों हज़ारों सालों तक किया जाता रहा था, कुछ-कुछ हमारे अपने भीमबेटका के और भी पुराने संस्करण जैसी चीज़। मिस्लिया की इस खोज के पहले तक अफ़्रीका के बाहर पाए गए आधुनिक मनुष्य के प्राचीनतम जीवाश्मों को 80,000 और 120,000 वर्ष पूर्व के बीच की अवधि का बताया गया था और ये जीवाश्म भी इज़रायल में ही स्खुल और क़फ़्ज़ेह गुफाओं में पाए गए थे। ये सारी तिथियाँ अफ़्रीका से बाहर हुए स्थानान्तरण के अनुमानित काल-खण्ड से बहुत पहले - 50,000 और 60,000 वर्ष पूर्व के बीच - की हैं।

और यह महज़ लिवेंट (आधुनिक युग के सीरिया, जॉर्डन, लेबनान और इज़रायल) ही नहीं है, जहाँ इतने पुराने इंसानी जीवाश्म मिले हैं। अप्रैल 2018 में पुरातत्त्ववेत्ताओं के एक दल ने ऐलान किया था कि उनको उत्तर-पूर्वी सऊदी अरब की अल वुस्ता झील से एक आधुनिक इंसानी अंगुली का जीवाश्म मिला है, जो लगभग 88,000 साल पुराना है। यह इलाक़ा अब रेगिस्तान है, लेकिन 88,000 साल पहले यह पानी से भरा-पूरा और ताज़ा पानी की अपनी सैकड़ों झीलों से युक्त एक लुभावना आवास रहा होगा। जिस मैक्स प्लेंक इंस्टीट्यूट ऑफ़ जर्मनी के दल ने यह खोज की थी, उससे सम्बद्ध माइकल पेट्राग्लिया ने *नेशनल जियोग्रफ़िक* को दिए गए एक साक्षात्कार में कहा था कि "हमें अरब में 10,000 प्राचीन झीलें मिली हैं। हमने लगभग 200 झीलों का भ्रमण किया है और इनमें से लगभग 80 प्रतिशत में पुरातत्त्व के साक्ष्य मौजूद हैं।"

ताज़ा साक्ष्यों के आधार पर यह बात स्पष्ट होती जा रही है कि आधुनिक मनुष्य लगभग 300,000 वर्ष पूर्व अफ़्रीका में प्रकट होने लगे थे और उन्होंने कम-से-कम 180,000 साल पहले लिवेंट में और कम-से-कम 88,000 साल पहले अरब पर धावा बोलना शुरू कर दिया था, लेकिन यह सवाल अपनी जगह बना हुआ है : अगर आधुनिक इंसान कम-से-कम 180,000 से 88,000 वर्ष पूर्व एशिया के दरवाज़ों में प्रवेश कर रहे थे, तो ये अभियान अपने पीछे कोई ऐसी वंशावली छोड़ जाने के संदर्भ में कामयाब क्यों नहीं हुए, जिसने हमारी दुनिया को भर दिया? यह संभव होने के लिए उनको लगभग 60,000 वर्ष पूर्व तक प्रतीक्षा क्यों करनी पड़ी? ख़ास तौर से जब आप इस पर विचार करते हैं कि हमारे विकासपरक चचेरे, *होमो इरेक्टस*, कम-से-कम लगभग बीस लाख साल पहले अफ़्रीका से निकलने और सुदूर दक्षिण-पूर्व एशिया तक फैलने में कामयाब रहे थे।[6] संभवतः *होमो* प्रजाति के दूसरे सदस्य भी *होमो सेपियन्स* के काफ़ी पहले निकल चुके थे, और अपने पीछे निएंडरथल्स तथा डेनीसोवन जैसे अपने वंशजों को छोड़ गए थे। तब फिर वह क्या चीज़ थी, जो अफ़्रीका से निकले आधुनिक इंसानी खोजियों का रास्ता रोके रही?

इस सवाल के दो संभावित जवाब हैं। एक तो निश्चय ही यह है कि जलवायुपरक चक्रों ने बाधा डाली हो, और दूसरा जवाब है निएंडरथल। अफ़्रीका से एशिया के रास्तों का बन्द होना या खुलना संभवतः इस पर निर्भर था कि दुनिया ठण्डे, हिमानी काल-खण्ड से गुज़र रही थी या गर्म, अन्तरहिमानी (इंटरग्लेशियल) कालखण्ड से गुज़र रही थी। निएंडरथलों की मौजूदगी शायद और भी अधिक मुनासिब वजह है। लिवेंट में प्रवेश करने वाले आधुनिक इंसानों का लगभग निश्चित तौर पर निएंडरथलों से सामना हुआ होगा, जो तब तक यूरेशिया

---

6. लगभग बीस लाख साल पहले तक कोई लाल सागर (रेड सी) नहीं था और प्राणी, उस पूरे क्षेत्र से होकर जिसे आज लाल सागर ने अलग कर दिया है, अफ़्रीका से एशिया में, या एशिया से अफ़्रीका में पैदल आवाजाही कर सकते थे। संभव है कि *होमो इरेक्टस* इस रास्ते अफ़्रीका से एशिया आने वाले अन्तिम स्तनधारी रहे हों। लाल सागर का निर्माण उस लाल सागर दरार (रेड सी रिफ़्ट) से हुआ था, जो अफ़्रीकी प्लेट और अरबी प्लेट के अलग हो जाने के नतीजे में पैदा हुई थी। इस दरार के बनने की शुरुआत लगभग बीस लाख साल पहले हुई थी, और तब के बाद से अफ़्रीका प्रति वर्ष पन्द्रह मिलीमीटर की रफ़्तार से अरब से दूर सरकता जा रहा है। उसका फैलना अभी भी जारी है।

की प्रभावशाली प्रजाति बन चुकी थी। लिवेंट में उनके उस समय के आस-पास मौजूद होने के पुरातात्त्विक साक्ष्य बड़ी तादाद में उपलब्ध हैं, जब आधुनिक इंसान वहाँ थे।

इज़रायल में स्खुल के क़रीब ताबुन गुफा में मिले निएंडरथल के अवशेष 120,000 साल पुराने हैं, जो मोटे तौर पर वही समय है, जब आधुनिक इंसान वहाँ थे। वे केबारा गुफा में भी पाए गए हैं, जो स्खुल-क़फ़्ज़ेह गुफाओं से बहुत दूर नहीं है, और उनको 61,000 से 48,000 वर्ष पूर्व का बताया गया है। इसलिए यह क़तई संभव है कि आधुनिक इंसानों को लिवेंट से यूरेशिया की ओर बढ़ने में मुश्किल पेश आई हो, क्योंकि वे उन निएंडरथलों पर विजय न पा सके हों, जो यूरोप की ठण्डी जलवायु के अनुरूप अच्छी तरह से ढले हुए थे। हमारे पूर्वजों ने स्वयं यूरोप में अन्ततः दसियों हज़ार साल बाद निएंडरथलों पर विजय प्राप्त कर ली थी, लेकिन इसे ध्यान में रखा जाना चाहिए कि हमारे बीच हुई पहली मुठभेड़ों का परिणाम शायद हमारे पक्ष में नहीं गया था।

लेकिन आधुनिक इंसानों के यूरेशिया में घुसने की पहली कोशिशों के दौरान क्या हुआ था, इसकी सही समझ भूगोल और जलवायु, दोनों को समझे बिना संभव नहीं है। अफ़्रीका से बाहर निकले प्राचीन काल के आधुनिक मनुष्यों के पास यूरेशिया में प्रवेश करने के चार संभावित रास्ते थे- उत्तर-पश्चिमी अफ़्रीका के मोरक्को से जिब्राल्टर जलडमरूमध्य के पार स्पेन तक; ट्यूनीशिया से सिसली तक; मिस्र से सिनाई प्रायद्वीप और वहाँ से लिवेंट तक; और पूर्वी अफ़्रीका के एरिट्रिया से यमन और सऊदी अरब होते हुए लाल सागर के दक्षिणी सिरे पर स्थित बाब-अल-मंदेब तक। ऐसा कोई साक्ष्य नहीं है कि इन चार संभावित मार्गों में से पहला या दूसरा मार्ग कभी इस्तेमाल किया गया हो, लेकिन हमारे पास इस बात के भरपूर साक्ष्य हैं कि जब भी कभी जलवायु ने तीसरे और चौथे मार्ग को खुलने की इजाज़त दी, तब इनका इस्तेमाल किया गया।

जिसे भूगर्भविज्ञानी प्रतिनूतन युग (प्लाइस्टसीन) (25.8 लाख और 11,700 वर्ष पूर्व के बीच का समय) की संज्ञा देते हैं, उसका ज़्यादातर हिस्सा बहुत ठण्डा रहा होगा और सहारा तथा सिनाई रेगिस्तान रहे होंगे, और इन चीज़ों ने मिस्र से लिवेंट तक के मार्ग को मुश्किल बना दिया होगा, लेकिन सौभाग्य से अन्तरहिमानी, या अपेक्षाकृत गर्म काल-खण्ड रहे थे (इनको विषम संख्याओं से एमआईएस चरणों में शामिल किया गया है, जैसे कि हम पहले चर्चा कर चुके हैं), जब मौसम नम हो जाया करता था और रेगिस्तान हरे और पार करने योग्य हो जाया करते थे। इन काल-खण्डों के दौरान मनुष्यों और पशुओं, दोनों के लिए अफ़्रीकी और यूरेशिया के बीच आवागमन संभव रहा होगा। 243,000 वर्ष पूर्व और 191,000 वर्ष पूर्व के बीच का कालखण्ड एक अन्तरहिमानी (एमआईएस-7), अपेक्षाकृत गर्म कालखण्ड था, और इसी तरह 130,000 वर्ष पूर्व और 71,000 वर्ष पूर्व के बीच का काल-खण्ड (एमआईएस-5) भी था। हाल ही में हुई (180,000 वर्ष पुराने) मिस्लिया जीवाश्म की खोज मोटे तौर पर पहले काल-खण्ड के अन्तर्गत आती है, जबकि इज़रायल में की गई स्खुल क़फ़्ज़ेह की (80,000 से 120,000 वर्ष पूर्व की) कई खोज दूसरे काल-खण्ड के अन्तर्गत आती हैं।

जब कभी गर्म अन्तरहिमानी काल-खण्ड समाप्त हुए थे और जलवायु फिर से ठण्डी हुई थी, मध्य या उत्तरी यूरेशिया में पहले से मौजूद निएंडरथल कुछ ज़्यादा गर्म जलवायु की

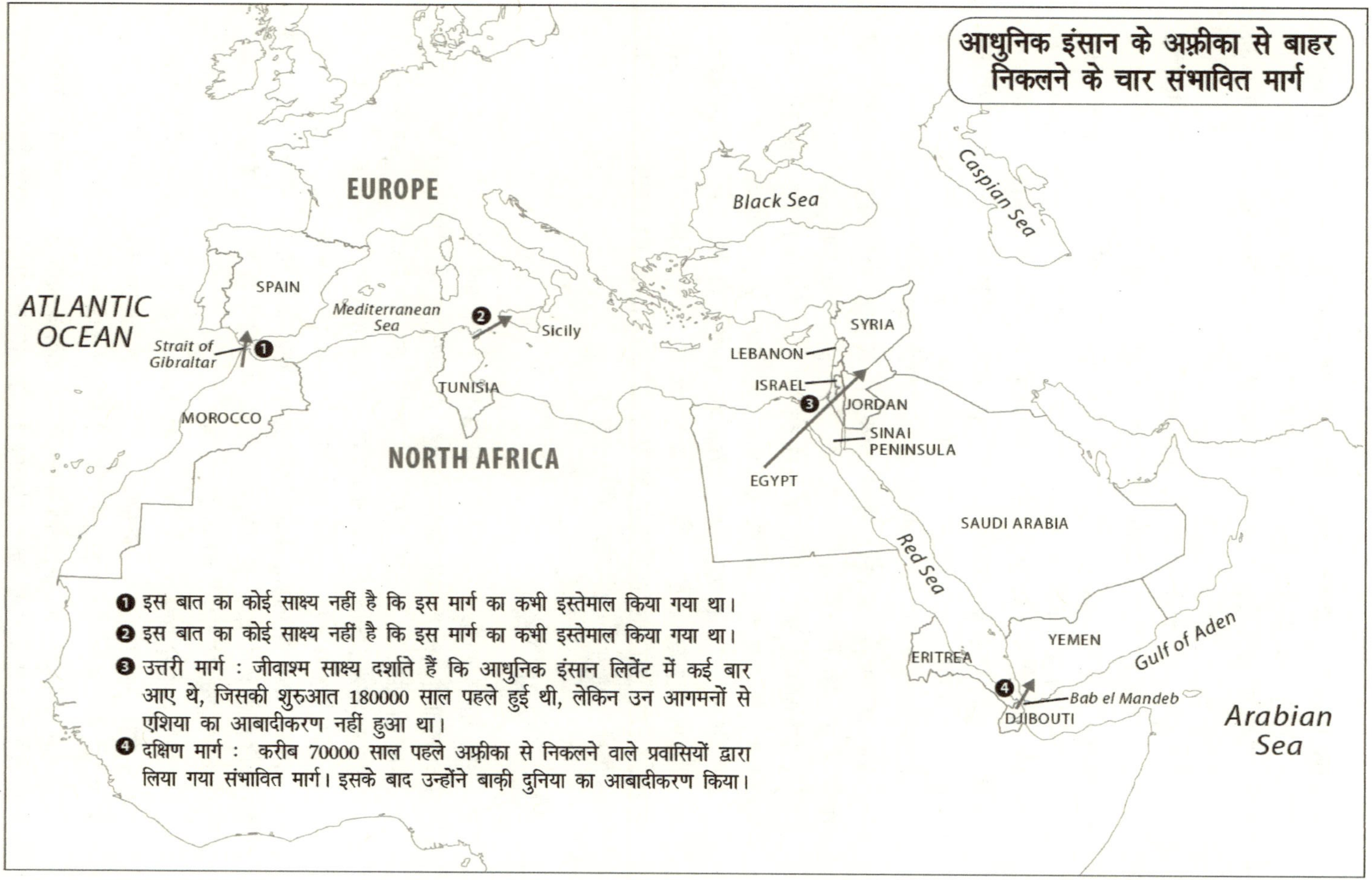
आधुनिक इंसान के अफ़्रीका से बाहर निकलने के चार संभावित मार्ग
EUROPE
Black Sea
Caspian Sea
ATLANTIC OCEAN
SPAIN
Mediterranean Sea
Strait of Gibraltar
Sicily
SYRIA
LEBANON
ISRAEL
JORDAN
SINAI PENINSULA
TUNISIA
MOROCCO
NORTH AFRICA
EGYPT
SAUDI ARABIA
Red Sea
YEMEN
Gulf of Aden
ERITREA
Bab el Mandeb
DJIBOUTI
Arabian Sea
1 इस बात का कोई साक्ष्य नहीं है कि इस मार्ग का कभी इस्तेमाल किया गया था।
2 इस बात का कोई साक्ष्य नहीं है कि इस मार्ग का कभी इस्तेमाल किया गया था।
3 उत्तरी मार्ग : जीवाश्म साक्ष्य दर्शाते हैं कि आधुनिक इंसान लिवेंट में कई बार आए थे, जिसकी शुरुआत 180000 साल पहले हुई थी, लेकिन उन आगमनों से एशिया का आबादीकरण नहीं हुआ था।
4 दक्षिण मार्ग : करीब 70000 साल पहले अफ़्रीका से निकलने वाले प्रवासियों द्वारा लिया गया संभावित मार्ग। इसके बाद उन्होंने बाक़ी दुनिया का आबादीकरण किया।

तलाश में संभवतः दक्षिण यूरेशिया की ओर चले गए होंगे, और इस तरह उन्होंने वहाँ के नवागन्तुक *होमो सेपियन्स* पर दबाव डाला होगा। इस तरह यह संभव है कि जलवायु के चक्र और निएंडरथल, दोनों ने मिलकर वह काम किया हो, जिसने लिवेंट के रास्ते अफ़्रीका से आए पहले आधुनिक इंसानों की बाक़ी दुनिया को उपनिवेश बनाने की कोशिशों पर पानी फेर दिया हो।

जो कुछ हुआ, उसको समझाने के लिए जहाँ हम आधुनिक युग के भौगोलिक विवरणों का इस्तेमाल कर रहे हैं, वहीं हमारे पूर्वज इस पदावली में क़तई न सोचते रहे होंगे कि वे एक महाद्वीप से दूसरे महाद्वीप में जा रहे हैं। वे तो जलवायु के ढाँचे और उसके साथ-साथ उनकी आजीविका के आधार के रूप में वनस्पतियों तथा वन्य जीवन के क्षेत्रीय विस्तार में आने वाले बदलावों के साथ महज़ अपनी आवाजाही की सीमा को विस्तृत या सीमित कर रहे होंगे। सूखे, ठण्डे कालखण्डों ने उनकी इस सीमा को सिकोड़ा होगा और गर्म, नम कालखण्डों ने उनको, और उनके साथ-साथ उन पशुओं को, जिनका वे अपने भोजन के लिए शिकार करते थे, नए चारागाहों की ओर आकर्षित किया होगा।

हम नहीं जानते कि लिवेंट के ये आरम्भिक आधुनिक इंसानी निवासी सिनाई और सहारा के एक बार फिर से रेगिस्तान में बदल जाने के पहले अफ़्रीका वापस जा पाए थे या फिर वे शीत लहर के आक्रमण की वजह से इन फैलते हुए रेगिस्तानों द्वारा अफ़्रीका से कट कर रह गए थे, और इसी के साथ दक्षिण की ओर बढ़ते निएंडरथलों द्वारा घेर लिए गए थे और इस तरह नष्ट हो गए थे। हम सिर्फ़ यह जानते हैं कि लिवेंट में आधुनिक इंसानों की उपस्थिति के साक्ष्य के इन अंशों के बाद इस क्षेत्र में लगभग 50,000 साल पहले उनकी उपस्थिति (और इस बार, ज़ाहिर है कि वे बच निकले थे) के अगले साक्ष्य के लिए हमें 30,000 से ज़्यादा वर्षों तक प्रतीक्षा करनी पड़ी थी।

आँसुओं के द्वार पर दस्तक

जहाँ मिस्र से लिवेंट के मार्ग, जिसे अफ़्रीका से एशिया की ओर जाने वाले उत्तरी मार्ग की संज्ञा दी जाती है, पर यह सब घटित हो रहा था, वहीं उस दक्षिणी मार्ग पर भी घटनाक्रम जारी था, जो एरिट्रिआ से लाल सागर के छोर पर बाब अल-मंदेब होता हुआ यमन और सऊदी अरब तक जाता है। (बाब अल-मंदेब का अर्थ है आँसुओं का द्वार। एक किंवदंती इसका रिश्ता एक भूकम्प के नतीजे में एशिया और अफ़्रीका के बीच पैदा हुई दरार में डूबे हुए लोगों के रुदन से जोड़ती है, वहीं एक दूसरी किंवदंती है, जिसके मुताबिक़ यह महज़ उन यात्रियों के लिए ख़तरे की एक चेतावनी है, जो इस समुद्र को पार करने की कोशिश करते थे, क्योंकि वह चट्टानों की कतारों से भरा हुआ था।)

उत्तरी मार्ग से भिन्न, जिसमें किसी समुद्र को पार करने की ज़रूरत नहीं है, दक्षिणी मार्ग में बाब अल-मंदेब पर - जिसकी दूरी इस समय लगभग तीस किलोमीटर है - लाल सागर को पार करना ज़रूरी होता है, लेकिन हिमानी काल-खण्ड के दौरान, जब जलवायु ठण्डी और शुष्क होती है, समुद्र का जल-स्तर घट जाता है, और इस तरह लाल सागर को पार करने की दूरी को एक तिहाई कम कर देता है और उसको पार करना किसी हद तक

आसान बना देता है। इसका कोई पुरातात्त्विक प्रमाण नहीं है कि इस युग के आधुनिक इंसानों ने नौकाओं के निर्माण की विधि का पता लगा लिया था, लेकिन यह संभव है कि उन्होंने इसका पता लगा लिया हो, क्योंकि इस बात का प्रमाण उपलब्ध है कि वे हज़ारों सालों से समुद्री तटों के सामान की छानबीन करने की जीवन-शैली अपनाते आए थे, और मछली तथा घोंघों जैसे समुद्री आहार पर जीवित रहते आए थे। नौकाएँ इस जीवन-शैली में एक सुन्दर और स्वाभाविक योगदान करने वाली रही होंगी।

वह जो भी कुछ रहा हो, हम इतना जानते हैं कि जिन ठण्डे और शुष्क काल-खण्डों ने लिवेंट में आधुनिक इंसानों के जीवन को असंभव बना रखा था, वे शायद उन लोगों के प्रति थोड़े दयालु रहे होंगे, जो दक्षिणी मार्ग के रास्ते जा रहे होते थे। सिर्फ़ इसलिए नहीं कि इन कालखण्डों ने लाल सागर को पार करना आसान बना दिया था, बल्कि इसलिए भी कि जैसे ही उन्होंने अरब को पार किया होगा, वैसे ही शायद मानसूनों ने, कम-से-कम तटीय इलाक़ों में, हिमानी युग की शुष्कता की किसी हद तक क्षतिपूर्ति कर दी होगी। (मानसून उस हिमालय के वजूद का एक साइड इफ़ैक्ट है, जिसकी रचना पृथ्वी की सतह की इंडियन परत के यूरेशियाई परत से टकराने से हुई थी, जिसकी शुरुआत लगभग पाँच करोड़ वर्ष पहले हुए थी।)

इसलिए, कुछ पुरातत्त्ववेत्ताओं का मानना है कि सबसे ठण्डे काल-खण्डों में भी आधुनिक इंसान बाब अल-मंदेब को पार कर एशिया पहुँचने में सक्षम रहे हो सकते हैं। जैसा कि हम जल्दी ही देखेंगे, 50,000 वर्ष पूर्व और 60,000 वर्ष पूर्व के बीच के समय में अफ़्रीका से हुए निष्क्रमण की संभावना के बारे में जलवायुपरक आधार पर निकाले गए नतीजों के बारे में सन्देह करने की कोई वजह है। दरअसल, कुछ पुरातत्त्ववेत्ता इस बात की वकालत करते रहे हैं कि अफ़्रीका से हुआ निष्क्रमण इससे काफ़ी पहले घटित हुआ था। माइकल पेट्राग्लिया इनमें से एक हैं। 2012 में, उन्होंने अपनी मान्यताओं के लिए 'पुरारेगिस्तान' ('पैलेइओडेज़र्ट्स') नामक महत्त्वाकांक्षी अनुसन्धान परियोजना से सहारा लेने का निश्चय किया। यह परियोजना सऊदी अरब पर केन्द्रित थी और इसका उद्देश्य अफ़्रीका तथा बाक़ी यूरेशिया के बीच के प्राचीन रिश्तों को उजागर करना था। यही वह परियोजना थी, जिसके तहत उत्तर-पूर्वी सऊदी अरब की अल वुस्ता नामक प्रागैतिहासिक झील से 88,000 साल पुराना अंगुली का जीवाश्म खोजा गया था। जो कई खोज की जा रही थीं, उनके बारे में बात करते हुए *नेचर एशिया* को दिए गए एक इंटरव्यू में पेट्राग्लिया ने कहा था कि "मेरे लिए यह जीवाश्मों की खोज सबसे ज़्यादा विस्मित करने वाली है। ये जीवाश्म उन प्राणियों के बारे में कुछ बताते हैं, जो अरब में आए हो सकते हैं। हमारे पास हाथियों के जीवाश्म हैं; ये भीमकाय जन्तु हैं, अफ़्रीकी हाथियों से भी काफ़ी बड़े। आश्चर्यजनक रूप से, हमारे पास दरियाई घोड़े (हिप्पो) भी हैं। ये सब खोज आपको बताती हैं कि वह दौर कितना नम रहा होगा। चूँकि दरियाई घोड़े बहुत खुष्क और शुष्क स्थितियों में जीवित नहीं रह सकते, इसलिए उनके जीवित बने रहने के लिए पर्यावरण का हरा होना अनिवार्य है।"

क्या जिस व्यक्ति की अंगुली अल वुस्ता में पाई गई थी, वह उस कामयाब निष्क्रमण का हिस्सा था, जो बाद में सारी दुनिया को बसाता गया? निश्चय ही नहीं, क्योंकि उस जीवाश्म का 88,000 वर्ष पूर्व का होना उसे अफ़्रीका से हुए निष्क्रमण की उस अधिकतम सीमा के परे ले जाता है, जिसे आनुवांशिकीविदों ने संभव माना है। इसलिए संभावना इस बात की ही है

कि यह शुरुआती प्रवासी उस समूह का हिस्सा रहा हो, जो समाप्त हो गया था, काफ़ी कुछ उसी तरह जिस तरह लिवेंट आए प्रवासी हो गए थे। या एक अधिक मौलिक अनुमान पेश किया जाए, तो शायद उसके समूह का कोई एक हिस्सा जलवायु-परिवर्तन के साथ अरब के भीतरी हिस्से में आई शुष्कता से बचकर दक्षिण एशिया पहुँच गया हो, और शायद हज़ारों वर्षों के दौरान उत्तर-पूर्व एशिया और ऑस्ट्रेलिया तक भी जा पहुँचा हो, लेकिन वे सब विभिन्न मिले-जुले कारणों से या शायद ज़्यादातर टोबा के पिछले बीस लाख सालों के सबसे हिंसक महाज्वालामुखीय विस्फोट से नष्ट हो गए हों, और इस तरह वे आज की आबादी में अपना कोई आनुवांशिक निशान न छोड़ पाए हों।

अरब के रेगिस्तान की पेट्राग्लिया की अनेक खोज यह साबित करती हैं कि दक्षिणी मार्ग बहुत ज़्यादा साध्य था, और यह लगभग निश्चित तौर पर उन आधुनिक इंसानों द्वारा अपनाया गया, जिन्होंने अफ़्रीका से हुए निष्क्रमण के समय में दुनिया को बसाया था।[7]

पहले आधुनिक मनुष्य के आगमन के इतिहास का अरब अध्याय नितान्त भिन्न वजह से भी बहुत महत्त्वपूर्ण है। यह वह स्थल है, जहाँ आधुनिक इंसानों और निएंडरथलों की पहली मुलाक़ात होने, उनके बीच संसर्ग होने और तमाम ग़ैर-अफ़्रीकी आधुनिक इंसानी जीन-समूहों में वह आनुवांशिक निशानी छोड़े जाने की सबसे ज़्यादा संभावना है, जो आज भी पता लगाने योग्य है। तमाम ग़ैर-अफ़्रीकी मनुष्य निएंडरथल जीन-समूह का लगभग 2 प्रतिशत हिस्सा धारण करते हैं।

कोई वजह नहीं है कि यह अन्तरप्रजनन (इंटरब्रीडिंग) विभिन्न इलाक़ों में बार-बार न हो सका हो, लेकिन यह मानना ज़्यादा आसान है कि कम-से-कम एक मिश्रण उस स्थान के क़रीब हुआ, जहाँ प्रथम प्रवासी अफ़्रीका से निकलकर पहुँचे और उसके पहले हुआ, जब ये प्रथम प्रवासी एक-दूसरे से छिटककर अलग-अलग रास्तों पर चल पड़े, क्योंकि इससे इस बात की सबसे आसान व्याख्या मिल जाती है कि सारे ग़ैर-अफ़्रीकी लोग निएंडरथल डीएनए की समान मात्रा किस तरह धारण करते हैं।

जब 2010 में इंसानों में निएंडरथल जीन्स की मौजूदगी की इस खोज की पहली बार घोषणा हुई, तो दुनिया चकित रह गई थी, क्योंकि तब तक हम निएंडरथलों को खुद के मुक़ाबले काफ़ी हीन, और हमारे साथ प्रजनन करने में असमर्थ एक भिन्न प्रजाति से संबंधित मानते रहे थे। अब हम निश्चय ही यह जानते हैं कि हमने न सिर्फ़ निएंडरथलों के साथ, बल्कि डेनीसोवनों के साथ भी अन्तरप्रजनन किया था, और संभव है कि यह क़िस्सा यहीं ख़त्म न

---

7. यह क्यों संभव नहीं है कि *होमो सेपियन्स* लगभग 60,000 साल पहले लिवेंट पहुँचे हों और वे निएंडरथलों में मिल गए हों, जिसके नतीजे आज के समय का जीन मिश्रण हुआ हो? दुनिया में आधुनिक इंसानों की बसावट के साक्ष्यों का क्रम इसकी पुष्टि नहीं करता। यूरोप में आधुनिक इंसानों की मौजूदगी का सबसे आरम्भिक साक्ष्य लगभग 45,000 वर्ष पहले का है, जबकि ऑस्ट्रेलिया में वे कम-से-कम 60,000 वर्ष पहले थे। इससे संकेत मिलता है कि दक्षिण अफ़्रीका से हुआ निष्क्रमण दक्षिणी मार्ग की मार्फ़त हुआ था, जिसके चलते वे पहले अरब पहुँचे, फिर दक्षिण एशिया, दक्षिण-पूर्व एशिया और ऑस्ट्रेलिया पहुँचे। अगर दुनिया की बसावट उत्तरी मार्ग की मार्फ़त हुई होती, तो हम पूर्वी एशिया या ऑस्ट्रेलिया से बहुत पहले यूरोप में आधुनिक इंसानों की उपस्थिति का साक्ष्य मिलने की अपेक्षा करते।

हो जाता हो। अफ़्रीका में और अन्यत्र भी जारी अनुसन्धान इन उत्तरोत्तर बढ़ती संभावनाओं को सामने ला रहे हैं कि आधुनिक इंसानों और हमारे आनुवांशिक चचेरों, जिनमें से कुछ को हम अभी तक पहचान नहीं सके हैं, के बीच अन्तरप्रजनन की और भी घटनाएँ हुई थीं।

अब जबकि हम क़िस्से को अफ़्रीका से बाहर और एशिया में ले आए हैं, यह एक अच्छा अवसर हो सकता है कि हम दुनिया के एक अन्य हिस्से से वह साक्ष्य लेकर आएँ, जो हमें अफ़्रीका से निष्क्रमण की इस घटना के समय और उसके बाद की संभावित घटनाओं की अधिक स्पष्ट तसवीर हासिल करने की गुंजाइश दे सके। दुनिया का वह अन्य हिस्सा है ऑस्ट्रेलिया, और यह प्रथम प्रवासियों के किसी भी क़िस्से का एक अत्यन्त महत्त्वपूर्ण अंग है। जून 2018 में ऑस्ट्रेलिया के क्वीन्सलैंड विश्वविद्यालय के पुरातत्त्ववेत्ता क्रिस क्लार्कसन के नेतृत्व में वैज्ञानिकों के एक दल ने यह पता लगाया कि इस महाद्वीप पर 59,300 वर्ष पूर्व और 70,700 वर्ष पूर्व के बीच के समय में इंसान मौजूद थे। यदि आप कोई मध्य बिंदु मानें तो यह 65,000 वर्ष पूर्व हो सकता है।

वैज्ञानिकों ने यह स्थापना ऑस्ट्रेलिया के उत्तरी क्षेत्र में स्थित मद्‌जेबेबे गुफा में आधुनिक इंसानों द्वारा छोड़ी गई उन चीज़ों का सावधानीपूर्वक काल-निर्धारण करते हुए की थी, जिनमें खरल, मूसल, पत्थर की कुल्हाड़ियाँ और चित्रकारी की सामग्री जैसी चीज़ें शामिल हैं। चूँकि ऑस्ट्रेलिया कभी भी *होमो सेपियन्स* के अलावा अन्य किसी *होमो* प्रजाति द्वारा आबाद नहीं रहा, इसलिए इस बारे में सन्देह की बहुत कम गुंजाइश है कि ये हमारी अपनी प्रजाति द्वारा गढ़ी गई चीज़ें थीं। जुलाई 2018 में मैक्केरी विश्वविद्यालय के कीरा वेस्टवे के नेतृत्व में हुए एक अन्य अध्ययन ने यह घोषणा की थी कि इंडोनेशिया के सुमात्रा द्वीप की लिडा अजेर गुफा में एक सदी पहले पाए गए दो दाँत विश्वसनीय रूप से 63,000 वर्ष पूर्व और 73,000 वर्ष पूर्व के बीच के समय के हैं, और ये दाँत आधुनिक इंसानों के हैं। इन दोनों अध्ययनों ने मिलकर दक्षिण-पूर्व एशिया और ऑस्ट्रेलिया में आधुनिक इंसान के आकर बसने की तिथि को 15,000 से 20,000 वर्ष पूर्व तक पीछे धकेल दिया है और अफ़्रीका से हुए निष्क्रमण के समय और इस निष्क्रमण के ढंग पर कठोर दबाव डाल दिए हैं।

अगर आप इन दो अध्ययनों के अनुमान को न्यूनतम महत्त्व भी दें, तो भी यह बात स्पष्ट है कि दक्षिण-पूर्व एशिया में आधुनिक इंसान कम-से-कम 63,000 वर्ष पहले मौजूद थे। इसका मतलब है कि अफ़्रीका से हुए निष्क्रमण की घटना 50,000 से 60,000 वर्ष पूर्व की मान्य सीमा से बाहर की होनी चाहिए। इस समस्या के समाधान के केवल दो तरीक़े हैं। पहला, या तो जिन लोगों ने मद्‌जेबेबे और लिडा अजेर की गुफाओं में जीवाश्म और औज़ार छोड़े, वे अफ़्रीका से आए प्रवासियों की आरम्भिक लहर का हिस्सा थे, जो अपनी कोई वंशावली छोड़ जाने में नाकामयाब रहे, या अफ़्रीका से हुए निष्क्रमण की घटना के समय को लेकर पहले जो विश्वास प्रचलित रहा है, यह घटना उससे काफ़ी पहले घटित हुई थी, भले ही इसका यह मतलब क्यों न हो कि आधुनिक इंसानों ने एक अपेक्षाकृत नम, गर्म अन्तरहिमानी कालखण्ड की बजाय एक ठण्डे और शुष्क कालखण्ड में अरब को पार किया था। यह स्थिति अफ़्रीका से हुए निष्क्रमण को इस निष्क्रमण की आनुवांशिक संभावना की चरम सीमा के क़रीब 80,000 वर्ष पूर्व तक पीछे धकेल देगी। हम इस विकल्प पर विचार करते हैं और देखते हैं कि यह कहाँ पहुँचता है।

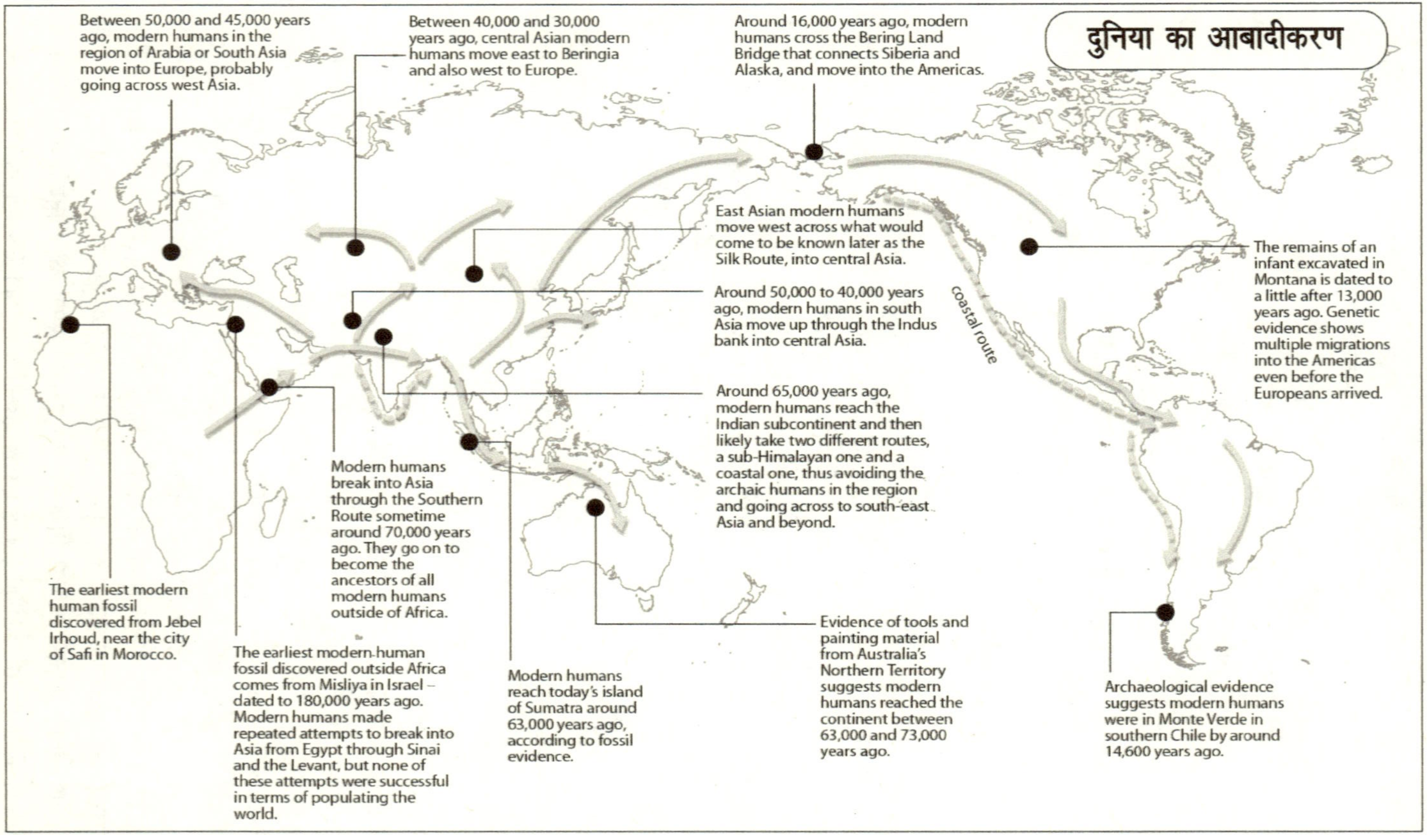

Adapted from Stephen Oppenheimer, 'Out-of-Africa, the Peopling of Continents and Islands: Tracing Uniparental Genes Across the Map', Philosophical Transactions of the Royal Society B, *The Royal Society Publishing, 2012*

एशिया के रास्ते दौड़

इस तथ्य को ध्यान में रखते हुए कि शिकारी-संग्रहकर्ता, ऑस्ट्रेलिया पहुँचने के इरादे से नहीं, बल्कि महज़ शिकार करने, संग्रह करने, खाने और जीवित बने रहने के इरादे से, मसलन, यमन से ऑस्ट्रेलिया तक पैदल चले हों, तो इस सफ़र में उनको कितना समय लगा होगा? इसका जवाब देने का कोई आसान तरीक़ा नहीं है, लेकिन हम पुरातात्त्विक साक्ष्य से इस बात को जानते हैं कि (लगभग 16,000 साल पहले) अमेरिका जाने वाले प्रथम प्रवासियों को अलास्का से दक्षिण अमेरिका के सिरे तक की - लगभग 21,000 किलोमीटर की दूरी - पार करने में कुछ हज़ार साल लगे थे। वे संभवतः दोनों अमेरिकी महाद्वीपों के पश्चिमी समुद्री किनारों से लगे तटीय मार्ग से होकर गए थे। तटीय मार्ग की सुन्दरता इसमें है कि यह स्थानान्तरण की प्रक्रिया को दो तरह से तेज़ और आसान बना देता है : पहली यह कि स्थानान्तरण कर रहे शिकारी-संग्रहकर्ताओं को अपने जीवन के हुनर को निरन्तर उन्नत करते रहने या बदलते रहने की ज़रूरत नहीं होती, इसलिए वे तेज़ी-से आगे बढ़ते रह सकते हैं। दूसरी यह कि तटीय मार्ग उनके स्थानान्तरण को एक अनायास दिशा प्रदान कर, उनको अनवरत रूप से आगे की ओर बढ़ाता जाता है, जो देश के भीतरी भागों से होकर गुज़रने वाले रास्तों से भिन्न स्थिति होती है, जिसमें अप्रत्याशित परिस्थितियाँ, घुमाव और अनिश्चितताएँ होती हैं।

अब हम अपने मुद्दे पर लौटें, तो तटीय मार्ग अपनाने पर, मसलन, अरब उपमहाद्वीप-स्थित यमन से ऑस्ट्रेलिया तक की दूरी उससे बहुत ज़्यादा नहीं है, जितनी अलास्का से अर्जेंटीना के दक्षिणी छोर तक की दूरी है। इसलिए अगर आप यह मान लें कि इसमें दोगुना समय लगेगा, तो इस दूरी को संभवतः लगभग 4000 से 5000 सालों में पार किया जा सकता है, बशर्ते कि हम यह मानकर चलें कि प्रवासी ज़्यादातर तटीय मार्ग अपनाते हैं, जैसा कि अमेरिकी महाद्वीपों में जाने वाले प्रथम प्रवासियों ने किया था। अब अगर आप आधुनिक इंसानों के ऑस्ट्रेलियाई साक्ष्य की ख़ातिर 65,000 वर्ष पूर्व के मध्यबिन्दु से शुरुआत करें, तो अफ़्रीका से यह लम्बी दूरी की यात्रा लगभग 70,000 साल पहले शुरू हुई होनी चाहिए, जो कि अभी भी आनुवांशिक आकलन के दायरे में है, हालाँकि इसका मतलब यह होगा कि अरब प्रायद्वीप के लाल सागर को हिमानी कालखण्ड के दौरान पार किया गया।[8]

---

8. यहाँ निर्णायक महत्त्व की परिकल्पना यह है कि ये प्रवासी समुद्री तटों की खोजबीन करने वाले हैं, जिनका जीवन मुख्यतः समुद्री संसाधनों के इस्तेमाल की उनकी दक्षताओं पर टिका है। क्या यह एक व्यावहारिक परिकल्पना है? पुरातत्त्वविज्ञान कहता है कि यह संभव है। अफ़्रीका में लगभग 125,000 वर्ष पहले से ही हमें इस बात के प्रमाण मिलने शुरू हो जाते हैं कि आधुनिक मनुष्य समुद्र तटों की खोजबीन करने वाले थे, जो मछलियों और घोंघों का शिकार कर अपना जीवन चलाते थे। इसका प्रमाण बहुत आसानी-से मिल जाता है : टूटी हुई सीपियों (जिनको shell midden कहा जाता है) के अम्बार। इन टूटी हुई सीपियों के आरम्भिक साक्ष्य अरब प्रायद्वीप के लाल सागर के ठीक दूसरी तरफ़ एरिट्रियाई तट के अब्दुर स्थल पर मिलते हैं। इस स्थल ने विशाल स्तनधारियों के अवशेष भी उपलब्ध कराए हैं, जो इस बात की ओर इशारा करते हैं कि हालाँकि, ये आधुनिक मनुष्य समुद्री भोजन में दिलचस्पी रखते थे, लेकिन वे पूरी तरह उसी पर निर्भर नहीं थे। अफ़्रीका में भी - जैसे कि दक्षिण अफ़्रीका की क्लाज़ीज़ नदी के मुहाने पर - टूटी हुई सीपियों के आरम्भिक प्रमाण पाए गए हैं, लेकिन अब्दुर की खोज ने उत्तेजना का वातावरण पैदा कर दिया था, क्योंकि यह दक्षिणी मार्ग के बहुत क़रीब हुई थी।

आनुवांशिकी इसके बारे में क्या कहती है? क्या समुद्र तटों पर भोजन की खोज करने वाले अफ़्रीका से आए आधुनिक इंसानों द्वारा दक्षिणी मार्ग का उपयोग करने और लगभग 5000 वर्ष पूर्व या उसके आस-पास उनके यमन से ऑस्ट्रेलिया पहुँचने की धारणा से इसका मेल बैठता है? इसका जवाब देते हुए प्रभावशाली ढंग से 'हाँ' कहा जा सकता है। इस तरह के त्वरित विस्तार के साथ आनुवांशिक साक्ष्य की महज़ संगति ही नहीं बैठती, वह वास्तव में इस तरह के त्वरित प्रसार की माँग भी करता है। वजह यह है कि अगर प्रसार बीच में आए बहुत सारे पड़ावों के साथ धीमी गति का होता, तो आनुवांशिकी का वृक्ष 'घोंसलों से युक्त' होता, जबकि स्थिति ऐसी नहीं है। एक सैद्धान्तिक उदाहरण लें तो, अगर हैप्लोसमूह-एम हिन्दुस्तान में फैला होता और वहाँ कुछ हज़ार वर्षों तक बसा रहा होता, जिसके बाद उत्परिवर्तनों की वजह से एम के कुछ उपहैप्लोसमूह उत्पन्न हुए होते, और इसलिए हिन्दुस्तान से, उदाहरण के लिए म्यांमार में हुए निष्क्रमण में वे उपहैप्लोसमूह शामिल रहे होते। अगर उन उपहैप्लोसमूहों ने, मान लीजिए, थाईलैण्ड जाने से पहले कुछ हज़ार साल म्यांमार में बिताए होते, तो हमने बहुत-से नए उपहैप्लोसमूह उभरते हुए और उनको नए गन्तव्य की ओर हुए निष्क्रमण में शामिल होते देखा होता। नतीजतन, एक-के-बाद-एक क्षेत्रों में एक-के-बाद-एक उपहैप्लोसमूह आते गए होते। अगर आप इस तरह के विस्तार का एक फाइलोजनेटिक वृक्ष का रेखाचित्र बनाएँ, तो जैसे-जैसे हम एक क्षेत्र से दूसरे क्षेत्र की ओर जाते जाएँगे, वैसे ही वह एक उपहैप्लोसमूह के नीचे दूसरे उपहैप्लोसमूह के घोंसले जैसा दिखाई देगा, लेकिन वास्तव में हम जो देखते हैं, वह वैसा बिलकुल भी नहीं है। बहुत सारे उत्परिवर्तनों के उत्पन्न होने के पहले ही एम ऑस्ट्रेलिया के सारे रास्ते फैल चुका था। और हर क्षेत्र के एम के अपने स्वयं के सीधे उपहैप्लोसमूह हैं। संक्षेप में, आनुवांशिकी अफ़्रीकी सामूहिक निष्क्रमण के बाद तेज़ी से हुए ऑस्ट्रेलिया के विस्तार का प्रबल समर्थन करती है।

अगर इस तरह के तेज़ रफ़्तार निष्क्रमण ने एशिया को मोटे तौर पर 70,000 और 60,000 वर्ष पूर्व के बीच की अवधि में आबाद कर दिया था, तो इस बात की पुष्टि के लिए इस कालखण्ड के आधुनिक मनुष्यों के पर्याप्त जीवाश्म उपलब्ध नहीं हैं। इस क्षेत्र के जो जीवाश्म हमारे पास उपलब्ध हैं, वे काफ़ी बाद के युग के हैं। दक्षिण एशिया में आधुनिक मनुष्य का प्राचीनतम जीवाश्म श्रीलंका के कालुतारा ज़िले में फा हिएन गुफाओं में पाया गया था, जिसे 35,000 वर्ष पहले का माना गया है। श्रीलंका की ही बाटाडोम्बालेना गुफाओं में मिले आधुनिक मनुष्यों के और भी जीवाश्मों को लगभग 28,000 वर्ष पूर्व का माना गया है। ये सब खोज असन्दिग्ध रूप से इस बात को साबित करती हैं कि अफ़्रीका से आए प्रवासी तटीय भारत और श्रीलंका के उष्ण द्वीप में ख़ासा सहज महसूस करते रहे होंगे। इन दोनों जगहों पर जीवाश्मों के साथ माइक्रोलिथिक (या छोटे पत्थर के) औज़ार पाए गए थे, जिनका इस्तेमाल तीरों या भालों को नुकीला बनाने के लिए किया गया हो सकता

आम तौर से ज़मीनी इलाक़ों में शिकार-संग्रह करने वाले आधुनिक मनुष्य संभव है किसी एक हिमानी युग के दौरान समुद्री संसाधनों की ओर मुड़े हों, जब शुष्कता और ठण्ड ने अफ़्रीका के बड़े हिस्सों को रेगिस्तानों में बदल दिया था, लेकिन इन ठण्डे कालखण्डों के दौरान समुद्र के जलस्तर आज की तुलना में काफ़ी निचले स्तर पर रहे होंगे, और तटीय बसावट के साक्ष्यों से युक्त इनमें से ज़्यादातर स्थल अब पानी के तले जा चुके होंगे।

है। छोटे पत्थर के इस तरह के औज़ार *होमो* प्रजाति के आदिम या विलुप्त हो चुके सदस्यों के विपरीत ख़ास तौर से आधुनिक मनुष्यों से संबंध रखते हैं।

लेकिन अगर प्रथम आधुनिक मनुष्यों ने दक्षिण-पूर्व एशिया और फिर चीन और जापान तथा ऑस्ट्रेलिया जाने से पहले हिन्दुस्तान के पश्चिमी तट की, और फिर पूर्वी तट की यात्रा की थी, तो फिर भारतीय तट पर कोई जीवाश्म या सीपियों के अम्बार या पत्थर के औज़ार तक भी क्यों नहीं मिले? इसकी एक वजह यह हो सकती है कि 71,000 और 57,000 वर्ष पूर्व के बीच का कालखण्ड एक हिमानी कालखण्ड (एमआईएस-4) था, और उस समय समुद्रों के जलस्तर आज की तुलना में काफ़ी नीचे रहे होंगे। इसलिए प्रथम प्रवासी उन क्षेत्रों के रास्ते यात्रा करते रहे होंगे, जो आज समुद्र के तले जा चुके हैं, और इस तरह उन्होंने तटवर्ती क्षेत्रों में साक्ष्य पा सकने के हमारे अवसरों को कम कर दिया। साक्ष्य केवल तब उपलब्ध होते, जब लोगों ने फा हिएन जैसे अन्दरूनी ज़मीनी इलाक़ों के रास्ते सफ़र किया होता, जिसमें समय लगा हो सकता था और, इसलिए, दक्षिण एशिया में आधुनिक इंसानों की उपस्थिति के प्राचीनतम साक्ष्य के स्वयं प्रथम निष्क्रमण की तिथि के मुक़ाबले बहुत ज़्यादा तरुण होने की संभावना है।

हालाँकि, सारे पुरातत्त्ववेत्ता या आनुवांशिकीविद निष्क्रमण के तटीय मार्ग में विश्वास नहीं करते। कर्नाटक विश्वविद्यालय के रवि कोरिसेट्टर, यूनिवर्सिटी ऑफ़ ऑक्सफ़ोर्ड के पुरातत्त्ववेत्ता माइकेल हैस्लेम और आनुवांशिकीविद स्टीफन ओपनहाइमर ने हाल ही में एक आलेख[9] में तर्क दिया है कि जब समुद्र का जल स्तर खिसका था, तब कितनी बड़ी महाद्वीपीय पट्टी दिखाई दी होगी, इसका निश्चय तट के ढलान से होगा। बहुत छोटे ढलान वाली महाद्वीपीय पट्टी बहुत-सी नई ज़मीन, संभवतः दसियों किलोमीटर चौड़ी ज़मीन को प्रकट करेगी, जबकि तीव्र ढलान वाली महाद्वीपीय पट्टी बहुत कम ज़मीन को प्रकट करेगी। इन वैज्ञानिकों के मुताबिक़, भारतीय महाद्वीपीय पट्टी का, ख़ास तौर से पश्चिमी तट का, ढलान ज़्यादातर खड़ा है, और इसलिए इसकी संभावना नहीं है कि प्रथम भारतीय उस ज़मीनी रास्ते से चले होंगे, जो बाद में समुद्र के तले चला गया था। उनका कहना है कि हमारे लिए तटीय निष्क्रमण मार्ग के प्रमाण न मिलने की वजह यह है कि आधुनिक मनुष्य अपने रास्तों के चुनाव के मामले में अवसरवादी थे, जो कभी तटीय मार्ग अपनाते थे और कभी अन्दरूनी ज़मीनी रास्ता अपनाते थे। ये वे तर्क हैं, जिनका समाधान केवल तभी हो सकेगा, जब हमें आधुनिक मनुष्यों के अपेक्षाकृत पुराने जीवाश्म मिलेंगे।

अब जबकि हमने हिन्दुस्तान में आकर बसने वाले पहले मनुष्यों की तिथि लगभग 65,000 वर्ष पूर्व के आस-पास निर्धारित की है (क्योंकि, जैसी कि हम पहले चर्चा कर चुके हैं, ऑस्ट्रेलियाई और दक्षिण-पूर्व एशियाई जीवाश्मों की उपलब्धियों के मुताबिक़ उनको लगभग 70,000 वर्ष पूर्व अफ़्रीका से निकलना पड़ा था), इसलिए हमें अपनी कहानी में आगे

---

9. रवि कोरिसेट्टर और अन्य, 'आउट ऑफ़ अफ़्रीका, इनटु साउथ एशिया : अ रिव्यू ऑफ़ आर्किओलॉजिकल ऐंड जनेटिक इविडेंस फ़ॉर द डिस्पर्सल ऑफ़ *होमो सेपियन्स* इनटु इंडियन सबकॉण्टिनेंट', *बियॉण्ड स्टोन्स ऐंड मोर स्टोन्स,* सम्पादक रवि कोरिसेट्टर (द मिथिक सोसायटी, 2017)।

बढ़ने से पहले इन बाक़ी सवालों से उलझना चाहिए कि बाक़ी दुनिया किस तरह आबाद हुई थी। हमने अभी तक अफ़्रीका से बाहर निकले प्रवासियों के अरब प्रायद्वीप होते हुए दक्षिण एशिया पहुँचने और फिर पूर्व एशिया और ऑस्ट्रेलिया को आबाद करने के बारे में चर्चा की है, लेकिन यूरोप और मध्य एशिया के बारे में क्या कहा जाए? ये क्षेत्र कब आबाद हुए? प्राचीनतम साक्ष्य के मुताबिक़ आधुनिक मनुष्य लगभग 45,000 वर्ष पूर्व यूरोप में बसे थे (हमें इसमें निहित विडम्बना को देखने से चूकना नहीं चाहिए : जब प्रथम प्रवासी या मूल निवासी लगभग 65,000 व लगभग 45,000 वर्ष पूर्व ऑस्ट्रेलिया पहुँचे थे, तब यूरोपीयों का अस्तित्व नहीं था)।

यूरोप के आबाद होने में हुआ यह विलम्ब – अफ़्रीका से निष्क्रमण की घटना और यूरोप में प्रथम मनुष्य के आविर्भाव के प्रमाण मिलने के बीच लगभग 25,000 वर्षों का अन्तराल – इस बात की ओर संकेत करता है कि अरब प्रायद्वीप से यूरोप के बीच का मार्ग तब तक नहीं खुला था, जब तक कि जलवायु कुछ गर्म नहीं हो गई थी। हिमानी युग के दौरान अरब प्रायद्वीप से यूरोप तक जाने वाले मार्ग में दो बड़ी बाधाएँ रही होंगी। पहली, रब अल ख़ाली 'एम्प्टी क्वार्टर' दुनिया का वह सबसे बड़ा निकटवर्ती रेगिस्तान, जो अरब प्रायद्वीप के दक्षिणी तिहाई हिस्से को घेरता है, और दूसरी, ईरान की ज़ेग्रॉस और टॉरॅस पर्वत शृंखलाएँ, जो समान रूप से अनुलंघनीय रुकावटें रही होंगी। इसलिए, ऊपर उद्धरित आलेख में कोरिसेट्टर और अन्य वैज्ञानिक इस निष्कर्ष पर पहुँचते हैं कि प्रथम प्रवासी दक्षिण एशिया के बाद जिस जगह जाकर बसे वह संभवतः यूरोप नहीं, बल्कि मध्य एशिया थी। वे संभवतः उस जगह से चले थे, जो आज पाकिस्तान है, और वहाँ से वे सिन्धु के तटों तक और मध्य एशिया में गए। और उसके बाद, जब लगभग 57,000 वर्ष पूर्व जलवायु कुछ गर्म हुई, तो अफ़्रीकी निष्क्रमण के तहत जो लोग अभी भी अरब प्रायद्वीप में या दक्षिण एशिया के क़रीब अन्यत्र कहीं रह रहे थे, वे ज़ेग्रॉस पर्वत-शृंखलाओं को पार कर तुर्की, सीरिया, इज़रायल और यूरोप में जा सके होंगे। इसके बाद लगभग 30,000 साल पहले मध्य एशिया से दूसरा निष्क्रमण हुआ हो सकता है।

जिस समय मध्य एशियाई समुदाय यूरोप में प्रवेश कर रहे होंगे, ठीक उसी समय संभव है कि दूसरे लोग बेरिंजिया के आस-पास के इलाक़ों में आ बसे हों, जिन्होंने चरम रूप से ठण्डी जलवायु के दौरान अलास्का और साइबेरिया के बीच ज़मीनी पुल की भूमिका निभाई होगी, और जिन्होंने लगभग 16,000 वर्ष पूर्व अमेरिकी महाद्वीपों में पहली बार जाने वालों के लिए पड़ाव-स्थल की भूमिका निभाई होगी। एशिया से अमेरिकी महाद्वीपों में हुए इस निष्क्रमण से पहले, पूर्वी एशिया के आरम्भिक बाशिन्दों में से कुछ साइबेरिया और उसके आस-पास के बेरिंजिया जैसे क्षेत्रों में चले गए थे और वहाँ के लोगों में घुल-मिल गए थे। इस तरह अमेरिकी महाद्वीपों में जाने वाले प्रवासियों की, महज़ एक मध्य एशियाई आनुवांशिक विरासत ही नहीं, बल्कि एक पूर्व एशियाई आनुवांशिक विरासत भी रही होगी। इस तरह यह क़िस्सा अफ़्रीका से बाहर और उसके बाद हुए उन निष्क्रमणों के एक प्रारूप मात्र इतिहास को पूरा कर देता है, जिन्होंने दुनिया को पूरी तरह आबाद किया।

जम्बूद्वीप की दक्षिणी पंखुड़ी

ज़्यादातर संस्कृतियों की ब्रह्माण्ड-विद्या अपने आवास-स्थल को सृष्टि के केन्द्र के रूप में चित्रित करती है। हमारी अपनी ब्रह्माण्ड-विद्या भी ऐसी ही है, जो बौद्ध धर्म, हिन्दू धर्म और जैन धर्म सभी पर लागू होती है, लेकिन कुछ ही मामलों में। (यह ब्रह्माण्ड-विद्या दक्षिण एशिया आए किन्हीं बाद के प्रवासियों द्वारा लाई गई थी या रची गई थी, लेकिन फ़िलहाल हम इस बात को छोड़ देते हैं।) इस ब्रह्माण्ड-विद्या के मुताबिक़ यह हमारी दुनिया है, जिसे जम्बूद्वीप कहा जाता है, जो क्रमशः भूमि और समुद्र के एक ही केन्द्र वाले सात संकेन्द्रित वृत्तों के केन्द्र में स्थित है। समुद्र, क्रमशः भीतर से बाहर की ओर, क्षारीय जल, गन्ने के रस, मदिरा, घी, दही, दूध और पानी से मिलकर बना है। और जम्बूद्वीप के उभरे हुए केन्द्र पर मेरु पर्वत खड़ा है, जो देवताओं का निवास-स्थल है। कुछ कल्पनाओं में जम्बूद्वीप चार विशाल क्षेत्रों में विभाजित है, जिनमें से प्रत्येक क्षेत्र कमल की चार पंखुड़ियों के आकार का है, और इन पंखुड़ियों के केन्द्र में बीज-कोष की भाँति मेरु है और दक्षिणी पंखुड़ी भारतवर्ष है।

जब आधुनिक मनुष्यों का पहला समुदाय, जिसमें बीस या पच्चीस लोगों के समूहों में बँटे कुछ सैकड़ा से ज़्यादा लोग नहीं थे, सैकड़ों वर्षों तक या शायद एक हज़ार या उससे भी ज़्यादा वर्षों तक दुर्गम पदयात्रा करते हुआ अरब प्रायद्वीप से हिन्दुस्तान पहुँचा था, तब क्या इन मनुष्यों के पास अव्याख्येय रहस्य की व्याख्या करने की कोशिश करती अपनी कोई ब्रह्माण्ड-विद्या थी? और क्या उनको इस बात का कोई अनुमान था कि वे एक ऐसी विशेष जगह में प्रवेश कर रहे हैं, जिसे उनके एक अरब से ज़्यादा वंशज अपना घर कहकर पुकारेंगे? इसकी कोई संभावना नहीं है कि हमें इस तरह के सवालों के जवाब कभी मिल सकते हैं, लेकिन कुछ दूसरे सवाल हैं, जिनको हम उपलब्ध प्रौद्योगिकी (टेक्नॉलॉजी) और भौतिक साक्ष्यों की मदद से सुलझा सकते हैं। इस तरह के सवाल : जब वे हिन्दुस्तान में प्रवेश कर रहे थे, तब क्या वे एक ऐसे देश में प्रवेश कर रहे थे, जहाँ सब कुछ उन्हीं का था - जैसे कि ऑस्ट्रेलिया या अमेरिकी महाद्वीपों में आए प्रथम आधुनिक मनुष्यों के मामले में था - या उनको *होमो* प्रजाति के अन्य समूहों के रूप में प्रतिस्पर्धियों का सामना करना पड़ा था, जैसा कि लिवेंट और अरब में हुआ था? क्या वे एक-दूसरे के साथ उलझे थे? या वे मिलकर नाचे थे? क्या हमारे पूर्वजों ने अन्यों को विलुप्ति में झोंक दिया था? क्या वे अपने साथ उन्नत प्रौद्योगिकी - जैसे कि तीर और भाले - लेकर आए थे, या फिर वे अपने साथ महज़ पत्थर की कुदालियों, कुल्हाड़ियों और काटने के काम में लाए जा सकने लायक़ धारदार पत्थरों के औज़ारों का मध्य पाषाणयुगीन बक्सा लेकर आए थे? और, हाँ, वे कैसे दिखते थे? क्या आज हमारे बीच उनके सगे वंशज मौजूद हैं? वे अपने पीछे कितना बड़ा कुनबा छोड़ गए हैं? हम उनको कहाँ पर पा सकते हैं?

हम सबसे ठोस सवाल के साथ शुरुआत करते हैं। वे कैसे दिखते थे? हम जानते हैं कि अण्डमान द्वीपों के ओन्ग अफ़्रीका से आए मूल प्रवासियों के वंशज हैं, जो अन्य समूहों के साथ कम मिश्रित हुए हो सकते हैं, लेकिन क्या इसका मतलब यह है कि प्रथम हिन्दुस्तानी उन जैसे दिखते थे? यह बहुत दूर की कौड़ी होगी।

आज के ओन्ग प्रथम आगन्तुकों से कालक्रमानुसार उतने ही दूर के हैं, जितने हम में से कोई भी है। यह ऐसी ज़ाहिर-सी सच्चाई है कि इसे कहना ज़रूरी नहीं होना चाहिए, लेकिन हमारा दिमाग़ अक्सर हमारे साथ जिस तरह की चालें चलता है, वह आश्चर्य में डालने वाली बात है। उदाहरण के लिए, जब हम प्राचीनतम आधुनिक मनुष्यों के बारे में, जैसे कि मसलन उन लोगों के बारे में सोचते हैं, जो 300,000 वर्ष पहले हुआ करते थे, तो हमारे दिमाग़ में उभरने वाली उनकी तसवीर आज के अफ़्रीकियों से मिलती-जुलती हो सकती है, लेकिन यह एक निरर्थक धारणा है। आज के अफ़्रीकी प्राचीनतम आधुनिक मनुष्यों से ठीक उतने ही अलग हैं, जितने हम हैं, और वे उत्परिवर्तनों और बदलावों के वैसे ही स्तरों से गुज़रे हैं, जैसे स्तरों से बाक़ी मानव-जाति गुज़री है। वे प्राचीन आधुनिक मनुष्यों से उससे ज़्यादा क़रीब नहीं हैं, जितने हम हैं। उत्परिवर्तन चमड़ी के रंग, नाक की बनावट, बालों की संरचना या आँखों के ढलाव को बदल सकता है। अधिक ऊँचाइयों पर जीवित बने रहने की क्षमता (तिब्बती) या लम्बे समय तक पानी के नीचे बने रहने की क्षमता (दक्षिण एशिया की बजाऊ जाति) उत्परिवर्तनों के ही रूप हैं।

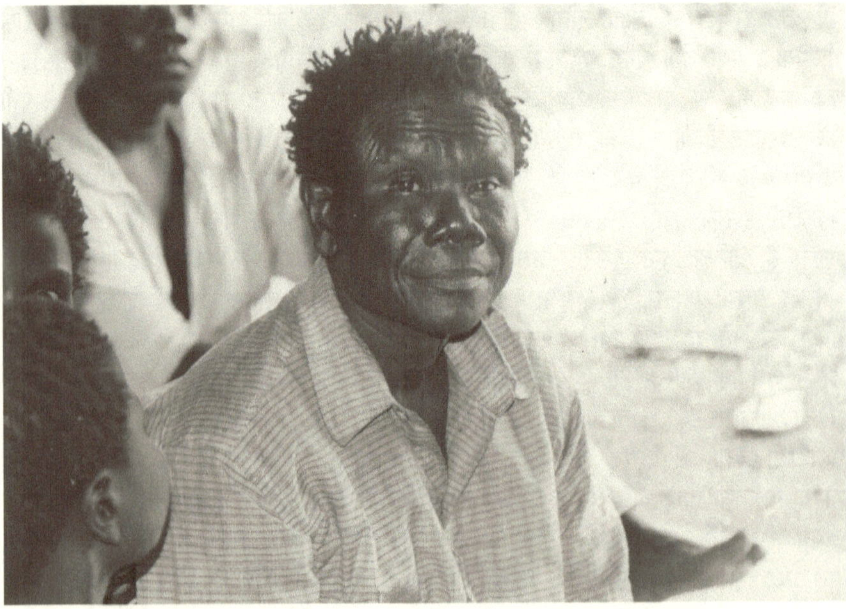

Vishvajit Pandya / MCT / Getty Images

हिन्दुस्तान के लिटिल अण्डमान द्वीप पर ओन्ग क़बीले का एक सदस्य

इसी तरह, ओन्ग के प्रकरण में भी, 60,000 या 65,000 वर्ष का समय उत्परिवर्तनों को अपना काम करने के लिहाज़ से और खिसकाव (ड्रिफ़्ट) तथा वरण (सिलेक्शन) के दबावों के आनुवांशिक क्षेत्र को पछोरने (विनो) के लिहाज़ से लम्बा समय है। खिसकाव और वरण क्या है? आनुवांशिकीविद आनुवांशिक खिसकाव पद का इस्तेमाल छोटी एकाकी आबादियों की उस प्रवृत्ति को बताने के लिए करते हैं, जिसके तहत समय बीतने के साथ इन आबादियों की आनुवांशिक विविधता में कमी आती जाती है। सिद्धान्त सरल-सा है। हर पीढ़ी में इस

बात की संभावना होती है कि किसी ख़ास आनुवांशिक भिन्नता को धारण करने वाला उस पीढ़ी का अन्तिम व्यक्ति अपना उत्तराधिकारी छोड़े बिना मर जाए। एक बड़ी आबादी में, किसी एक आनुवांशिक भिन्नता के इस हद तक क्षीण हो जाने की संभावना बहुत कम होती है कि उसका कोई अन्तिम प्रतिनिधि ही बचा रह जाए और इसलिए वहाँ ड्रिफ़्ट का प्रभाव भी कम होगा। दूसरे शब्दों में, समय के गुज़रने के साथ छोटी आबादियों में अपनी विविधता को काफ़ी कुछ खो देने और एक-जैसी होते जाने की या एकरूपता की ओर खिसकते जाने की संभावना होती है। इसलिए किसी प्रदत्त समय में खिसकाव-मात्र किसी छोटी आबादी के उससे भिन्न दिखने का कारण बन सकता है, जैसी वह कभी दिखा करती थी।

दूसरी ओर, 'वरण' शब्द विकास की अनिवार्य प्रक्रिया की तरफ़ इशारा करता है - भौतिक पर्यावरण या सामाजिक वातावरण या उन यौनपरक प्राथमिकताओं की तरफ़, जो कुछ लक्षणों या उत्परिवर्तनों की आनुवांशिक सफलता में अधिक और कुछ अन्य की सफलता में कम योगदान करती हैं। इस तरह किसी आबादी की विकास-प्रक्रिया को एक ख़ास ढंग का आकार देती हैं। इसलिए इस बात की बहुत ज़्यादा संभावना है कि इन सभी - यानी, उत्परिवर्तनों, खिसकाव और वरण - की वजह से ओन्गे आज उससे एकदम भिन्न दिखते हों जैसे प्रथम भारतीय दिखते थे। (उत्परिवर्तन, खिसकाव और वरण ही वह प्रक्रिया है, जो विभिन्न आबादी समूहों को दूरियों के माध्यम से अलग कर देती है या समय के बीतने के साथ दूसरी भौगोलिक रुकावटों के माध्यम से उनको आनुवांशिक तौर पर भिन्न बना देती है।)

जब तक हमें लगभग 65,000 साल पुराना कोई ऐसा सुरक्षित कंकाल नहीं मिल जाता, जिसके सहारे हम प्रथम प्रवासियों के चेहरों को फिर से गढ़ सकें, तब तक हमारे पास एक ही अन्य कमतर स्तर का विकल्प बचा रहता है : दूसरे इलाक़ों के आधुनिक इंसानों के प्राचीन कंकालों से उम्मीद लगाने का विकल्प। और ऐसा एक कंकाल हमारे पास है, जो इज़रायल की स्खुल गुफा से प्राप्त हुआ है, हालाँकि अनुमान यह है कि यह काफ़ी पहले का, 80,000 और 120,000 वर्ष पूर्व के बीच का है। यह एक आधुनिक नारी मानव का कंकाल है और इसके आधार पर गढ़ा गया चेहरा एक ऐसे व्यक्ति को दर्शाता है, जिसके साथ हम आसानी-से, लेकिन कुछ स्पष्ट भेदों के साथ, अपना तादात्म्य बैठा सकते हैं। (इंटरनेट पर mitochondrial eve'की तसवीर खोजें।) बेशक, हमें इसकी कोई जानकारी नहीं है कि 80,000 वर्ष पहले अफ़्रीका और लिवेंट के विभिन्न हिस्सों में आधुनिक इंसानों के बीच भेदों का क्या स्तर था। यह संभव है कि जो लोग अरब प्रायद्वीप आ गए थे, (जो बाद में दक्षिण एशिया पहुँचे) वे उन लोगों से एकदम भिन्न दिखते थे, जो लिवेंट में जा घुसे थे, लेकिन अब तक हम जो सर्वश्रेष्ठ कर सकते हैं, वह यही है।

एक उतना ही महत्त्वपूर्ण सवाल यह है, जो आधुनिक इंसानों के इस उपमहाद्वीप के विभिन्न हिस्सों में आ बसने के ढंग पर प्रभाव डालता है : जब वे चलते हुए हिन्दुस्तान पहुँचे, तो क्या यहाँ पहले से बस चुके *होमो* प्रजातियों के आदिम सदस्यों से उनकी तकरार हुई थी? निस्सन्देह, हाँ। इसका यह मतलब नहीं है कि हमारे पास इस बात को साबित करने के ढेरों जीवाश्मपरक साक्ष्य उपलब्ध हैं कि जब आधुनिक इंसान इस उपमहाद्वीप पर पहुँचे थे, तब *होमो* प्रजाति के आदिम या लुप्त हो चुके सदस्यों का यहाँ अस्तित्व था; हमारे पास लगभग कोई प्रमाण नहीं है। (आदिम इंसानी जीवाश्म का जो एकमात्र साक्ष्य हमारे पास है,

वह नर्मदा के तट पर हथनोरा में पाई गई एक खोपड़ी है, जो 250,000 साल पहले की बताई जाती है, जिसकी चर्चा हम अध्याय 2 में करेंगे।) इसकी बजाय, हमारे पास विभिन्न शैलियों और युगों - आरम्भिक पुरापाषाण (लोअर पैलिओलिथिक) युग से लेकर मध्य पुरापाषण युग और सूक्ष्मपाषाण (माइक्रोलिथिक) युग तक पत्थर के ढेरों औज़ार हैं, जो इस बात को साफ़ ज़ाहिर करते हैं कि जब हमारे पूर्वज हिन्दुस्तान पहुँचे थे, तब यह किसी भी तरह से एक आकर्षक, ख़ाली मुल्क नहीं था।

पैलिओलिथिक का अर्थ है प्राचीन पत्थर और माइक्रोलिथिक का अर्थ है सूक्ष्म पत्थर। आरम्भिक पुरापाषाण के अन्तर्गत आधुनिक और आदिम इंसानों द्वारा गढ़े गए प्राचीनतम शैली के पत्थर के औज़ार आते हैं - मुख्यतः गँडासे, छुरे और कुल्हाड़ियाँ, जो सबके सब बड़े और वज़नी हैं और विशाल पत्थरों को लगातार तोड़कर प्रायः उस शैली में तैयार किए गए हैं, जिसे एच्यूलियन के नाम से जाना जाता है। मध्य पुरापाषाण युग में औज़ारों की शैली उस समय बदल जाती है, जब इंसान यह सीख लेते हैं कि एक विशाल पत्थर से कैसे उसका 'अन्दरूनी भाग' (core*) इस तरह तैयार किया जाए कि उससे कुदालियाँ और नोकें आदि बनाने के लिए ज़्यादा-से-ज़्यादा विभिन्न क़िस्म के टुकड़े निकाले जा सकें और इस तरह औज़ार बनाने के काम में लगने वाले समय को कम किया जा सके, साथ ही उनकी गुणवत्ता में सुधार लाया जा सके।[10]

मध्य पुरापाषाण युगीन औज़ार आरम्भिक पुरापाषाण युगीन औज़ारों की तुलना में छोटे हैं और सूक्ष्मपाषाण युगीन औज़ार उनसे भी छोटे हैं, जिनमें से कुछ का आकार एक सेंटीमीटर से भी कम है। ये अक्सर धारें या नोकें हुआ करती थीं या उनके ही भिन्न रूप हुआ करते थे और अक्सर हड्डियों या छड़ियों से जुड़े होते थे और चाकुओं या तीरों या भाले की नोकों के रूप में इस्तेमाल किए जाते थे।

सूक्ष्मपाषाण युगीन औज़ारों का आधुनिक इंसानों के साथ निकट संबंध है, लेकिन पुरापाषाण युगीन या मध्य पुरापाषाण युगीन औज़ारों का उतना निकट संबंध नहीं है। किसी भी आधुनिक या आदिम मनुष्य ने उनको बनाया हो सकता था और इसलिए इन औज़ारों को महज़ देखकर ही हम निश्चय के साथ यह नहीं कह सकते कि *होमो* प्रजाति के किस समुदाय ने इनको बनाया होगा। दूसरे शब्दों में, आधुनिक इंसानों और आदिम इंसानों ने अपने ज़्यादातर इतिहास के दौरान बहुत भिन्न क़िस्म के औज़ार नहीं गढ़े थे, हालाँकि उनमें

---

10. औज़ार-निर्माण की एच्यूलियन शैली में पत्थर के कई टुकड़े करने के लिए और एक ऐसा धारदार अन्दरूनी भाग (core) तैयार करने के लिए मुट्ठी या उससे बड़े आकार के पत्थर पर आम तौर से एक अन्य पत्थर से काम किया जाता है, जिसका इस्तेमाल टुकड़े करने, कूटने या काटने के लिए किया जा सके। एच्यूलियन औज़ारों को अक्सर 'द्विमुखी' की संज्ञा दी जाती है, जिसका मतलब है कि उनके दोनों ओर सन्तुलित ढंग से काम किया गया होता है। यहाँ पत्थर का अन्दरूनी भाग अपने आप में औज़ार होता है और उनके टुकड़े तिरस्कृत कचरा होते हैं। औज़ार-निर्माण की मध्य पुरापाषाण शैली में पहले पत्थर के अन्दरूनी भाग को इस तरह तैयार किया जाता है कि उसको तोड़कर पत्थर के अनेक धारदार टुकड़े निकाले जा सकें। इस प्रकरण में, पत्थर के ये टुकड़े होते हैं जिनको बाद में औज़ारों की तरह इस्तेमाल किया जाता है, जबकि उस अन्दरूनी भाग को अन्ततः त्याग दिया जाता है, जिससे पत्थर के सारे धारदार टुकड़े तैयार किए गए होते हैं।

कुछ क्षेत्रीय विविधताएँ रही हो सकती हैं। व्यापक तौर पर, औज़ारों का आरम्भिक और मध्य पुरापाषाण युगीन या सूक्ष्मपाषाण युगीन विभाजन उनके प्रकार की ओर संकेत करता है, न कि उनके समय की ओर।

हिन्दुस्तान में पुरापाषाण युगीन औज़ारों का प्राचीनतम साक्ष्य तमिलनाडु में चेन्नई से उन्हत्तर किलोमीटर दूर अत्तिरमपक्कम में मिलता है और इसको लगभग 15 लाख वर्ष पहले का (यानी, आधुनिक मनुष्यों के आविर्भाव के 12 लाख वर्ष पहले का) माना गया है। उत्तरी कर्नाटक की हुंस्गी-बेइचबल घाटी (लगभग 12 लाख वर्ष पूर्व), मध्यप्रदेश की मध्य सोन घाटी, हिमालय के बाहरी हिस्से की शिवालिक पहाड़ियाँ जैसे स्थानों की वजह से यह उपमहाद्वीप इस इलाक़े में आधुनिक मनुष्यों के क़दम पड़ने या यहाँ तक कि उनके विकसित होने से बहुत-बहुत पहले आदि मानवों की व्यापक उपस्थिति के साक्ष्यों से अटा पड़ा है। क्या वे सब-के-सब उस एक ही प्रजाति से संबंध रखते थे, जो नर्मदा की खोज से सामने आए हैं, जो संभवतः *होमो हिडेल्बर्गेन्सिस* या *होमो इरेक्टस* थे? या वे निएंडरथल भी थे? या कोई दूसरे ही आदि मानव, जिनकी खोज अभी तक नहीं की जा सकी है? यह पूरी तरह से असंभव नहीं है। ज़रूरी नहीं कि हम अभी तक आदि मानवों की सारी क़िस्मों की पहचान कर सके हों - यहाँ तक कि उनकी भी जो उस वक़्त हमारे अपने पूर्वजों के समकालीन रहे थे, जब वे सारी दुनिया में फैल रहे थे।

उदाहरण के लिए डेनीसोवनों की खोज अभी लगभग एक दशक पहले ही की गई थी जब दक्षिणी साइबेरिया की अल्ताई पहाड़ियों पर स्थित डेनीसोवा गुफाओं में एक प्राचीन किशोर की अंगुली की हड्डी और कुछ दाँत प्राप्त हुए थे और बाद में उनकी डीएनए सीक्वेंसिंग की गई थी। इस डीएनए विश्लेषण ने हर किसी को अचरज में डालते हुए, यह बात स्पष्ट कर दी थी कि यह आधुनिक मनुष्यों तथा निएंडरथलों, दोनों से नितान्त भिन्न कोई प्रजाति थी। इस जीवाश्म संकलन को 50,000 और 30,000 वर्ष पूर्व के बीच का बताया गया था। इस खोज के पहले तक ऐसी किसी प्रजाति के अस्तित्व में रहे होने का कोई संकेत नहीं था; वस्तुतः, डेनीसोवनों को मुनासिब प्रजातिपरक नाम दिए जाने का काम अभी बाक़ी है।

इस तरह, संक्षेप में, हम यह तो जानते हैं कि दक्षिण एशिया में आदि मानवों की विपुल उपस्थिति थी, लेकिन यह बात ठीक-ठीक नहीं जानते कि वे कौन थे, हालाँकि, हम यह जानते हैं कि वे इतने चतुर तो थे ही कि उन्होंने औज़ार निर्माण की अपनी प्रौद्योगिकी को विकसित करते हुए उसे पारम्परिक प्रौद्योगिकी से ऊपर उठाकर अद्यतन रूप देने वाले दुनिया के पहले इंसानों की हैसियत बनाई थी। अत्तिरमपक्कम में हमारे पास इस बात का साक्ष्य है कि वे लगभग 385,000 वर्ष पहले आरम्भिक पुरापाषाण युगीन औज़ारों के निर्माण से ऊपर उठकर मध्य पुरापाषाण युगीन औज़ारों का निर्माण करने लगे थे। यह तथ्य अत्तिरमपक्कम में पुरातत्त्ववेत्ता शान्ति पप्पू और उनके दल के लोगों के उत्कृष्ट और दीर्घकालीन काम, और इस इलाक़े में 385,000 वर्ष पूर्व मध्य पुरापाषाण युगीन औज़ारों के आविर्भाव के बारे में उनकी खोज की वजह से प्रकाश में आया था, जो हाल ही में जनवरी 2018 में प्रकाशित हुई है।

आरम्भिक से मध्य पुरापाषाण युगीन औज़ार-निर्माण तक यह पहुँच एक बहुत बड़ी अवधारणात्मक छलांग थी। इसलिए क्योंकि मध्य-पुरापाषाण-युगीन औज़ारों के निर्माण की

शुरुआत के लिए आपको आगे के बहुत-सारे क़दमों के बारे में सोचना और उस दौरान वांछित औज़ार की बनावट को दिमाग़ में रखना, और फिर पत्थर के अन्दरूनी भाग (कोर) को इस तरह आकार देना ज़रूरी है कि आप थोड़े-से आघातों की मदद से उससे ठीक-ठीक वांछित क़िस्म के धारदार औज़ार तैयार कर सकें। अगर एक मध्य-पुरापाषाण-युगीन औज़ार-निर्माता एक एच्यूलियन शैली के औज़ार-निर्माता को नीचा दिखाना चाहता था, तो उसे ईमानदारी के साथ यह कहना चाहिए था कि यह काम एक बेवकूफ़ भी कर सकता है। (कोई भी बेवकूफ़ में, निश्चय ही, हम शामिल नहीं हैं, क्योंकि पत्थर-तराशना आज एक विशेषीकृत दक्षता है, और एक दक्ष संग-तराश बनने के लिए हमें बहुत अधिक अभ्यास की ज़रूरत होगी।)

अपने चचेरों का सामना

लिवेंट में आरम्भिक इंसानी विस्तार के इतिहास से हमें यह पता चलता है कि आधुनिक मनुष्यों को उन क्षेत्रों में सेंध लगाने में बहुत मुश्किल पेश आई थी, जहाँ आदि मानवों का पहले से ही वर्चस्व था। इसलिए यह मानना युक्तिसंगत है कि जब हमारे पूर्वज हिन्दुस्तान की दहलीज़ पर पहुँचे, तो उन्होंने भी खुद को उसी तरह गतिरोध की अवस्था में पाया, जिस तरह लिवेंट में पाया था। पूर्वोल्लिखित आलेख में कोरिसेट्टर, ओपेनहाइमर और हैस्लेम इसका नया मॉडल प्रस्तावित करते हैं कि आधुनिक मनुष्यों ने इस परिस्थिति में क्या किया हो सकता है। इस प्रतिक्रिया को वे 'हिन्दुस्तानियों ने छितराव का सहारा लिया' की संज्ञा देते हैं। मोटे तौर पर इसका मतलब है कि हमारे पूर्वज इस उपमहाद्वीप के विभिन्न हिस्सों में विभिन्न समय पर पहुँचे थे और इस पर एक ही बार में नहीं फैल गए थे। वे सब एक ही, अफ्रीका से बाहर हुए निष्क्रमण से आए हैं, लेकिन संभव है कि वे हिन्दुस्तान के विभिन्न इलाक़ों में अलग-अलग समय पर पहुँचे हों, ठीक उसी तरह जिस तरह वे दुनिया के विभिन्न हिस्सों में अलग-अलग समय पर पहुँचे थे।

वैज्ञानिकों की परिकल्पना यहाँ से शुरू होती है कि आदि मानव उत्तर भारत के मुक़ाबले भारत के प्रायद्वीपीय हिस्सों में कहीं ज़्यादा डरावनी तादाद में मौजूद रहे होंगे। यह एक जायज़ अनुमान है, जैसा कि अत्तिरमपक्कम, हुंस्गी-बेइचबल घाटी, मध्य सोन घाटी, भीमबेटका इत्यादि की खोजों से प्रमाणित होता है, जो सब विन्ध्याचल पर्वत-शृंखलाओं के दक्षिण में हैं। इसलिए, इन वैज्ञानिकों का मानना है कि आने वाले आधुनिक मनुष्यों ने, उपमहाद्वीप में प्रवेश के लिए, प्रायद्वीपीय क्षेत्र से बचते हुए, उप-हिमालयी मार्ग अपनाया होगा, और फिर वे म्यांमार, और उसके बाद दक्षिण-पूर्व एशिया और उसके आगे ऑस्ट्रेलिया, पूर्व एशिया और चीन तक गए होंगे। निश्चय ही, इस बात की कोई वजह दिखाई नहीं देती कि सारे-के-सारे प्रथम भारतीयों को सिर्फ़ उप-हिमालयी मार्ग अपनाने की ज़रूरत क्यों पड़ी होगी। हो सकता है कि उनमें से कुछ ने तटवर्ती मार्ग चुना हो, जिसने उनको मुसीबत पैदा करने वाले उन आदि मानवों से दूर रखा हो, जो प्रायद्वीप के मध्य और अन्दरूनी हिस्सों में मौजूद थे। आज हम जानते हैं कि जब प्रथम प्रवासी अमेरिकी महाद्वीपों में पहुँचे थे, तब यही हुआ था - उन्होंने अलग-अलग मार्ग चुने थे और हज़ारों साल तक एक-दूसरे से अलग-थलग बने रहे

थे। दोनों ही सूरतों में, प्रथम भारतीय पहले से मौजूद आदि मानवों की मज़बूत आबादी के साथ सीधे और त्वरित टकराव को टालने में कामयाब रहे हो सकते हैं। जब हम इस बारे में बात करते हैं कि प्रवासियों ने यह या वह मार्ग चुना या वे यहाँ या वहाँ गए, तो इसका उद्देश्य यह संकेत करना नहीं होता कि जहाँ वे रह रहे थे, उस इलाक़े को उन्होंने सामूहिक रूप से ख़ाली कर दिया होगा और वहाँ से निकलकर वे किन्हीं नए क्षेत्रों में बस गए होंगे। इसका मतलब यह होता है कि वे और उनके वंशज, उन क्षेत्रों को ख़ाली किए बिना जहाँ वे पहले से रह रहे थे, नए-नए इलाक़ों तक अपनी सीमा का विस्तार करते रहे।

समय के बीतने के साथ, आधुनिक मनुष्यों ने अपने पद-चिह्नों का विस्तार इस उपमहाद्वीप में किया होगा और वे दक्षिण तक गए होंगे तथा उन्होंने आदि मानवों को बेदख़ल कर दिया होगा और संभवतः उनको विलुप्ति की ओर धकेल दिया होगा। भारत के पुरातात्त्विक रिकॉर्ड में सूक्ष्म-पुरापाषाण-युगीन औज़ारों का आकस्मिक रूप से प्रकट होना इस बात का एक सुराग़ हो सकता है कि यह किस तरह हुआ होगा। भले ही पत्थर के औज़ार विभिन्न मानव-प्रजातियों की पहचान करने में अधिकांशतः अनिवार्य तौर पर हमारी मदद नहीं करते, लेकिन सूक्ष्म-पुरापाषाण-युगीन औज़ार एक क़िस्म के अपवाद हैं। हिन्दुस्तान में और अन्यत्र, आदि मानवों की बजाय आधुनिक मनुष्यों के साथ उनका निकट संबंध देखा गया है और इस उपमहाद्वीप में हम सूक्ष्म-पाषाण-युगीन औज़ारों को लगभग 45,000 वर्ष पूर्व प्रकट होते देखते हैं। इसके बाद वे आश्चर्यजनक स्तर की निरन्तरता और विस्तार के साथ सामने आते हैं, और सिर्फ़ इस उपमहाद्वीप में ही नहीं। सूक्ष्म-पुरापाषाण-युगीन औज़ारों को लगभग 38000 वर्ष पूर्व भी इसी तरह हम श्रीलंका में प्रकट होते देखते हैं और उसके बाद वे लगभग 3000 वर्ष पूर्व तक क़ायम रहते हैं, लगभग उस समय तक जब लोहा, हिन्दुस्तान और श्रीलंका, दोनों ही जगहों पर अपनी उपस्थिति दर्ज़ कराता है।

दक्षिण एशिया में सबसे प्राचीन सूक्ष्म-पुरापाषाण-युगीन औज़ार मध्यप्रदेश के मेहताखेड़ी में पाए गए थे, जो 45,000 वर्ष पहले के बताए गए हैं। मेहताखेड़ी मध्यप्रदेश के निमाड़ क्षेत्र के उन आठ पुरातात्त्विक स्थलों में से एक है, जहाँ 45,000 वर्ष से 3400 वर्ष आयु तक के सूक्ष्म-पुरापाषाण-युगीन औज़ार मौजूद थे। दिलचस्प बात यह है कि इन सूक्ष्म-पुरापाषाण-युगीन औज़ारों की आरम्भिक खोज का समय और स्थल कुछ प्रथम हिन्दुस्तानी वंशावलियों के विस्तार (उनकी आबादी में वृद्धि) के समय और स्थान से बहुत अच्छी तरह से मिलते-जुलते हैं। भारतीय उपमहाद्वीप की आनुवांशिकी के कालक्रम पर केन्द्रित 2017 के जिस आलेख का पहले उल्लेख किया जा चुका है, उसके मुताबिक़ 45,000 और 35,000 वर्ष पूर्व के बीच की अवधि में मध्य और पूर्वी भारत में एमटी-डीएनए-हैप्लोसमूह एम का बहुत बड़ा विस्तार और छितराव हुआ था।[11] इस कालखण्ड के अन्त के दौरान ही, जब दुनिया एमआईएस-2 की सम्पूर्ण हिमानी परिस्थिति के क़रीब पहुँच रही थी, जलवायु में भी धीरे-धीरे विकृति आने लगी थी।

---

11. मैरीना सिल्वा और अन्य, 'अ जनेटिक क्रोनोलॉजी फ़ॉर द इंडियन सबकॉण्टिनेण्ट प्वाइंट्स टू हैवीली सेक्स-बायस्ड डिस्पर्सल्स', *बीएमसी इवोल्यूशनरी बॉयलॉजी* (2017)।

इस तरह बहुत-सी घटनाएँ एक साथ घटित हो रही हैं : जलवायु समस्त जीवित आबादियों पर दबाव डालती हुई धीरे-धीरे अधिक ऊसर और शुष्क होने लगती है; आधुनिक मनुष्य सूक्ष्म-पुरापाषाण-युगीन औज़ारों पर उत्तरोत्तर अधिक निर्भर होते जाते हैं; और फिर उनकी आबादी नए इलाक़ों में बढ़ने और फैलने लगती है। मध्य भारत के जिस क्षेत्र में यह सब घटित होता है, वह संयोग से आदि मानवों के बसने का एक सबसे ज़्यादा पसन्दीदा इलाक़ा भी है।

क्या यह संभव है कि हिन्दुस्तान में जब आधुनिक मनुष्यों ने अपने आवास को उत्तरोत्तर सूखता और ऊसर होता पाया हो, तो इसकी प्रतिक्रिया में वे उस नई प्रौद्योगिकी पर उत्तरोत्तर अधिक निर्भर होते गए हों, जिसके तहत उनको सूक्ष्म-पुरापाषाण-युगीन औज़ार गढ़ने और ऐसे भालों तथा तीरों को बनाने में उनका इस्तेमाल करने की ज़रूरत पड़ी हो, जिनकी मदद से वे बेहतर ढंग से शिकार कर सकते और भोजन तथा दूसरे संसाधनों पर दावा ठोकने वालों को हरा सकते? और क्या इसके बाद वे उन नए इलाक़ों में जा सके होंगे, जो अभी भी रहने लायक़ बने हुए थे, लेकिन जिनसे वे अब तक इसलिए परहेज़ करते रहे थे, क्योंकि वहाँ आदि मानव मौजूद थे? अगर वाक़ई उन्होंने ऐसा ही किया था, तो यह कहा जा सकता है कि वे अपनी इन तमाम मुहिमों में कामयाब रहे, जिसके नतीजे में उनकी आबादी में बहुत तेज़ी-से वृद्धि हुई।

पुरातत्त्व-विज्ञान और आनुवांशिकी के क्षेत्र के कुछ सर्वाधिक प्रसिद्ध विद्वानों द्वारा किया गया 2009 का एक अध्ययन, 'पॉपुलेशन इन्क्रीज़ ऐंड एन्वाईरन्मेंटल डिटीरिअरेशन कॉरेस्पांड विद माइक्रोलिथिक इनोवेशन इन साउथ एशिया सीए. 35,000 इयर्स एगो'[12], कहता है, "ऐसा आकलन किया गया है कि 45,000 और 20,000 वर्ष पूर्व के बीच की अवधि में ज़्यादातर मानव-जाति दक्षिण एशिया में रहती थी। समझा जाता है कि यह साक्ष्य इस महाद्वीप में आबादी के ऐसे विस्तार को प्रतिबिम्बित करता है, जिसकी अन्यत्र कहीं कोई मिसाल नहीं है।"

मध्य-पुरापाषाण-युगीन औज़ार बनाने की ओर उन्मुख होने के वक़्त 385,000 साल पहले प्रौद्योगिकी के क्षेत्र में सबसे आगे रहे अत्तिरमपक्कम के आदि मानवों की तरह मध्य भारत के आधुनिक मनुष्य भी एक बार फिर लगभग 45,000 वर्ष पूर्व प्रौद्योगिकी के क्षेत्र में सबसे आगे होने का दावा कर सकते हैं, क्योंकि उन्होंने सूक्ष्म-पुरापाषाण-युगीन औज़ारों तथा हथियारों का निर्माण और उपयोग करना शुरू किया था, लेकिन, जहाँ मेहताखेड़ी में पाए गए सूक्ष्म-पुरापाषाण-युगीन औज़ार लगभग 45,000 वर्ष पुराने बताए जाते हैं, वहीं यह प्रौद्योगिकी इस उपमहाद्वीप के विभिन्न क्षेत्रों में अलग-अलग कालखण्डों में आ चुकी होगी। वस्तुतः, यह महाराष्ट्र के पाटने, आन्ध्रप्रदेश के ज्वालापुरम और श्रीलंका के फा हिएन तथा बाटाडोम्बालेना जैसे अत्यन्त महत्त्वपूर्ण स्थानों पर 35,000 वर्ष पहले आती है।

इसलिए अपनी जानकारी के आधार पर हम यह परिदृश्य संयोजित कर सकते हैं : लगभग 65,000 साल पहले आधुनिक मनुष्य हिन्दुस्तान में आते हैं और उन आदि मानवों के छापामार हमलों के शिकार होते हैं, जो इस क्षेत्र में सैकड़ों हज़ार साल पहले से अच्छी तरह बस चुके थे। इसके बाद वे धीरे-धीरे और अवसरानुकूल ढंग से आगे बढ़ते हैं, और

---

12. माइकल पेट्राग्लिया और अन्य, पॉपुलेशन इन्क्रीज़ ऐंड एन्वाईरन्मेंटल डिटीरिअरेशन कॉरेस्पांड विद माइक्रोलिथिक इनोवेशन इन साउथ एशिया सीए. 35,000 इयर्स एगो (पीएनएएस) जुलाई 2009।

कुछ उप-हिमालयीन उत्तर भारत में पश्चिम से पूर्व की ओर चले जाते हैं और कुछ तटीय मार्ग अपनाते हुए उत्तर से दक्षिण की ओर चले जाते हैं। जब लगभग 35,000 वर्ष पूर्व जलवायु संकट के स्तर तक पहुँचा, तब तक आधुनिक मनुष्य अपने शिकारों को मार गिराने और अपने प्रतिद्वन्द्वियों को पराजित करने योग्य प्रौद्योगिकी से स्वयं को लैस कर चुके थे। चूँकि कामयाबी के आधार पर ही कामयाबी मिलती है, इसलिए आधुनिक मनुष्यों की तेज़ी-से बढ़ती आबादी ने अपने दायरे को बढ़ाना शुरू कर दिया और वे प्रायद्वीपीय क्षेत्र में और गहरे धँसते चले गए, और इस तरह उन्होंने संभवतः आदि मानवों को, उनके विलुप्त होने तक, स्थानीय शरणार्थियों की हैसियत में - जैसे कि ज्वालापुरम या शायद भीमबेटका में - बने रहने को विवश कर दिया।

ज्वालापुरम इस बात को समझने के लिए अच्छा स्थल है कि यह कैसे हुआ हो सकता है। कुरनूल ज़िले की जुर्रेरु नदी घाटी में स्थित इस स्थल का महत्त्व इस बात में निहित है कि इस नदी के चारों ओर के इलाक़े में राख की वे परतें मौजूद हैं, जो 74,000 वर्ष पूर्व हुए विराट टोबा ज्वालामुखीय विस्फोट की वजह से फैली थीं। जब सुमात्रा द्वीप में यह ज्वालामुखी फटा था, तो उसकी वजह से समूचे उत्तर-पूर्व एशिया और दक्षिण एशिया में लाखों टन राख जमा हो गई थी, जिसने इन इलाक़ों के समस्त जीवन पर भारी दबाव डाला था।

ज्वालापुरम स्थल की खोज प्रोफ़ेसर कोरिसेट्टर द्वारा की गई थी और उनके तथा प्रोफ़ेसर पेट्राग्लिया के नेतृत्व में पुरातत्त्वविदों के दल द्वारा उसको खोद कर निकाला गया था। खुदाई के दौरान इन लोगों को सबसे निचली सतह पर, राख के नीचे, एक महत्त्वपूर्ण चीज़ हाथ लगी थी : लगभग 77,000 वर्ष पूर्व के मध्य-पुरापाषाण-युगीन औज़ार, जो उनके विचार से आधुनिक मनुष्यों द्वारा निर्मित थे। इसी औज़ार-प्रौद्योगिकी की निरन्तरता उनको राख की परत के ऊपर भी मिली, लेकिन वह 45,000 से 35,000 वर्ष पुरानी थी। इन खोजों ने एक हलचल पैदा कर दी थी, क्योंकि ये उस विवरण को सीधी चुनौती देती थीं, जिसके मुताबिक़ अफ़्रीका से हुए निष्क्रमण की घटना महज़ लगभग 70,000 वर्ष पूर्व हुई थी। पेट्राग्लिया इस धारणा पर क़ायम हैं कि ये औज़ार आधुनिक मनुष्यों द्वारा गढ़े गए थे, लेकिन कोरिसेट्टर, ओपेनहाइमर और हैस्लेम द्वारा संयुक्त रूप से लिखे गए 2017 के आलेख के मुताबिक़ इन उत्पादों के 'आदि मानवों (आर्काइक होमीनिन्स) द्वारा गढ़े होने की सबसे अधिक संभावना है'।

और भी दिलचस्प बात यह है कि कोरिसेट्टर और पेट्राग्लिया को उसी जुर्रेरु घाटी में लगभग 38,000 वर्ष पूर्व से लेकर कुछ हज़ार साल पहले तक के सूक्ष्म-पुरापाषाण-युगीन औज़ार भी मिले हैं। इन सूक्ष्म-पुरापाषाण-युगीन औज़ारों के संदर्भ में कोरिसेट्टर, ओपेनहाइमर और हैस्लेम का कहना है कि "जुर्रेरु में मिली सामग्री के रिकॉर्ड को हम इस इलाक़े में 40,000 से 35,000 वर्ष पूर्व आधुनिक मनुष्यों की आवाजाही के संदर्भ में बहुत बढ़ा-चढ़ाकर नहीं देखते।"

अगर यह व्याख्या सही है कि जुर्रेरु घाटी आदि मानवों की बस्ती थी, जहाँ *होमो सेपियन्स* 35,000 से 40,000 वर्ष पूर्व आए थे, तो यह घाटी सूक्ष्म-पुरापाषाण-युगीन औज़ारों की नई प्रौद्योगिकी से लैस आधुनिक मनुष्यों और अभी भी मध्य-पुरापाषाण-युगीन औज़ारों से काम ले रहे उनके आदिम चचेरों के बीच टकराव की सबसे प्रमुख जगह रही हो सकती

है। वह इस तरह की अन्तिम जगह भी थी या नहीं, यह शायद हम कभी नहीं जान पाएँगे।

जैसे ही आप ज्वालापुरम के विशाल खुले भूभाग की ओर बढ़ते हैं, आप लोगों को बोरों में भरी टोबा ज्वालामुखीय राख को गाड़ियों में लाद कर ले जाए जाते देखते हैं, जिसे वे डिटर्जेंट या पीतल के पॉलिश के रूप में बेचते हैं। जब मैं 2018 के शुरुआती दिनों में इस स्थल पर गया था, तो वहाँ खनिकों द्वारा खोदी गई खन्दकों, और उन खन्दकों की दीवारों से कुछ मीटर नीचे सफ़ेद राख की चौड़ी-चौड़ी पट्टियाँ आसानी-से देखी जा सकती थीं, जो उस विराट विस्फोट के अवशेष हैं। जब ज्वालामुखी का विस्फोट हुआ था, तो इस घाटी में मात्र पाँच सेंटीमीटर राख ही गिरी थी, लेकिन आज आप जो पट्टियाँ देखते हैं, वे महज़ कुछ सेंटीमीटर नहीं, बल्कि कुछ इंच मोटी हैं। यह इसलिए है, क्योंकि शुरुआत में गिरी उसी राख के अलावा इस घाटी में बाद में लम्बे समय तक मानसून की बारिश, झरनों और जुर्रेरु नदी द्वारा बहाकर लाई गई राख जमा होती रही थी।

नदी की ज़मीन पर खड़े होकर उस तमाशे की कल्पना करने की कोशिश ललचाने वाली होती है, जो इस ज़मीन पर 38,000 साल पहले घटित हुआ होगा, जब हिन्दुस्तान के प्रथम आधुनिक मनुष्य इस जगह पहुँचे होंगे, जो संभव है आदि मानवों का आख़िरी बचा हुआ शरण-स्थल रहा हो। आधुनिक मनुष्यों को हिन्दुस्तान में अपनी बसावट को पूरा करने में कितना समय लगा और कब इस मुल्क के अन्तिम आदि मानव इतिहास में लुप्त हुए? ये वे रहस्य हैं, जो विज्ञान को अभी भी सुलझाने हैं, लेकिन वे दक्षिण एशिया (दक्षिण-पश्चिम श्रीलंका में लगभग 38,000 साल पहले) में कितनी दूर तक पहुँच गए, और किस हद तक वे हमारे आदिम चचेरों (ज्वालापुरम में लगभग 38,000 साल पहले) के दीर्घकालिक अभयारण्यों में घुसने में सक्षम रहे, इसे देखकर हम काफ़ी हद तक यह अनुमान लगा सकते हैं कि उस समय के आस-पास हमारे पूर्वज इस मुल्क के मालिक बन चुके थे, जिसमें वे लगभग 30,000 साल पहले आए थे।

प्रथम भारतीयों की झलक पाने के लिए आईने में झाँक कर देखिए!

इससे हम अगले सवालों तक पहुँचते हैं : उनके वंशज आज कहाँ हैं? उनकी संख्या कितनी है, और वे हमें कहाँ मिल सकते हैं? अगर आप उनके उन सबसे क़रीबी कौटुम्बिक वंशजों को जीवित देखना चाहते हैं, जिनका दूसरी आबादियों के साथ बहुत ज़्यादा मिश्रण नहीं हुआ है, तो आपको लिटिल अण्डमान द्वीप जाकर ओन्ग को देखने की ज़रूरत है। अब उनमें से लगभग सौ लोग ही बचे हैं, जिनकी संख्या 1900 में लगभग 670 थी। उनका मातृपक्षीय हैप्लोसमूह एम है और पितृपक्षीय हैप्लोसमूह डी है। वे उस वक़्त ख़बरों में आए थे, जब 2011 में एक नए शिशु का जन्म हुआ था, जिससे इस क़बीले की आबादी बढ़कर 101 हो गई थी।

लेकिन वाक़ई, अगर आप प्रथम भारतीयों की वंशावली देखना चाहते हैं, तो आपको सिर्फ़ आईने में झाँककर या अपने ऑफ़िस या घर में नज़र दौड़ाने भर की ज़रूरत है। जहाँ दूसरे बहुत से क्षेत्रों, जैसे कि यूरोप, ऑस्ट्रेलिया या अमेरिकी महाद्वीपों ने अपने मूल निवासियों की वंशावली को बहुत निचले स्तर तक सिकुड़ते देखा है, वहीं प्रथम हिन्दुस्तानियों की आनुवांशिक वंशावली आज की हिन्दुस्तानी आबादी की बुनियाद, उसकी आधारशिला तैयार करती है।

वस्तुतः, आज के हमारे जीनसमूह-व्यापी वंश के दो-तिहाई हिस्से का उद्भव प्रथम भारतीयों से हुआ है। यह जीनसमूह-व्यापी आँकड़ा, जो पुरुषों और स्त्रियों, दोनों पर लागू होता है, भारतीयों की वंशानुगत बनावट को समझने का सबसे सटीक पैमाना है, लेकिन इसे देखने के अन्य भी तरीक़े हैं, जो हमें दूसरी तरह की अन्तर्दृष्टि उपलब्ध कराते हैं। उदाहरण के लिए, अगर आप एमटी-डीएनए वंशावली को देखें, तो आप पाएँगे कि कोई 70 से 90 प्रतिशत लोग प्रथम भारतीयों के वंशज हैं, जिनमें एम वंशावली को सबसे ज़्यादा लोग साझा करते हैं। हालाँकि, अगर आप वाई-क्रोमोज़ोम की वंशावली को देखते हैं, तो तसवीर अलग होती है : प्रथम भारतीयों के मात्र 10 से 40 प्रतिशत वंशज इन हैप्लोसमूहों के हैं, जो प्रतिशत इस पर निर्भर करता है कि आप आबादी के किस समूह पर विचार कर रहे हैं। (नर और मादा वंश-शृंखलाओं के बीच यह भीषण अन्तर बाद में हुए आगमनों को समाहित किए हुए है, जिन पर हम अध्याय 4 में विचार करेंगे।)

इस बिन्दु पर आप पीछे के उन पृष्ठों को एक बार फिर देख सकते हैं, जिनमें एमटी-डीएनए और वाई-क्रोमोज़ोम वंशावलियों पर विचार किया गया है, या फिर इस संक्षिप्त सारांश पर नज़र डाल सकते हैं। एमटी-डीएनए एक अटूट शृंखला के तहत माँ से बेटी में स्थानान्तरित होता है, जबकि वाई-क्रोमोज़ोम इसी तरह पिता से पुत्र में स्थानान्तरित होता है। इसलिए जब हम कहते हैं कि एमटी-डीएनए वंशावली के 70 और 90 प्रतिशत के बीच के किसी हिस्से का उद्गम प्रथम भारतीयों में है, तो इसका मतलब है कि 70 से 90 प्रतिशत भारतीय स्त्रियों के मामले में, अगर आप उनकी मातृपक्षीय वंशावली का उद्गम तलाशते हुए युगों पीछे जाएँगे, तो आप एक ऐसी स्त्री तक पहुँचेंगे, जो अफ़्रीका से आई एक मूल प्रवासी थी और कोई 65,000 वर्ष पूर्व हिन्दुस्तान पहुँची थी। इसी तरह, जब हम कहते हैं

Subhendu Sarkar / LightRocket / Getty Images

कोरापुट, उड़ीसा की बोण्डा जनजाति की एक स्त्री। बोण्डा रेमो भाषा बोलते हैं, जो एक ऑस्ट्रोएशियाटिक भाषा है।

बस्तर, छत्तीसगढ़ की गोंड जनजाति की एक स्त्री। गोंड गोंडी भाषा बोलते हैं, जो एक द्रविड़ भाषा है।

कि 10 से 40 प्रतिशत वाई-क्रोमोज़ोम वंशावलियाँ प्रथम भारतीयों के वंश की हैं, तो इसका मतलब है कि तमाम भारतीय पुरुषों के 10 से 40 प्रतिशत मामले में अगर आप उनकी पितृपक्षीय वंशावली का उद्गम तलाशते हुए युगों पीछे जाएँगे, तो आप एक ऐसे पुरुष तक पहुँचेंगे, जो अफ़्रीका से आया एक मूल प्रवासी था। इस तरह यहाँ एक सवाल पैदा होता है : अगर आपको किसी ऐसे एक व्यक्ति की पहचान करनी हो, जो हम हिन्दुस्तानियों को सबसे अच्छे ढंग से रूपायित करता हो, तो आपके हिसाब से वह कौन होना चाहिए? आदर्श रूप से, उसे एक आदिवासी स्त्री होना चाहिए, क्योंकि उसी में आज सबसे गहरी जड़ों वाले और सबसे ज़्यादा फैले एमटी-डीएनए, एम-2 के धारण किए होने की संभावना है। आनुवांशिक अर्थ में, वह हमारे सारे अतीत का प्रतिनिधित्व कर रही होगी, जिसमें बहुत कम छूटा होगा। वह हिन्दुस्तानियों की सबसे बड़ी संख्या के सबसे बड़े हिस्से को साझा करती है, फिर ये हिन्दुस्तानी सामाजिक सीढ़ी के किसी भी पायदान पर क्यों न हों, कोई भी भाषा क्यों न बोलते हों और किसी भी हिस्से में क्यों न रहते हों, क्योंकि हम सब बाहर से आए हुए हैं, और हम सब मिश्रित हैं। और वह यहाँ शुरू से ही थी। और पूरी संभावना है कि वह 4500 साल पहले, हमें हमारी आज की शक्ल देने में सबसे ज़्यादा योगदान करने वाले काल-खण्ड के दौरान, मोहनजो-दड़ो की 'डांसिंग गर्ल' (जिसकी तसवीर इस पुस्तक के आवरण पर है) भी रही हो।

मोहनजो-दड़ो, हड़प्पा, धोलावीरा, राखीगढ़ी तथा सिन्धु और जुड़वाँ नदी-निकायों (ट्विन रिवर सिस्टम्स) घग्गर-हकरा की घाटियों के अन्य नगरों और क़स्बों की नगरीय सभ्यता तक पहुँचने से पहले हमें यह जानना ज़रूरी है कि हम शिकारी-संग्रहकर्ताओं से कृषिकर्मी कैसे, कब और क्यों बने।

2

प्रथम कृषिकर्मी

किस तरह प्रथम भारतीयों और ईरान के ज़ेग्रॉसियाई चरवाहों ने उस कृषि क्रान्ति का पहला बीज बोया जो, हिन्दुस्तान के समूचे उत्तर-पश्चिमी क्षेत्र में जंगल की आग की तरह फैल गई, और उसने दुनिया की सबसे बड़ी प्राचीनतम सभ्यता के जन्म के लिए ज़रूरी परिस्थितियाँ पैदा कीं।

आज के हिन्दुस्तान की आबादी की बनावट को समझने का एक तरीक़ा इसे एक पिज़्ज़ा की तरह देखना है, जिसका आधार (बेस) प्रथम भारतीयों से बनता है। पिज़्ज़ा के कुछ हिस्से पतली परत वाले होते हैं, कुछ हिस्से मोटी परत वाले होते हैं, लेकिन सारे हिस्सों को एक आधार की ज़रूरत पड़ती है - पिज़्ज़ा उसके बिना नहीं बन सकता। उसके बाद सॉस आता है, जो सारे पिज़्ज़ा के ऊपर फैला होता है। उसके बाद चीज़ और टॉपिंग्स का नम्बर आता है - यानी, उन लोगों का जो इस उपमहाद्वीप में बाद में अलग-अलग समयों पर आए। चीज़ और टॉपिंग्स विभिन्न फाँकों में एक जैसे नहीं होते। कुछ फाँकों में टमाटर की अतिरिक्त टॉपिंग होती है, कुछ में शिमला मिर्च की मात्रा ज़्यादा होती है और कुछ अन्य में ढेर सारा मशरूम होता है। इस हिन्दुस्तानी पिज़्ज़ा पर जो सॉस, चीज़ या टॉपिंग आपको दिखते हैं, वे अनूठे नहीं हैं। ये दुनिया के दूसरे हिस्सों में भी मिलते हैं - कुछ पश्चिम एशिया में, कुछ दक्षिणपूर्व एशिया में और कुछ यूरोप और मध्य एशिया में, लेकिन इस पिज़्ज़ा का आधार हिन्दुस्तान के संदर्भ में अनूठा है। ऐसा कोई दूसरा आपको दुनिया में और कहीं नहीं मिलेगा, और न ही इतने विविध स्तरों वाला पिज़्ज़ा ही आपको अफ़्रीका के अलावा और कहीं मिलेगा।

हिन्दुस्तान की इस विविधता, इस विशिष्टता का कारण क्या हो सकता है? एक अर्थ में यही इस पुस्तक की कहानी है। इसकी आनुवांशिक विविधता के एक बड़े हिस्से के पीछे वजह यह है कि दक्षिण एशिया, अफ़्रीका के बाद संभवतः दूसरी ऐसी जगह है, जहाँ आधुनिक मनुष्यों की बहुत बड़ी आबादी यहाँ लम्बे समय तक रही है। यह चीज़ अपने आप में ही विविधता को पैदा करने वाली है, क्योंकि हर पीढ़ी और एक व्यक्ति के जीन-समूह के प्रत्येक प्रतिरूप के साथ उत्परिवर्तन (म्यूटेशन) घटित हो सकते हैं और कालान्तर में ये भेद बढ़ते जाते हैं। जितनी ज़्यादा आबादी होती है, उतने ज़्यादा नए उत्परिवर्तनों की संख्या होती है।

जैसा कि हमने पिछले अध्याय में देखा, हिन्दुस्तान में दसियों हज़ारों वर्षों तक आधुनिक मनुष्यों की दुनिया की सबसे बड़ी आबादी रही है, लेकिन यह इस विविधता की एक आंशिक वजह ही है। दूसरी बड़ी वजह है बाहर से लोगों का आना (माइग्रेशन्स)।

इसलिए इस बात को एकदम बुनियादी स्तर से समझने की कोशिश करते हैं कि आज हम जहाँ हैं, वहाँ तक कैसे पहुँचे। यह अध्याय उस पहले बड़े निष्क्रमण पर केन्द्रित होगा, जिसने लगभग 65,000 वर्ष पूर्व प्रथम भारतीयों के इस उपमहाद्वीप पर पहुँचने के बाद हिन्दुस्तान के जनसांख्यिकी को एक नए साँचे में ढाल दिया था।

उस सब कुछ के मालिक, जो वे देखते हैं

जब हमने पिछले अध्याय को छोड़ा था, तो प्रथम भारतीय अन्ततः इस मुल्क में आकर यहाँ रह रहे आदि मानवों को विलुप्ति की ओर धकेल कर इसके मालिक बन चुके थे। या अगर उन्होंने उन आदि मानवों को विलुप्ति की ओर धकेल नहीं दिया था, तो कम से कम उन्हें मात तो दे ही थी। वह ठीक-ठीक कौन-सा वक़्त था, जब हिन्दुस्तान के आदि मानव विलुप्त हुए थे? हमारे पास इसकी कोई वास्तविक, तथ्यों पर आधारित जानकारी नहीं है। वस्तुतः, हमें तो पक्के तौर पर यह जानकारी तक नहीं है कि वे किस प्रजाति के थे - *होमो इरेक्टस, होमो हिडेल्बर्गेन्सिस, होमो निएंडरथलेन्सिस* या कोई ऐसी प्रजाति, जिसकी पहचान अभी तक नहीं जा सकी है।

दक्षिण एशिया में आदि मानव का मात्र एक जीवाश्म खोजा जा सका है - एक आंशिक रूप से पूर्ण खोपड़ी, जो लगभग 250,000 वर्ष पुरानी है और जो 1982 में मध्यप्रदेश की नर्मदा घाटी में स्थित हथनोरा में पाई गई थी। इसे पहले एक *होमो इरेक्टस* के रूप में, फिर स्वयं *होमो सेपियन्स* के एक 'आदिम' संस्करण के रूप में, उसके बाद *होमो हिडेल्बर्गेन्सिस* के रूप में वर्गीकृत किया गया था, और यह बहस अभी तक जारी है। ऐसे में यह आश्चर्य की बात नहीं है कि हमें इस बात की भी जानकारी नहीं है कि ये आदि मानव कब विलुप्त हुए थे।

लेकिन हमें यह जानकारी है कि निएंडरथल्स यूरोप में लगभग 40,000 वर्ष पहले विलुप्त हुए थे, साथ ही दक्षिण-पश्चिम यूरोप का आइबेरियाई प्रायद्वीप उनका अन्तिम पड़ाव और शरण-स्थल था। आधुनिक मनुष्य 45,000 वर्ष पहले यूरोप पहुँचे थे, इसलिए वे कुछ हज़ार वर्षों तक निएंडरथल्स के साथ रहे थे। निएंडरथलों के साथ आधुनिक मनुष्य का आदान-प्रदान किस तरह का था, यह यूरोप में बहस का विषय है, लेकिन बिना किसी जोखिम के इतना तो कहा ही जा सकता है कि उस महाद्वीप पर आधुनिक मनुष्यों के पहुँचने के बाद निएंडरथलों को इन नए आगन्तुकों के साथ टकराव की वजह से या उनके द्वारा फैलाई गई नई बीमारियों की वजह से या बहुत सारी अन्य वजहों से जल्दी ही पीछे हटना पड़ा था।

हिन्दुस्तान में आदिम *होमो* प्रजाति की विलुप्ति की घटना, जैसा कि हमने अध्याय 1 में देखा है, लगभग 35,000 वर्ष पूर्व घटित हुई हो सकती है, और इसके बाद *होमो सेपियन्स* पहली बार उस सब कुछ के मालिक बन गए होंगे, जो कुछ उन्होंने देखा होगा। इसलिए हिन्दुस्तान में आधुनिक मनुष्यों को अपना विस्तार करने और इस उपमहाद्वीप के उत्तर, पूर्व, दक्षिण और पश्चिम के तमाम रहने लायक़ क्षेत्रों में अपनी मौजूदगी का अहसास कराने के

लिए काफ़ी लम्बा समय मिला। इसी से इस बात का कारण मिल जाता है कि 'हिन्दुस्तानी पिज़्ज़ा' का एक ऐसा आधार क्यों है, जो समूचे दक्षिण एशिया में फैला हुआ है।

लेकिन यह आधार अनूठा क्यों है? यह अनूठा इसलिए है, क्योंकि प्रथम भारतीयों का वंश इस आधार को, या हिन्दुस्तान के आबादी समूहों के 50 से 60 प्रतिशत हिस्से को गढ़ता है। और इस प्रथम भारतीय वंश के कोई निकट संबंधी इस महाद्वीप में आज नहीं हैं। इसके निकटतम संबंधी एक बार हिन्दुस्तान छोड़कर दक्षिण-पूर्व एशिया और उसके बाद ऑस्ट्रेलिया में जाकर बस गए थे, लेकिन यह जुदाई लगभग 65,000 साल पहले हुई थी और उनमें से किसी को अब निकट संबंधी कहना बात को अनावश्यक खींचना होगा - लम्बा अरसा जुदा हुई आबादियों के अलग-अलग रास्तों पर अलग-अलग तरह से विकसित होने का कारण बनता है। यही वजह है कि हिन्दुस्तानी पिज़्ज़ा का आधार अनूठा भी है और इस क्षेत्र में हर जगह व्याप्त भी है - मुल्क के लगभग सारे क्षेत्र, सारे भाषा समुदाय और सारी जातियाँ तथा जनजातियाँ इन प्रथम भारतीयों की छाप लिए हुए हैं, जैसा कि वैज्ञानिक अध्ययनों ने बार-बार दर्शाया है। यही इस बात की भी वजह है कि क्यों उनको हिन्दुस्तान की आबादी की बुनियाद या आधार कहना सर्वथा उचित है।

तब फिर यह आधार कुछ क्षेत्रों में क्षीण क्यों है, जैसे कि उत्तर-पूर्व में, और कुछ क्षेत्रों में मज़बूत क्यों है, जैसे कि दक्षिण में? इसकी वजह हिन्दुस्तान में बाद में बाहर से हुए उन आगमनों में देखी जा सकती है, जिन्होंने, अलग-अलग मात्राओं में, प्रथम हिन्दुस्तानियों की जगह ले ली, उनको बेदख़ल कर दिया या उनको अपने भीतर समाहित कर लिया। मोटे तौर पर, उत्तर-पश्चिम या उत्तर-पूर्व जैसे इलाक़ों में, यानी उन क्षेत्रों में जिनके रास्ते नए प्रवासी आए थे, प्रथम भारतीयों का आधार मध्य भारत या प्रायद्वीपीय भारत में अपेक्षाकृत क्षीण है।

ये बाद में आए प्रवासी कौन हैं और वे कब आए थे? इसका जवाब पाने के लिए हमें प्रागैतिहासिक काल की जलवायु की ओर, या प्राचीन युगों के समय की जलवायु की ओर मुड़ना ज़रूरी है। जैसा कि हम पहले देख चुके हैं, सूक्ष्म-पुरापाषाण-युगीन औज़ारों का प्राचीनतम साक्ष्य लगभग 45,000 वर्ष पुराना है, और 35,000 वर्ष पहले तक आते-आते वे व्यापक रूप से प्रचलन में आ चुके थे। लम्बे हिमानी कालखण्ड (जो 29,000 वर्ष पूर्व से लेकर 14,000 वर्ष पूर्व तक जारी रहने वाला था) की ओर दुनिया के उतरने की शुरुआत के साथ ही जलवायु में पहले ही गिरावट आने लगी थी, लेकिन इस हिमानी युग का अन्त एकदम साफ़-सुथरा और आकस्मिक नहीं था : हिमानी युग के अन्त के क़रीब धीरे-धीरे जिस गरमाहट की शुरुआत हुई थी, उसमें 12,900 और 11,700 वर्ष पूर्व के बीच लगभग 1300 वर्ष तक जारी रहे ठण्ड के एक और झटके से व्यवधान आया था। यंगर ड्रायस नामक इस दौर में दुनिया की जलवायु एक बार फिर से शुष्क और खुश्क हो गई थी। जब यंगर ड्रायस का यह दौर भी समाप्त हो गया था, तब जाकर ही दुनिया ने वास्तव में उस एक दीर्घकालीन गर्म, नम और हरित कालखण्ड में प्रवेश किया था, जिसे होलोसीन कालखण्ड के नाम से जाना जाता है, जिसकी शुरुआत 11,700 वर्ष पहले हुई थी। हम अभी भी इसी होलोसीन युग में हैं।

जलवायु से संबंधित उथल-पुथल भरे ऐसे ही कालखण्डों के दौरान हम मानव-इतिहास में आकस्मिक घटनाक्रमों को घटित होते देखते हैं, जो एक बार फिर इस बात को प्रमाणित करते हैं कि हमारी प्रजाति को आगे धकेलने के लिए या तो (संसाधनों के अभाव का) भय या उसको लालच (समृद्धि का आश्वासन) ज़रूरी होता है। उदाहरण के लिए, लगभग 16,000 साल पहले जब हिमानी युग का धीरे-धीरे अन्त हो रहा था, तब अमेरिकी महाद्वीप पहली बार उन एशियाइयों द्वारा बसाए जा रहे थे, जो बेरिंजिया के रास्ते आ रहे थे - वह बेरिंजिया जो दो महाद्वीपों को जोड़ने वाला ज़मीनी पुल था, जहाँ आज रूस और अलास्का हैं।

इस तरह आरम्भिक होलोसीन के दौरान हम पश्चिम एशिया के उपजाऊ चाप (फर्टाइल क्रेसन्ट - आज के ईरान, इराक़ और लिवेंट), दक्षिण एशिया, मिस्र और परवर्ती चीन में हम खण्डित प्रयोग होते देखते हैं। ये प्रयोग अन्ततः मानव-जाति द्वारा कृषि को लगभग हर कहीं ले जाने का कारण बनते हैं। ऐसा नहीं था कि ये सारे प्रयोग सफल रहे और जो सफल हुए भी, वे सारे-के-सारे लम्बे समय तक टिकने वाले नहीं थे और यह भी संभव है कि जो बहुत-से प्रयोग सफल नहीं हुए या लम्बे समय तक टिक नहीं सके, उनका आज के पुरातात्त्विक दस्तावेज़ों में पता न लगाया जा सकता हो, लेकिन जब ईसापूर्व 9700 और ईसापूर्व 5000 के बीच के 4000 या 5000 वर्षों के संक्रान्तिकालीन दौर में कृषि असन्दिग्ध रूप से उपजाऊ चाप में और हिन्दुस्तान, मिस्र, और चीन में तेज़ी के साथ आगे बढ़ी, तो मनुष्यों की आबादी में अपूर्व ढंग से विस्फोट की शुरुआत हुई, जो विराट निष्क्रमणों का कारण बनी, जिन्होंने यूरोप, मध्य एशिया, दक्षिण एशिया, चीन और पूर्व एशिया में विश्व की जनसांख्यिकी को बदल दिया।

मेहरगढ़ में चमत्कार

दक्षिण एशिया में कृषि के प्राचीनतम प्रयोग का सबसे हलचल-भरा स्थल वह गाँव था, जिसे आज मेहरगढ़ के नाम से जाना जाता है, जो वर्तमान पाकिस्तान के बलूचिस्तान में बोलान दर्रे की तलहटी में स्थित है। यह स्थल मोटे तौर पर ईसापूर्व 7000 और ईसापूर्व 2600 के बीच लगभग 4400 वर्षों तक आबाद रहा था। अपने चरम उत्कर्ष के दिनों में यह लगभग 200 हैक्टेयर के इलाक़े को घेरे था, जो इसको सिन्धु काल और भूमध्यसागरीय काल के बीच के दौर के सबसे बड़े निवास-स्थल की शक्ल देता था।

एक ऐतिहासिक स्थल के रूप में मेहरगढ़ की खोज 1976 में पाकिस्तान के पुरातत्त्व विभाग के सहयोग से फ्रांसीसी अभियान-दल द्वारा की गई थी, और इसने कृषि की शुरुआत और दक्षिण एशिया में उसके प्रसार के बारे में हमारी समझ को एक झटके के साथ बदल दिया था। मेहरगढ़ ने आगामी हड़प्पा सभ्यता की बुनियाद रखी थी। मेहरगढ़ में हुई खुदाई में सामने आए टीलों में ऐसी सांस्कृतिक परतें (मनुष्यों द्वारा इस्तेमाल की गई, गढ़ी गई या रूपान्तरित की गई सामग्री के अवशेष) पाई गई थीं, जो नौ मीटर मोटी थीं, और जो लगभग ईसापूर्व 7000 से शुरू होने वाले कालखण्ड को समेटती थीं। जब लोग किसी बस्ती में सैकड़ों या हज़ारों वर्ष रहे होते हैं, तो उस दौरान जमा हुए कचरे या मलबे - ख़ासतौर से ईंटों - की वजह से ज़मीन की सतह ऊपर उठ जाती है और इस तरह टीले तैयार कर देती है।

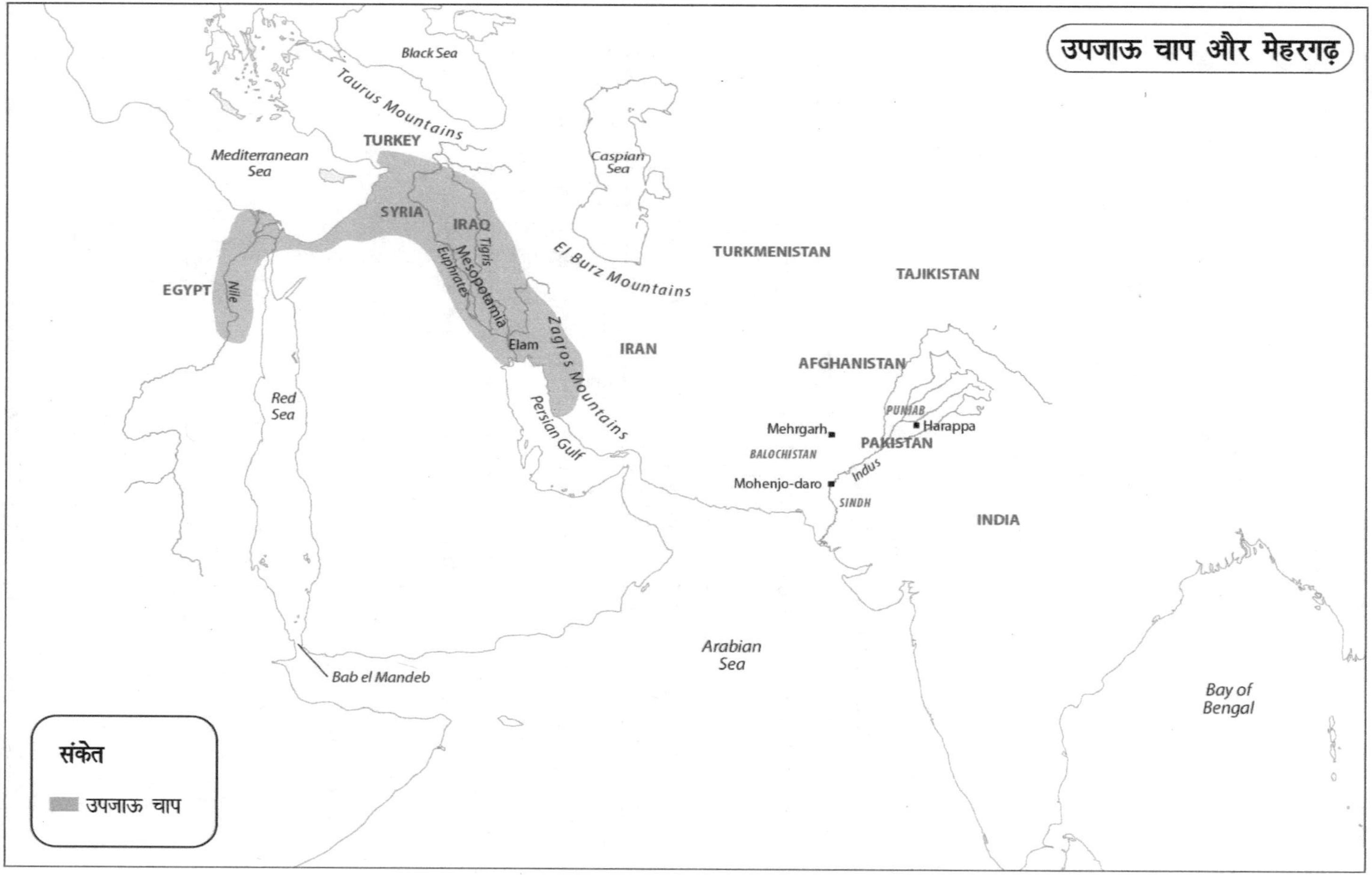

उपजाऊ चाप और मेहरगढ़
Black Sea
Taurus Mountains
TURKEY
Mediterranean Sea
Caspian Sea
SYRIA
IRAQ
Tigris
Euphrates
Mesopotamia
EGYPT
Nile
El Burz Mountains
TURKMENISTAN
TAJIKISTAN
Elam
Zagros Mountains
IRAN
AFGHANISTAN
Red Sea
Persian Gulf
PUNJAB
Harappa
Mehrgarh
PAKISTAN
BALOCHISTAN
Indus
Mohenjo-daro
SINDH
INDIA
Arabian Sea
Bab el Mandeb
Bay of Bengal
संकेत
उपजाऊ चाप

इसलिए इन परतों की मोटाई इस बात का एक मोटा संकेत हो सकती है कि कोई बस्ती, उसी तरह की परिस्थितियों वाले दूसरे स्थलों की तुलना में, कितने लम्बे समय तक आबाद रही।

सबसे निचली सतह पर अनुसन्धानकर्ताओं को जो कुछ मिला, उसमें यह सब शामिल था : छोटे, आयताकार, अनेक कक्षों वाले कच्ची ईंटों से बने मकान, जिनमें से कुछ का इस्तेमाल शायद भण्डारण (स्टोरेज) के लिए किया जाता रहा होगा; सूक्ष्म-पुरापाषाण-युगीन औज़ारों से निर्मित हँसिये, जो मूलतः लकड़ी के हत्थों से जुड़े थे, जिनका इस्तेमाल शायद अनाज काटने के लिए किया जाता हो; मिट्टी और कच्ची ईंटों में जौ और गेहूँ के दानों के अवशेष; भोजन के अवशेष जो मृग, नीलगाय, काले हिरण, जंगली सूअर और भैंस जैसे शिकार किए गए जानवरों के खाए जाने की ओर संकेत करते थे; और कूबड़ वाले पशुओं, ज़ेबू *(बोस इंडिकस)*, साथ ही बकरी जैसे स्थानीय जानवरों को पाले जाने के साक्ष्य।

फ्रांसीसी दल के मुखिया ज़्याँ-फ्रांसुआ जारीज़ ने इन खोजों को प्राचीनतम स्तर की खोज बताया था, जो 'मृत्तिका-रहित', या मिट्टी के बर्तनों से रहित थीं, इस तरह : इसलिए खुदाई में मिली सारी इमारतें अनेक कक्षों वाली हैं। इमारती नक़्शों की चार अलग-अलग तरह की क़िस्में दर्ज़ की गई हैं : दो कक्षों वाली, चार कक्षों वाली, छह कक्षों वाली और दस कक्षों वाली इमारतें। इन इमारतों की ज़्यादातर दीवारें हाथ से बनाई गई कच्ची ईंटों की दो लम्बाकार कतारों से निर्मित हैं। इन लम्बी और सँकरी ईंटों का आकार 62 x 12 x 8 सेंटीमीटर है, जिनके ऊपरी हिस्से पर आमतौर से ईंट बनाने वालों के अंगूठों की छापों की V की आकृति की समानान्तर रेखाओं के पैटर्न हैं, जो उस गारे (मडमोर्टार) को जुड़ने के लिए जगह उपलब्ध कराती हैं, जिसमें वे जमाई गई थीं।[1] (गारा बिल्डिंग ब्लॉक्स को, जो प्रस्तुत प्रसंग में ईंटें हैं, आपस में जोड़ने के लिए इस्तेमाल किया जाता है। ईंट बनाने वाले के अंगूठे के ये निशान एक खुरदुरी सतह तैयार करते हैं, जो ईंटों को आपस में जोड़े रखने में गारे की मदद करते हैं।) अन्यत्र जारीज़ इन ईंटों को 'सिगार के आकार' की बताते हैं। जारीज़ के दल ने इस बात को दर्ज़ किया था कि छह-कक्षीय इमारतों में कोई चूल्हे या घरेलू गतिविधियों के कोई महत्त्वपूर्ण अवशेष नहीं मिले, जैसे कि कुछ दूसरी इमारतों में पाए गए थे। इससे इस बात का संकेत मिलता है कि इन बड़ी इमारतों का इस्तेमाल संभवतः कोठारों या भण्डारण-सुविधाओं के तौर पर किया जाता था।

"मिट्टी के इन मकानों की दीवारों पर अन्दर और बाहर 2 सेंटीमीटर का मिट्टी का पलस्तर चढ़ा हुआ था। इस बात के प्रमाण हैं कि कई मकानों की बाहरी दीवारों पर लाल रंग का लेप था या वे चित्रों तक से सज्जित थीं। सतह 1 खुदाई में मिली सबसे निचली सतह जो लगभग ईसापूर्व 7000 वर्ष पुरानी है, की एक गिरी हुई दीवार का एक हिस्सा सादा गेरू से पुता हुआ था। ऊपरी सतहों में कई दीवारों पर लाल पेंट के इसी तरह के निशान पाए गए थे। ज़मीन पर गिरे बाहरी पलस्तरों की ख़ासी बड़ी खण्डित छापें V की आकृति के लाल अंकनों को और एक मामले में, लाल रेखाओं तथा लाल और काले बिन्दुओं के एक पेचीदा ज्यामितीय पैटर्न को दर्शाती हैं। कूट कर तैयार की गई ठोस मिट्टी से बने कुछ फ़र्श भी गेरू

1. ज़्याँ-फ्रांसुआ जारीज़, 'मेहरगढ़ नियोलिथिक', प्राग्धरा 18 (2006)।

से लिपे हुए थे। इमारती मलबे में छप्पर के कुछ टुकड़े भी पाए गए हैं। उनमें भूसा-मिश्रित मिट्टी के टुकड़े शामिल हैं, जिन पर सरकण्डों की रेशेदार डण्डियों की कई-कई छापें हैं।"

छोटी इमारतों के कई कक्षों में चूल्हों की निशानियाँ पाई गई थीं और मकानों के बीच की खुली जगहों में अलाव जलाने के गोलाकार गड्ढे भी मिले थे, जिनके व्यास चालीस से साठ सेंटीमीटर तक के थे और वे पैंतालीस सेंटीमीटर तक गहरे थे। दिलचस्प बात है कि इनमें से ज़्यादातर गड्ढे बुरी तरह जले थे, उनके अन्दर के कंकड़ चटके थे और उनमें से एक की मिट्टी की दीवारें अण्डाकार आकृति की थीं। इनके उपयोग को समझना मुश्किल नहीं था, क्योंकि बलूचिस्तान में आज भी रोटी गर्म पत्थरों पर पकाई जाती है।

मेहरगढ़ के वनस्पतियों के संग्रह (या उन वनस्पतियों के चयन जिनका इस्तेमाल इन निवासियों द्वारा किया जाता था, जैसा कि इस स्थल की खुदाई में मिले अवशेषों से ज़ाहिर हुआ था) में सबसे ज़्यादा मात्रा जौ की एक ख़ास क़िस्म, छिली हुई छह काँटों वाली जौ थी। खुदाई-स्थल पर जितने बीज और निशान दर्ज़ किए गए, उनमें से 90 प्रतिशत से ज़्यादा यही जौ थी, लेकिन मेहरगढ़ के बाशिन्दे इस जंगली जौ को महज़ बटोरते थे या उसकी सक्रिय रूप से खेती करते थे? इसका पता लगाने का एक तरीक़ा है।

उपजाई गई सारी वनस्पतियाँ और पालतू बनाए गए सारे जानवर अपने जंगली पूर्वजों से कुछ इस तरह भिन्न होते हैं कि इस भिन्नता की वजह का आसानी से अनुमान लगाया जा सकता है, क्योंकि वनस्पतियों और जानवरों का पालतूकरण समय गुज़रने के साथ इन वनस्पतियों और जानवरों की विकास-प्रक्रिया पर वरणपरक दबाव डालता है। उदाहरण के लिए, बहुत से पालतू जानवर आकार में छोटे हो जाते हैं, कम आक्रामकता दिखाते हैं, छोटे मस्तिष्क विकसित कर लेते हैं और अपने ज़रूरत से ज़्यादा बड़े सींग खो देते हैं। यौनपरक द्विरूपता भी - जहाँ नर और मादा के आकार उल्लेखनीय रूप से भिन्न होते हैं - धीरे-धीरे ग़ायब हो जाते हैं। इसकी वजह को समझना आसान है। एक तरफ़, मनुष्य पशुओं का चुनाव उनको पालतू बनाने की सहूलियत और उनमें आक्रामकता के अभाव के आधार पर करते हैं, जो छोटे सिर या सींगों, कम ख़तरनाक दिखाई देने वाले दाँतों और छोटे मस्तिष्कों जैसे बदलावों में प्रतिबिम्बित होता है। दूसरी तरफ़, जानवरों पर आम तौर से पड़ने वाले प्राकृतिक वरण संबंधी बहुत-से दबाव इसलिए समाप्त हो जाते हैं, क्योंकि उनको भोजन या सम्भोग के लिए अब अपनी प्रजाति के दूसरे जानवरों से प्रतिस्पर्धा करने की ज़रूरत नहीं रह जाती।

उपजाए जाने की वजह से वनस्पतियों में भी बहुत-से बदलाव आते हैं। उदाहरण के लिए, उनके बीज पक जाने के बाद चटखते नहीं हैं, और वे ज़्यादा आसानी-से अंकुरित होते हैं तथा ज़्यादा बड़े होते हैं। इसकी वजह को समझना भी आसान है। जब मनुष्य अपनी फ़सलों को काटते हैं, तब जो बीज पहले से चटक गए होते हैं, वे खो जाते हैं और मिट्टी में बिखर गए होते हैं, जबकि जो बीज अभी भी डण्ठल में लगे होते हैं, उनको निकाल लिया जाता है। इनमें से कुछ खाने के लिए इस्तेमाल कर लिए जाते हैं, और बाक़ी अगली बुवाई के लिए रख लिए जाते हैं। यह चीज़ उन बीज़ों के मामले में प्राकृतिक वरण के ज़बरदस्त दबाव के रूप में काम करती है, जो पकने पर तत्काल चटकते नहीं हैं। इसी चीज़ को दूसरे पहलू से देखें, तो, चूँकि उपजाई जाने वाली वनस्पतियों को अपने बीज फैलाने की चिन्ता नहीं रह जाती - क्योंकि यह ज़िम्मेदारी अब मनुष्यों ने सँभाल ली होती है - इसलिए फल्लियों

पर स्वयं चटखने के लिए प्राकृतिक वरण द्वारा डाला जाने वाला दबाव काम करना बन्द कर देता है। इसी तरह के दबाव इस बात की भी जानकारी उपलब्ध कराते हैं कि उपजाई जाने वाली वनस्पतियों के बीज किस तरह प्रायः बड़े होते हैं और वे ज़्यादा आसानी से अंकुरित क्यों होते हैं।

इन भेदों की वजह से, वैज्ञानिक जानवरों या वनस्पतियों के जीवाश्मों को देखकर यह पता लगा सकते हैं कि ये पालतू थे या जंगली। यह इसलिए महत्त्वपूर्ण है, क्योंकि अगर एक बस्ती से, मान लीजिए, हँसिये और अन्न के गोदामों तथा अनाज का उपभोग किए जाने के साक्ष्य भी मिलते हों, तब भी इसका ज़रूरी तौर पर यह मतलब नहीं है कि वे लोग खेती करते थे - वे लोग महज़ शिकारी संग्रहकर्ता भी रहे हो सकते हैं, जो फ़सलों की खेती करने की बजाय जंगली फ़सलों को काटते रहे हों। दूसरी तरफ़, पालतू जानवरों या वनस्पतियों की मौजूदगी इस बात का स्पष्ट संकेत है कि वे लोग सचमुच खेती करते वाले हैं, न कि शिकारी-संग्रहकर्ता। मेहरगढ़ की सबसे निचली सतहों पर मिले जौ के मामले में, मानवविज्ञानी और कृषि-वैज्ञानिक लोरेन्ज़ो कॉन्स्टेन्टिनी ने इसे 'उपजाई गई किन्तु संभवतः पूरी तरह से पालतू नहीं' पाया था, जिसका मतलब है पालतू बनाए जाने की प्रक्रिया उस समय जारी ही थी, पूरी नहीं हुई थी।

जानवरों के बारे में क्या कहा जाए? क्या वे भी पालतू बना लिए गए थे? मेहरगढ़ के बाशिन्दे बहुत उत्सुक शिकारी थे, लेकिन वहाँ जानवरों, जो पहले बकरियों तक सीमित थे, के पालतू बनाए जाने के प्रमाण भी मौजूद हैं। खुदाई में सबसे निचली सतहों पर मिली युवतियों की क़ब्रों में उनके पैरों के चारों ओर युवा बकरियों या बकरी के बच्चों के सम्पूर्ण कंकाल रखे मिले थे। मेहरगढ़ और हड़प्पा, दोनों ही स्थलों की खुदाई में भागीदारी करने वाले पुरातत्त्वविद और जीवविज्ञानी आर.एच. मीडो के मुताबिक़, खुदाई की सबसे निचली सतहों के कचरे में अपेक्षाकृत छोटे अल्पवयस्क और वयस्क जानवरों की हड्डियों की मौजूदगी बकरियों के पालतू बनाए गए होने का भी संकेत देती है। यह इसलिए है, क्योंकि जहाँ शिकारी शिकार की ज़्यादा-से-ज़्यादा मात्रा हासिल करने की नीयत से आम तौर से झुण्ड के बड़े जानवरों को निशाना बनाते हैं, वहीं चरवाहों द्वारा कम उम्र के नर जानवरों को मारे जाने की संभावना होती है। इसलिए, जैसा कि कचरे के ढेर से साबित होता है, उपभोग किए गए जानवरों का आकार पालतू बनाए जाने की प्रक्रिया का भी एक संकेत है।

मीडो ने यह भी दर्शाया है कि मेहरगढ़ में कालखण्ड 1 (यानी, ईसापूर्व लगभग 7000 से लगभग 6000 तक) के समय के इस बस्ती में मिले जानवरों के अवशेषों में, नीलगाय और मृगों जैसे शिकार किए गए जानवरों की तुलना में, भेड़ों और बकरियों के अवशेषों की संख्या उत्तरोत्तर बढ़ती पाई गई थी। यह जानवरों को पाले जाने का एक और संकेत है। कालखण्ड 1 के समाप्त होने तक जानवरों के अवशेषों का आधे से ज़्यादा हिस्सा मवेशियों की हड्डियों का था, जिसमें कूबड़ वाले स्थानीय जानवर की उपस्थिति सबसे ज़्यादा है। मीडो के मुताबिक़, मेहरगढ़ के जानवरों का शरीर समय के गुज़रने के साथ-साथ छोटा होता गया था, जैसा कि कि जानवरों को पालतू बनाए जाने की प्रक्रिया के दौरान अपेक्षित होता है।

इस सब के दरम्यान यानी वनस्पतियों और जानवरों को पालतू बनाने, मकान बनाने, शिकार करने के दरम्यान मेहरगढ़ के लोगों ने अपने सृजनात्मक पक्ष को सन्तुष्ट करने का

वक़्त भी निकाला था। पुरातत्त्वविदों को उन मालाएँ तैयार करने वालों की कार्यशालाओं के अवशेष मिले थे, जो कच्चे माल के तौर पर कैल्साइट या स्टीअटाइट (दोनों ही खनिज चट्टानों की क़िस्में हैं) का इस्तेमाल कर रहे थे। क़ब्र-सामग्रियाँ या मृतकों के साथ दफ़नाई गई चीज़ें मेहरगढ़ के शिल्प-उत्पादनों की साफ़ तसवीर पेश करती थीं। इनमें सीपियों से तैयार किए गए आभूषण, आवर्त मणि (लैपिस लज़ूली), फ़ीरोज़ा, ब्लैक स्टीअटाइट और ऐसे ही अनेक रत्न शामिल थे। ध्यान दें कि मेहरगढ़ दूर-दूर तक समुद्र के क़रीब नहीं है, इसलिए सीपियाँ उस व्यापक सौदागिरी या विनिमय तन्त्र की ओर संकेत करती हैं, जो संभवतः आज के पाकिस्तान के मकरान तट तक फैला था। जारीज़ का कहना है कि ये आभूषण अप्रत्याशित विशेषज्ञता के साथ बनाए गए थे।

उन्होंने दफ़नाए जाने की रस्म का वर्णन इस तरह किया है, जो ख़ास तौर से चौंकाने वाली है : "क़ब्रों में जमा एक असाधारण चीज़ है, डेन्टेलियम (हाथीदाँत) के एक तरह के लम्बे, झीने तार, से बनी सिर की पट्टियाँ, जो कई स्त्रियों के सिरों पर पाई गई थीं...। 274 नम्बर की क़ब्र में पाई गई सिर की पट्टी डेन्टेलियम के छोटे-छोटे टुकड़ों की बुनी हुई लड़ियों और बकसुओं के रूप में इस्तेमाल किए गए दो फीतों से जोड़कर बनाई गई थी। इनमें से प्रत्येक फीता सूक्ष्म छिद्रों से युक्त चार सीपियों से अलंकृत था। गले में सीपियों के मनकों से बनी एक पतली माला और कमर में एक बेल्ट-नुमा आभूषण था, जो सीपियों के बेलनाकार मनकों और एक सीपी के चपटे बहुफलक शीर्ष से निर्मित था। बेल्ट से जुड़ी डेन्टेलियम के बहुत-से मनकों को पिरो कर तैयार की गई एक गुँथी हुई डोरी स्त्री के योनि-स्थल के सामने लटकती पाई गई थी।"

लेकिन इससे भी ज़्यादा प्रभावशाली एक और खोज थी। लगभग 6000 ईसापूर्व की एक खोदी गई सतह पर पुरातत्तत्वविदों को वहाँ की दो में से एक क़ब्र में पाए गए ताँबे के मनकों के छेदों के भीतर कपास के रेशे मिले। यह दुनिया में कहीं भी कपास के इस्तेमाल का पहला साक्ष्य था और इस उपमहाद्वीप में ताँबे के इस्तेमाल का भी पहला साक्ष्य था।

जैसे-जैसे समय बीतता गया, सुदूर इलाक़ों से कच्चे माल के आने के साथ मनकों तथा दूसरे आभूषणों की मात्रा और गुणवत्ता में वृद्धि होती रही थी। तकनीकों में भी सुधार आ रहा था, जैसे कि मनके बनाने वाले इस बात को समझने लगे थे कि काले स्टीअटाइट को गर्म करके सफ़ेद स्टीअटाइट में कैसे बदला जा सकता था।

हस्तशिल्प फल-फूल रहे थे, इसी तरह दूसरे रोज़गार भी फलते-फूलते लगते थे - कुछ क़ब्रिस्तान दन्त-विद्या के ऐसे साक्ष्य दर्शाते हैं, जो दुनिया के किसी भी हिस्से के पुरातात्त्विक रिकॉर्ड की दृष्टि से प्राचीनतम हैं। नौ व्यक्तियों (जिनमें से चार स्त्रियाँ और दो पुरुष हैं और तीन के लिंग ज्ञात नहीं हैं) के ग्यारह छिद्रित दाँत (ड्रिल्ड मोलर क्राउन) दर्ज़ किए गए हैं। एक व्यक्ति के तीन छिद्रित (ड्रिल्ड) दाँत हैं; एक और व्यक्ति के दाँत दो बार छेदे गए हैं। हम नहीं जानते कि वहाँ कोई पूर्ण-कालिक 'दन्त-चिकित्सक' थे या इस नए व्यवसाय में आंशिक शौक रखने वाले लोग थे, लेकिन अनुमान है कि खाने की नियोलिथिक (नव्य-पाषाण-युगीन) नई आदतें मेहरगढ़ियों के दाँतों के लिए कोई बहुत अच्छी ख़बर नहीं थी! ('नियोलिथिक' को सामान्यतः खेती की शुरुआत और जानवरों तथा वनस्पतियों के पालतूकरण के युग से जोड़कर देखा जाता है। पुरातात्त्विक दस्तावेज़ों में इस कालखण्ड को प्रायः पत्थर के पॉलिश किए हुए

औज़ारों तथा चक्कियों और, कभी-कभी, मिट्टी के बर्तनों से दर्शाया जाता है। नियोलिथिक युग पुरापाषाण युग के बाद और चाल्कोलिथिक या ताम्र युग के पहले का है।)

मेहरगढ़ के सिरेमिक (पकाकर बनाए जाने वाले मिट्टी के बर्तन) के कालखण्ड की शुरुआत ईसापूर्व 6000 के आस-पास होती है - बसावट शुरू होने के एक हज़ार से ज़्यादा साल बाद। तब तक, मेहरगढ़ के लोग बिटूमन (कुदरती तौर पर प्राप्त होने वाला चिपचिपा, काला हाइड्रोकार्बन घोल) से मढ़ी हुई टोकरियों और पत्थर के बर्तनों से काम चलाते थे। जब ईसापूर्व 6000 के आस-पास मिट्टी के बर्तनों के कुछ पहले नमूने मेहरगढ़ में प्रकट होते हैं, तो वे ख़ासे अनगढ़ तरीक़े से निर्मित बर्तनों के टूटे हुए टुकड़े हैं, लेकिन सबसे महत्त्वपूर्ण बात यह है कि बर्तन चाक पर बनाए गए नहीं हैं, बल्कि 'मिट्टी के टुकड़ों को जोड़कर' गढ़े गए हैं। शायद बर्तनों को मज़बूती देने के लिए बिटूमन का इस्तेमाल किया जाता था। बर्तन बनाने की इस आरम्भिक तकनीक को सीक्वेन्सियल स्लैब कन्स्ट्रक्शन के नाम से जाना जाता है और इसके बारे में हम बाद में चर्चा करेंगे।

सिरेमिक कालखण्ड में भण्डारण के लिए तैयार किए गए इमारतों के हिस्सों की संख्या और आकार सहसा बढ़ जाते हैं, जो आबादी में हो रही बढ़ोत्तरी की ओर संकेत करते हैं। उत्कृष्ट कोटि के, उज्जवल लाल मिट्टी के बर्तनों का इस्तेमाल तो बढ़ता गया है, लेकिन यहाँ-वहाँ दिखाई पड़ते कुछ मनकों के अलावा ज़्यादातर क़ब्र संबंधी वस्तुएँ अब आम चलन में नहीं हैं। ईसापूर्व 5300 के आते-आते ताम्र-पाषाण युग (चाल्कोलिथिक पीरियड) शुरू हो

The Metropolitan Museum of Art, New York

मेहरगढ़ शैली का एक बर्तन, ईसापूर्व 3000-2500

चुका था और भौतिक वस्तुओं की संस्कृति का विकास अटूट रूप से जारी था, जिसके तहत एक-के-बाद एक नवाचार हो रहे थे : चाक पर बनाए जाने वाले बर्तन, कपास की खेती, टेराकोटा की छोटी-छोटी मूर्तियाँ। ये सब ईसापूर्व 3000 तक सभ्यता के आरम्भिक हड़प्पा दौर की भूमिका तैयार कर रहे थे। ('आरम्भिक हड़प्पा' सिर्फ़ कालखण्ड की ओर संकेत है। मेहरगढ़ को हड़प्पा सभ्यता का हिस्सा नहीं माना गया है।)

मेहरगढ़ के स्थल को ईसापूर्व 2600 और ईसापूर्व 2000 के बीच कभी त्याग दिया गया था, और वहाँ के लोग उससे लगभग पाँच मील दूर क़िलेबन्द नगर नौशारो में जा बसे थे। मेहरगढ़ ने इस क्षेत्र में संभवतः कई ताम्र-पाषाण संस्कृतियों को जन्म दिया था, जिनमें हकरा, कोट डिजी, आमरी, नाल और अहार शामिल हैं, जो पूर्ण विकसित हड़प्पा सभ्यता की पूर्वज संस्कृतियाँ थीं।

The Metropolitan Museum of Art, New York

मेहरगढ़ शैली में टेराकोटा में निर्मित स्त्री-अकृतियाँ, ईसापूर्व 3000-2500

इस तरह लगभग 5000 वर्षों के भीतर मेहरगढ़ कृषि के साथ अपने प्रयोगों की शुरुआत करती एक छोटी-सी बस्ती से ऊपर उठकर इस उपमहाद्वीप के समूचे उत्तर-पश्चिमी क्षेत्र में बसने की तेज़ी के साथ विस्तार लेती उस एक नई विधि के एक महत्त्वपूर्ण केन्द्र[2] में बदल गया था, जो अन्ततः सिन्धु और घग्गर-हकरा नदियों की घाटियों में अपने समय की सबसे बड़ी सभ्यता के निर्माण का मार्ग प्रशस्त करने वाली थी, लेकिन मेहरगढ़ के लोग कौन थे और वे कहाँ से आए थे?

पश्चिम एशियाई समानताएँ

अगर आप मेहरगढ़ की शुरुआत की ओर वापस मुड़कर देखेंगे, तो लक्ष्य करेंगे कि शिकारी-संग्रहकर्ताओं की जीवन-शैली (जिसे हमने पिछले अध्याय में देखा) और इस खुदाई में मिली परतों से प्रतिबिम्बित होती जीवन-शैली के बीच एक अन्तराल है। मानो दोनों के बीच का कोई संबंध-सूत्र नदारद हो। मेहरगढ़ियों ने इस महाद्वीप में अपना अड्डा जमाने के साथ ही कच्ची ईंटों के मकान बनाने और पहले अन्न-भण्डारों के निर्माण की शुरुआत की थी, और कृषि तथा पशुपालन की भी लगभग तत्काल शुरुआत हुई थी, जिसके आगाज़ को अंजाम तक पहुँचने में उतना लम्बा समय नहीं लगा था, जितना हम पश्चिम एशिया में लगता देखते हैं, जहाँ कृषि के आरम्भिक प्रयोगों की शुरुआत कुछ हज़ार साल पहले हुई थी, लेकिन उसमें बार-बार अन्तराल, और अक्सर ऐसे गतिरोध आते रहे थे, जिनके आगे जाना नहीं हो पाता था, क्योंकि बदलती हुई जलवायु कभी नए प्रयोगों को प्रोत्साहित करती थी और कभी उनको पूरी तरह रोक देती थी।

पश्चिम एशिया में कृषि की शुरुआतों की कहानी सीधी और साफ़-सुथरी नहीं है, बल्कि यह एक लुभावनी कहानी है, क्योंकि यह तब तक आधुनिक मनुष्य के इतिहास का, मोटे तौर पर 300,000 वर्षों में फैला सबसे ज़्यादा उत्तेजक प्रसंग है। संभव है कि जिन अन्य क्षेत्रों में कृषि का विकास पहले हुआ हो, उनकी पृष्ठभूमि भी उतनी ही मोहक रही हो, लेकिन आधुनिक मनुष्य की घुसपैठ का ऐसा क्षण पश्चिम एशिया के अलावा और कहीं न तो दर्ज़ किया गया है, न खोजा गया है और न ही इतने एकाग्र और सजीव ढंग से विश्लेषित किया गया है। कृषि के संक्रमण, दुनिया को रूपान्तरित कर देने वाले इसके नतीजों और, सबसे महत्त्वपूर्ण, मेहरगढ़ के साथ इसके रिश्ते को समझने के लिए हमें विकास की प्रक्रिया पर ध्यान देना ज़रूरी है। तो हम शुरू करते हैं।

यरुशलम विश्वविद्यालय के पुरातत्त्वविद ए. निगेल गोरिंग-मॉरिस और ऐना बेल्फ़र-कोहेन, जिन्होंने लिवेंट में कृषि संस्कृति के आविर्भाव के बारे में विस्तार से लिखा है, कहते हैं : "इस बात पर बल देना महत्त्वपूर्ण है कि पीछे मुड़कर देखने पर ही घटनाक्रम ऐसे दिखाई देते हैं, जैसे उनमें कोई दिशा रही हो। जो प्रक्रियाएँ घटित हुईं, वे तत्कालीन स्तर पर बहुत-से विकल्पों के उपलब्ध होने के नाते बहुआयामी थीं; कुछ विकल्प, अन्ततः, भविष्य की घटनाओं के संदर्भ में महत्त्वपूर्ण थे, लेकिन अन्य विकल्प विकासपरक अर्थ में 'गौण' या ऐसे थे, जिनमें

2. अगर इस क्षेत्र में आरम्भिक कृषि के इससे पहले के या उतने ही प्रमुख कोई केन्द्र थे, तो वे अभी खोजे नहीं गए हैं।

आगे जाने का कोई रास्ता नहीं था। इस तरह, पुरातात्त्विक रिकॉर्ड के भीतर हमें दोनों ही तरह के साक्ष्य मिल सकते हैं।"[3] इसके बाद ये लेखक इस स्थिति के संदर्भ में अपनी दलील पेश करते हैं कि नवपाषाणीकरण (निओलिथाइज़ेशन) - या कृषि की ओर हुए अवस्थान्तरण - की आरम्भिक प्रक्रिया के उद्गम को लगभग 20,000 वर्ष पूर्व तक पीछे जाते हुए अन्तिम हिमानी युग (29,000 से 14,000 वर्ष पूर्व) के दौरान क्यों खोजा जाना चाहिए। वे कहते हैं कि "नवपाषाण युग के अन्त तक के लगभग 15,000 वर्षों, यानी, लगभग 500-600 पीढ़ियों, के कालखण्ड के साथ इसकी संगति बैठती है।"

इस कहानी की शुरुआत लिवेंट में शिकारी-संग्रहकर्ताओं के उस हिमानी युग के दबावों से जूझने के साथ होती है, जब बहुत-से इलाक़े रहने लायक़ नहीं रह गए थे और संसाधन दुर्लभ हो गए थे। रहने लायक़ क्षेत्रों में आबादी का घनत्व बढ़ गया होगा, क्योंकि मौजूदा आबादियों की भीड़ दूसरी जगहों से आकर इन शरण-स्थलों में जमा हो गई होगी। इस समय आबादियों का अर्थ होगा आमतौर से बीस से तीस व्यक्तियों के ऐसे क़बीले, जिनका बड़ा सामाजिक दायरा 250 से 500 व्यक्तियों तक रहा होगा, जो कि यौन संसर्ग के लिए अनिवार्य न्यूनतम रूप से टिकाऊ दायरा है।

रहने लायक़ पर्यावरण की तंगी में लगातार होती बढ़ोत्तरी ने लम्बे समय तक टिककर रहने - या पहले की तुलना में कम गतिशीलता - की पहली प्रेरणा जगाई होगी, और आबादी के बढ़ते हुए घनत्व ने भोजन के संग्रह तथा उसको पकाने के बेहतर तरीक़े खोजने की ओर प्रेरित किया होगा। जब लगभग 14,000 वर्ष पहले जलवायु में धीरे-धीरे सुधार आने लगा होगा, तो इनमें से कुछ प्रयोग कामयाब रहे होंगे, जबकि कुछ प्रयोग नाकामयाब साबित हुए होंगे। और जिन समूहों को अपने प्रयोगों में कामयाबी मिली होगी, उन्होंने बड़े स्तर पर लम्बे समय तक टिककर रहने का मन बना लिया होगा, जबकि कुछ समूह पहले की तरह खानाबदोश बने रहे होंगे।

ईसापूर्व 12,500 से ईसापूर्व 9500 के दौरान लगभग 3000 साल तक अस्तित्व में रही नातूफियाई संस्कृति को अक्सर इस नई दोहरी जीवन-शैली को रूपायित करने वाली संस्कृति की तरह देखा जाता है - "जिसकी आबादी के कुछ हिस्से लम्बे समय तक एक जगह टिककर रहे थे और बाक़ी हिस्से विभिन्न स्तरों पर खानाबदोश बने रहे थे। (नातूफियाई शब्द 'वादी-एन-नतुफ' या नतुफ की घाटी से बना है, और यह फिलिस्तीन में है, उस इलाक़े में जहाँ पुरातत्त्वविद डोरोथी गैरोड ने उन सांस्कृतिक धरोहरों की खोज की थी, जिनको उन्होंने 1928 में नातूफियाई संस्कृति का नाम दिया था।) गारिंग-मॉरिस और बेल्फर-कोहेन के मुताबिक़, "जहाँ कुछ समूह अनुकूल पर्यावरण सुलभ कराने वाली स्थितियों (यानी, झीलों के तटों या नम इलाक़ों) में कमोबेश एक स्थान पर टिक कर रहते थे, वहीं दूसरे समूह संभवतः मौसम के मुताबिक़ अपनी आवासीय आवाजाही जारी रखते होंगे, और कुछ समुदाय की परिधि पर रहने वाले ऐसे भी समूह होंगे जो और भी ज़्यादा गतिशील रहते होंगे।"

---

3. निगेल ए. गोरिंग-मॉरिस और ऐना बेल्फर-कोहेन, 'निओलिथाइज़ेशन प्रॉसेज़ इन द लिवेंट : द आउटर एन्वेलप', *करेंट एन्थ्रॉपोलॉजी* (अक्टूबर 2011)।

नातूफियाइयों के पास ग्राउंड स्टोन से बने बर्तनों की बहुत-सी क़िस्में थीं, ख़ास तौर से खरल और मूसल, जो इस बात का संकेत हैं कि वे भोजन पकाने की अपनी तकनीकों में सुधार और गति ला रहे थे। उनके पास पत्थर के हँसिये - या हड्डी के हत्थों में धँसे धारदार पत्थर - भी थे, जो संकेत देते हैं कि वे किसी फ़सल को, संभवतः सरकण्डे की फ़सल को, काटते थे। इसकी कोई संभावना नहीं है कि वे किन्हीं जंगली अनाजों की फ़सल काटते रहे हों, क्योंकि उससे हँसियों में चमक आई होती (धार पर ऐसी चमक, जो अनाजों की डालियों को काटने से पैदा होती है, क्योंकि उनमें सिलिका की बहुत अधिक मात्रा होती है), जो अगर थी भी, तो इनमें से बहुत थोड़े-से औज़ारों में थी। इस बात का भी कोई साक्ष्य नहीं है कि वे किसी चीज़ की खेती कर रहे थे, हालाँकि उन्होंने वनस्पतियों को तेज़ी-से एकत्र करना शुरू कर दिया था, ठीक उसी तरह जिस तरह उन्होंने भोजन पकाने की प्रक्रिया को तेज़ कर दिया था।

यह सोचने की वजह है कि कम-से-कम कुछ नातूफियाई आबादियों का आकार बढ़ रहा था, और अपने अधिकार-क्षेत्र का बोध प्रभावी होने लगा था। उदाहरण के लिए, नातूफियाई स्थलों में शवों को दफ़नाए जाने के लिए विशेष रूप से नियत इलाक़े निर्धारित किए जाने लगे थे। विनिमय के ऐसे सम्पर्क-नेटवर्क भी थे, जो पत्थर के बर्तनों जैसी उपयोगितापरक वस्तुओं और सीपों, ग्रीनस्टोन और अन्य खनिजों जैसी अनूठी चीज़ों का लेन-देन कर रहे थे। नए कुटीर-उद्योग पैदा हो रहे थे, जैसा कि उन पुरातात्त्विक साक्ष्यों से समझा जा सकता है जो टोकरियों तथा चटाइयों के निर्माण के लिए हड्डियों से निर्मित औज़ारों के संग्रह की बढ़ती हुई तादाद की ओर संकेत करते हैं। आग का उपयोग करने वाली नई प्रौद्योगिकियों के भी साक्ष्य हैं, जैसे कि चूने के पलस्तर का उत्पादन और पकी हुई मिट्टी तथा गेरू का निर्माण।

लेकिन नातूफियाई संस्कृति शायद शुष्क, ऊसर, यंगर ड्रयाज़ दौर (12,900 से 11,700 वर्ष पूर्व तक) के घातक प्रभावों की वजह से लम्बे समय तक नहीं टिकी। आरम्भिक नातूफियाइयों के यहाँ बड़े, सुघड़ मकान थे, जिनमें अभिभावकों तथा उनके बच्चों के परिवारों से बड़ी इकाइयाँ रहती थीं, लेकिन बाद में ये इकाइयाँ छोटी हो गई थीं। लोगों की गतिशीलता में उत्तरोत्तर वृद्धि भी हुई थी, वहीं कुछ इलाक़ों को लावारिस छोड़ दिया गया था। नातूफियाई संस्कृति की बदलती हुई प्रकृति संभवतः जलवायु में और उसके प्रति लोगों के व्यवहार में बार-बार आने वाले बदलावों का परिणाम थी।

ये केवल लिवेंट के नातूफियाई ही नहीं थे, जो नई चीज़ों के साथ प्रयोग कर रहे थे। मध्य यूफ़्रेटीज़ पर म्यूरेबिट के क़रीब अबू हुरैरा स्थल की खुदाई में संयोग से ऐसे साक्ष्य हाथ लगे कि ईसापूर्व 11,000 के आस-पास यहाँ के निवासी जंगली गेहूँ और राई की कटाई किया करते थे। दरअसल, राई की खेती के संकेत ईसापूर्व 10,700 से ही मिलने लगे थे। वैज्ञानिकों में इसको लेकर अभी भी कुछ बहस है और इस मसले का हल नहीं हुआ है, लेकिन अगर यह खोज सही है, तो यह किसी भी अनाज की खेती की प्राचीनतम घटना होगी। हालाँकि, इससे हम किसी नतीजे पर नहीं पहुँचते - राई कभी भी पश्चिम एशिया की खेती का महत्त्वपूर्ण हिस्सा नहीं बनी, और यंगर ड्रयाज़ के बाद अबू हुरैरा को लगभग लावारिस छोड़ दिया गया था।

जब दुनिया लगभग 11,7000 वर्ष पूर्व एक बार फिर से गर्म होने लगी और भूमण्डलीय तापमान 7 डिग्री सेल्सियस तक ऊपर चला गया, तो यंगर ड्रयाज़ के दबावों के बारे में लोगों ने सोचना बन्द कर दिया। और पुरातत्त्वविदों का कहना है कि बहुत जल्दी ही हमें खेती कर उपजाए गए अनाजों की क़िस्मों के या बड़े उपजाऊ चाप (फ़र्टाइल क्रेसेंट) में वनस्पतियों तथा जानवरों की जंगली क़िस्मों के 'प्रबन्धन' के साक्ष्य तो कम-से-कम दिखने ही लगते हैं। 'प्रबन्धन' से उनका अभिप्राय जंगली वनस्पतियों तथा जंगली जानवरों का, भविष्य में उनका उपभोग करने के इरादे से, उनकी विभिन्न तरीक़ों से देखभाल करना है। प्रबन्धन के ये विभिन्न तरीक़े सुविचारित ढंग से की गई खेती से लेकर जंगली वनस्पतियों की सतर्क देखभाल और कटाई तक हो सकते थे।

खेती कर उपजाए गेहूँ की क़िस्मों - एमर और ऐन्कॉर्न - के प्राचीनतम साक्ष्य लिवेंट की अपर यूफ़्रेटीज़ घाटी से मिलते हैं, जो लगभग ईसापूर्व 8500-8200 वर्ष पुराने हैं। सुरक्षित ढंग से किए गए काल-निर्धारण के अनुसार खेती कर उपजाई गई जौ लगभग ईसापूर्व 8000 के आस-पास दिखाई देती है। इस समय तक आते-आते इसकी मौजूदगी समूचे उपजाऊ चाप और अनातोलियाई पठार में दर्ज़ की गई है।

दूसरी ओर, बकरियों के पाले जाने का पहला साक्ष्य ज़ेग्रॉस पर्वत के मध्यवर्ती क्षेत्र में गंज दरेह की बस्ती से मिलता है, जो ईसापूर्व 7900 वर्ष पुराना है। पुरातत्त्वविदों को बकरियों के इस नैसर्गिक आवास में आम पशुपालन के साक्ष्य मिले हैं : कम उम्र बकरों को पहले काटा जाना और बकरियों को विलम्ब देकर काटा जाना। यह पशुपालन का सशक्त संकेत है क्योंकि पशुपालक आम तौर से कम उम्र के नर पशुओं को मारते हैं जबकि मादा पशुओं को प्रजनन के उद्देश्य से तथा संभवतः दूध के उपभोग के लिए भी बचाकर रखते हैं। इसी तरह की मिसाल दक्षिण-पश्चिम ईरान की अली कोश बस्ती में भी देखी गई है, जो लगभग ईसापूर्व 7500 के आस-पास पहली बार आबाद हुई थी। अली कोश बकरियों के कुदरती आवास के बाहर है, जिससे यह संकेत मिलता है कि चरवाहे तब तक अपनी रेवड़ों को नए क्षेत्रों में ले जाने लगे थे।

गंज दरेह और अली कोश, दोनों ही स्थल सम्पूर्ण पशुपालन के साक्ष्य दर्शाते हैं, लेकिन वहाँ 'गेम मैनेजमेंट' के आरम्भिक संकेत भी हैं, जो संभवतः पशुपालन जितनी दूर तक नहीं गए होंगे।[4] इसलिए जिस किसी भी तरह से, ईसापूर्व 8000 और ईसापूर्व 7000 के बीच के कालखण्ड में इस पूरे क्षेत्र में बकरियों के पाले जाने के साक्ष्य व्यापक रूप से मिलते हैं, जहाँ

---

4. उदाहरण के लिए, उत्तर-पश्चिम ज़ेग्रॉस के ज़वी चेमी शानीदर स्थल पर, पुरातत्त्वविद डी. पर्किन्स जूनियर को सिर्फ़ दो-से-तीन-साल की उम्र के नर मेमने पर केन्द्रित शिकार का एक ऐसा खाका मिला था, जो शिकार (ज़्यादातर उत्तम वयस्क नर के शिकार) या पशुपालन (अल्पवयस्क नरों और अधिक उम्र की मादाओं के पालन) के सामान्य ढंग से भिन्न है। ज़वी चेमी के उत्तर-पश्चिम में 300 किलोमीटर दूर हल्लेन सेमी नामक एक अन्य स्थल भी इसी तरह का खाका दर्शाता है। पुरातत्त्वविद रिचर्ड रेडिंग, जिन्होंने हल्लेन सेमी स्थल पर काम किया था, बताते हैं कि यह उत्तम नर के शिकार की रणनीति में एक तब्दीली है, लेकिन एक ऐसी रणनीति जो स्थानीय रेवड़ों पर पड़ने वाले अतिशय दबाव की परिस्थितियों में अपनाई जाती थी। उनका तर्क है कि बहुत संभव है कि एक जगह टिक कर रह रहे शिकारियों ने इस क्षेत्र के उत्तम क़िस्म के वयस्क नरों का सघन दोहन करके एक

बकरियाँ शिकार किए गए उन मृगों की जगह ले लेती हैं, जो इन बस्तियों के पशु-अवशेषों में प्रभावी उपस्थिति हैं। जिन अन्तिम क्षेत्रों में यह होता दिखा, वे हैं लिवेंट (ईसापूर्व 7200) और उपजाऊ चाप (ईसापूर्व 7000) की पूर्वी भुजा।

पुरातत्त्वविद मेलिण्डा ए. ज़ेडर के मुताबिक़, इस क्षेत्र में मवेशियों (Bos taurus) के पालन के साक्ष्य अभी भी आधे-अधूरे ही हैं। 2011 के अपने एक आलेख में उन्होंने लिखा था कि ऊपरी और मध्य यूफ़्रेटीज़ घाटी में मिले ईसापूर्व 9000 और ईसापूर्व 8000 के बीच की अवधि के अवशेष हालाँकि जंगली वृषभ के आकार की श्रेणी में आते हैं, लेकिन वहाँ कई स्थलों पर यौनपरक द्विरूपता में कमी आने के प्रमाण भी मिले हैं। इसी क्षेत्र के अन्य समकालीन स्थलों के मवेशी यौनपरक दृष्टि से अत्यन्त द्विरूपीय थे और इस तरह उनको जंगली, शिकार किए गए मवेशियों का प्रतिनिधित्व करने वाले जानवरों के रूप में देखा जा सकता है।[5] ज़ेडर के मुताबिक़ पालतू मवेशी धीरे-धीरे केन्द्रीय स्थल, जहाँ पर उनको सबसे पहले पालतू बनाया गया था, से बाहर निकलकर ईसापूर्व 7500-7000 के आस-पास लिवेंट के सुदूर दक्षिण और ईसापूर्व 6500 के आस-पास दक्षिण ज़ेग्रॉस में फैल गए थे।

इस तरह जो व्यापक तसवीर हमें दिखाई देती है, वह यह है कि ईसापूर्व 9500 और ईसापूर्व 6500 के बीच - यानी, यंगर ड्रयाज़ के समाप्त होने तथा होलोसीन के शुरू होने के तुरन्त बाद के 3000 वर्षों के कालखण्ड के दौरान - वनस्पतियों को उगाए जाने तथा जानवरों को पालतू बनाए जाने की प्रक्रिया, अन्तिम हिमानी युग के दौरान बार-बार आते रहे व्यवधानों के साथ आगे बढ़ते रहने के बाद, जिसमें विभिन्न क्षेत्र विभिन्न समयों में अलग-अलग तरीक़ों से और संभवतः एक ही प्रजाति को पालतू बनाने की कई-कई मिसालों के साथ योगदान करते रहे थे, अधिकांश उपजाऊ चाप में फैल गई थी।

जैसा कि हमने देखा, जिस समय यह संक्रमण जारी था, उस समय भी लोग अपनी उन वनस्पतियों और पशुओं को साथ लेकर नए स्थानों में जा रहे थे, जो संभवतः अभी भी पालतू बनाए जाने की प्रक्रिया में थे, और संभवतः उसमें भी नहीं थे। स्वयं उपजाऊ चाप की कई जगहें वनस्पतियों तथा जानवरों को बाहर से लाए जाने की साक्षी थीं - दक्षिण लिवेंट में बकरियों का पाया जाना इसी का एक उदाहरण है, लेकिन किसी नए इलाक़े के साथ वनस्पतियों और पशुओं का परिचय स्थापित किए जाने का सबसे दिलचस्प प्रकरण साइप्रस है, जहाँ आकर बसने वाले मनुष्य, ईसापूर्व 8500 के आस-पास, वनस्पतियाँ तथा पशु, दोनों अपने साथ लेकर आए थे। ये प्रवासी कहाँ से आए थे, यह बात तो स्पष्ट नहीं है, लेकिन

ऐसा शून्य पैदा कर दिया हो, जिसने दूसरे क्षेत्रों के युवा नरों को आकर्षित किया हो। दरअसल, संभव है कि शिकार की इस रणनीति ने 'नरों के पतन' की एक ऐसी स्थिति पैदा कर दी हो, जो युवा नरों की निरन्तर आपूर्ति को निश्चित करने के साथ-साथ स्वयं रेवड़ को मज़बूत और जारी रखने को प्रेरित करती हो। 'गेम मैनेजमेंट' की यह रणनीति इसी क्षेत्र के कोर्तिक टेपे नामक एक अन्य स्थल (ईसापूर्व 8900) पर भी देखी गई है।

5. मेलिण्डा ज़ेडर, 'द ओरिजिन्स ऑफ़ एग्रीकल्चर इन द नियर ईस्ट', करेंट एन्थ्रोपोलॉजी (अक्टूबर 2011)

इस बात के संकेत मिलते हैं कि वे उत्तरी लिवेंट के तटवर्ती इलाक़े से आए हो सकते हैं, जहाँ संभवतः उस कालखण्ड के दौरान आबादी में प्रभावशाली वृद्धि हुई होगी।

घटना-स्थल से मिले साक्ष्य बताते हैं कि आगन्तुक प्रवासी अपने साथ उगाया गया जौ और गेहूँ (दोनों एन्कॉर्न और एमर) तथा जंगली किन्तु 'मैनेज्ड' मवेशी और बकरियाँ लेकर आए थे। ज़ेडर लिखती हैं : "इसका मतलब है कि जिस वक़्त ऊपरी यूफ़्रेटीज़ घाटी में संरचनात्मक रूप से पालतू बनाए गए प्राचीनतम एन्कॉर्न और एमर पाए गए हैं (और उससे भी पहले वहाँ संरचनात्मक रूप से रूपान्तरित उगाए गए जौ के मिलने के भी ठोस प्रमाण हैं) और जिस वक़्त हम मुख्य भूभाग के उपजाऊ चाप में पशु-प्रबन्धन के पहले संकेत देखते हैं, उसी वक़्त इन प्रबन्धित वनस्पतियों तथा पशुओं को, इनकी कारगर ढंग देखभाल करने के ज्ञान से युक्त लोग, नावों में लादकर लिवेंट के तट से 160 किलोमीटर दूर एक द्वीप पर ले जा रहे थे।"

ज़ेडर कहती हैं कि इनमें से कोई भी पशु साइप्रस में कुदरती ढंग से प्रकट नहीं हुआ था, इसलिए इनको बाहर से लाने और उनका दोहन करने को लेकर इन प्रवासियों का आत्मविश्वास दर्शाता है कि इन उदीयमान पालतुओं पर मनुष्यों का नियन्त्रण उससे कहीं ज़्यादा विकसित था, जितना वह मुख्य भूभाग में दिखाई देता है।

मेहरगढ़ जाने वाला रास्ता

यह वह पृष्ठभूमि है, जिसे हमें उस सवाल पर वापस लौटते हुए ध्यान में रखना आवश्यक है, जिसके साथ हमने इस चर्चा की शुरुआत की थी : मेहरगढ़ के लोग कहाँ से आए थे? कुछ और भी चीज़ें हैं, जिनको ध्यान में रखना ज़रूरी है। उदाहरण के लिए, याद करें कि मेहरगढ़ जिस कच्छी मैदान में स्थित है, वह आज की अपेक्षाकृत नम और अपेक्षाकृत गर्म होलोसीन जलवायु में भी अर्ध-शुष्क है, इसलिए संभव है कि यह ईसापूर्व 9700 के आस-पास के समय तक हिमानी युग और यंगर ड्रयाज़ की वजह से रेगिस्तान-नुमा रहा हो। इसलिए जो भी कोई लोग मेहरगढ़ में ईसापूर्व 7000 के आस-पास शुरू हुई अपनी बसावट के साक्ष्य छोड़कर गए हैं, वे लोग वहाँ उसके कुछ हज़ार साल पहले से फलते-फूलते रहे हों, इसकी संभावना नहीं है। यह क्षेत्र केवल तभी प्रभावशाली ढंग से आबाद हुआ होगा, जब जलवायु में बदलाव आया, जब रेगिस्तान हरे होने लगे, जब शाकाहारी प्राणी भोजन की तलाश में सक्रिय हुए और मांसभक्षियों ने शिकार की खोज में उनका पीछा किया। और ज़ाहिर है, मनुष्यों ने उन सबका अनुसरण किया। तो वे कहाँ से आए हो सकते हैं? दो व्यापक संभावनाएँ हैं : या तो वे प्रथम भारतीय थे, जो हिमानी युग के मध्य, दक्षिणी या पूर्वी भारत के अपने शरण स्थलों से निकलकर पश्चिम की दिशा में अपने दायरे को फैला रहे थे, या फिर वे ईरान के मूल निवासी थे, जो इस क्षेत्र के अपने शरण-स्थलों से निकलकर पूर्व की ओर फैल रहे थे। या शायद दोनों ही घटनाएँ एक साथ, या एक-के-बाद-एक तेज़ी-से घटित हुई थीं, जिनके नतीजे में एक मिश्रित आबादी सामने आई थी।

इस मुद्दे पर विचार करते समय जो एक कारक महत्त्व रखता है, वह यह है कि मेहरगढ़ पश्चिम एशियाई जलवायु क्षेत्र के कगार पर है, जिस पर ठण्ड की ऋतु की बारिश

और ठण्ड की ऋतु की फ़सलों का वर्चस्व है। इसके पूर्व में भारतीय जलवायु क्षेत्र है, जिस पर मानसूनी और ग्रीष्मकालीन बारिश तथा ग्रीष्मकालीन फ़सलों का वर्चस्व है। इसलिए, प्रथम भारतीयों के मध्य या दक्षिणी भारत से उत्तर-पश्चिम की ओर यात्रा करने का मतलब एक अपरिचित क्षेत्र में जाना रहा होगा, लेकिन इसी इलाक़े की ओर यात्रा कर रहे ईरानियों के लिए यह महज़ उनके दायरे का विस्तार रहा होगा, जहाँ जलवायु या वनस्पतियों के स्वरूप में कोई स्पष्ट बदलाव नहीं था। निश्चय ही कहने का मतलब यह नहीं है कि मेहरगढ़ पूरब से आ रहे लोगों से आबाद नहीं हुआ हो सकता था, क्योंकि अगर जलवायुपरक क्षेत्र उनके लिए ऐसे कारक रहे होते, जिनको भेदना असंभव होता, तो आधुनिक मनुष्य अफ़्रीका से ही कभी बाहर न निकल सके होते।

इसलिए यह समझने के लिए कि मेहरगढ़ अस्तित्व में कैसे आया हो सकता है, हमें दूसरे साक्ष्यों पर नज़र डालनी ज़रूरी है, लेकिन इसके पहले, बेहतर होगा कि हम याद करें कि तब न तो हिन्दुस्तान का ही वजूद था और न ईरान का और, इसलिए, इन क्षेत्रों में आ रह लोगों के संदर्भ में ये पद अर्थहीन होंगे। इन पदों का इस्तेमाल यहाँ इस कालखण्ड को समझने के उद्देश्य से महज़ अनुमानित भौगोलिक निर्धारणों के तौर पर किया जा रहा है।

एक ज़ाहिर-सा साक्ष्य उन दो चीज़ों के बीच समानता का है, जो हमें मेहरगढ़ में मिलती हैं और जो हमें उसके पूरब और पश्चिम में मिलती हैं। पूरब की दिशा में कृषि का प्राचीनतम साक्ष्य गुजरात और पूर्वी राजस्थान का है, जो ईसापूर्व 3700 के आस-पास का है; दक्षिणी और पूर्वी भारत का यह साक्ष्य ईसापूर्व 3000 के आस-पास का है; मध्यप्रदेश के मालवा क्षेत्र में यह ईसापूर्व 2000 के आस-पास का है; विन्ध्य क्षेत्र में यह ईसापूर्व 1700 के आस-पास का है; और कश्मीर तथा स्वात घाटियों में यह ईसापूर्व 1500 के आस-पास का है। (उत्तर-पूर्वी भारत में हुई खुदाई यहाँ कृषि की शुरुआत को लेकर किसी नतीजे तक पहुँचने की दृष्टि से बहुत अपर्याप्त है।) ये सब मेहरगढ़ के हज़ारों साल बाद के हैं और इसलिए, ये तुलना के लिए कोई आधार उपलब्ध नहीं कराते।

जो एकमात्र क्षेत्र इस तरह का आधार उपलब्ध करा सकता है, वह है गंगा का मध्य क्षेत्र, जहाँ गंगा के ऊपरी मैदान में उत्तरप्रदेश के सन्त कबीर नगर ज़िले में लाहुरादेव में वाक़ई चावल की फ़सलों की कटाई और संग्रह, टिकाऊ बस्तियों और मिट्टी के बर्तन पकाए जाने के लगभग ईसापूर्व 7000 वर्ष पुराने प्रमाण मिलते हैं। जंगली चावल को काटने और एकत्र करने से लेकर चावल की खेती तक का कालानुक्रम अभी स्पष्ट नहीं है, लेकिन इसमें कोई सन्देह नहीं कि लाहुरादेव कृषि के क्षेत्र में जिन प्रयोगों की तरफ़ इशारा करता है, वे दक्षिण एशिया में एक ही समय में एक साथ कई जगहों पर किए जा रहे थे और मेहरगढ़ इस मामले में अकेला नहीं था। मेहरगढ़ के साथ इसके संबंध या तुलना में जो एकमात्र तथ्य बाधा डालता है, वह यह है कि लाहुरादेव में काटी गई वनस्पति/फ़सल चावल है, और गेहूँ या जौ नहीं है, जैसे कि वह मेहरगढ़ में है, जो बाद में हड़प्पा सभ्यता का मुख्य आधार बना।

क्या कारण है कि लाहुरादेव के प्रयोग इस समय में गंगा के मध्य क्षेत्र में चावल की खेती पर आधारित इसकी अपनी सभ्यता का कारण नहीं बने? यह क़तई संभव है कि पारिस्थितिकीय या अन्य वजहों से लाहुरादेव कई तरह की फ़सलों और कई तरह के पालतू

जानवरों से युक्त एक सम्पूर्ण कृषिपरक पैकेज विकसित न कर पाया हो, जैसा कि मेहरगढ़ या पश्चिम एशिया कर सका। यह भी संभव है कि लाहुरादेव की चावल की क़िस्म तब तक अपनी उत्पादकता की सम्पूर्ण संभावना तक न पहुँच पाई हो, जैसा कि शायद उस जापोनिका चावल के साथ हुए संकरण (हाइब्रिडाइज़ेशन) के बाद हुआ था, जो काफ़ी बाद में पूर्वी एशिया से आया था (देखें अध्याय 3)।

पश्चिम एशिया के साथ की समानताओं के बारे में क्या कहा जाए? जारीज़ का कहना यह है : "कुछ ज़ाहिर-से फ़र्कों, जैसे कि ज़ेबू (Bos indicus) की खेती की उत्तरोत्तर बढ़ती प्रधानता के बावजूद मेहरगढ़ की कृषि-व्यवस्था का पूर्ण विन्यास उस चीज़ के साथ समानता के साक्ष्य प्रस्तुत करता है, जिसे मेसोपोटामिया की पूर्वी सीमा गढ़ने वाले पहाड़ी क्षेत्रों की आरम्भिक नवपाषाण-युगीन बस्तियों में लक्ष्य किया गया था।"

उदाहरण के लिए, ज़ेग्रॉस पहाड़ियों की तलहटी में ईरान के देह लुरन क्षेत्र के ईसापूर्व 7900 के आस-पास के गंज दरेह और अली कोश स्थलों पर पुरातत्त्वविदों को उसी तरह के चतुष्कोणीय मकान मिले हैं, जो लगभग साठ सेंटीमीटर लम्बी सँकरी ईंटों से निर्मित हैं और जिन पर गारे को बैठाने के लिए अंगुलियों के निशान बने हैं, जैसा कि मेहरगढ़ में देखा गया था। जले हुए कंकड़ों से भरे वृत्तकार अग्निकुण्ड भी यहाँ की इन सारी आरम्भिक बस्तियों में उसी तरह मौजूद थे और उसी तरह लाल रंग की पुताई के वैसे ही निशान भी यहाँ मिले थे, जैसे वे मेहरगढ़ के मकानों की दीवारों पर पाए गए थे। काले डाइअराइट से बनी पॉलिश की हुई पत्थर की कुल्हाड़ियाँ मेहरगढ़ की कालखण्ड 1 की ऊपरी सतहों पर ही पाई गई थीं और उसी तरह, वे अली कोश में, पत्थर के बर्तनों के साथ-साथ, बाद के चरणों में पाई गई हैं। अली कोश में बहुत थोड़ी-सी क़ब्रें ही उघाड़ी गई हैं, लेकिन उनमें भी कंकाल उन्हीं मुद्राओं में रखे पाए गए हैं, जिनमें वे मेहरगढ़ में पाए गए हैं। दूसरी समानताओं में समुद्री सीपियों से बने आभूषण और फ़ीरोज़ा जैसे कुछ उपरत्न, ताँबे के कुछ मनके, राल से पुती टोकरियाँ और गेरू के आयताकार पिण्ड शामिल हैं।

लेकिन सबसे ज़्यादा चौंकाने वाली समानताओं में एक समानता अनुक्रमिक फलक निर्माण की वह विधि है, जो मेहरगढ़ और ज़ेग्रॉज़ की पहाड़ियों की तराई में प्राचीनतम सिरेमिक तैयार करने के लिए अपनाई जाती थी और दूसरी समानता बड़े और बहुप्रकोष्ठीय अन्नगारों के निर्माण की है। जारीज़ कहते हैं कि मेसोपोटामिया की पूरबी सरहद के स्थलों - जैसे कि गंज दरेह और अली कोश - और सिन्धु घाटी के पश्चिमी सीमान्त - जैसे कि मेहरगढ़ - के बीच की ये समानताएँ 'बहुत महत्त्वपूर्ण' हैं। वे भौगोलिक संदर्भ तथा कालान्तर में इन स्थलों के विकास की प्रक्रिया के संदर्भ में इन दो क्षेत्रों के बीच के रिश्ते को बताने के लिए 'एक क़िस्म के सांस्कृतिक अबाध क्रम' पद का प्रयोग करते हैं।

इसलिए, इस निष्कर्ष से बचना मुश्किल है कि मेहरगढ़ का नवपाषाण युग और पश्चिम एशियाई नवपाषाण युग के बीच क़रीबी रिश्ता है, लेकिन इस निष्कर्ष से इस सच्चाई का मूल्य कम नहीं हो जाना चाहिए कि मेहरगढ़ की अपनी ज़बरदस्त और चौंकाने वाली विशेषताएँ हैं, जो पश्चिम एशिया की विशेषताओं से ख़ासी भिन्न हैं। ज़ेबू मवेशियों और संभवतः बकरियों की देसी क़िस्म का पाला जाना, कपास की आरम्भिक खोज और उसका इस्तेमाल, दन्त-चिकित्सा

और हस्तशिल्प संबंधी गतिविधियों की प्रचुरता तथा उनमें किए गए काम की गुणवत्ता, ये सब बहुत अलग दिखाई देने वाली चीज़ें हैं और जैसा कि जारीज़ कहते हैं, "ये एक प्राचीन, स्थानीय पृष्ठभूमि की ओर संकेत करती हैं, जिसे अभी भी पूरी तरह समझा नहीं गया है। इसमें भी बहुत कम सन्देह है कि हिन्दुस्तान में उस विशाल भैंसे (वाटर बफैलो) को भी पालतू बनाया गया था, जो दक्षिण एशियाई खाद्य तन्त्र का उतना ही महत्त्वपूर्ण हिस्सा रहा है, जितना ज़ेबू मवेशी रहे हैं, हालाँकि इसे पालतू बनाने का काम मेहरगढ़ में किया गया था या गुजरात में, यह मसला अभी भी बहस-तलब है।"

दो क्षेत्रों के बीच समानताएँ या तो प्रवासियों के आने की वजह से पैदा हो सकती हैं या उस सांस्कृतिक छितराव की वजह से हो सकती हैं, जो संभवतः खानाबदोश समुदायों के हस्तक्षेप से होता है। तब, मेहरगढ़ में इसकी कौन-सी वजह रही हो सकती है? कालानुक्रमिक दृष्टि से पश्चिम एशिया के घटनाक्रम में मेहरगढ़ का थोड़ा पिछड़ा होना यह दर्शाता है कि ताज़ा साक्ष्यों के मुताबिक़, अधिक संभावना इस बात की है कि आरम्भिक स्तरों पर विचारों के प्रवाह की दिशा पूरब से पश्चिम की ओर होने की बजाय पश्चिम से पूरब की ओर रही होगी। इससे तब भी इस बात का जवाब नहीं मिलता कि क्या मेहरगढ़ का नवपाषाण-युगीन रूपान्तरण लोगों के वहाँ आकर बसने के साथ-साथ हुआ था। और मसले के समाधान का एक ही उपाय है : डीएनए साक्ष्य, ख़ासतौर से प्राचीन डीएनए का साक्ष्य।

वह क़िस्सा, जो डीएनए कहता है

तीन तरीक़े हैं, जिनसे आप विभिन्न आबादियों के बीच के घनिष्ठ संबंधों और प्रवासों का पता लगाने की पड़ताल कर सकते हैं : आज के समय की आबादियों के किसी एक अभिभावक के डीएनए (वाई-क्रोमोज़ोम या एमटी-डीएनए) का विश्लेषण, आज के समय की आबादियों के सम्पूर्ण जीन-समूहों की सीक्वेन्सिंग का विश्लेषण, और प्राचीन मानवों के अवशेषों के डीएनए का विश्लेषण। आइए, हम एक-के-बाद-एक इन पर विचार करते हुए यह देखते हैं कि इस सवाल के बारे में उनका क्या कहना है कि क्या ईरानी कृषक दक्षिण एशिया में आकर बसे थे।

एक-अभिभावकीय डीएनए विश्लेषण किसी आबादी में मौजूद हैप्लोसमूहों पर एकाग्र होता है और उनके वंशवृक्ष या फ़ाइलाजिनी[6] का विश्लेषण करता है और उनके भौगोलिक बिखराव का नक़्शा भी तैयार करता है। जैसा कि पहले उल्लेख किया जा चुका है, हैप्लोसमूह एक वंश-शृंखला की पहचान करता है - या तो पैतृक वंशानुक्रम के रास्ते, यानी, पिता से पुत्र से उसके पुत्र के निरन्तर क्रम में (वाई-क्रोमोज़ोम), या मातृक वंशानुक्रम के रास्ते, यानी माँ से बेटी से उसकी बेटी के निरन्तर क्रम में (एमटी-डीएनए)।

चूँकि उत्परिवर्तन ऐसी गति से घटित होते हैं, जिनका काफ़ी हद तक पूर्वानुमान किया जा सकता है, समय के साथ-साथ इन वंश-शृंखलाओं में शाखाएँ फूटती चलती हैं, जिनसे एक स्पष्ट वंश-वृक्ष तैयार होता है, जिसमें उत्परिवर्तन उन गाँठों की तरह होते हैं, जहाँ से नई शाखाएँ फूटी होती हैं। इन शाखाओं और उप-शखाओं को मैक्रो-हैप्लोसमूह, हैप्लोसमूह या

6. किसी प्रजाति या किसी प्रजाति के लक्षण की विकास-प्रक्रिया। - अनुवादक

सबहैप्लोसमूहों या क्लेड्स के नाम से जाना जाता है और वाई-क्रोमोज़ोम तथा एमटी-डीएनए वंश-शृंखलाओं के लिए इनका अलग-अलग नामकरण किया जाता है। आनुवांशिकीविदों ने ताज़ा जानकारी के आधार पर वाई-क्रोमोज़ोम तथा एमटी-डीएनए से संबंधित उन सारे वंश-वृक्षों को समझ लिया है, जो आधुनिक मनुष्यों की ज़्यादातर आबादी को अपने दायरे में समेटते हैं और नई जानकारी मिलने के साथ इनका नवीनीकरण और विस्तार किया जा रहा है। इसलिए एक आनुवांशिकीविद किसी एक व्यक्ति के एक-अभिभावकीय डीएनए का विश्लेषण कर सकता है और उस मैक्रो-हैप्लोसमूह, हैप्लोसमूह और क्लेड या सबक्लेड का पता लगा सकता है, जिससे उस व्यक्ति का संबंध है और इसलिए उस वंश-वृक्ष का भी पता लगा सकता है, जिसका हिस्सा वह व्यक्ति है। यही वह चीज़ है, जो उदाहरण के लिए, उस वक़्त घटित होती है, जब आप अपना डीएनए किसी ऐसी कम्पनी को सौंपते हैं, जिसने आपकी वंशावली को समझने में विशेषज्ञता हासिल की होती है। (अगर दो व्यक्ति एक ही एमटी-डीएनए हैप्लोसमूह से संबंध रखते हैं, तो इसका मतलब होता है कि वे एक ही मादा पूर्वज को साझा करते हैं और अगर दो लोग एक ही वाई-क्रोमोज़ोम हैप्लोसमूह से संबंध रखते हैं, तो इसका मतलब होता है कि वे एक ही नर पूर्वज को साझा करते हैं, जिसका सिलसिला उस समय तक पीछे जाता है, जब वह हैप्लोग्रुप उत्पन्न हुआ था।)

और यह केवल वंश-वृक्ष ही नहीं है, जिसे तैयार किया जा सकता है। उपलब्ध जानकारी के आधार पर हम विभिन्न हैप्लोसमूहों की 'फ़ाइलोज्योग्रफ़ी' भी तैयार कर सकते हैं, जो आपको सिर्फ़ यही नहीं बताती कि आप किस वंश-वृक्ष की किस शाखा से संबंध रखते हैं, बल्कि यह भी बताती है कि वह ख़ास शाखा आज भौगोलिक तौर पर सारी दुनिया में कैसे फैली है और यह भी कि कोई विशिष्ट हैप्लोसमूह या उसका सबक्लेड कितना पुराना है। उदाहरण के लिए, हम जानते हैं कि एमटी-डीएनए हैप्लोसमूह एम-2 भारतीय उपमहाद्वीप का प्राचीनतम हैप्लोसमूह है, इसका उद्भव लगभग 60,200 वर्ष पहले हुआ था और यह दक्षिण एशिया के बाहर विरले ही पाया जाता है।

पहला तरीक़ा : वाई-क्रोमोज़ोम और एमटी-डीएनए

अप्रवासन के बारे में एक अनुमानित धारणा तक पहुँचने का पहला तरीक़ा है किसी एक आबादी के भीतर विभिन्न एमटी-डीएनए और वाई-क्रोमोज़ोम से संबंधित हैप्लोसमूहों के प्रसार के आँकड़ों को ज्ञात करना और उनकी फ़ाइलोज्योग्रफ़ी का विश्लेषण करना। दो तरह के आँकड़े हैं, जो इस बारे में सुराग़ उपलब्ध करा सकते हैं कि किसी हैप्लोसमूह या उसके सबक्लेड का उद्भव कहाँ हुआ था और वह कैसे फैला : उस हैप्लोग्रुप की उन विभिन्न क्षेत्रों में सापेक्षिक आवृत्ति, या लोकप्रियता जिनमें वह मौजूद है और हैप्लोग्रुप के अन्दरूनी भेद। भेद उस हैप्लोसमूह में निहित सबक्लेड्स की विविधता की पैमाइश करते हैं, और यह आम तौर से किसी क्षेत्र-विशेष में उस हैप्लोसमूह की आयु तथा आबादी के आकार का एक फलन होता है। किसी क्षेत्र में एक हैप्लोसमूह की जितनी ही ज़्यादा आवृत्ति और भेद होते हैं, उतनी ही इस बात की संभावना होती है कि वह क्षेत्र ही वह केन्द्र रहा होगा, जहाँ से वह हैप्लोसमूह फैला होगा। इस तरह के कई अध्ययन हिन्दुस्तान में किए गए हैं, जो हमें

इस अनुमान की कुछ गुंजाइश देते हैं कि अप्रवासन की घटनाओं ने हमारी जनसांख्यिकी को किस तक आकार दिया हो सकता है।

उदाहरण के लिए, जैसा कि पहले उल्लेख किया जा चुका है कि हिन्दुस्तानी आबादी के 70 से 90 प्रतिशत एमटी-डीएनए हैप्लोसमूह अपने उद्गम उन प्रथम भारतीयों में पा सकते हैं, जो लगभग 65,000 साल पहले हिन्दुस्तान आए थे। इसका मतलब है कि इस देश की लगभग 10 से 30 प्रतिशत एमटी-डीएनए वंशावलियाँ ही बाद में हुए अप्रवासनों का नतीजा हैं, लेकिन वाई-क्रोमोज़ोम के पक्ष से देखने पर यही तसवीर नितान्त भिन्न है : जैसा कि पहले उल्लेख किया जा चुका है कि हिन्दुस्तान की विभिन्न आबादियों के मात्र 10 से 40 प्रतिशत वाई-क्रोमोज़ोम हैप्लोसमूह ही प्रथम भारतीयों की वंशज वंशावलियाँ हैं। इसका मतलब है कि देश के 60 प्रतिशत से अधिक वाई-क्रोमोज़ोम हैप्लोसमूह प्रवासियों के बाद में हुए आगमनों का परिणाम हैं। (इस फ़र्क़ की एक वजह है, जिस पर हम अध्याय 4 में लौटेंगे।)

हम यह भी जानते हैं कि कौन-से हैप्लोसमूह अपने उद्गम के लिए संभावित रूप से प्रथम भारतीयों के ऋणी हैं और कौन-से हैप्लोसमूह प्रवासियों के बाद में हुए आगमनों का परिणाम हैं। मैरीना सिल्वा और अन्यों द्वारा लिखे गए 2017 के आलेख ने एमटी-डीएनए हैप्लोसमूह K2a5, U1a3a, H13a2a और R0a2 की पश्चिम एशिया से हुए नवपाषाण-युगीन अप्रवासनों के रूप में पहचान की थी, जिसका मतलब है कि ये ऐसे एमटी-डीएनए ग्रुप हो सकते हैं, जो कृषि-संबंधी अप्रवासों के अंग के रूप में हिन्दुस्तान आए हों। इसी शोध ने वाई-क्रोमोज़ोम हैप्लोसमूह J2, L1a और L1c का उल्लेख ऐसे हैप्लोसमूहों के रूप में किया है, जिनके पश्चिम एशिया से हुए कृषि के प्रसार से जुड़े होने की बहुत अधिक संभावना है।

लेकिन रुकिए। जैसा कि हमने अध्याय 1 में चर्चा की थी, एक-अभिभावकीय क्रोमोज़ोम एमटी-डीएनए और वाई-क्रोमोज़ोम व्यक्तियों के समूचे जीन-समूह के सिर्फ़ एक छोटे-से हिस्से को नियन्त्रित करते हैं। तब क्या हम समग्र जीन-समूह का विश्लेषण करके यह देख सकते हैं कि क्या उसके नतीजे भी एक-अभिभावकीय डीएनए विश्लेषण के नतीजों का समर्थन करते हैं? हाँ, हम कर सकते हैं, जैसा कि हम अभी पता लगाएँगे।

दूसरा तरीक़ा : समग्र जीन-समूह के आँकड़े

दो शोध हैं, जिनमें से पहला 2009 में और दूसरा 2013 में प्रकाशित हुआ था, जिन्होंने बड़े पैमाने पर आज के हिन्दुस्तानी आबादी समूहों के नमूने एकत्र किए थे और समग्र जीन-समूह की सीक्वेन्सिंग का इस्तेमाल हिन्दुस्तान की आबादी के इतिहास की पुनर्रचना के लिए किया था। ये दोनों शोध-पत्र हार्वर्ड मेडिकल स्कूल के डेविड राइक, सीसीएमबी के के. थंगराज और लालजी सिंह तथा ब्रॉड इंस्टीट्यूट ऑफ़ हार्वर्ड और एमआईटी के निक पैटर्सन ने अन्य लोगों के साथ मिलकर लिखे थे।

पहले शोध-पत्र का शीर्षक था 'रिकन्स्ट्रक्टिंग इण्डियन पॉपुलेशन हिस्ट्री' और दूसरे का शीर्षक था 'जनेटिक एविडन्स फ़ॉर रिसेण्ट पॉपुलेशन मिक्सचर इन इण्डिया'। दोनों ही शोधों ने एक तथ्य पर ज़ोर दिया था : आज के हिन्दुस्तान का हर व्यक्ति, अलग-अलग अनुपातों

में, कम-से-कम दो समूहों से संबंधित वंशावली का मिश्रण है : एक, प्रथम हिन्दुस्तानियों का समूह, और दूसरा, पश्चिमी यूरेशियाइयों का समूह।[7] 'पश्चिमी यूरेशियाई' में फ़र्टाइल क्रेसन्ट और ईरान के लोगों जैसे पश्चिमी एशियाइयों के साथ-साथ मध्य एशिया, कॉकेसॅस और यूरोप के लोग शामिल हैं। ये शोध यह दर्शाते थे कि आज के हिन्दुस्तान के तमाम आबादी-समूहों में कुछ मात्रा पश्चिम यूरेशियाई वंशावली की है, जो विभिन्न समूहों में 20 प्रतिशत से 80 प्रतिशत तक है। (आज की आबादियों के समग्र जीन-समूह सीक्वेन्स के आँकड़े हमें विभिन्न समूहों के बीच के रिश्तों की एक सामान्य तसवीर उपलब्ध कराते हैं, हालाँकि वे इसकी सूक्ष्म विवरणों से युक्त तसवीर उपलब्ध नहीं कराते कि यह रिश्ता बना कैसे या कौन कहाँ से कहाँ गया था।)

लेकिन इस अनुसन्धान के निष्कर्षों के प्रकाश में आने के पहले कहानी में कुछ मोड़ आए थे और अप्रवासनों के बारे में होने वाली चर्चाओं के राजनीतिक संदर्भ को समझने की दृष्टि से ये मोड़ ध्यान देने लायक़ हैं। बहुतों को यह संकेत आपत्तिजनक लगा था कि आधुनिक हिन्दुस्तानी पश्चिम यूरेशिया से संबंधित वंशावली का कुछ अंश लिए हुए हैं, संभवतः इसलिए कि यह संकेत लम्बे समय से चले आ रहे इस मत का समर्थन करता लगता था कि ये मध्य एशियाई कोई पिछले 4000 सालों के दरम्यान घास के मैदान (स्टेपी) से आए चरवाहे थे, जो हिदुस्तान में संस्कृत के आरम्भिक रूप समेत इंडो-यूरोपियन भाषाएँ, और उनसे संबंधित सांस्कृतिक परिपाटियाँ और अवधारणाएँ लेकर आए थे। इन इंडो-यूरोपियन भाषाओं को बोलने वाले लोग खुद को आर्य कहते थे और यह धारणा कि वे हिन्दुस्तान में कहीं और से आए थे, बहुत-से दक्षिणपन्थियों को इसलिए अस्वीकार्य है, क्योंकि यह संस्कृत और वेदों को भारतीय संस्कृति के एकमात्र और बुनियादी स्रोत के पद से नीचे गिरा देगी, क्योंकि इसका मतलब यह भी होगा कि जिस महाबली हड़प्पा सभ्यता ने भारत पर अपनी अमिट छाप छोड़ी है, वह इन लोगों के आगमन से पहले की थी।

राइक इस अनुसन्धान पर हुई प्रतिक्रिया को 2018 में लिखी गई अपनी पुस्तक *हू वी आर ऐंड हाउ वी गॉट हियर* में इस तरह वर्णित करते हैं :

> मेरे वैज्ञानिक करियर के सबसे ज़्यादा तनावपूर्ण चौबीस घण्टे अक्टूबर 2008 में उस वक़्त आए, जब मेरे सहयोगी निक पैटर्सन और मैं शुरुआती नतीजों पर सिंह और थंगराज के साथ चर्चा करने के लिए हैदराबाद की यात्रा पर गए।
>
> 28 अक्टूबर की हमारी बैठक चुनौतीपूर्ण थी। सिंह और थंगराज इस पूरी परियोजना को ही नकारते लग रहे थे। बैठक के पहले, हमने उनको अपनी उन खोजों का सार-संक्षेप दिखाया था, जो ये थीं कि आज के हिन्दुस्तानी एक-दूसरे से अत्यन्त भिन्न दो आबादियों के मिश्रण से उत्पन्न हुए हैं, जिनमें से एक 'पश्चिम यूरेशियाई' है। ख्दूसरी आबादी प्रथम भारतीयों की है, सिंह और थंगराज ने इस परिकल्पना का विरोध किया, क्योंकि उनका तर्क था कि इसका मतलब यह होगा

7. आज के भारतीयों की वंशावली का उद्‌गम पूर्व एशिया में भी है, लेकिन ये दो शोध इस पर ध्यान केन्द्रित नहीं करते, इसलिए इस मुद्दे से हम बाद में निपटेंगे।

> कि पश्चिमी एशियाई लोग सामूहिक रूप से आकर हिन्दुस्तान में बस गए थे। उन्होंने ठीक ही इस ओर इशारा किया था कि हमारे आँकड़े इस निष्कर्ष के लिए कोई प्रत्यक्ष साक्ष्य उपलब्ध नहीं कराते। उन्होंने यहाँ तक तर्क दिया कि संभव है कि निष्क्रमण किसी अन्य दिशा में हुआ हो, जैसे कि हिन्दुस्तानी निकट पूर्व (नियर ईस्ट)[8] और यूरोप की ओर गए हों...।
>
> हमारी खोजों की सांस्कृतिक अनुगूँजें धीरे-धीरे हमें स्पष्ट हुईं। इसलिए हम एक ऐसी परिकल्पना की टोह लेने की ओर बढ़े, जो वैज्ञानिक रूप से सटीक भी होती और इन चिन्ताओं के प्रति संवेदनशील भी होती।
>
> अगले दिन पूरा ग्रुप सिंह के ऑफ़िस में एक बार फिर से एकत्र हुआ। हमने साथ बैठकर प्राचीन भारतीय समूहों के लिए एक नया नाम खोजा। हमने लिखा कि आज के हिन्दुस्तान के लोग परस्पर अत्यन्त भिन्न दो आबादियों के मिश्रण का नतीजा हैं, पैतृक उत्तर भारतीय (एन्सेस्ट्रल नॉर्थ इण्डियन्स - एएनआई) और पैतृक दक्षिण भारतीय (एन्सेस्ट्रल साउथ इण्डियन - एएसआई), जो आपस में मिश्रित होने से पहले एक-दूसरे से उतने ही अलग थे, जितने आज यूरोपीय और पूर्वी एशियाई हैं। एएनआई यूरोपीयों, मध्य एशियाइयों, निकट पूर्वियों और कॉकेसॅस के लोगों से संबंधित हैं, लेकिन हमने उनकी मातृभूमि की स्थिति या किसी निष्क्रमण के बारे में कोई दावा नहीं किया।

अनुसन्धान के मुताबिक़, एएसआई प्रथम भारतीयों के वंशज थे।

सार रूप में बजाय यह कहने कि आज के हिन्दुस्तानी प्रथम भारतीयों तथा पश्चिम यूरेशिया से संबंधित आबादियों, दोनों के वंशज हैं, जैसा कि शोध में संकेत किया गया था, प्रकाशित आलेख ने सैद्धान्तिक रूप से गढ़े गए दो नए समूहों की रचना की और कहा कि आज के हिन्दुस्तानी एएनआई तथा एएसआई नामक आपस में अत्यन्त भिन्न दो समूहों का मिश्रण हैं, जिनमें एएनआई पश्चिमी यूरेशियाइयों से क़रीबी रिश्ता रखते हैं। दक्षिण एशिया की आबादी की संरचना को समझने और राजनीतिक विवाद को टालने के लिए यह एक ऐसी रूपरेखा थी, जिसका वैज्ञानिक ढंग से बचाव किया जा सकता था, लेकिन इस समझौते की क़ीमत यह थी कि इसने इस अनुसन्धान की ग़लत व्याख्या को आसान बना दिया था। उदाहरण के लिए, इसने समाचार माध्यमों में इस बचकानी और छद्म व्याख्या के लिए गुंजाइश छोड़ दी कि एएनआई हिन्दुस्तान का एक समरूप और अत्यन्त प्राचीन आबादी समूह है, एएसआई की ही तरह, जो यहाँ दसियों हज़ार साल पहले आकर बस गया था। यह स्थिति इसके बावजूद बनी कि इस अनुसन्धान में स्पष्ट तौर पर कहा था कि एएनआई बाहर से आए बहुत से प्रवासियों के परिणामस्वरूप हुआ एक मिश्रण हो सकता है और यह कोई समरूप समूह नहीं भी हो सकता है, और इस तरह यह चीज़ इस संभावना को क़ायम रखती है कि इनमें से कुछ बाहरी लोग पिछले 4000 सालों के भीतर भी आए हो सकते हैं।

---

8. नियर ईस्ट पश्चिम एशिया के समकक्ष है, इस पुस्तक में इसी पद का इस्तेमाल किया गया है।

इस निरूपण के साथ भी इस आलेख ने हिन्दुस्तान की आबादी के निर्माण के बारे में हमारी समझ में इज़ाफ़ा किया, क्योंकि यह प्रथम भारतीयों के वंशजों तथा उन दूसरे आबादी-समूहों के बीच हुए मिश्रण के जनेटिक साक्ष्य उपलब्ध कराता था, जो आबादी-समूह आज के समय के पश्चिम एशिया, यूरोप, कॉकेसॅस और मध्य एशिया की आबादियों से क़रीबी रिश्ता रखते थे।

लेकिन एक समस्या इसने तब भी बरकरार रखी थी, जो यह थी कि हिन्दुस्तान में बाहर से आए होने की धारणा को विचारधारात्मक स्तर पर स्वीकार करने को राज़ी न होने वाले लोग अभी भी यह दावा कर सकते थे कि लोग हिन्दुस्तान से बाक़ी दुनिया की ओर गए थे और यही उस क़रीबी रिश्ते की वजह है, जो रिश्ता हिन्दुस्तान और पश्चिम एशिया, यूरोप, कॉकेसॅस और मध्य एशिया के आबादी-समूहों के बीच है। समग्र जीन-समूह के आँकड़े आबादी-समूहों के बीच के रिश्तों को साबित कर सकते हैं, लेकिन ज़रूरी नहीं कि वे लोगों के स्थानान्तरण की दिशा को भी साबित कर सकें। जहाँ तक एक-अभिभावकीय आँकड़ों का सवाल है, आबादियों की बड़े पैमाने की आवाजाहियाँ या अतीत की संभावित प्राकृतिक आपदाएँ और महामारियाँ हैप्लोसमूहों के आँकड़ों के मौजूदा फैलाव, आवृत्ति और भिन्नता की व्याख्या में मुश्किल पैदा करती हैं। इसलिए हमने जिन दो तरीक़ों - आज के समय के एमटी-डीएनए पर आधारित एक-अभिभावकीय डीएनए विश्लेषण और वाई-क्रोमोज़ोम तथा आज की आबादियों के समग्र जीन-समूह की सीक्वेन्सिंग - की चर्चा की है, उनके अतिरिक्त, लोगों के स्थानान्तरण की दिशा से संबंधित बहस के समाधान के लिए, हमें एक तीसरे तरीक़े की तलाश करने की ज़रूरत है और ऐसा एक तरीक़ा दरअसल मौजूद भी है : प्राचीन इंसानी अवशेषों का डीएनए विश्लेषण। और अब हम इसी की ओर मुड़ते हैं।

तीसरा तरीक़ा : प्राचीन डीएनए

प्राचीन डीएनए लोगों की आवाजाही की दिशा के मसले को महज़ इस वजह से हल कर सकता है कि किसी ख़ास स्थल के विभिन्न काल-खण्डों के प्राचीन मनुष्यों के कंकालों के नमूनों के आधार पर हम यह समझ सकते हैं कि अतीत में आबादियाँ ज़मीन पर किस तरह गतिशील हुई थीं। उदाहरण के लिए, अगर हम देखते हैं कि अ स्थल का ईसापूर्व 2000 का कोई प्राचीन डीएनए किसी मध्य एशियाई या घास के मैदान की वंशावली का किसी भी तरह का कोई साक्ष्य नहीं दर्शाता, और फिर ईसापूर्व 1000 के बाद से हमें उस वंशावली के ढेरों साक्ष्य मिलने शुरू हो जाते हैं, तब हम साफ़ तौर पर यह नतीजा निकाल सकते हैं कि ईसापूर्व 2000 और ईसापूर्व 1000 के बीच अ स्थल पर घास के मैदान की वंशावली के लोगों के आगमन का एक ताँता लगा रहा था।

प्राचीन डीएनए के विज्ञान ने महज़ पिछले लगभग पाँच सालों के भीतर ही उठान ली है। और तब के बाद से यह एक-के-बाद एक महाद्वीप में हमारे ज्ञात इतिहास को नए सिरे से लिख रहा है। इस प्रक्रिया की ख़ूबसूरती यह है कि जैसे-जैसे विभिन्न क्षेत्रों और महाद्वीपों में प्राचीन डीएनए का ज़्यादा-से-ज़्यादा विश्लेषण होता जा रहा है, वैसे-वैसे मानो भूमण्डल के इतिहास की पहेली के टुकड़े तेज़ी के साथ अपनी जगहों पर जमते जा रहे हैं।

भूमण्डलीय स्थानान्तरण की तसवीर जितनी ही ज़्यादा स्पष्ट होती जा रही है, प्रत्येक क्षेत्र की आबादी के बसने की प्रक्रिया के बारे में वैज्ञानिक सहमति का प्रतिवाद करना उतना ही ज़्यादा मुश्किल होता जा रहा है।

हिन्दुस्तान के प्रागैतिहास के बारे में लम्बे समय से लटके सवालों का समाधान कर देने वाले नए प्राचीन-डीएनए-आधारित अध्ययन का शीर्षक था 'द जीनोमिक फ़ॉर्मेशन ऑफ़ साउथ ऐंड सेंट्रल एशिया' और इसे जीवविज्ञान के प्रीप्रिंट सर्वर bioRxiv पर मार्च 2018 में पोस्ट किया गया था। इसे दुनियाभर के बान्वे वैज्ञानिकों ने मिलकर लिखा था और इसके सह-लेखक तथा सह-निदेशक थे डेविड राइक। वे उस प्रयोगशाला को संचालित करते हैं, जो जिस पैमाने और रफ़्तार से डीएनए का सीक्वेन्स और विश्लेषण करने में सक्षम है, उसका कोई मुक़ाबला नहीं है।

ध्यान देने की बात है कि जिन बान्वे वैज्ञानिकों ने मिलकर यह शोध-पत्र लिखा था, उनमें ज्ञान के विभिन्न क्षेत्रों के वे वैज्ञानिक शामिल थे, जो अपने-अपने क्षेत्र के सितारे हैं, जैसे कि पुरातत्त्ववेत्ता तथा इन सर्च ऑफ़ इंडो-यूरोपियन्स : लैंग्युएज, आर्कियोलॉजी ऐंड मिथ जैसे गौरव-ग्रन्थ के लेखक जेम्स मैलोरी, और मानवविज्ञानी तथा अपूर्व ग्रन्थ *द हॉर्स, द वील ऐंड लैंग्युएज : हाउ ब्राँज-एज*[9] *राइडर्स फ़्रॉम द यूरेशियन स्टेपीज़ शेप्ड द मॉडर्न वर्ल्ड* के लेखक डेविड एन्थॅनी। अन्य सुप्रसिद्ध सहलेखकों में पुरावनस्पतिविज्ञानी डोरियन फुलर और पुरातत्त्वविद निकोल बोइविन शामिल हैं, जो हिन्दुस्तान में किए गए अपने काम के नाते इस देश के लिए जाने-माने नाम हैं; वसन्त शिन्दे, जो हिन्दुस्तान के पुरातत्त्व के प्रमुख संस्थान डेक्कन कॉलेज के कुलपति हैं; और सीसीएमबी के थंगराज, जो इस अनुसन्धान के सह-निदेशक भी थे। बीरबल साहनी इंस्टीट्यूट ऑफ़ पैलियोसाइंसेज़, लखनऊ के नीरज राय, यूनिवर्सिटी ऑफ़ कैलिफ़ोर्निया की प्रिया मूर्जानी और मैक्स प्लैंक इंस्टीट्यूट फ़ॉर साइंस ऑफ़ ह्यूमन हिस्टॅरी, जर्मनी की आयुषी नायक भी सहलेखकों में शामिल थे। इस शोध के मुख्य लेखक थे हार्वर्ड मेडिकल स्कूल के जनेटिक्स विभाग के वागीश नरसिंहन।

यह अध्ययन 612 व्यक्तियों के प्राचीन डीएनए पर आधारित था। ये प्राचीन व्यक्ति बहुत-से क्षेत्रों और काल-खण्डों के थे : ईरान और तूरान, जो कि उस क्षेत्र के लिए इस्तेमाल की जाने वाली पुरानी पदावली है, जिसमें तुर्कमेनिस्तान, उज़्बेकिस्तान और तज़ाकिस्तान (ईसापूर्व 5600-1200); कज़ाकिस्तान समेत पूर्वी उराल पर्वत-शृंखलाओं के घास के मैदान (ईसापूर्व 4799-1000); और पाकिस्तान की स्वात वैली (ईसापूर्व 1200 से 1 ईसा तक) शामिल है। इसके बाद इन प्राचीन डीएनए आँकड़ों की आज के 1789 व्यक्तियों के जीन-समूह-व्यापी आँकड़ों से तुलना की गई और दोनों का साथ-साथ विश्लेषण किया गया। आज के ये व्यक्ति दक्षिण एशिया के मानवजातीय तौर पर अलग-अलग 246 समूहों के थे।

9. ब्राँज एज (ताम्र युग) वह ऐतिहासिक काल-खण्ड है, जिसे ताँबे के उपयोग के लिए जाना जाता है। ताम्र युग में अलग-अलग क्षेत्रों ने अलग-अलग समयों में प्रवेश किया था। पश्चिम एशिया, दक्षिण एशिया और यूरोप में ताम्र युग की शुरुआत अनुमानित तौर पर ईसापूर्व 3200 के आस-पास हुई थी। अक्सर ताम्र युग के पहले ताम्रपाषाण युग और बाद में लौह युग आता रहा है।

विभिन्न क्षेत्रों तथा विभिन्न काल-खण्डों में फैले दोनों, प्राचीन समय के डीएनए तथा आज के समय के डीएनए के इस तुलनात्मक विश्लेषण ने ही इस अध्ययन को इस बारे में नतीजों पर पहुँचने की गुंजाइश दी कि कौन कहाँ से आया और किसके साथ उसका मिश्रण हुआ।[10]

तो इसका क्या निष्कर्ष निकला?

इसमें पाया गया कि ज़ेग्रॉस क्षेत्र के आस-पास की ईरानी खेतिहर आबादी ने 'सिन्धु के बाहरी इलाक़े' की वंशावली में कम-से-कम ईसापूर्व 4700 और ईसापूर्व 3000 के बीच महत्त्वपूर्ण योगदान किया था। यह शोध 'सिन्धु के बाहरी इलाक़े' की आबादी को हड़प्पा सभ्यता से आए हुए लोगों के रूप में परिभाषित करता है, जो उन पड़ोसी नगरों के बाशिन्दे थे, जिनके साथ हड़प्पा के लोगों के व्यापारिक और सांस्कृतिक संबंध हुआ करते थे - जैसे कि गोनुर और शह्र-इ-सोख़्ता। गोनुर तुर्कमेनिस्तान में है और बैक्ट्रिया-मार्जिआना पुरातात्त्विक समूह (बीएमएसी) का हिस्सा है - वह सभ्यता जो ईसापूर्व 2300 और ईसापूर्व 1700 के बीच फली-फूली थी। शह्र-इ-सोख़्ता एक बड़ा पुरातात्त्विक स्थल है, जो ईरान के दक्षिण-पूर्वी हिस्से में स्थित है। यह ईसापूर्व 3200 और ईसापूर्व 1800 के बीच आबाद रहा था।

गोनुर और शह्र-इ-सोख़्ता के तीन प्राचीन व्यक्ति थे, जिनको शोधकर्ताओं ने हड़प्पा से आए प्रवासियों के रूप में पाया था, और जब इनकी तुलना उसी स्थल से मिले बाक़ी कंकालों

10. कुछ पुरातत्त्वविदों तथा इतिहासकारों द्वारा आलोचना की गई कि प्राचीन मनुष्यों के स्थानान्तरण के बारे में ये जनेटिक निष्कर्ष बहुत थोड़े-से प्राचीन डीएनए नमूनों पर आधारित हैं और ये उन जगहों पर निर्भर करते हैं, जहाँ प्राचीन अवशेष संयोगवश मिले हैं। इन लोगों के मुताबिक़, यह उस घड़ी को खोजने जैसा है, जिसे आपने किसी सड़क पर खो दिया होता है, लेकिन जिसे आप केवल उन्हीं हिस्सों में खोजते हैं ,जहाँ बल्बों की रोशनी है, लेकिन जिस हद तक यह तर्क उचित है, यह सामान्य तौर पर सारी पुरातात्त्विकी तथा प्रागैतिहास पर लागू होता है - इन मामलों में भी लोग सड़कों पर घड़ियाँ ढूँढ रहे हैं, लेकिन उन्हीं हिस्सों में जहाँ बल्ब की रोशनी की पहुँच है। अधिक गम्भीरतापूर्वक बात करें तो, एक समय था, महज़ कुछ साल पहले का, जब प्राचीन डीएनए नमूने बेहद अपर्याप्त थे, लेकिन अब वैसी स्थिति नहीं है। अब सारी दुनिया में प्राचीन डीएनए की खोज तेज़ी-से हो रही है, और 'द जीनोम फ़ॉर्मेशन ऑफ़ साउथ ऐंड सेंट्रल एशिया' 612 व्यक्तियों के प्राचीन डीएनए पर आधारित है, जो कि ख़ासी सन्तोषजनक संख्या है। यह सही है कि हड़प्पा सभ्यता-स्थल से निकाले गए प्राचीन डीएनए का विश्लेषण अभी प्रकाशित नहीं हुआ है, लेकिन हमारे पास पाकिस्तान की स्वात घाटी के ईसापूर्व 1200 वर्ष पुराने 41 प्राचीन डीएनए हैं। हमारे पास 'सिन्धु के बाहरी इलाक़े' (इंडॅस पेरिफ़री') की आबादी के भी तीन नमूने हैं, जो गोनुर और शह्र-इ-सोख़्ता से निकाले गए थे। आज की आबादियों के विस्तृत डीएनए विश्लेषण के साथ मिलाकर किए गए इन सबके अध्ययन ने ही वैज्ञानिकों को इन मज़बूत नतीजों पर पहुँचने की गुंजाइश दी है। ये निष्कर्ष आंशिक तौर पर मज़बूत इसलिए हैं, क्योंकि प्राचीन डीएनए पर आधारित हर नया अध्ययन मनुष्यों के स्थानान्तरण की भूमण्डलीय पहेली के एक और हिस्से को भरती जाती है और इसलिए अगर निष्कर्ष विवाद का विषय बनाए जाने के लिए नहीं हैं, तो उनको आपस में गूँथा जाना ज़रूरी है। दूसरे शब्दों में, इन निष्कर्षों की मज़बूती उससे कहीं ज़्यादा है, जितनी वह सतह पर दिखाई देती है, लेकिन जैसा कि हर विज्ञान के हर क्षेत्र में हर समय होता आया है, सारे निष्कर्ष ताज़ा साक्ष्यों पर आधारित होते हैं।

से की गई थी, तो इनको बाहर से आए व्यक्तियों के रूप में पाया गया था, क्योंकि ये, अन्यों से भिन्न, ईरानी खेतिहरों की वंशावली के अलावा महत्त्वपूर्ण तादाद में प्रथम भारतीयों की वंशावली धारण करते थे। चूँकि हड़प्पा की सभ्यता से अब तक कोई प्राचीन डीएनए नहीं पाया गया है, इसलिए 'सिन्धु घाटी के बाहरी इलाक़े' के व्यक्ति स्वयं हड़प्पा की आबादी के प्रतिनिधि मान लिए गए हैं।[11] इस तरह इससे हमारे उस सवाल के जवाब मिल जाते हैं जिसके साथ हमने शुरुआत की थी : क्या हिन्दुस्तान में ईरानी खेतिहरों का आगमन हुआ था? हाँ, क्योंकि प्राचीन डीएनए दर्शाता है कि हड़प्पा-वासियों ने ईरानी खेतिहरों की वंशावली को भरपूर मात्रा में समाहित किया हुआ था। अब हम इस मुद्दे को और भी क़रीब से देखते हैं कि प्राचीन डीएनए ने इस निष्कर्ष पर पहुँचने में ठीक किस तरह मदद की। ईरान के ज़ेग्रॉस क्षेत्र के ईसापूर्व 7000 और ईसापूर्व 8000 के बीच की अवधि के लोगों के प्राचीन डीएनए दर्शाते थे कि उनमें एक ख़ास क़िस्म की पश्चिम यूरेशियाई वंशावली मौजूद थी। वे उपजाऊ चाप क्षेत्र के अन्य लोगों से भिन्न थे, क्योंकि उनमें उस अनातोलियाई वंशावली का अभाव था, जो हर किसी में थी। वस्तुतः, अनातोलियाई वंशावली को अनातोलिया (आज की तुर्की) से लेकर पूर्वी ईरान और सुदूर-पूर्व तूरान तक फैला देखा जा सकता है, लेकिन आप जैसे-जैसे पश्चिम से पूर्व की ओर बढ़ते हैं, वैसे-वैसे इस वंशावली में गिरावट आती जाती है - इसका दायरा अनातोलिया में 70 प्रतिशत से लेकर ईरान में 33 प्रतिशत और सुदूर-पूर्व तूरान में 3 प्रतिशत तक है। अनातोलियाई वंशावली के विभाजन के इस पैटर्न की वजह यह हो सकती है कि अनातोलियाइयों ने कृषि को पूरब की ओर फैलाने की भूमिका निभाई थी (ठीक उसी तरह, जिस तरह उन्होंने इसे पश्चिम की दिशा में, यूरोप में भी फैलाया था)। लेकिन याद रखें, ईसापूर्व 7000 और ईसापूर्व 8000 के दरम्यान ज़ेग्रॉस आबादी इस जनेटिक विस्तार से अप्रभावित बनी रही।

अब हम साक्ष्यों के दूसरे महत्त्वपूर्ण अंशों की ओर भी नज़र डाल सकते हैं - गोनुर और शह्‌र-इ-सोख़्ता के प्राचीन डीएनए। कुल मिलाकर, इस शोध की पहुँच बीएमएसी स्थलों के उन्हत्तर प्राचीन व्यक्तियों के डीएनए तक थी और इनमें अधिकतर ऐसे लोग थे, जिनमें वंशावलियों का यह ख़ास मिश्रण मौजूद था : आरम्भिक-ईरानी-खेतिहरों से संबंधित वंशावली (लगभग 60 प्रतिशत), अनातोलियाई खेतिहरों से संबंधित वंशावली (लगभग 21 प्रतिशत) और पश्चिम-साइबेरिया से संबंधित वंशावली (लगभग 13 प्रतिशत)।

गोनुर और शह्‌र-इ-सोख़्ता के तीन व्यक्तियों के अवशेष ईसापूर्व 3100 और ईसापूर्व 2200 के बीच की अवधि के पाए गए थे। बाक़ी व्यक्तियों के विपरीत इन तीन व्यक्तियों की वंशावली का 14 और 42 प्रतिशत के बीच का हिस्सा प्रथम भारतीयों से संबंधित था और उनकी 58 से 86 प्रतिशत वंशावली ईरानी खेतिहरों से संबंधित थी। चूँकि उनमें कोई

11. वैज्ञानिक हिन्दुस्तान के राखीगढ़ी के हड़प्पाई स्थल से डीएनए हासिल करने में कामयाब रहे हैं, लेकिन यह शोध अभी प्रकाशित नहीं हुआ है, हालाँकि इस अप्रकाशित शोध से संबंधित समाचार-पत्रों की रिपोर्टें संकेत देती हैं कि वे ज़ेग्रॉस खेतिहरों और हड़प्पाइयों के बीच मिश्रण संबंधी निष्कर्ष का समर्थन करते हैं।

अनातोलियाई वंशावली मौजूद नहीं थी, इसलिए शोधकर्ताओं के मन में यह बात स्पष्ट थी कि वे सुदूर पूर्व से आए थे, क्योंकि पूर्व की ओर अनातोलियाई वंशावली का पतन होता गया था। उनमें प्रथम भारतीयों की अच्छी ख़ासी वंशावली के मौजूद होने का तथ्य भी इसी ओर संकेत करता था कि वे पूर्व से, हड़प्पाई सभ्यता से आए थे, और गोनुर तथा शहर-इ-सोख़्ता जाने वाले प्रवासी थे। दूसरे शब्दों में, इस अनुसन्धान ने यह दर्शाया था कि ईसापूर्व 3100-2200 के आस-पास की हड़प्पा की आबादी में ज़ेग्रॉस वंशावली का एक हिस्सा मौजूद था, जबकि ज़ेग्रॉस खेतिहरों के ईसापूर्व 7000-8000 पहले के प्राचीन डीएनए में प्रथम भारतीयों की वंशावली के होने का कोई संकेत नहीं था। इसलिए स्थानान्तरण की दिशा स्पष्ट थी। लोग ईरान के ज़ेग्रॉस क्षेत्र से हिन्दुस्तान की ओर गए थे।

साक्ष्य और भी थे। इस अध्ययन की पहुँच में स्वात घाटी के इकतालीस प्राचीन व्यक्तियों के डीएनए थे, जो अनुमानित तौर पर ईसापूर्व 1200 और ईसापूर्व 800 के बीच - यानी बीएमएसी के सीमान्तवासियों से लगभग एक सहस्राब्दी बाद और ईसापूर्व 1900 के आस-पास हड़प्पा सभ्यता के पतन की शुरुआत होने के लगभग आधी सदी बाद - रहे थे। ये गोनुर और शहर-इ-सोख़्ता के बाहरी लोगों से जनेटिक तौर पर काफ़ी मिलते-जुलते थे, साथ ही उनकी वंशावली के महत्त्वपूर्ण घटक ईरानी खेतिहरों और प्रथम भारतीयों से संबंध रखते थे। (उनमें स्टेपी-मध्य-से-परवर्ती-ताम्रयुग (स्टेपी-एमएलबीए) के लोगों की 22 प्रतिशत वंशावली भी मौजूद थी। यह बाद में हुए उस सम्मिश्रण का नतीजा था, जो संभव है ईसापूर्व दूसरी सहस्राब्दी में हुआ हो, जिसके बारे में हम अध्याय 4 में बात करेंगे।)

कुल मिलाकर, 'सिन्धु की परिधि' (बीएमएसी, शहर-इ-सोख़्ता) और स्वात घाटी के ईसापूर्व 3100 से ईसापूर्व 800 के बीच के चवालीस व्यक्ति ईरानी खेतिहरों और प्रथम भारतीयों के अच्छे ख़ासे मिश्रण के साक्ष्य लिए हुए थे। और जनेटिक निरूपण दर्शाता था कि 'सिन्धु की परिधि' की आबादी आज की भारतीय आबादी के पूर्वज समूहों के रूप में सटीक बैठेगी।

तब हमें यहाँ एक बार फिर इस बात का सार-संक्षेप मिलता है कि इन नई खोजों ने किस तरह उन चीज़ों में नए ब्योरों का योगदान किया, जिन्हें हम पहले से जानते थे। जैसा कि हमने पहले देखा था, वर्तमान समय के हैप्लोसमूहों के आनुवांशिक अध्ययनों ने उन महत्त्वपूर्ण स्थानान्तरणों का संकेत दिया था, जो हिन्दुस्तान में नई वंश-शृंखलाएँ लेकर आए थे। और आज की आबादियों के सम्पूर्ण जीन-समूहों की सीक्वेन्सिंग पर आधारित अध्ययनों ने यह दर्शाया था कि आज के हिन्दुस्तानी प्रथम भारतीयों और उन आबादियों का एक मिश्रण हैं, जो आज के समय के पश्चिमी यूरेशियाइयों से क़रीबी रिश्ता रखती हैं, लेकिन ये अध्ययन स्थानान्तरण की दिशा से ताल्लुक रखने वाले सवालों का निष्कर्षात्मक ढंग से जवाब नहीं दे सके। प्राचीन डीएनए-आधारित ताज़ा अध्ययनों ने ठीक यही किया है : उन्होंने स्थानान्तरण की दिशा से संबंधित सवाल का एक निश्चयात्मक उत्तर तो दिया ही है, साथ ही उन अनेक स्थानान्तरणों के बारे में बेहतर समझ भी उपलब्ध कराई है, जिन्होंने आज के हिन्दुस्तानियों और पश्चिमी यूरेशियाइयों के बीच रिश्ते क़ायम किए थे। अब हम जानते हैं कि ज़ेग्रॉस क्षेत्र के ईरानी खेतिहर सिन्धु घाटी में आए थे। स्वात के नमूनों से हम यह भी

जानते हैं कि घास के मैदान से भी लोग आए थे, जिसके बारे में हम बाद में विस्तार से बात करेंगे।[12]

ईरानी खेतिहरों और प्रथम भारतीयों के बीच मिश्रण कब हुआ हो सकता है? बीएमएसी और शह्र-इ-सोख़्ता के तीन बाहरी व्यक्तियों के आनुवांशिक आँकड़ों को देखते हुए आनुवांशिकीविद उस नवीनतम काल-खण्ड का निर्धारण कर सकते हैं, जब तक यह मिश्रण जारी रहा होगा। और यह काल-खण्ड ईसापूर्व 4700 और ईसापूर्व 3000 के बीच ठहरता है। (आनुवांशिकीविद उस प्राचीनतम काल-खण्ड से मिलता-जुलता कोई काल-खण्ड निर्धारित नहीं कर सके, जब यह मिश्रण हुआ हो सकता है।) लेकिन जैसा कि हमने देखा, मेहरगढ़ में काफ़ी पहले से, ईसापूर्व 7000 के आस-पास से, कृषि की शुरुआत का साक्ष्य मिलता है। इसलिए मेहरगढ़ या और कहीं खेती की शुरुआत या तो स्थानीय तौर पर प्रथम भारतीयों द्वारा की गई हो सकती है और ज़ेग्रॉस क्षेत्र के प्रवासी खेतिहर बाद में आए हो सकते हैं, या संभव है कि ईरानी खेतिहर इस क्षेत्र में अपने साथ खेती के कुछ हुनर लेकर आए हों और बाद में उन प्रथम भारतीयों के साथ मिश्रित हो गए हों, जिनमें से कुछ, हम जानते हैं, जो लाहुरादेव में खेती के प्रयोग कर रहे थे। निश्चय ही, इसका यह मतलब भी हो सकता है कि ज़ेग्रॉस के ईरानी खेतिहर ईसापूर्व 7000 के आस-पास आए हों और उसी समय के आस-पास प्रथम भारतीयों से मिश्रित हो गए हों, क्योंकि आनुवांशिकीविदों ने इस मिश्रण की प्राचीनतम तिथि उपलब्ध नहीं कराई है। यह मान लेने की कोई वजह नहीं है कि खेती की शुरुआत सिर्फ़ एक जगह पर हुई हो और फिर हर कहीं फैल गई हो। इसकी ज़्यादा संभावना है कि एक ही समय के आस-पास कृषि के बहुत-से उद्गम रहे हों, और उत्पादकता तथा इसीलिए आबादी के विस्तार की दृष्टि से कामयाबी के स्तर भिन्न रहे हों।

इन सारे संभावित परिदृश्यों में यह बात स्पष्ट है कि दक्षिण एशिया के उत्तर-पश्चिमी क्षेत्र में कृषि की राह के किसी मुक़ाम पर या तो एकदम शुरुआत में या बाद में, ज़ेग्रॉस क्षेत्र से ईरानी खेतिहरों का एक महत्त्वपूर्ण सामूहिक आगमन हुआ था, जिनकी आनुवांशिक छाप आज की हिन्दुस्तानी आबादी पर एकदम स्पष्ट है।

लेकिन ठहरिए, इस अध्याय को समाप्त करने से पहले इस कुण्डली को पूरा करने के लिए एक साक्ष्य और है। याद करें कि हमने कहा था कि आरम्भिक एक-अभिभावकीय क्रोमोज़ोम अध्ययनों ने J2, L1 और L1c को जिन वाई-क्रोमोज़ोम वंशावलियों के रूप में पेश किया गया था, क्या उनके भारत में पश्चिम एशिया से आए होने की संभावना है? प्राचीन

---

12. और भी तकनीकी ढंग से बात की जाए, तो अब हम जानते हैं कि एएसआई की वंशावली का उद्गम प्रथम भारतीयों (प्राचीन पूर्वज दक्षिण भारतीयों : एन्शिएंट एन्सेस्ट्रल साउथ इण्डियन्स या एएएसआई) और ईरानी खतिहरों में है। और हम यह भी जानते हैं कि एएनआई की वंशावली का उद्गम प्रथम भारतीयों (एएएसआई), ईरानी खेतिहरों और घास के मैदान के चरवाहों में है। हिन्दुस्तानियों की आज के समय की लगभग पूरी-की-पूरी आबादी, अलग-अलग अनुपातों और अलग-अलग क्षेत्रों तथा समुदायों में, एएनआई और एएसआई का मिश्रण है।

डीएनए साक्ष्य के पास इसका क्या जवाब है? वे कौन-से हैप्लोसमूह हैं, जो गोनुर और शह्र-इ-सोख़्ता के प्राचीन बाहरी व्यक्तियों से संबंध रखते हैं? इनमें से केवल दो नर थे, और हम जानते हैं कि उनका वाई-क्रोमोज़ोम हैप्लोसमूह क्या है। यह है J2, ठीक वही जिसका संकेत एक-अभिभावकीय डीएनए अध्ययन ने किया था! वापस मुड़कर देखने पर हम कह सकते हैं कि लगभग 65000 वर्ष पहले इस उपमहाद्वीप में आधुनिक मनुष्यों के शुरुआती आगमन के बाद, और उन सूक्ष्मपाषाण औज़ारों की ईजाद के बाद, जिसके नतीजे में इस क्षेत्र में उनकी निर्विवाद श्रेष्ठता क़ायम हुई और उनकी आबादी में वृद्धि हुई, मेहरगढ़ की शुरुआत हिन्दुस्तान के प्रागैतिहास की सबसे अहम घटना थी, एक निर्णायक मोड़।

मेहरगढ़ के जिन बाशिन्दों ने कच्ची ईंटों के दो या तीन कमरों के घर खड़े किए थे तब उन्होंने इसे भले न महसूस किया हो, लेकिन वे दक्षिण एशिया में उस पहली विकसित सभ्यता की बुनियाद रख रहे थे, जिसे हड़प्पा सभ्यता या सिन्धु घाटी की सभ्यता के नाम से जाना जाता है। उन कच्ची ईंटों के सादगीपूर्ण घरौंदों को हड़प्पा या मोहनजो-दड़ो या धोलावीरा की नगरीय इमारतों में बदलने में लगभग 4500 वर्ष या 150 से ज़्यादा पीढ़ियों का समय लगा और इस दौरान निश्चय ही कई मोड़ आए होंगे, लेकिन जैसे ही कृषि ने अपनी जड़ें जमाईं, और आधुनिक मनुष्यों ने वह अतिरिक्त धन कमाना शुरू किया, जिसकी वे बचत कर कर सकते थे और जिसका निवेश कर सकते थे, वैसे ही इतिहास का पहिया तेज़ी-से घूमने लगा - जो निश्चय ही स्वयं पहिये के आविष्कार की दिशा में ले जाने वाला था!

लेकिन उसके नतीजे में किस तरह की सभ्यता तैयार हुई और कैसे तैयार हुई? इस सवाल की ओर हम अगले अध्याय में रुख करेंगे।

पश्च-लेख : जब ईसापूर्व 1900 के बाद हड़प्पा सभ्यता टुकड़ा-टुकड़ा होकर बिखर गई, तो जिन लोगों ने इस सभ्यता को खड़ा किया था और उसको सदियों तक क़ायम रखा था, वे इस उपमहाद्वीप के बाक़ी हिस्सों में ख़ासतौर से पूर्व और दक्षिण में फैल गए। जिस रूपक के साथ हमने इस अध्याय की शुरुआत की थी, अगर उसी का इस्तेमाल करते हुए कहें तो, हड़प्पा सभ्यता के लोग यानी, प्रथम भारतीयों तथा ईरान से आए खेतिहर प्रवासियों के वंशजों के मिश्रण वह सॉस बन गए, जो भारतीय आबादी नामक पिज़्ज़ा की तमाम परतों पर फैल गया। हम इस पर पुस्तक के उपसंहार में चर्चा करेंगे।

3

प्रथम नगरवासी : हड़प्पा के लोग

किस तरह अपने समय की इस सबसे बड़ी सभ्यता ने अपने अनूठे रीति-रिवाज़ों और दृष्टिकोण के साथ उड़ान भरी और किस तरह इसके निर्माताओं ने द्रविड़ भाषाओं को फैलाया तथा वे उत्तर भारतीयों व दक्षिण भारतीयों के पूर्वज बने।

बलूचिस्तान के कच्ची मैदान में ईसापूर्व 7000 के आस-पास जो बीज बोए गए थे, उनको ईसापूर्व 2600 और ईसापूर्व 1900 के बीच फैली हड़प्पा सभ्यता के विशाल वृक्ष के रूप में विकसित होने में लगभग 5000 वर्ष लगे।

ऐसा नहीं होता कि सारे कृषिपरक समाज सभ्यताओं में बदल जाते हैं, लेकिन कोई भी सभ्यता कृषि के दौर से गुज़रे बिना सभ्यता नहीं बन सकती। (हम आगे इस मुद्दे पर लौटेंगे कि सभ्यता ठीक-ठीक क्या होती है। फ़िलहाल हम इस पद को इसके प्रत्यक्ष अर्थ में इस्तेमाल करते हैं।) ऐसा इसलिए होता है, क्योंकि कृषि के विकास के किसी न किसी मुक़ाम पर, उत्पादकता में इज़ाफ़ा होने के साथ-साथ तमाम लोगों को खाद्यान्न के उत्पादन या उपार्जन के काम में लगना ज़रूरी नहीं होता। लोगों की बड़ी संख्या को दूसरी गतिविधियों में संलग्न रहने के लिए छोड़ा जा सकता है, जैसे कि नए नगरों के लिए दीवारें या स्मारक खड़े करना; नए औज़ारों, हथियारों और आभूषणों का निर्माण करना; लम्बी दूरी के व्यापारों की व्यवस्था करना; नई उत्कृष्ट कलाकृतियों की रचना करना; नए आविष्कार करना; हिसाब-किताब रखना; और संभवतः सिंचाई की नहरों जैसी उन नई सार्वजनिक आधारभूत सुविधाओं का निर्माण करना, जो कृषि की उत्पादकता में और ज़्यादा इज़ाफ़ा कर सकें और इस तरह नए कामों में संलग्न होने के लिए और भी लोगों को स्वतन्त्र छोड़ सकें।

De Agostini / G. Nimatallab / Getty Images

हड़प्पा नगर के खण्डहर। हड़प्पा सभ्यता अपने समय की सबसे बड़ी सभ्यता थी।

यह निश्चय ही तभी हो सकता है, जब उच्च उत्पादकता वाली कृषि की अवस्था में प्रवेश कर चुके किसी समाज को, उसकी विकास-प्रक्रिया के किसी मुक़ाम पर, सहसा हाथ लग गए ख़ाली समय को कारगर ढंग से दूसरे कामों में लगाने का कोई तरीक़ा भी सूझ सके। प्राचीन दुनिया में इसके लिए ऐसी नई विचारधाराओं और नई व्यवस्थाओं या शक्ति-संरचनाओं को गढ़ना ज़रूरी होता था, जो लोगों के बड़े समूहों को बहुत कम मेहनताने के बदले नए उद्यमों में अपना समय लगाने को विवश या तैयार कर सकती। मज़हब और इसी तरह हिंसा इस काम में काफ़ी मददगार साबित होते थे।

चूँकि दुनियाभर के विशेषज्ञों के लगभग एक सदी से जारी एकाग्र प्रयत्नों के बावजूद हड़प्पा की लिपि अभी तक पढ़ी नहीं जा सकी है, इसलिए हमारे पास हड़प्पा की नगरीय सभ्यता के भीतर क्रियाशील रही नई विचारधारा और शक्ति-संबंधों का कोई प्रत्यक्ष, लिखित साक्ष्य नहीं है, लेकिन वे लोग जो मुहरों के अंकन, डिज़ाइन, स्थापत्य और मूर्तिशिल्प छोड़ गए हैं, उनसे हमें उनकी विचारधारा की झलकियाँ और उनकी शक्ति-संरचना के बारे में सुराग़ मिलते हैं।

ईंटों से बने मेहरगढ़ के दो कमरों के मकानों और जौ के खेतों के हड़प्पा, मोहनजो-दड़ो और धोलावीर जैसे नगरों की विशाल इमारतों में तब्दील होने की भौतिक प्रक्रिया के लगभग हर चरण का अच्छी तरह से पुरातात्त्विक दस्तावेज़ीकरण किया गया है, कुछ इस तरह कि यह प्रक्रिया अपने अटूट रूप में उभर सके। हम प्रत्यक्ष तौर पर कच्ची मैदान से लेकर

बलूचिस्तान के दूसरे हिस्सों, सिन्धु घाटी, घग्गर-हकरा घाटी, गुजरात और उसके परे तक फैले कृषि ग्रामों को देख सकते हैं। हज़ारों सालों के दौरान ये ग्राम धीरे-धीरे परकोटों से घिरे नगरों और मिट्टी के बर्तनों की विभिन्न शैलियों से युक्त विभिन्न क्षेत्रीय संस्कृतियों के रूप में विकसित होते गए। इसके बाद ईसापूर्व 2600 के आस-पास अलग-अलग नगर एकीकृत होकर उस सभ्यता के रूप में सामने आए, जिसे हड़प्पा सभ्यता के नाम से जाना गया, जो ज़्यादातर दो बड़ी नदी-शृंखलाओं की घाटियों के समानान्तर विशाल क्षेत्र में फैली थी। इसमें से एक नदी थी सिन्धु जो आज भी बह रही है, और दूसरी थी घग्गर-हकरा, जो उसके बाद ज़्यादातर सूख गई। अपनी पराकाष्ठा के युग में इस सभ्यता के दायरे में पाकिस्तान, उत्तर-पूर्वी पाकिस्तान और पश्चिमी भारत के मुख्यतः पंजाब, राजस्थान, हरियाणा, उत्तरप्रदेश और गुजरात शामिल थे।

यह निरन्तरता दर्शाती है कि जिन लोगों ने प्राचीन दुनिया की सबसे आरम्भिक, सबसे बड़ी और सबसे असाधारण सभ्यताएँ खड़ी की थीं, वे लोग अचानक कहीं से प्रकट नहीं हो गए थे; वे यहाँ लम्बे समय से थे और उन्होंने एकदम शुरुआत से इसको गढ़ा था। इसलिए, यह शुरुआती धारणा कि हड़प्पा सभ्यता मेसोपोटेमियाई सभ्यता की ही एक शाखा थी, ग़लत साबित हो गई (मेसोपोटेमियाई सभ्यता ईसापूर्व 4000 से संभवतः ईसापूर्व 330 तक उस समय तक जारी रही थी, जब इस क्षेत्र को सिकन्दर ने जीत लिया था और यह इराक़, कुवैत, उत्तरी सऊदी अरब, दक्षिण-पूर्वी तुर्की, पूर्वी सीरिया और ईरान के कुछ हिस्सों तक फैली थी।) हड़प्पा सभ्यता को लेकर ऐसे कोई रहस्य नहीं हैं, जिनको मेसोपोटेमिया के बाद के दिनों के नगर-निर्माताओं के कल्पित आगमन से सुलझाया जाना हो।

निश्चय ही, जैसा कि हमने अध्याय 2 में देखा है, हड़प्पा सभ्यता के लोग ख़ुद ही ईरान की ज़ेग्रॉस पर्वत-शृंखलाओं से आए लोगों और प्रथम भारतीयों के वंशजों की मिश्रित सन्तान थे, लेकिन यह मिश्रण हड़प्पा सभ्यता के प्रथम नगरों के निर्माण के हज़ारों साल पहले हुआ था, इसलिए, इस आबादी को दक्षिण एशियाई आबादी से इतर किसी भी रूप में चित्रित करने का कोई अर्थ नहीं है - ठीक उसी तरह जैसे एशियाई, यूरोपीय और अमेरिकी सभ्यताओं को इस आधार पर अफ़्रीकी सभ्यता कहने का कोई अर्थ नहीं है कि सारे आधुनिक मनुष्य मूल रूप से वहाँ से आए थे।

इसका यह मतलब नहीं है कि मेसोपोटेमियाई सभ्यता और हड़प्पा सभ्यता के बीच कोई सम्पर्क नहीं था। इन दोनों सभ्यताओं के बीच के महत्त्वपूर्ण व्यापारिक संबंध अपने पीछे बहुत सारे पुरातात्त्विक पदचिह्न छोड़ गए हैं और ऐसी सांकेतिक या सांस्कृतिक शिल्पकृतियाँ हैं, जो दोनों सभ्यताओं के एक-दूसरे पर पड़े प्रभावों को स्पष्ट रूप से दर्शाती हैं। उदाहरण के लिए, ऐसी मेसोपोटामियाई मुहरें हैं, जिन पर वे भैंसे चित्रित हैं, जो मेसोपोटेमिया के नहीं बल्कि सिन्धु घाटी के कुदरती निवासी थे। एक मेसोपोटेमियाई मुहर में एक सूरमा एक भैंसे से जूझता दिखाई देता है, वहीं एक अन्य मुहर में, निर्वस्त्र सूरमा भैंसों की प्यास बुझा रहे हैं। ये दोनों मुहरें अक्कादियाई सम्राट सर्गोन के समय की हैं।

The Louvre, Paris / Wikimedia Commons

अक्कादियाई काल की सिलिण्डर मुहर (लगभग 2300-2000 ईसापूर्व) की एक छाप। इस मुहर में दो निर्वस्त्र सूरमा बर्तन लिए हुए चित्रित हैं, जिससे वे दो भैंसों की प्यास बुझाने के लिए पानी उँडेल रहे हैं।

The Metropolitan Museum of Art, New York

बाएँ: अक्कादियाई काल की लगभग 2250-2150 ईसापूर्व की एक सिलिण्डर मुहर। *दाएँ :* सिलिण्डर मुहर की छाप। इस छाप में बाँईं ओर एक वृषभ-नर शेर के साथ लड़ रहा है। दाँईं ओर एक दाढ़ीवाला निर्वस्त्र सूरमा एक भैंसे को क़ाबू कर रहा है, जो पिछले पैरों पर खड़ा है।

लेखक तथा यूनिवर्सिटी ऑफ़ हेल्सिंकी के दक्षिण एशियाई अध्ययन विभाग के इमेरिटस प्रोफ़ेसर आस्को पर्पोला इस बात को इस तरह समझाते हैं : "इस बात का विश्वसनीय ढंग से संकेत किया गया है कि हड़प्पा के लोग कुछ भैंसों को जहाज़ पर लादकर सिन्धु घाटी से लाए थे। सर्गोन अभिमान से कहता था कि ये जहाज़ सुदूर मेलुहा से उसकी नई राजधानी अक्कद में आए थे।" मेलुहा वह नाम था, जिससे हड़प्पा सभ्यता को पश्चिम एशिया में जाना जाता था और मेसोपोटेमिया के दस्तावेज़ों में इसके कई हवाले मिलते हैं, जिनमें एक सिलिण्डर आकार मुहर का वह अंकन शामिल है, जिस पर लिखा है 'सु-इलिसु (Su-ilisu), मेलुहाई भाषा का अनुवादक'।

मेलुहा से हाथियों, गैंडों और मोरों के मेसोपोटेमिया पहुँचने के भी प्रमाण मिलते हैं। और यह मामला पशुओं-पक्षियों तक ही सीमित नहीं है। रोम की सेपिएन्ज़ा यूनिवर्सिटी के प्राचीन नियर ईस्ट हिस्टरी विभाग के प्रोफ़ेसर मारियो लिवेरानी का कहना है कि दक्षिण एशियाई मूल का तिल का पौधा सिन्धु घाटी की मार्फ़त मेसोपोटेमिया में आया था, और उसको इस नए वातावरण में एक ग्रीष्मकालीन फ़सल के रूप में ढाला गया था। अपनी पुस्तक *उरुक : द फ़र्स्ट सिटी* में लिवेरानी ने लिखा है कि "मौसमी तौर पर इसकी संगति अनाज की खेती से बैठती थी, जो जाड़ों में की जाती थी।"

दूसरी ओर, मोहनजो-दड़ो की पाँच मुहरें और हड़प्पा की छह ढली हुई पट्टिकाएँ हैं, जिनमें एक बहादुर अपनी दाँईं और बाँईं तरफ़ दो शेरों को बिना किसी शस्त्र के हाथों से पकड़े हुए है, और ये मेसोपोटेमिया की मुहरों तथा सुमेरियाई राजा गिलगमेश के इर्द-गिर्द फैले मिथकों से चौंकाने वाली समानता रखती हैं।[1] मेसोपोटेमियाई मुहरों में राजा उसी तरह बाघों की जगह प्रायः शेरों को पकड़े हुए है, लेकिन हड़प्पाई सभ्यता में शेरों का कोई चित्रण नहीं है। यह निश्चय ही संभव है - जैसा कि पुरातत्त्ववेत्ता और लेखक जोनाथन मार्क केनोयर का तर्क है कि इस सूरमा के भयानक जानवरों से इस तरह निपटने का क़िस्सा एक मिथक है, जो दोनों सभ्यताओं से पहले का है और यह शिकारी-संग्रहकर्ताओं के युग तक पीछे जाता है, और मेसोपोटेमियाई तथा हड़प्पावासी, दोनों ही अपनी शिल्पकृतियों में इसकी अपने-अपने ढंग से व्याख्या कर रहे थे।

हड़प्पाई और मेसोपोटेमियाई, दोनों के ही मूर्तिशिल्पों में कुछ पुरुष जिस ढंग से शरीर के ऊपरी हिस्से के वस्त्र पहने हुए हैं, उसमें भी चौंकाने वाली समानता है, जिसके तहत लबादे को उनके बाएँ कन्धे के ऊपर और दाँईं बाँह के नीचे चित्रित करते हुए दाएँ कन्धे को खुला छोड़ दिया गया है। मोहनजो-दड़ो से उत्खनित सबसे ज़्यादा भव्य मूर्तिशिल्पों में से एक है *पुरोहित राजा* (प्रीस्ट किंग) का मूर्तिशिल्प। उसके द्वारा पहने गए लबादे का ख़ास त्रिदली (ट्रेफ़ॉइल) डिज़ाइन (त्रिपत्रीय क्लोवर) मेसोपोटेमिया में भी पाया गया है। *द रूट्स ऑफ़ हिन्दूइज़्म* में आस्को पर्पोला कहते हैं कि "पश्चिम एशियाई देवता और दैवीय राजा

1. सुमेरियाई लोग यूफ़्रेटीज़ और टिगरिस नदियों के बीच मेसोपोटेमिया के केन्द्र-स्थल में रहा करते थे। यह वह क्षेत्र है, जिसे आज इराक़ कहा जाता है। इन लोगों ने मेसोपोटेमियाई सभ्यता के पहले नगरों, जैसे कि उरुक, का निर्माण किया था। इनके बाद सामी (सिमिटिक)-भाषा-भाषी अक्कादियाई आए, जिनकी राजधानी अक्कद थी। अक्कादियाई साम्राज्य की स्थापना सर्गोन ने की थी, जिसने सुमेर के नगरों को भी अपने नियन्त्रण में ले लिया था। अक्कादियाई भाषा ने बोलचाल की ज़बान के तौर पर धीरे-धीरे सुमेरियाई भाषा की जगह ले ली और उसके बाद सुमेरियाई सुनने में नहीं आए।

उत्सवी वस्त्र पहनते थे, जिन पर सुनहरे सितारे, रिबन से बने गुलाब आदि टँके होते थे, जो सुमेरियाई और अक्कादियाई में 'स्काई गार्मेंट्स' के नाम से जाने जाते थे...। मोहनजो-दड़ो से मिले 'पुरोहित राजा' का लबादा स्पष्ट रूप से 'स्काई-गार्मेंट' का एक रूप है, जो उन त्रिदलियों से सज्जित है, जो मूलतः लाल पेस्ट से भरे हुए हैं।"

The Louvre, Paris / Wikimedia Commons

मिस्र से मिला हाथीदाँत के हत्थे और चकमक पत्थर की धार से युक्त लगभग 2750 ईसापूर्व का एक ख़ंजर, जिसमें संभवतः तत्कालीन मेसोपोटेमियाई प्रभाव दिखाई देता है। पुरोहित-राजा की दाढ़ी-युक्त आकृति मेसोपोटेमियाई वेशभूषा धारण किए हुए है और उसके दोनों बाजुओं में दो शेर हैं, जिनको वह क़ाबू कर रहा है।

Leemage / UIG / Getty Images

हड़प्पा सभ्यता की एक मुहर, जिसमें एक आदमी अपने दाएँ-बाएँ दो बाघों को क़ाबू करता हुआ चित्रित है।

हड़प्पाई मूर्तिशिल्पों के कुछ पुरुषों की केशविन्यास शैली (हेयरस्टाइल) - चोटीदार दोहरा जूड़ा - मेसोपोटेमियाई मूर्तिशिल्पों में भी पाया गया है, जिनमें एक मूर्ति सूसा नगर में स्वयं सम्राट सर्गोन की भी है। हॉलैंड की पुरातत्त्ववेत्ता एलिज़ाबेथ सी.एल. ड्यूरिंग कैस्पर्स इस केशविन्यास-शैली का वर्णन इस तरह करती थीं : "बाल एक जूड़े में बँधे हैं, जो एक फीते या किसी क़िस्म की हेयर-स्लाइड से आड़े कसे हैं, जिसकी वजह से बाल एक-के-ऊपर-एक दो उभारों में बँटे हैं"।[2]

लेकिन दोतरफ़ा सांस्कृतिक अन्तर्क्रिया और प्रभाव के ये संभावित साक्ष्य इस सच्चाई में कोई बदलाव नहीं लाते कि हड़प्पा सभ्यता अपने सार रूप में अनूठी और अपने पश्चिम में स्थित सभ्यता से भिन्न थी।

The Louvre, Paris / Wikimedia Commons

मेसोपोटेमिया के 'वल्चर्स की शिला' का एक टुकड़ा, लगभग ईसापूर्व 2450. सुमेरियाई नगर-राज्य की उसके पड़ोसी पर विजय की कीर्तिगाथा के लिए तैयार की गई इस शिला में दो पुरुष (सबसे ऊपर दाएँ और सबसे नीचे दाएँ) चित्रित हैं, जिनके बाल दोहरे जूड़ों की शैली में बँधे हैं।

2. एलिज़ाबेथ सी.एल. ड्यूरिंग कैस्पर्स, 'सुमेर, कोस्टल अरेबिया ऐंड इंडस वैली इन प्रोटोलिटरेट ऐंड अर्ली डायनिस्टिक ईराज़ : सपोर्टिंग इविडेंस फ़ॉर अ कल्चरल लिंकेज', *जर्नल ऑफ़ द इकॉनॉमिक ऐंड सोशल हिस्टॅरी ऑफ़ द ओरिएंट,* 22(2), 1979.

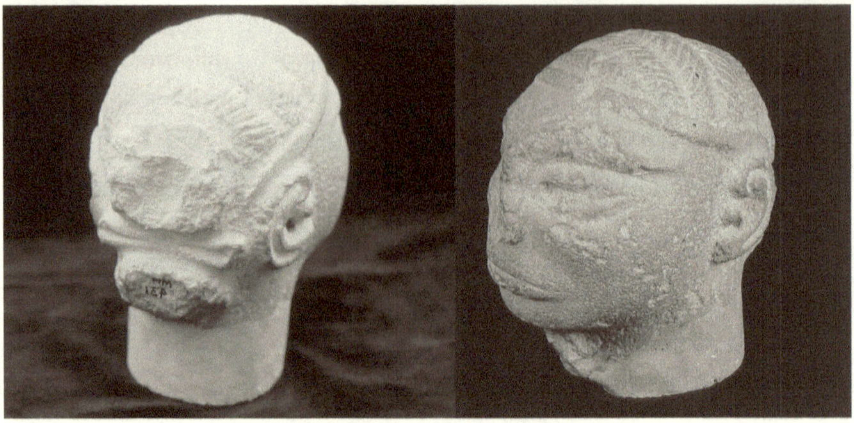

Mohenjodaro Museum

दोहरे जूड़ों की शैली में बँधे बालों वाले एक पुरुष को चित्रित करता मोहनजो-दड़ो का एक मूर्तिशिल्प।

एक बेजोड़ सभ्यता

यह किस तरह से बेजोड़ है, इसका हम हिसाब लगाते हैं। हड़प्पा के निवासियों के पास मेसोपोटेमियावासियों के विशाल ज़िगुरैटों (हर नगर के संरक्षक देवताओं और देवियों के निवास-स्थल) जैसा इस तरह का कुछ भी नहीं था, जिसे भव्य मन्दिरों या विशाल अनुष्ठान-स्थलों के रूप में पहचाना जा सके। मेसोपोटेमिया में अब तक बत्तीस ज़िगुरैट खोजे गए हैं - अट्ठाइस इराक़ में और चार ईरान में - लेकिन हड़प्पा सभ्यता के विशाल विस्तार में ऐसा एक भी ढाँचा नहीं है, जिसे स्पष्ट तौर पर मन्दिर के रूप में पहचाना जा सके।

न ही हड़प्पा सभ्यता में ऐसा कोई ढाँचा पाया गया है, जिसे स्पष्ट तौर पर राजाओं के महल के रूप में पहचाना जा सके। यह भी मेसोपोटेमिया से बिलकुल भिन्न स्थिति है। न हड़प्पावासियों ने अपने पश्चिम में स्थित सभ्यता की तरह राजाओं और उनके पराक्रमों का महिमामण्डन करने वाली कोई मूर्तियाँ स्थापित की थीं। यहाँ तक कि मोहनजो-दड़ो की सुप्रसिद्ध और दक्षतापूर्वक उकेरी गई *पुरोहित राजा* की मूर्ति भी अपनी ऊँचाई में साढ़े सत्रह सेंटीमीटर और चौड़ाई में ग्यारह सेंटीमीटर से ज़्यादा नहीं है! और यह बताने का भी कोई उपाय नहीं है कि यह किसी राजा की मूर्ति है या किसी पुरोहित की है या किसी कुलीन की। बहुत-से पुरातत्त्ववेत्ताओं का ज़्यादा-से-ज़्यादा इतना कहना है कि संभव है यह मूर्ति मोहनजो-दड़ो के शासक वर्ग के किसी सदस्य की हो।

National Museum of Pakistan, Karachi / Art Directors & TRIP / Alamy Stock Photo

मोहनजो-दड़ो के पुरोहित-राजा की मूर्ति का ऊपरी घड़। इसे त्रिफलक डिज़ाइन वाला चोगा और बीच के हिस्से में अलंकृत रिबन हैडबैंड तथा ऊपरी बाँह में एक आभूषण पहने हुए दर्शाया गया है।

शाही परिवार के लोगों के भव्य अन्तिम संस्कारों के बारे में क्या कहा जाए, जो कि पश्चिम एशिया और मिस्र की एक बहुत बड़ी विशेषता रही है? नहीं, हड़प्पा सभ्यता में किसी के भी भड़कीले और विस्तृत अन्तिम संस्कार का कोई निशान नहीं है, और न ही दिवंगत मुखिया के कोई पिरामिड हैं, जैसे कि वे मिस्र में हैं। मेसोपोटेमिया में शाही परिवार के लोगों को बड़ी तादाद में मूल्यवान आभूषणों, शिल्प-कृतियों और कभी-कभी उनके नौकरों-चाकरों के साथ दफ़नाया जाता था। इन सबका उद्देश्य दिवंगत के मृत्युपरान्त जीवन की भौतिक ज़रूरतों को पूरा करना होता था। इसके विपरीत, हड़प्पा सभ्यता में दफ़नाए गए व्यक्ति के साथ उसके मृत्युपरान्त जीवन के लिए भोजन से भरे मिट्टी के बर्तनों के अलावा और कुछ ख़ास नहीं रखा जाता था, हालाँकि लोगों को अक्सर उनके निजी आभूषणों के साथ दफ़नाया जाता था। इसमें दूर-दूर तक उस तरह के शाही अंतिम संस्कारों का कोई संकेत नहीं है जो पश्चिम एशिया में आम रही प्रतीत होता है। इतिहासकार शेरीन रत्नागर अपनी पुस्तक

अंडरस्टेंडिंग हड़प्पा में कहती हैं कि क़ब्रों में औसतन पन्द्रह बर्तन थे, जिनमें दिवंगत के लिए कुछ भोजन और पेय रखा होता था, जिसमें मांस के टुकड़े भी शामिल होते थे। क़ब्रों में पाए गए मिट्टी के बर्तनों में तिपाइयों पर रखे रंग-बिरंगे बर्तन, छोटे, उभरे घड़े और S-आकार के घड़े शामिल थे। आभूषण कभी प्रचुर मात्रा में नहीं पाए गए और औज़ार बहुत थोड़े-से थे।

अगर आप सोचते हैं कि ऐसा इसलिए था कि हड़प्पा के लोग बेशक़ीमती आभूषण और शिल्पकृतियाँ बनाना नहीं जानते थे, तो आप ग़लत होंगे! पश्चिम एशिया की क़ब्रों से जो ढेरों आभूषण और अलंकरण पाए गए हैं, वे हड़प्पा सभ्यता से ही आए थे। वस्तुतः, कार्नीलियन, फ़ीरोज़ा, आवर्त मणि और अन्य मूल्यवान पत्थरों तथा सीपियों से निर्मित ज़ेवर हड़प्पा के लोगों द्वारा निर्यात की जाने वाली महत्त्वपूर्ण चीज़ें थीं और इसके नगरों में इन जेवरों को बनाने के लिए ढेरों कार्यशालाएँ थीं। बात सिर्फ़ इतनी है कि हड़प्पावासी, चीनियों की ही तरह, अपने बेशक़ीमती असबाब को दफ़नाने की बजाय अपने उत्तराधिकारियों को सौंपना पसन्द करते थे। जब लोग विरासत में मिली अपनी चीज़ों से तंग आ जाते थे, तो वे उनको तोड़कर उनसे नई चीज़ें भी बना लेते थे।

यह निश्चय ही पुरातत्त्ववेत्ताओं और इतिहासकारों के लिए एक समस्या है। पश्चिम एशिया की क़ब्रें और मिस्र के पिरामिड विश्व इतिहास के उस कालखण्ड को जीते-जागते रूप में सामने लाने में बेहद मददगार रहे हैं। इसके विपरीत, हड़प्पा सभ्यता में मूल्यवान वस्तुएँ और काँसे तथा अन्य धातुओं से निर्मित चीज़ें भी समुचित प्रतिनिधित्व नहीं कर सकी हैं, क्योंकि पुरातत्त्ववेत्ता इन चीज़ों को केवल उन दुर्लभ परिस्थितियों में ही पा सकते हैं, जहाँ प्राचीन व्यक्तियों ने अपने ख़ज़ानों को अक्सर अपने खुद के घरों में दफ़नाया होता था और जिन किन्हीं वजहों से वे उन ख़ज़ानों को वापस नहीं निकाल पाए होते थे। कभी-कभी कुछ ऐसी चीज़ें भी पुरातत्त्वविदों के हाथ लग जाती हैं, जो कचरे के ढेर में जा चुकी होती हैं या सड़कों पर खो चुकी होती हैं। जैसे कि आप कल्पना कर सकते हैं, ये शिल्प-कृतियाँ दिवंगत के मृत्युपरान्त जीवन के लिए पर्याप्त संसाधन उपलब्ध कराने का उद्देश्य रखने वाली शाही क़ब्रों की समृद्धि और विविधता से मेल नहीं खातीं।

हड़प्पा की सभ्यता को उसकी समकालीन सभ्यताओं से अलग करने वाला एक असामान्य लक्षण उसमें ऐसी चीज़ों का अभाव है, जो मनुष्यों के बीच हिंसा को दर्शाती हों। कई हड़प्पा मुहरें हैं, जो हिंसा को दर्शाती हैं, लेकिन ये अलौकिक प्राणियों के एक-दूसरे के साथ टकराव या मनुष्यों के जानवरों पर हमले या अलौकिक प्राणियों और मनुष्यों के बीच युद्ध को प्रदर्शित करती हैं। ये मनुष्यों के बीच टकराव को नहीं दर्शातीं।

हालाँकि, एक मुहर ऐसी है, जो इस चीज़ का अपवाद है और उसमें दोहरे जूड़ों की शैली वाली केश-सज्जा से युक्त दो पुरुष एक-दूसरे को भाला भोंक रहे हैं, और दोनों को एक नारी आकृति के हाथ थामे हुए हैं, जो शायद कोई देवी है, जिसने लम्बी लटकन वाला एक साफा पहन रखा है। यह भी संभव है कि बजाय इसके कि यह नारी आकृति उनके हाथ थामे हो, ये पुरुष ही उस नारी आकृति के हाथ थामे हों। इसकी व्याख्या स्त्री को लेकर तकरार या इंसानी बलि तक के रूप में कई तरह से की गई है।

मनुष्य के साथ मनुष्य की हिंसा को दर्शाने वाली चीज़ों की यह क़रीब-क़रीब ग़ैरमौजूदगी कुल्हाड़ों या तलवारों जैसे युद्ध के हथियारों के साक्ष्यों की ग़ैरमौजूदगी से भी ज़ाहिर होती

है। हड़प्पा के लोगों के पास जो हथियार हुआ करते थे, वे थे भाले, चाकू और तीर, जो जानवरों के शिकार या किसी प्रतिद्वन्द्वी के साथ लड़ाई जीतने तक के लिए आवश्यक थे, लेकिन ये संभवतः युद्ध के लिए पर्याप्त नहीं थे, जैसा कि केनोयर का कहना है, जिन्होंने इस ओर भी संकेत किया है कि हड़प्पा सभ्यता के वजूद के 700 वर्षों के दौरान - ईसापूर्व 2600 और ईसापूर्व 1900 के बीच - ऐसा कोई साक्ष्य नहीं है कि इस सभ्यता के किसी भी नगर पर हमला हुआ हो या उसे जलाया गया हो।

Archaeological Survey of India

कालीबंगा से मिली एक सिलिण्डर मुहर, जिसमें एक-दूसरे को भाला भोंकने जा रहे दो पुरुषों के बीच एक स्त्री खड़ी हुई है।

सार्वजनिक बुनियादी सुविधाएँ, निजी महल नहीं

अब जबकि हम जानते हैं कि हड़प्पा के लोगों के पास क्या नहीं था, हम इस पर नज़र डालते हैं कि उनके पास ऐसा क्या था, जो उनके संदर्भ में अनूठा था। वे किस मामले में श्रेष्ठ थे? यह इसकी एक आंशिक फ़ेहरिस्त है।

सबसे पहले, उनके पास सुनियोजित नगर थे, जिनमें उम्दा ढंग से बिछाई गई सड़कें और मकान थे, जो अक्सर, हालाँकि हमेशा नहीं, उत्तर-दक्षिण और पूरब-पश्चिम के ग्रिडनुमा विन्यास रचते थे। उनके पास जल-प्रबन्धन की अत्यन्त विकसित प्रौद्योगिकी थी, जो प्राचीन दुनिया में कहीं भी नहीं देखी गई थी, और गुजरात का धोलावीरा इसका एक सर्वश्रेष्ठ उदाहरण था। मानसून की अपर्याप्त बारिश तथा दोनों तरफ़ दो मौसमी नदियों वाले धोलावीरा ने अपने पानी को टिकाए रखने के लिए हरसंभव उद्यम किए थे, जिनमें नदियों पर बाँध बनाना भी शामिल था। नगर की क़िलेबन्द दीवारों के भीतर इसके पास आपस में जुड़े कई जलाशय थे, जिनमें पूर्वी जलाशय (चौहत्तर मीटर लम्बा, छब्बीस मीटर चौड़ा और सात मीटर गहरा) प्राचीन दुनिया का अपनी तरह का सबसे बड़ा जलाशय था। बारिश के पानी के निकास की प्रणाली तराशे गए पत्थरों से तैयार की गई थी और वह पाँच फुट से

भी ज़्यादा ऊँची थी और आप उसके भीतर चल तक सकते थे। इन सबमें पानी को एक जगह से दूसरी जगह पहुँचाने के लिए संबंधित स्थल की ढलानों का उपयोग किया गया था।

De Agostini / G. Nimatallab / Getty Images

मोहनजो-दड़ो का विशाल स्नान-कुण्ड (ग्रेट बाथ)

विभिन्न क़िस्म के 700 कुएँ और सिन्ध में मोहनजो-दड़ो का विशाल स्नान-कुण्ड भी हड़प्पा के लोगों द्वारा पानी के प्रति बरती गई सावधानी का प्रमाण देते हैं। हड़प्पा के निवासी ऐसे मकानों में रहते थे, जो आँगन के चारों ओर निर्मित कमरों वाले हुआ करते थे (जिनमें से कुछ दो मंज़िल से भी ज़्यादा ऊँचे थे)। इन मकानों में पानी की आपूर्ति तथा गन्दे पानी के निकास के लिए अलग-अलग नालियाँ हुआ करती थीं। इस विषय पर इतिहासकार उपिन्दर सिंह की पुस्तक *अ हिस्टॅरी ऑफ़ एन्शिएंट ऐंड अर्ली मेडिवल इंडिया से* एक उद्धरण देने लायक़ है :

Tony Joseph

धोलावीरा का एक जलाशय, जिस तक पहुँचने के लिए उसमें सीढ़ियाँ बनाई गई हैं।

> बहुत-से मकानों तथा मकानों के समूहों में नहाने और दैनिक क्रिया के लिए अलग-अलग जगहें थीं। पानी के निकास से युक्त नहाने के चबूतरे अक्सर कुएँ से लगे कमरों में थे। स्नानागार का फ़र्श आमतौर से एक-दूसरे से सटी ईंटों से तैयार किया गया था, जिनको सावधानी से इस तरह क्रमशः किनारे तक ले जाया गया था, ताकि एक ऐसी ढलान तैयार हो सकती, जिसमें कहीं से भी पानी अन्दर न आ सके। यहाँ से घर की दीवार के छेद से गुज़रती एक नाली थी, जो सड़क तक जाती थी, और जो अन्त में गन्दे पानी के एक बड़े निकास से जुड़ जाती थी...
>
> हड़प्पा में हुई हाल ही की खुदाइयों से लगभग हर मकान में शौचालय मिले हैं। कमोड फ़र्श में धँसे बड़े पात्रों से बने थे, जिनमें से कई एक छोटे, लोटा-नुमा घड़े से ,जुड़े थे, जिनका उद्देश्य निस्सन्देह शौच के लिए होता था। ज़्यादातर कमोडों के तले में एक छोटा छेद था, ताकि उससे रिसकर पानी ज़मीन के अन्दर जा सके...

सिंह ने उल्लेख किया है कि पुरातत्त्वविदों को घरों में अन्दरूनी शौचालयों के तले लोटे मिले हैं, जो इस बात का संकेत हैं कि दक्षिण एशियाइयों के शौच करने के ढंग में बहुत बड़ा परिवर्तन नहीं आया है - इसके बावजूद कि बहुत-से दक्षिण एशियाइयों के पास घर के अन्दर उस तरह से शौचालयों की सुविधा नहीं है, जो हड़प्पा के लोगों को सुलभ थी। केनोयर कहते हैं कि हड़प्पा आने वाले यात्रियों और सौदागरों की सुविधा के लिए स्नान के चबूतरे तथा सार्वजनिक कुएँ थे। ऐसी कोई तत्कालीन सभ्यता नहीं थी, वह चाहे मिस्र की हो, मेसोपोटेमिया की हो या चीन की, जिसने अपने निवासियों या मेहमानों को इससे मिलती-जुलती कोई भी सार्वजनिक सुविधाएँ उपलब्ध कराई हों।

Larry Burrows / Th e LIFE Picture Collection / Getty Images

मोहनजो-दड़ो की मल-निकास-प्रणाली।

नागरिक सुविधाओं से भी ज़्यादा ध्यान आकर्षित करने वाला शायद हड़प्पा का एक और कमाल है, और वह है समान बाट। इस सबसे बड़ी सभ्यता के एक सिरे से दूसरे सिरे तक हर कहीं सामान को तौलने का एक ही ढंग था: चेर्त (एक क़िस्म की चट्टान) से बने घनाकार बाट। इसके विपरीत, मेसोपोटेमिया के नगरों में तौलने की तरह-तरह की प्रणालियाँ चलन में थीं, जो विभिन्न क्षेत्रों में और तौली जाने वाली विभिन्न वस्तुओं के लिए अलग-अलग थीं। हड़प्पा के लोगों ने व्यापारियों के एक नगर से दूसरे नगर जाने पर तौलने के विभिन्न मापदण्डों को एक-दूसरे से बदलने की अनावश्यक क़वायद को टालकर व्यापार की लेने-देन-संबंधी क़ीमत को निश्चय ही कम कर दिया होगा। अगर ईसापूर्व तीसरी सहस्राब्दी में 'कारोबार करने की सहूलियत' जैसा कोई गौरव रहा होता, तो हड़प्पा के लोग इसमें सबसे आगे रहे होते, जिसमें मिस्रवासी भी संभवतः उनकी बराबरी पर रहे होते, जिनके यहाँ भी तौलने की इसी तरह की मानकीकृत प्रणाली थी।

National Museum of India, New Delhi / Angelo Hornak / Alamy Stock Photo

हड़प्पा सभ्यता की तराजू और बाट

हड़प्पा में बाटों की तरह ही कंगन भी हर कहीं मौजूद थे – सैकड़ों हज़ारों। अगर आप सोचते हैं कि कंगनों में ऐसा अनोखा क्या है, तो आप ग़लत हैं। जैसा कि केनोयर कहते हैं, "अगर मैं मिस्र के अपने दोस्तों को फ़ोन करके पूछूँ कि तुम लोगों ने कितने कंगन खोद निकाले हैं, तो वे शायद कहेंगे कि एक या दो दर्जन। चीन में आपको एक या दो मिल सकते हैं। मेसोपोटेमिया में भी आपको थोड़े-से मिल सकते हैं, लेकिन सिन्धु घाटी में हमें सैकड़ों हज़ारों की तादाद में कंगन मिलते हैं। वे बहुत ही विशिष्ट क़िस्म के आभूषण थे और वे स्त्रियों तथा पुरुषों, दोनों के लिए थे।"

National Museum of Pakistan, Karachi / Robert Harding / Alamy Stock Photo

हड़प्पा सभ्यता का एक कंगन

हम ऐसी अन्तहीन क़िस्म की चीज़ों की सूची तैयार कर सकते हैं, जो हड़प्पा की अपनी अनोखी चीज़ें हैं और जिनको आज इक्कीसवीं सदी में भी 'हिन्दुस्तानी' चीज़ों के रूप में पहचाना जा सकता है - पीपल के पेड़ के प्रति श्रद्धा को चित्रित करने वाली मुहरों से लेकर उस हाण्डी तक, जिसके बारे में केनोयर वर्णन करते हैं कि उसका "ऊपरी भाग इस तरह सँकरा और ऊपर उठा हुआ है, जिससे आग की लपटें मुड़ जाती हैं, ताकि ऊपर का वह हिस्सा गरम न हो और उस हिस्से को हाथ से पकड़कर उठाया जा सके।" हड़प्पा के नगरों में मिट्टी के बर्तनों की शैलियाँ अलग-अलग हैं, लेकिन हाण्डी का यह डिज़ाइन इतना लोकप्रिय था कि इसे हर कहीं पाया जा सकता था।

संभवतः हड़प्पा सभ्यता की सबसे महत्त्वपूर्ण ख़ासियत इसके विस्तार में थी - अपने शिखर के दौर में इसने संभवतः दस लाख वर्ग किलोमीटर को घेर रखा होगा, जो मेसोपोटेमिया और मिस्र की सभ्यताओं दोनों को जोड़ लें, तो उससे भी ज़्यादा थी। हड़प्पा की सभ्यता की आबादी भी संभवतः किसी भी तत्कालीन सभ्यता की आबादी से ज़्यादा थी - जो आश्चर्य की बात नहीं है, अगर हम इस तथ्य को ध्यान में रखें कि हम 20,000 साल पहले आधुनिक मनुष्यों की सबसे बड़ी आबादी हुआ करते थे, जैसा कि हमने अध्याय 1 में देखा है। दक्षिण एशिया का आधुनिक इंसानी आबादी का केन्द्र होना कोई नई बात नहीं है - यह एक प्राचीन कीर्ति है, जिसको हम बरकरार रखे हैं।

यह सभ्यता कितने बड़े इलाक़े को घेरे हुई थी, इसे महसूस करने के लिए याद करें कि आज का हिन्दुस्तान तीस लाख वर्ग किलोमीटर का इलाक़ा घेरता है। हड़प्पा सभ्यता के दायरे में इसका लगभग एक-तिहाई हिस्सा था। ज़रा कल्पना करें कि सामान तौलने के समान बाटों, मुहरों, लिपि, नगर के डिज़ाइन और यहाँ तक कि अपनी ऊँचाई, चौड़ाई और लम्बाई में 1:2:4 के अनुपात वाली पकाई गई ईंटों के माध्यम से एक इतनी बड़ी सभ्यता को

किस तरह आपस में गूँथकर रखा गया होगा। और यह सब संचार तथा यात्रा की आधुनिक पद्धतियों के बिना संभव हुआ था। इस सभ्यता के भौगोलिक विस्तार के बावजूद लगता है कि यह पश्चिमी सभ्यताओं की तुलना में टकरावों की न्यूनतम संभावनाएँ लिए हुई थी।

क्या इसमें असमानता भी पश्चिमी सभ्यताओं के मुक़ाबले कम थी? इसका जवाब स्पष्ट नहीं है। महलों और आडम्बरपूर्ण क़ब्रों का अभाव एक कम ग़ैरबराबरी वाले समाज का संकेत दे सकता है, लेकिन नगरों में निवास-स्थलों के असमान आकार बेशक़ीमती ज़ेवरों जैसी हैसियत दर्शाने वाली चीज़ों का महत्त्व इससे भिन्न संकेत देता है। आज के ज़्यादातर इतिहासकारों का मानना है कि हड़प्पा की सभ्यता को विभिन्न 'नगर राज्यों' को नियन्त्रित करने वाले किसी एक शक्तिशाली राजा की बजाय एक 'उच्चवर्गीय समूह' ने आपस में संगठित कर रखा था।

इसलिए आप जिस किसी भी ढंग से देखें, हड़प्पा सभ्यता उसकी दूसरी समकालीन सभ्यताओं से भिन्न प्रेरणाओं और प्रवृत्तियों से जन्मी प्रतीत होती है और हड़प्पा के लोग जिस समाज में रहना चाहते थे, उसको लेकर उन्होंने भिन्न क़िस्म के विकल्प चुने थे, लेकिन खेतिहर ग्रामों का एक समूह सभ्यता कही जा सकने वाली इस जगह में किस तरह विकसित हुआ? और इसके अलावा 'सभ्यता' से हमारा क्या अभिप्राय है? हम क्यों अक्सर यह घोषणा करते रहते हैं कि भारतीय सभ्यता लगभग 5000 साल पुरानी है और क्यों नहीं कहते कि यह 9000 साल पुरानी है, जब कृषि की शुरुआत हुई थी, या क्यों नहीं कहते कि यह 2300 साल पुरानी है, जब मौर्यों ने पहला भारतीय साम्राज्य खड़ा किया था?

Civilization' शब्द अपनी व्युत्पत्ति में 'city' से जुड़ा हुआ है, इसलिए हम कह सकते हैं कि सभ्यता में नगरीय दौर से गुज़रने या उस 'नगरीय क्रान्ति' की धारणा पहले से निहित है, जिसका वर्णन 1930 के दशक में प्रागैतिहासकार गॉर्डन चाइल्ड ने किया था, जिनकी सराहना करते हुए उनको 'महान संश्लेषक' ('ग्रेट सिन्थिसाइज़र') के नाम से पुकारा जाता है। चाइल्ड के अनुसार, दुनिया के शुरुआती नगरों की ये विशेषताएँ थीं : किसी गाँव की तुलना में अक्सर सैकड़ों गुना आबादी; हस्तशिल्प, सौदागरी, सरकारी कामकाज और यातायात व्यवस्था जैसे कामों के प्रति पूरी तरह समर्पित विशेषज्ञ; कृषक-वर्ग के अतिरिक्त उत्पादनों का संचय करने वाला शासक वर्ग; विशाल सार्वजनिक इमारतें; दस्तावेज़ीकरण और लेखन की प्रणालियाँ जिनके बिना किसी नगर का संचालन करना असंभव होता; अपनी कला के प्रति पूरी तरह समर्पित कलाकार - मूर्तिकार, चित्रकार, मुहरों का उत्कीर्णन करने वाले - जो किसी सभ्यता-विशेष की अनूठी और विशिष्ट पहचान बताने वाली शैली में चीज़ें गढ़ते थे; और स्थानीय स्तर पर अनुपलब्ध सामग्री को हासिल करने के लिए विदेश-व्यापार। इनमें से प्रत्येक विशेषता - हड़प्पा और मोहनजो-दड़ो से लेकर धोलावीरा, राखीगढ़ी और कालीबंगा तक - हड़प्पा के हर नगर पर लागू होती है।

इस परिभाषा के मुताबिक़ दुनिया का पहला 'नगर' मेसोपोटेमिया के निचले हिस्से में स्थित उरुक होगा, जो संभवतः द *एपिक ऑफ़ गिलगमेश* के मिथकीय नायक गिलगमेश के राजधानी नगर के नाम से बेहतर ढंग से जाना जाता है। अपनी सत्ता के उत्कर्ष-काल में, ईसापूर्व 3200 के आस-पास, उरुक की दीवारों के भीतर दसियों हज़ार लोग रहे होंगे, काफ़ी

कुछ ईसापूर्व 2600 के आस-पास की हड़प्पा या मोहनजो-दड़ो की ही तरह।

इसलिए जब हम कहते हैं कि भारतीय सभ्यता 5000 साल पुरानी है, तो हमारा अभिप्राय यह होता है कि हड़प्पा सभ्यता के प्रथम नगर इसी समय के आस-पास विकसित हुए थे। यह मोटे तौर पर सही है, हालाँकि जिसे इस सभ्यता का परिपक्व हड़प्पाई दौर कहा जाता है, उसकी शुरुआत ईसापूर्व 2600 के आस-पास ही हुई थी, यानी लगभग 4600 वर्ष पहले। यही वह समय है, जिसके आस-पास साझा लिपि और साझा मुहरें इस सभ्यता के सारे नगरों में प्रचलन में आई थीं, लेकिन किसी सभ्यता के निर्माण में जो तत्त्व योगदान करते हैं, वे सब तब तक प्रक्रिया का अंग बन चुके थे।

उदाहरण के लिए, हम हड़प्पा में पके हुए मिट्टी के बर्तनों पर वे अंकन देखते हैं, जो बाद में ईसापूर्व 3300 तक आते-आते लिपि का रूप ले लेते हैं। यह क़रीब-क़रीब वही समय है, जब मेसोपोटेमिया, मिस्र और चीन में आरम्भिक लेखन की शुरुआत होती है। हड़प्पा में हम ईसापूर्व 2800 के आस-पास एक-दूसरे से लगे दो अलग-अलग हिस्सों के चारों ओर विशालकाल दीवारें भी खड़ी होती देखते हैं। इन दीवारों को खड़ी करने में 450 लोगों को लगभग तीन महीने लगे होंगे और ये दीवारें बड़े पैमाने पर ईंटों के निर्माण और उनकी ढुलाई की क़ाबिलियत के बिना निर्मित नहीं की जा सकती थीं। दरअसल, ऐसे साक्ष्य हैं, जो संकेत करते हैं कि इस समय तक आते-आते बैलगाड़ियों और साँड-गाड़ियों का व्यापक इस्तेमाल होने लगा था। हड़प्पा से टेराकोटा में बनाई गई खिलौना-गाड़ियों के टुकड़े और हरियाणा के गिरवर से गाड़ी के पहियों के टुकड़े मिले हैं, जो ईसापूर्व 3700 के आस-पास के बताए गए हैं। यह क़रीब-क़रीब वही समय है, जब मेसोपोटेमिया में और अन्य जगहों पर पहियेदार गाड़ियाँ प्रकट होने लगी थीं।

अगर आप हड़प्पा सभ्यता नामक भव्यता को महसूस करना चाहते हैं, तो आपको हिन्दुस्तान में धोलावीरा जाना चाहिए, जो गुजरात के ग्रेट रन ऑफ़ कच्छ में, अहमदाबाद से लगभग 350 किलोमीटर या कार से सात घण्टे की दूरी पर है। यह नमक के मैदानों से घिरे खादिर नामक द्वीप पर स्थित है और आपको वहाँ पहुँचने के लिए ह्वाइट रन के अद्भुत भूदृश्य (लैंडस्केप) के बीच से गुज़रना होता है। यह लम्बी, सीधी, लगभग ख़ाली सड़क सपाट ज़मीन से होकर गुज़रती है, जहाँ दोनों ओर सफ़ेद नमक के अन्तहीन विस्तार में सूरज की रोशनी चमकती है। आप सोचने लगते हैं कि "आख़िर किसी ने ऐसे दूर और वीरान इलाक़े में नगर बसाने की ज़हमत क्यों उठाई होगी?" लेकिन यह सवाल आपके मन में इस जवाब को याद करने के पहले ही आता है कि जब यह नगर फल-फूल रहा था, तब आज के नमक के दलदल पानी की ऊपरी सतह से चार मीटर नीचे थे, और इस तरह यह नगर मेसोपोटेमिया के साथ हड़प्पा सभ्यता के समुद्री व्यापार का महत्त्वपूर्ण केन्द्र हुआ करता था।

धोलावीरा पहुँचने पर आप महसूस करते हैं कि आप किसी सुराख में जा गिरे हैं और काल के दूसरी तरफ़ जा पहुँचे हैं। यह हिन्दुस्तान की ज़मीन पर हड़प्पा का भव्यतम स्थल है और उस वक़्त आपका दिल तेज़ी-से धड़कने लगता है, जब आप इसके खण्डहरों में भटकते हैं और देखते हैं कि आपके पूर्वज (हाँ, उनको अपना पूर्वज कहना एकदम सही है, और इस मुद्दे पर हम इस अध्याय में बाद में लौटेंगे) कोई 4500 साल पहले किस हुनर में लगे

थे। सबसे ज़्यादा ध्यान खींचने वाली चीज़ इन खण्डहरों की विशालता और इसकी दीवारों तथा नींवों की अचूक बनावट तथा मज़बूती है, जो आज भी खड़ी हैं। चारदीवारी वाले नगर में ये खण्डहर लगभग 100 हैक्टेयर के इलाक़े में फैले हैं, जो तीन हिस्सों में विभाजित हैं, जिसमें एक विशाल ऊँचे मंच पर स्थित एक 'गढ़' ('सिटेडल'), एक 'मिडिल टाउन' और एक 'लोअर टाउन' हैं। ये नगर के लगभग आधे हिस्से को घेरे हैं।

यह 'दुर्ग', जिसके चारों ओर इसकी अपनी दीवारें खड़ी हैं, दो हिस्सों में विभाजित है - एक 'क़िला', जो शायद वह जगह रही होगी, जहाँ शासक-वर्ग के लोग रहते होंगे और एक 'अहाता' ('बेली'), जो लगता है महत्त्वपूर्ण अधिकारियों का निवास-स्थल रहा होगा। बेशक ये सारे नाम पुरातत्त्वविदों द्वारा दिए गए हैं और हम नहीं जानते कि वहाँ के बाशिन्दे इनको किन नामों से पुकारते होंगे और हम तो इस बारे में भी निश्चित तौर पर कुछ नहीं कह सकते कि ये इमारतें वाक़ई उन्हीं रूपों में इस्तेमाल की जाती होंगी, जैसा कि हमारा सोचना है। उदाहरण के लिए, एक बहुत बड़ा स्टेडियम है, जो दुर्ग को मिडिल टाउन से अलग करता है और जिसमें दर्शकों के बैठने के लिए स्टैंड बने हैं। यह सोचना तर्कसंगत है कि शायद इसका इस्तेमाल सार्वजनिक समारोहों या किसी तरह के तमाशों के लिए किया जाता हो। निश्चय ही यह भी हो सकता है कि इसका इस्तेमाल किन्हीं दिनों में बाज़ार के लिए भी किया जाता हो। बहुत-से जलाशय भी हैं, जिनमें से तीन का उत्खनन किया जा चुका है। गुजरात के अन्य हड़प्पाई स्थलों की ही तरह, लेकिन दूसरी जगहों के स्थलों से भिन्न धोलावीरा के वास्तुशिल्प में कच्ची ईंटों के साथ-साथ रेतीले पत्थर का व्यापक इस्तेमाल किया गया था। इसके विपरीत, हड़प्पा के ज़्यादातर स्थल धूप या आग में पकाई गई ईंटों से बने हैं।

इतना तो स्पष्ट है कि यह नगर (अन्य हड़प्पाई स्थलों की ही तरह) योजनाबद्ध ढंग से निर्मित किया गया था और समय के साथ-साथ बेतरतीब ढंग से विकसित नहीं हुआ था। धोलावीरा की खुदाई का नेतृत्व करने वाले पुरातत्त्वविद आर.एस. बिष्ट इस नगर का वर्णन इस तरह करते हैं : "गणितीय स्पष्टता से तैयार की गई नगर-निर्माण की योजना। पूरे स्थल का नक़्शा तैयार किया गया था और उसको वर्गाकार तथा त्रिभुजाकार हिस्सों में बाँटा गया था और हर छोटे-बड़े विभाजन के बीच निश्चित अनुपात तथा समरूपता थी।" लगता है कि जिन लोगों ने इस नगर की कल्पना की थी और इसका निर्माण किया था, उन्होंने इसके बारे में इतने बड़े पैमाने पर सोच-विचार और अमल किया था कि ईसापूर्व 1900 के आस-पास बाक़ी हड़प्पाई स्थलों की तरह ही धोलावीरा का क्षय हो जाने के बाद हमें दोबारा इस पैमाने के और ऐसे महत्त्वाकांक्षी वास्तुशिल्प को देखने के लिए मौर्यों के आगमन के समय तक डेढ़ हज़ार वर्ष लम्बा इन्तज़ार करना पड़ा।

किसानों से नगर-वासियों तक

इतिहासकार मेहरगढ़ जैसी जगहों में कृषि की शुरुआत (ईसापूर्व 7000) से लेकर हड़प्पा सभ्यता के विघटन (5000 साल बाद) तक के कालखण्ड को चार व्यापक चरणों में विभाजित करते हैं : आरम्भिक खाद्य उत्पादन युग (ईसापूर्व 7000-5500), आरम्भिक हड़प्पाई युग या क्षेत्रीकरण (ईसापूर्व 5500-2600), एकीकरण युग या परिपक्व हड़प्पा युग (ईसापूर्व

2600-1900) और स्थानीयकरण का युग या परवर्ती हड़प्पा युग (ईसापूर्व 1900-1300)।

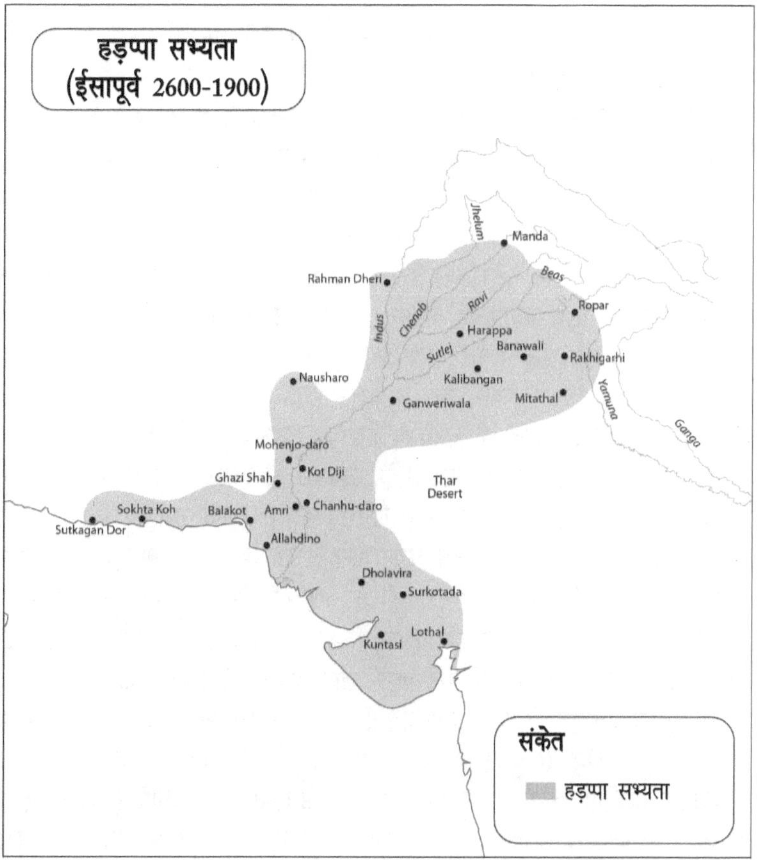

पहले चरण, यानी, आरम्भिक खाद्य उत्पादन युग का पता लगाना काफ़ी आसान है। मेहरगढ़ की बसाहट ईसापूर्व 7000 से ईसापूर्व 2600 तक जारी रही थी, लेकिन इस कालखण्ड के दौरान हमें बहुत-सी दूसरी बसाहटें भी उभरती दीखती हैं। कृषि के विस्तार के साथ आबादी में विस्फोट हो रहा था और यह प्रक्रिया दुनिया के उस हर हिस्से में जारी थी, जिसने अनाजों की खेती शुरू कर दी थी। नई खेतिहर आबादियों के कुछ उदाहरण हैं,क़्वेटा घाटी की कीली गुल मोहम्मद, जिसकी शुरुआत संभवतः ईसापूर्व 5000 के आस-पास हुई थी; बलूचिस्तान की दंब सादात, जो ईसापूर्व 3500 वर्ष पहले की हो सकती है। इसके अलावा दक्षिण-पूर्व अफ़ग़ानिस्तान की मुंडी गाक, जो ईसापूर्व 4000-3500 पुरानी है। बलूचिस्तान और उसके आस-पास के इलाक़ों के अलावा कृषि क्रान्ति जिन अन्य स्थलों पर घटित हो रही थी, वे थे सिन्ध में सिन्धु के मैदान का अम्री स्थल, जो ईसापूर्व 3600 वर्ष पुराना है; पाकिस्तान के ख़ाइबर पख़्तूनख़्वा प्रान्त में स्थित रहमान ढेरी, जो ईसापूर्व 3300 पुराना है; हरियाणा के कुनाल और राखीगढ़ी स्थल, जो ईसापूर्व 4500 से लेकर ईसापूर्व 3600 वर्ष के

किसी दौर के हैं; और हरियाणा के फतेहाबाद जिले का भिरड़ाना स्थल, जो उससे भी पहले के समय का है। इस तरह के और भी बहुत-से स्थल हैं, जो इस बात की गवाही देते हैं कि ईसापूर्व 7000 के बाद कृषि-कर्म उत्तर-पश्चिम भारत में तेज़ी के साथ फैल रहा था, जिसके बाद इन स्थलों का नगरीकरण हुआ था।

हालाँकि, यह सोचना ग़लत होगा कि तेज़ी-से रूपान्तरित हो रहे इस क्षेत्र की आबादी में पूरी तरह से यहाँ आकर बसे किसान और नगरवासी शामिल थे। किसान खुद ही किसी हद तक अभी भी शिकार और संग्रह पर निर्भर थे, लेकिन, ज़्यादा महत्त्वपूर्ण यह है कि इस इस बात के स्पष्ट प्रमाण हैं कि इन्हीं इलाक़ों में ख़ानाबदोश चरवाहे भी रह रहे थे। रत्नागर कहती हैं कि "मेहरगढ़ सिन्ध और बलूचिस्तान के बीच की सीमा पर स्थित है। सिन्धु का निचला मैदान मुख्यतः कृषि-प्रधान है, लेकिन बलूचिस्तान के पहाड़ के ज़्यादातर बिखरे हुए भूभाग में कृषि से ज़्यादा पशु-पालन होता था, जो बाद में बलूचिस्तान की सँकरी घाटियों में सिमट गया था...। कच्छी मैदान इस मायने में एक 'भेदा जा सकने वाला सीमान्त' है कि कलात, क्वेटा और लोरालई के चरवाहे, जिनको अपने भेड़ों के झुण्ड को बर्फ़ से ढके पहाड़ी ढलानों से हटाने की ज़रूरत पड़ती है, नवम्बर में अपने तम्बुओं और जानवरों को लेकर कच्छी मैदान में उतर जाते हैं और लगभग फ़रवरी तक स्थानीय निष्क्रिय खेतिहरों के बीच डेरा डाले रहते हैं। जब मौसम गरम होने लगता है, तब वे पहाड़ों पर लौटते हैं।"

यहाँ तक कि आज भी, बलूचिस्तान के ब्राहुइयों जैसे बहुत-से लोग हैं, जो इस परम्परा को जारी रखे हैं। बहुत-से इतिहासकारों का मानना है कि चरवाहे उभरती हुई कृषि अर्थव्यवस्था में भागीदारी करने वाले महत्त्वपूर्ण लोग थे। वे दोनों काम करते थे - विनिमय के तन्त्र में भूमिका निभाते थे और वनस्पतियों तथा जानवरों और नई जानकारी तथा नए आविष्कारों को एक जगह से दूसरी जगह ले जाते थे और कभी-कभी नए इलाक़ों में स्थायी रूप से बसकर खुद ही किसान तक बन जाते थे। इन दोनों नदी घाटियों से बहुत दूर के क्षेत्रों में बहुत-से शिकारी-संग्रहकर्ताओं के लिए ये ख़ानाबदोश चरवाहे एक भिन्न तरह की जीवन-शैली से सम्पर्क कराने वाले शायद पहले लोग रहे होंगे।

अगला चरण, यानी, क्षेत्रीकरण या आरम्भिक हड़प्पा युग, भी पुरातात्त्विक दस्तावेज़ों के आधार पर आसानी-से समझा जा सकता है। यह वह समय है, जब अंकुरित होती आबादी के नए इलाक़ों में फैलते चले जाने के साथ, शैली और संस्कृति के क्षेत्रीय फ़र्क़ ज़ाहिर होने लगे थे। इस कालखण्ड की कुछ बड़ी बस्तियाँ, जैसे कि कालीबंगा, बनावाली और रहमान ढेरी दीवारों से घिरी हुई थीं। सांस्कृतिक भेद सबसे ज़्यादा उन बर्तनों की शैली में दिखाई देते थे, जिनको हकरा, रावी, बालाकोट, अम्री, कोटदीजी, नल और सोठी के नामों से जाना जाता है। संभव है कि एक अकुशल व्यक्ति का ध्यान बर्तनों के इन प्रकारों के फ़र्क़ की ओर न जाए, लेकिन एक पुरातत्त्वविद उनको गड्डमड्ड ढेर के बीच से भी पहचान सकता है और उनका वर्गीकरण कर सकता है।

लेकिन जाँच-पड़ताल की दृष्टि से सबसे आकर्षक चरण एकीकरण के कालखण्ड या परिपक्व हड़प्पाई युग में प्रवेश का है। यह चरण तब आता है, जब हम हड़प्पा के बहुत-से स्थलों में नया निर्माण या पुनर्निर्माण होते और पहले से मौजूद बहुत-से स्थलों को त्यागे

जाते हुए देखते हैं, और इस तरह आबादियों तथा बसाहटों के बड़े पैमाने पर नए विन्यास का संकेत पाते हैं। यही वह समय भी है जब हम साझा लिपि, मुहरों, अंकनों और बाटों के साथ-साथ उच्च स्तरीय मानकीकरण को पूरे क्षेत्र में विस्तार लेते देखते हैं। पश्चिम एशिया के साथ समुद्र-पार के व्यापार ने भी इसी कालखण्ड में उल्लेखनीय गति पकड़ी थी। *अंडरस्टेंडिंग हड़प्पा* में रत्नागर लिखती हैं कि "परिपक्व हड़प्पा काल में स्थानीय या क्षेत्रीय सांस्कृतिक परम्पराओं ने अपनी विशिष्टता खो दी थी, क्योंकि महानगरीय भौतिक संस्कृति ने क्षेत्रों को निगल लिया था।"

अ हिस्ट्री ऑफ़ एन्शिन्ट ऐंड अर्ली मेडिवल इंडिया में उपिन्दर सिंह ध्यान आकर्षित करती हैं कि परिपक्व हड़प्पा के बहुत-से स्थलों में आरम्भिक हड़प्पा की कोई सतह नहीं है, वहीं आरम्भिक हड़प्पा के बहुत-से स्थलों में परिपक्व हड़प्पा के कोई स्तर मौजूद नहीं हैं। और जिन कुछ स्थलों में आरम्भिक हड़प्पा तथा परिपक्व हड़प्पा, दोनों की तहें मौजूद हैं, वे इस प्रवेश के दौरान हुई उथल-पुथल का कुछ संकेत देते हैं - उदाहरण के लिए, कोटदीजी, गुमला, अम्री और नौशारो में इन दो तहों के बीच बड़े अग्निकाण्ड या जलने के साक्ष्य मिलते हैं।

संक्षेप में, इस निष्कर्ष से बच पाना मुश्किल है कि परिपक्व हड़प्पा में बदलाव का यह दौर - जिसके बारे में पुरातत्त्वविदों का कहना है कि वह चार या पाँच पीढ़ियों से ज़्यादा समय के दौरान या 100 से 150 साल के दरम्यान हुआ था - ऐसी किसी केन्द्रीय सत्ता के बिना नहीं हुआ होगा, जिसके द्वारा लिए गए निर्णय पूरे क्षेत्र पर लागू होते हों और पूरे क्षेत्र के लोगों को मान्य होते हों, भले ही इसके लिए वह लोगों को विश्वास में लेता हो या दूसरे कोई तरीक़े अपनाता हो।

उरुक का उदाहरण

हमें इस बात का ख़ासा स्पष्ट अन्दाज़ा है कि निचले मेसोपोटेमिया में इसी तरह के बदलाव के दौरान क्या हुआ होगा, क्योंकि दशकों जारी रहे व्यापक उत्खनन ने प्रशासनिक और वैधानिक मसलों से संबंधित दस्तावेज़ बड़ी तादाद में उपलब्ध कराए हैं। *उरुक : द फ़र्स्ट सिटी* में लिवेरानी इस प्रक्रिया का विस्तृत विश्लेषण करते हैं।

उनके मुताबिक़, निचले मेसोपोटेमिया के दक्षिणी हिस्से में सिंचाई व्यवस्था तैयार करने के लिए समन्वित सामूहिक कार्रवाई की ज़रूरत थी, जिसके परिणामस्वरूप नगरीकरण हुआ था। सिंचाई व्यवस्था की ज़रूरत, निचले मेसोपोटेमिया के दक्षिणी क्षेत्र की विशिष्ट भौगोलिक बनावट की वजह से थी, जो निचले मेसोपोटेमिया के उत्तरी क्षेत्र के विपरीत थी। उत्तरी क्षेत्र एक घाटी था, जहाँ नदी के दोनों तरफ़ सँकरे खेत थे, जबकि दक्षिणी क्षेत्र नदी का डेल्टा था, जहाँ नदी के दोनों तरफ़ विशाल खेत थे। घाटी में सिंचाई के लिए इससे ज़्यादा और कुछ ज़रूरी नहीं था कि कभी-कभार नदी के उफ़ान की वजह से खेत पानी में 'डूब जाते'। यह एक ऐसी चीज़ थी, जिसे एक परिवार भी सँभाल सकता था। दूसरी ओर, नदी के डेल्टा में सिंचाई के माध्यम से उत्पादन में इज़ाफ़ा करने के बहुत अधिक अवसर थे, जिसके लिए ऐसी नहरों का निमार्ण करना ज़रूरी था, जो पानी को नदी से दूर अन्दरूनी इलाक़ों तक ले

जा पातीं और इन नहरों के निर्माण के लिए लोगों का सामूहिक रूप से आपसी तालमेल के साथ काम करना आवश्यक था।

लिवेरानी कहते हैं, "इसलिए लम्बे खेतों के लिए उनके नियोजन और प्रबन्धन की ख़ातिर एक केन्द्रीय समन्वयकारी संस्था आवश्यक थी। एक बार स्थापित हो जाने के बाद उन्होंने बड़े पैमाने की उत्पादकता की गुंजाइश दी थी और वे दूसरे नवाचारों से भी जुड़े हुए थे।" इन नवाचारों में दो या दो से ज़्यादा बैलों द्वारा खींचे जाने वाले हलों का इस्तेमाल, जो खेतों की जुताई भी करते थे और बीज भी बोते थे और अनाज को उसके भूसे से अलग करने के लिए गधे द्वारा खींचे जाने वाले तख़्ते (थ्रैशिंग स्लेज) का इस्तेमाल शामिल थे। लिवेरानी का आकलन है कि नहरों से की जाने वाली सिंचाई और उसी के साथ हल और तख़्ते को खींचने में जानवरों के उपयोग ने मुख्य अनाज जौ के उत्पादन में पाँच से दस गुना इज़ाफ़ा किया होगा, उस सूरत में जबकि हम यह मानकर चलें कि काम में लगे लोगों की संख्या में कोई बदलाव न किया गया होगा।

अपूर्व समृद्धि के इस कालखण्ड के दौरान मितव्ययिता और सामाजिक बराबरी (जो कि मकानों के आकार और दफ़नाए जाने के दस्तूरों से ज़ाहिर होती है) में कोई बदलाव नहीं आया था, लेकिन एक अन्य चीज़ थी, जिसमें बदलाव आया था : देवालयों के आकार में। लिवेरानी कहते हैं :

> निवास-स्थलों की तुलना में देवालयों के आकार में हुई असाधारण वृद्धि और उनके चरम प्रभुत्व का क्षण साफ़ तौर पर एकाधिपत्य के दौर से शुरुआती राज्य में हुए बदलाव से मेल खाता है। इस तरह ये मन्दिर हैं, जिनमें हमें उस संस्थानिक बनावट की खोज करनी चाहिए, जिसने इस रूपान्तरण को जन्म दिया। इसकी वृद्धि एक निर्णायक कारक है, वह सच्चा ढाँचागत परिवर्तन, जिसने निचले मेसोपोटेमिया की बसाहट को समतावादी समुदायों से जटिल संरचनाओं में बदल दिया था...।
>
> उत्पादकों और परिवारों के भीतर जारी उपभोग से संसाधनों को खींचकर उन्हें सामाजिक सेवाओं की तरफ़ मोड़ने के लिए सख़्त बलप्रयोग की ज़रूरत थी। यह बलप्रयोग शारीरिक भी हो सकता था, लेकिन बलप्रयोग ख़र्चीला होता है और कुछ समय बाद यह प्रतिकूल प्रभाव पैदा करने लगता है। इसलिए, बलप्रयोग में विचारधारा को प्राथमिकता दी जाती है। मन्दिर एकमात्र ऐसी संस्था थी, जो उत्पादकों को इस बात के लिए राज़ी कर सकती थी कि वे अपने उत्पादन का एक महत्त्वपूर्ण हिस्सा समुदाय और उसके प्रशासकों के हित में दान कर दें...।

मन्दिर, या 'देवालय', जैसा कि उसे पुकारा जाता था, अब उरुक की व्यवस्था के संचालन में भागीदारी करने वाली प्रभावी शक्ति थी, वह केन्द्रीय एजेन्सी जिसके पास ढेर सारी भूमि थी, और ग्रामीण समुदायों तथा परिवारों से यह माँग करने की क्षमता थी कि वे उसके लिए भरण-पोषण-योग्य भोजन के बदले लगभग मुफ़्त में अपना श्रम प्रदान करें। इस तरह मन्दिर और उसके कामकाज का इन्तज़ाम देखने वाले 'ईश्वर के सेवक' समृद्धि के इस नए युग में फलप्रद अतिरिक्त उत्पादन वसूलते थे और तय करते थे कि उसका बँटवारा किस तरह

किया जाए। इस तरह संचित किए गए इस अतिरिक्त उत्पादन ने, अन्य चीज़ों के साथ-साथ, प्रशासनिक तन्त्र के रखरखाव की गुंजाइश दी, जिसमें वे अकाउंटेंट भी शामिल थे, जो इस बात का हिसाब-किताब रखते थे कि किसे कितना भुगतान किया गया और बदले में वह कितने का देनदार है। विशेषज्ञ कारीगरों के साथ इस प्रशासनिक तन्त्र में वह लम्बी-दूरी की व्यापार-व्यवस्था भी शामिल थी, जिसके माध्यम से उरुक में वे वस्तुएँ लाई जाती थीं, जो उसके पास नहीं होती थीं : धातुएँ, लकड़ी और रत्न।

हमें उस मज़हबी विचारधारा की तर्कसंगत रूप से पर्याप्त जानकारी है कि जो इस नए सामाजिक ढाँचे को क़ायम रखे हुए थी। पूरी तरह से अपनी फ़सलों और रेवड़ों पर निर्भर खेतिहर समुदायों के दिमाग़ पर अगर उर्वरता बढ़ाने वाले देवी-देवता छाए रहते थे, तो इन नए उभरते नगर समाजों ने और अधिक विशेषज्ञ देवी-देवताओं की ज़रूरत महसूस की, जो अलग-अलग क्षेत्रों में दक्षता रखते थे, लेकिन जो साथ मिलकर भलीभाँति काम करते थे। बलि और चढ़ावे की पहले से चली आ रही धारणाएँ इस नगरीय दौर में भी जारी रहीं, जिसके तहत ग्रामीण समुदाय मन्दिर के अधिकारियों को उपलब्ध कराए गए अपने श्रम को संभवतः देवताओं को समर्पित चढ़ावे के रूप में देखते थे। 'डिबेट पोयम्स' लोकप्रिय थीं, और उनके माध्यम से चरवाहों तथा किसानों के बीच, भेड़ तथा गेहूँ के बीच, ग्रीष्म और जाड़े के बीच तर्क-विर्तक का प्रदर्शन होता था - इनमें से हरेक साथ मिलकर काम करने के फ़ायदों को और इस विवेक को स्थापित करने की कोशिश करता था कि हर चीज़ की अपनी निर्धारित जगह और भूमिका होती है। इनमें से एक मिथक विशेष रूप से बहुत दिलचस्प है - एट्राहेसिस का मिथक। यह बताता है कि मानव-जाति की रचना उन छोटे देवताओं की जगह लेने के लिए की गई थी, जो खेती की कड़ी मेहनत से थक गए थे, ताकि बड़े देवताओं को ज़्यादा चढ़ावा मिल सके।

मुख्य प्रश्न

हड़प्पा सभ्यता और मेसोपोटेमियाई सभ्यता के विकास के बीच कोई स्पष्ट समानताएँ नहीं हैं, लेकिन उरुक में जो कुछ हुआ, वह शायद कुछ ऐसे प्रश्न उपलब्ध कराता है, जिनके जवाब खोजने की कोशिश की जा सकती है। उदाहरण के लिए, क्या कृषि की उत्पादकता में आकस्मिक वृद्धि करने वाला ऐसा कोई कालखण्ड था, जिसने परिपक्व हड़प्पा कालखण्ड की भूमिका तैयार की हो? यह निश्चय ही संभव है कि बलूचिस्तान की पहाड़ी घाटियों से लेकर सिन्धु और घग्गर-हकरा नदी-निकायों के कछारी मैदानों तक कृषि के विस्तार की वजह से उत्पादकता में महत्त्वपूर्ण उपलब्धियों का कोई कालखण्ड आया हो, लेकिन उरुक से भिन्न, हड़प्पा सभ्यता में बड़े पैमाने पर नहरों से ऐसी कोई सिंचाई किए जाने का अब तक कोई प्रमाण सामने नहीं आया है, जिसकी वजह से लोगों के बड़े समूहों के काम में तालमेल स्थापित करने वाली कोई केन्द्रीय संस्था अस्तित्व में आ सकी हो।

संभवतः सिन्ध और घग्गर-हकरा घाटियों में नहरों के माध्यम से सिंचाई की ज़रूरत नहीं थी। पुरातत्त्वविदों का मानना है कि सिंचाई मुख्यतः बर्फ़ पिघलने या मानसून की वजह से आने वाली बाढ़ों की मार्फ़त हो जाया करती थी। इसी के साथ-साथ किसान सूखे मौसम

में सिंचाई के लिए उन अर्धचन्द्रकार झीलों पर भी निर्भर करते थे, जो बाढ़ के दौरान निर्मित हो जाया करती थीं। तब अगर बड़े पैमाने की सिंचाई-व्यवस्था तालमेल बैठाने वाली केन्द्रीय संस्था या सत्ता-केन्द्रों के स्थपित होने की वजह नहीं थी, तो क्या बाढ़ को नियन्त्रित करना या किसी तरह की पर्यावरणपरक चुनौतियों से निपटना उसकी वजह रही हो सकती है? इस संभावना का संकेत पानी तथा नागरिक सुविधाओं की ओर दिए गए एकाग्र ध्यान से और इस तथ्य से मिलता है कि परिपक्व मोहनजो-दड़ो दौर के तथा हड़प्पा और मोहनजो-दड़ो के नगर ऊँचाइयों पर बसाए गए थे और ये नगर सिन्धु में बार-बार आती रही निरन्तर बाढ़ों - जैसे कि 2010 में आई बाढ़ - से अब भी अप्रभावित बने हुए हैं, लेकिन जब तक पुरातत्त्वविज्ञान और सिन्धु की लिपि और अधिक तथ्यों को उजागर नहीं करते, तब तक यह सवाल अनुत्तरित ही बना रहेगा।

हड़प्पा सभ्यता की उस विचारधारा, या मज़हब के बारे में क्या कहा जाए, जिसने तालमेल बैठाने वाली नई संस्था या सत्ता-संरचना को वैधता प्रदान की थी? हमें यह जानकारी है कि हड़प्पा सभ्यता के भीतर ऐसे कोई ढाँचे नहीं हैं, जिनकी मन्दिरों के रूप में पहचान की जा सकती हो, लेकिन इसका मतलब यह नहीं है कि उसकी सत्ता-संरचना को सहारा देने वाली कोई मज़हबी विचारधारा या मिथक या दन्तकथाएँ नहीं थीं। इसी के साथ यह भी संभव है कि मन्दिर या महल कैसा दिखता है, इसको लेकर हमारे मन में रूढ़ धारणाएँ बनी हों। जैसा कि रत्नागर ध्यान दिलाती हैं, "अगर आपने ठिगने आकार का पद्मनाभपुरम पैलेस (पूर्व ट्रैवनकोर राज्य, जो अब तमिलनाडु के कन्याकुमारी ज़िले में है) देखा हो, तो इसकी कोई संभावना नहीं है कि आपने इसे उस रूप में पहचाना हो। दूसरे, मुहरों से इस बात के पर्याप्त संकेत मिलते हैं कि ऐसी साझा विचारधारात्मक विश्वास-व्यवस्थाएँ थीं, जो हड़प्पा सभ्यता को थामे हुए थीं।"

उदाहरण के लिए, हड़प्पा सभ्यता की सर्वत्र उपलब्ध मुहर, जिसकी संख्या अब तक निकाली गई मुहरों में लगभग 60 प्रतिशत है तथा उनमें यूनिकॉर्न [घोड़ा-नुमा एक सींग वाला मिथकीय जानवर] की छवि अंकित है। जहाँ कुछ लोगों का विश्वास है कि यह उसी तरह का राजकीय प्रतीक था, जैसा आज अशोक चक्र है, वहीं दूसरे कुछ लोग इसे हड़प्पा के कुलीन-वर्ग को गढ़ने वाले एक घटक का प्रतीक मानते हैं, जिसके पीछे इस सभ्यता के बारे में प्रचलित यह सबसे ज़्यादा आम धारणा है कि इस सभ्यता पर किसी एकमात्र राजा या सम्राट का शासन नहीं था, बल्कि एक 'शासक कुलीन-वर्ग' था, जो सत्ता साझा करता था। इस यूनिकॉर्न को अक्सर उस वस्तु के ऊपर सिर उठाए पाया गया है, जिसे विभिन्न रूपों में वर्णित किया गया है। कोई इसे अंगीठी कहता है, कोई इसे एक क़िस्म के आनुष्ठानिक नशीले पदार्थ को तैयार करने के लिए इस्तेमाल किया जाने वाला फिल्टर कहता है तथा कोई इसे नाँद (मवेशियों और घोड़ों के भोजन के लिए इस्तेमाल किया जाने वाला बर्तन) कहता है। इसलिए यह ज़ाहिर-सी बात है कि यूनिकॉर्न से जुड़ा हुआ कोई मिथक था, हालाँकि यह मिथक आधुनिक युग में किसी भी रूप में बचा नहीं रह गया है और हमें कोई अनुमान नहीं है कि यह मिथक क्या रहा होगा।

Granger Historical Picture Archive / Alamy Stock Photo

यूनिकॉर्न को चित्रित करती हुई एक मुहर, जिसमें वह उस चीज़ के सामने खड़ा हुआ है, जिसे विभिन्न लोगों द्वारा अंगीठी, फिल्टर और नाँद की अलग-अलग संज्ञाएँ दी गई हैं।

लेकिन दूसरी मुहरें हैं, जिनको समझना अपेक्षाकृत आसान है। उदाहरण के लिए, इनमें एक ऐसी चीज़ की आवर्ती छवियाँ मिलती हैं, जो पीपल के वृक्ष में स्थापित किसी देवता की

Islamabad Museum

मोहनजो-दड़ो की एक मुहर, जिसमें कंगन और सींग-युक्त मुकुट धारण किए पीपल के वृक्ष में स्थापित एक देवता चित्रित है, जिसके सामने एक उपासक घुटनों के बल झुका हुआ है। उपासक के पीछे विशालकाय भेड़ है। मुहर के निचले हिस्से में एक-के-बाद-एक सात आकृतियाँ हैं।

तरह प्रतीत होती है, जिसके सामने कोई उपासक घुटनों के बल बैठा हुआ है। चूँकि पीपल को आज भी पवित्र माना जाता है, इसलिए यह कोई आश्चर्य की बात नहीं होनी चाहिए। एक 'सींग-युक्त देवता' की आकृति भी है, जो परिपक्व हड़प्पाई कालखण्ड के शुरुआती दौर के आस-पास के हड़प्पा के कई स्थलों पर दिखाई देती है। यह भैंस के सींग के मुरेठा जैसी प्रतीत होती है।

चूँकि मेसोपोटेमियाई सभ्यता में देवताओं की सींग-युक्त आकृतियाँ होती हैं, इसलिए कुछ लोगों का मानना है कि यह दोनों सभ्यताओं की एक साझा आकृति हो सकती है। कुछ मुहरों में एक सींग-युक्त आकृति एक अनूठी योग-नुमा मुद्रा में एक क़िस्म के स्टूल पर बैठी दिखाई देती है, जिससे यह संकेत मिलता है कि अगर यह कोई देवता नहीं है, तो कम-से-कम इस सभ्यता की कोई अत्यन्त महत्त्वपूर्ण शख़्सियत तो यह निश्चय ही है। एक अन्य मुहर में एक व्यक्ति को वृक्ष में बैठा हुआ दिखाया गया है, जो संभवतः उस बाघ से बात कर रहा है, जो सिर घुमाकर उसकी ओर देख रहा है। एक मुहर में एक नायक को फन उठाए खड़े कोबरा के सामने एक भैंसे पर पैर रखकर उसको भाले से घोंपते हुए दिखाया गया है।

यह बात स्पष्ट है कि इन मुहरों में अंकित दृश्य धार्मिक आस्था या ऐसे मिथकों या क़िस्सों को व्यक्त करते हैं, जो हड़प्पा के लोगों को भलीभाँति ज्ञात थे। ये क्या थे, यह बात निश्चय ही आज हमारे ज्ञान के परे है, लेकिन हम स्पष्ट तौर पर देख सकते हैं कि इनमें से कुछ अवधारणाएँ ऐसी हैं, जो बाद के कालखण्डों तक चली आई हैं - पीपल की पवित्रता से लेकर योग-नुमा मुद्रा तक।

Angelo Hornak / Corbis / Getty Images

योग-नुमा मुद्रा में बैठी एक सींग-युक्त आकृति

एक मुहर जिसमें एक नायक को एक भैंसे पर पैर रखकर उसको भाले से घोंपते हुए दिखाया गया है। सींग-युक्त मुकुट पहने एक आकृति उसकी ओर देख रही है। यह उससे भिन्न आकृति है, जिसका वर्णन मैंने यहाँ किया है, जिसमें एक कोबरा भैंसे को भाले से घोंपे जाते देख रहा है।

हड़प्पा के लोगों की भाषा

हिन्दुतानी आबादियों के निर्माण का पता लगाने के संदर्भ में एक सवाल केन्द्रीय महत्त्व का है : हड़प्पा के लोग कौन-सी भाषा बोलते थे? ज़्यादातर इतिहासकारों का तर्क है कि इस सभ्यता के विशाल क्षेत्र में महज़ कोई एक नहीं, बल्कि बहुत-सी भाषाएँ बोली जाती होंगी। अगर हम इस बात को ध्यान में रखें कि आज इस क्षेत्र में कितनी भाषाएँ बोली जाती हैं - बलूची, पश्तो, पंजाबी और गुजराती से लेकर हिन्दी, ब्राहुई, सिन्धी और बुरूस्की तक - तो यह एक असंगत अनुमान नहीं है।

लेकिन तब भी यह संभव है कि इस सभ्यता का कोई एक प्रमुख भाषा-परिवार रहा हो, जिसकी अपनी बोलियाँ या उपसमूह रहे हों। इसकी भी संभावना है कि इसकी कोई एक अधिकृत भाषा रही हो, जो मुहरों पर अंकित है। यह बात हम कैसे जानते हैं? जब विभिन्न भाषाओं को लिखने के लिए किसी एक लिपि का इस्तेमाल किया जाता है, तो इस प्रक्रिया में जिस क्रम में संकेत/अक्षर प्रकट होते हैं, वह क्रम आम तौर से इतना बदल जाता है कि वह बदला़व हमारी निगाहों से छिप नहीं पाता। उदाहरण के लिए, मेसोपोटेमिया या खाड़ी क्षेत्र में जो हड़प्पाई मुहरें पाई गई हैं, उनमें दिखाई देने वाले संकेताक्षरों में विशेषज्ञों ने वही क्रम पाया है, जो क्रम स्वयं हड़प्पा सभ्यता में मिली मुहरों के संकेताक्षरों में पाया गया है, जिससे यह संकेत मिलता है कि हो सकता है कि बाहर पाई गई उन मुहरों में हड़प्पा की लिपि का इस्तेमाल एक अन्य भाषा को लिखने के लिए किया गया हो, जो अक्कादियाई या सुमेरियाई या खाड़ी क्षेत्र में बोले जाने वाली कोई अन्य भाषा रही हो। स्वयं हड़प्पा सभ्यता के क्षेत्र में मिली मुहरों के संकेताक्षरों के क्रम में ऐसा कोई बदलाव नहीं है। इसलिए, यह

संभव है कि कम-से-कम परिपक्व हड़प्पाई कालखण्ड के दौरान, जब वहाँ आमतौर से उच्च स्तरीय मानकीकरण जारी था, वहाँ कोई एक ऐसी भाषा रही हो, जिसका, संभवतः प्रशासनिक, व्यापारिक और वैधानिक उद्देश्य के लिए प्रमुख रूप से उपयोग किया जाता हो।

तब यह कौन-सी भाषा रही हो सकती है? जैसे ही हड़प्पा की लिपि पढ़ ली जाती है, इस प्रश्न का जवाब देना आसान हो जाएगा, लेकिन सारी दुनिया के तरह-तरह के बहुत सारे विशेषज्ञों के निरन्तर और दृढ़ उद्यम इस लिपि को समझने में नाकामयाब रहे हैं। ज़रूरी नहीं कि यह आश्चर्य की बात हो, क्योंकि मिस्र की चित्रलिपि को पढ़ा ही न जा सका होता अगर वह शिलालेख अचानक लोगों के हाथ न लगा होता, जिसमें एक ही बात को कहने के लिए कई सारी लिपियों का इस्तेमाल किया गया था। 1799 में मिस्र की नील घाटी में स्थित रोसेट्टा नामक नगर में एक क़िले का पुनर्निर्माण करते समय फ़्रांसीसी सैनिकों को एक शिला मिली थी। इसे रोसेट्टा स्टोन के नाम से पुकारा गया था और पता चला था कि इस पर अंकित इबारत को ईसापूर्व 196 में मिस्र के पुरोहितों के एक समूह द्वारा तत्कालीन फ़ैरो के सम्मान में उत्कीर्ण किया गया था, जिसमें उसके द्वारा लोगों के लिए किए गए सारे कल्याणकारी कार्यों की फ़ेहरिस्त पेश की गई थी। (सरकारी प्रचार, ज़ाहिर है, बहुत प्राचीन काल से जारी रहा है!)

आश्चर्यजनक रूप से, रोसेट्टा स्टोन के उत्कीर्णन तीन लिपियों में हैं और जिस वक़्त इस शिला को उत्कीर्ण किया गया था, उस समय मिस्र में इन तीनों लिपियों का इस्तेमाल होता था। पहली चित्रलिपि थी, जिसका उपयोग महत्त्वपूर्ण मज़हबी दस्तावेज़ों के लिए किया जाता था। दूसरी डिमॉटिक लिपि थी, जो उस ज़माने में मिस्र की सामान्य लिपि हुआ करती थी। और तीसरी थी ग्रीक, जो मिस्र के तत्कालीन हुक्मरानों की भाषा थी। इसके कुछ बाद ही फ़्रांसीसी विद्वान और भाषाविद ज़्याँ-फ़्रांसुआ शम्पोलियाँ द्वारा चित्रलिपि को पढ़ लिया गया था। शम्पोलियाँ ग्रीक और कॉप्टिक (वह भाषा जो डिमॉटिक में काफ़ी कुछ साझा करती है) को पढ़ सकते थे। इस तरह जो लिपि सदियों तक अपने पढ़े जाने के सारे प्रयत्नों का प्रतिरोध करती रही थी, उसे रोसेट्टा स्टोन की खोज होने के कुछ ही दशकों बाद अन्ततः सुलझा लिया गया था।

यही क़िस्सा क्यूनीफ़ॉर्म लिपि का है, जिसमें, सुमेरियाई, अक्कादियाई और इलेमाइट समेत, बहुत-सी मेसोपोटेमियाई भाषाएँ लिखी जाती थीं। यहाँ भी यह ईरान के कर्मेन्शाह प्रान्त के बेहिस्तुन पर्वत (माउंट बेहिस्तुन) में प्राप्त बहुभाषाई शिलालेख ही था, जिसके नतीजे में अन्ततः इस लिपि को पढ़ा जा सका था। बेहिस्तुन शिलालेख फ़ारसी एचिमेनिड साम्राज्य के चौथे सम्राट डेरियॅस I द्वारा ईसापूर्व 522 और ईसापूर्व 486 के बीच कभी उत्कीर्ण कराया गया था, और इसमें इस सम्राट के जीवन, युद्धों और जीतों के विवरण अंकित हैं। इस उत्कीर्ण में एक ही इबारत को तीन भाषाओं (पुरानी फ़ारसी, इलेमाइट और अक्कादियाई) में लिखा गया था, जिनके लिए एक ही क्यूनीफ़ार्म लिपि का इस्तेमाल किया गया था, लेकिन हड़प्पा की भाषा के लिए हमें अभी तक रोसेट्टा स्टोन या बेहिस्तुन शिलालेख जैसा कुछ भी नहीं मिला है और जब तक वैसा कुछ नहीं मिल जाता, तब तक इस कूटलिपि को समझ पाना मुश्किल साबित हो सकता है।

इतिहासकार और पुरातत्त्वविद अब तक ज़ोरदार तरीक़े से इस धारणा का समर्थन करते रहे हैं कि हड़प्पा की लिपि के पीछे जो भाषा छिपी हुई है, वह मूल-द्रविड़ (प्रोटो-द्रविड़ियन) भाषा है, लेकिन इसके कोड को समझने की असमर्थता ने इस सवाल को किसी अन्तिम समाधान के बग़ैर हवा में लटका रखा है। हड़प्पा के लोगों द्वारा बोली जाने वाली भाषा को लेकर चलने वाली बहस अब तक अगर किसी चीज़ से सबसे ज़्यादा मिलती-जुलती है, तो वह है गॉर्डियाई गाँठ (गॉर्डियन नॉट)।[3]

यह गार्डियाई गाँठ अब काटी जा रही है, इसलिए नहीं कि अब यह लिपि पढ़े जाने के क़रीब है, बल्कि इसलिए कि प्राचीन डीएनए-संबंधी खोजों ने अब हड़प्पा की आबादी की बनावट और भाषा की तर्कसंगत और सामंजस्यपूर्ण व्याख्या उपलब्ध कराने के लिए पुरातत्त्वविज्ञान तथा भाषाविज्ञान के साथ हाथ मिला लिए हैं। जो सबसे महत्त्वपूर्ण चीज़ ध्यान में रखने की है, वह यह है कि ये तीनों विद्याएँ अपने-अपने प्रस्थान बिन्दुओं के साथ एक-दूसरे से स्वतन्त्र हैं। वे अपने निष्कर्षों पर पहुँचने के लिए अलग-अलग तरह की सामग्रियों, पद्धतियों और वैज्ञानिक तकनीकों का इस्तेमाल भी करती हैं। इसलिए यह ध्यान देने की बात है कि वे सब एक ही तरह के नतीजे पर पहुँचती हैं।

जनेटिक और पुरातात्त्विक साक्ष्य

अध्याय 2 में हमने देखा कि किस तरह पश्चिम एशियाई और 'सिन्धु की परिधि' से उपलब्ध प्राचीन व्यक्तियों के डीएनए साक्ष्यों ने दर्शाया है कि ज़ेग्रॉस क्षेत्र के आस-पास की ईरानी खेतिहर आबादी ने हिन्दुस्तान की आज की आबादियों में महत्त्वपूर्ण योगदान किया था। यह खोज प्राचीन डीएनए साक्ष्यों के दो वर्गों पर आधारित है। हम संक्षेप में इनका वर्णन करते हैं।

पहले वर्ग के प्राचीन डीएनए साक्ष्य ईरान के ज़ेग्रॉस क्षेत्र से मिले हैं, जो ईसापूर्व 8000 और ईसापूर्व 7000 वर्ष पुराने बताए जाते हैं। ये दर्शाते हैं कि ज़ेग्रॉसवासियों की एक ख़ास क़िस्म की पश्चिम यूरेशियाई वंशावली थी। जो चीज़ इन लोगों को इस क्षेत्र के अन्य लोगों से अलग करती थी, वह यह थी कि इनमें उस अनातोलियाई वंशावली का अभाव था, जो बाक़ी लोगों में मौजूद थी।

3. गॉर्डियन नॉट सिकन्दर महान से जुड़ी एक किंवदंती है, जिसके मुताबिक़ फ्राइजियाई लोगों का कोई राजा नहीं था, लेकिन एक आकाशवाणी हुई कि जो भी अगला आदमी बैलगाड़ी लेकर नगर में दाख़िल होगा, वह राजा होगा। गॉर्डियास नामक एक किसान जब अपनी बैलगाड़ी लेकर नगर में दाख़िल हुआ, तो उसे तुरन्त राजा घोषित कर दिया गया। उसके बेटे मीडास ने आभार-स्वरूप वह बैलगाड़ी फ्राजियाइयों के देवता को समर्पित कर उसको एक बेहद पेचीदा गाँठ लगाते हुए एक खम्भे से बाँध दिया। जब ईसापूर्व चौथी सदी में सिकन्दर वहाँ पहुँचा तो एक बार फिर आकाशवाणी हुई कि जो व्यक्ति खम्भे से बंधी उस पेचीदा गाँठ को खोल देगा, वह एशिया का राजा होगा। सिकन्दर ने उस गाँठ को खोलने की बहुत कोशिश की, लेकिन जब वह नहीं खुली तो उसने अपनी तलवार से उसे काट दिया। किंवदंती के एक अन्य संस्करण के मुताबिक़ सिकन्दर ने उस गाँठ को खोल दिया था। बाद में सिकन्दर ने एशिया के बहुत बड़े हिस्से को जीतकर उस आकाशवाणी को सच साबित किया। इसी किंवदंती की रोशनी में गॉर्डियन नॉट को किसी भी अत्यन्त पेचीदा समस्या के लिए रूपक के तौर पर इस्तेमाल किया जाता रहा है। - अनुवादक

दूसरे वर्ग के साक्ष्य 'सिन्ध की परिधि' के अनूठी जनेटिक बनावट वाले अजनबी व्यक्तियों के प्राचीन डीएनए के थे। इनकी 14 से 42 प्रतिशत वंशावली प्रथम भारतीयों से, और बाक़ी ईरानी खेतिहरों से संबंधित थी, और इनमें से किसी में भी अनातोलियाई वंशावली नहीं थी। यह ख़ासियत उसी क्षेत्र के उनके आस-पास के उन अन्य लोगों से भिन्न थी, जिन सब में अनातोलियाई वंशावली मौजूद थी और प्रथम भारतीयों से संबंधित कोई वंशावली नहीं थी।

इसलिए 'दक्षिण और मध्य एशिया की जीनसामूहिक निर्मिति' का अध्ययन इस अपरिहार्य नतीजे पर पहुँचा था कि ये तीन प्राचीन व्यक्ति हड़प्पा सभ्यता से हाल ही आए व्यक्ति थे; वे स्वयं हड़प्पा सभ्यता की आबादी की जनेटिक बनावट का प्रतिनिधित्व करते थे; और वे ज़ेग्रॉस क्षेत्र के ईरानी खेतिहरों तथा प्रथम भारतीयों के वंशजों के मिश्रण थे। इन वैज्ञानिकों ने यह निष्कर्ष भी निकाला था कि ये दो आबादियाँ ईसापूर्व 4700 और ईसापूर्व 3000 के बीच की अवधि से पहले नहीं बसी थीं।

कृपया ध्यान दें कि इस आनुवांशिक खोज के किसी भी पड़ाव पर पुरातात्त्विक या भाषावैज्ञानिक खोजों का सहारा नहीं लिया गया था।

पुरातात्त्विक साक्ष्य आनुवांशिक साक्ष्य से किसी क़दर कम प्रभावशाली नहीं होता। अध्याय 2 में हमने ज़ेग्रॉस क्षेत्र और बलूचिस्तान के मेहरगढ़ के शुरुआती खेतिहरों के बीच के रिश्तों की विस्तृत पुष्टि होते देखी थी। लगभग साठ सेंटीमीटर लम्बी सँकरी ईंटों से निर्मित चौकोर मकानों से लेकर जले हुए कंकड़ों से भरी वृत्ताकार अंगीठियों तथा मिट्टी के बर्तनों की क्रमागत पट्टियों वाली बनावट तक, सारी समानताएँ चौंकाने वाली हैं।

जारीज़ कहते हैं :

> कुछ ज़ाहिर-से फ़र्कों के बावजूद...मेहरगढ़ की कृषिपरक अर्थव्यवस्था का पूर्ण संस्थापन उस चीज़ के साथ स्पष्ट समानताएँ दर्शाता है, जिसे मेसोपोटेमिया की पूरबी सरहद रचने वाले पहाड़ी क्षेत्रों यानी, ईरान की ज़ेग्रॉस पहाड़ियाँ, की नवपाषाणयुगीन बस्तियों के संदर्भ में लक्ष्य किया गया था...
>
> मेसोपोटेमिया की पूरबी सरहद के नवपाषाणयुगीन स्थलों और सिन्धु घाटी के पश्चिमी सीमान्तों के बीच जो समानताएँ लक्ष्य की गई हैं, वे महत्त्वपूर्ण हैं...। किंचित एक-जैसे भौगोलिक संदर्भ में साझा करते स्थलों के बीच एक क़िस्म की सांस्कृतिक निरन्तरता उत्तरोत्तर स्पष्ट होती जाती है, जिसमें विकास और रूपान्तरण की किंचित समान प्रक्रिया भी साफ़ तौर पर दिखाई देती है।

दूसरे शब्दों में, पुरातात्त्विक साक्ष्य उसी निष्कर्ष पर पहुँचता है, जिस पर डीएनए साक्ष्य पहुँचता है : ज़ेग्रॉसवासियों तथा हड़प्पा सभ्यता के लोगों के बीच मज़बूत रिश्ता है, जो उस समय से चला आ रहा है, जब मेहरगढ़ में कृषि की शुरुआत भर हो रही थी। यह चीज़ हमें इन दोनों क्षेत्रों को जोड़ने वाले उतने ही महत्त्वपूर्ण तीसरे साक्ष्य तक ले जाती है, और यह साक्ष्य है भाषा।

मूल-ज़ेग्रॉसियाई और मूल-द्रविड़

पश्चिम एशिया के लोग कौन-सी भाषा बोलते थे? इस सवाल का जवाब हम आत्मविश्वास के साथ केवल उसी समय के संदर्भ में दे सकते हैं, जब भाषाएँ लिखी जाने लगी थीं, जिसकी शुरुआत ईसापूर्व 3500 के बाद कभी हुई थी। बहुत-सी मेसोपोटेमियाई भाषाएँ क्यूनीफ़ार्म लिपि में तब लिखी जाती रही थीं, जब तक कि यह लिपि ईसा की आरम्भिक सदियों में चलन से बाहर नहीं हो गई थी। जो भाषाएँ क्यूनीफ़ॉर्म का इस्तेमाल करते हुए लिखी जाती थीं, उनमें सुमेरियाई, इलेमाइट, हैटिक, हुर्रियाई और यूरार्टियाई जैसी अलग-थलग भाषाएँ; अक्कादियाई, एब्लाइट और अर्मोराइट जैसी सामी (सेमीटिक) भाषाएँ; और हिट्टाइट तथा लुवियाई जैसी इंडो-यूरोपियन भाषाएँ शामिल हैं। ये सारी भाषाएँ बहुत पहले विलुप्त हो चुकी हैं और आज कहीं भी नहीं बोली जातीं (ध्यान दें कि मेसोपोटेमियाई सभ्यता नामक पद अपने दायरे में किसी एक राज्य या साम्राज्य को नहीं, बल्कि उन बहुत-सारी बादशाहतों, नगर-राज्यों और साम्राज्यों को समेटता है, जो हज़ारों सालों तक क़ायम रही थीं)।

प्राचीन डीएनए अध्ययन कहता है कि ज़ेग्रॉसियाई आबादी और इस उपमहाद्वीप के प्रथम भारतीयों को ईसापूर्व 4700 और ईसापूर्व 3000 के दरम्यान मिश्रित होते रहना पड़ा था। यह अध्ययन इस समिश्रण की ऐसी किसी कालावधि का उल्लेख नहीं करता, जो प्राचीनतम रही हो सकती है, लेकिन हम जानते हैं कि मेसोपोटेमिया की पूरबी सरहद के लोगों के साथ क़रीबी रिश्ता रखने वाली मेहरगढ़ की बसावट की शुरुआत ईसापूर्व 7000 के आस-पास कभी हुई थी। इसलिए अगर हम इस स्थानान्तरण या दक्षिण एशिया में ज़ेग्रॉसियाई लोगों के आगमन के किसी कालखण्ड की शिनाख़्त करना चाहते हैं, तो यह ईसापूर्व 7000 और ईसापूर्व 3000 के बीच का कोई कालखण्ड होगा। तब ऊपर जिन मेसोपोटेमियाई भाषाओं की फ़ेहरिस्त दी गई है, उनमें से किस भाषा के दक्षिण एशिया में लाए जाने की संभावना बनती है?

इसकी एक गम्भीर प्रत्याशी इलेमाइट होगी, उन लोगों की ज़बान, जिन्होंने उस क्षेत्र में एक सर्वाधिक शक्तिशाली और बीच के अन्तरालों के साथ जारी रही बादशाहत खड़ी की थी, जो क्षेत्र अपने दायरे में ज़ेग्रॉस पर्वतों के मध्य तथा दक्षिणी हिस्सों को तो समेटता ही था, खुज़िस्तान के मैदानों तथा फ़ारस की खाड़ी के उस तट को भी समेटता था, जो आज के ईरान में है। पहली इलेमाइट बादशाहत ईसापूर्व 2700 के आस-पास अस्तित्व में आई थी, लेकिन जैसा कि हम देख चुके हैं ज़ेग्रॉस से दक्षिण एशिया में जो आगमन हुआ था, वह इससे काफ़ी पहले की घटना थी। इसलिए ये आगन्तुक इलम की नागर सभ्यता की पैदाइश रहे हों, यह संभव नहीं है। हो सकता है कि वे मूल-इलेमाइट ज़बान बोलते रहे हों। उनके आगमन के कालखण्ड के आधार पर यह भी संभव है कि वे तब तक पूर्ण खेतिहर न रहे हों, बल्कि ऐसे चरवाहे रहे हों, जिनका, इसके बावजूद, कृषि की नई-नई उभरती संस्कृति के साथ सम्पर्क रहा हो।

जैसा कि हमने अध्याय 2 में देखा, बकरियों को पालतू बनाए जाने का प्राचीनतम साक्ष्य ईसापूर्व 7900 के आस-पास का है, जो मेसोपोटेमिया की मध्य ज़ेग्रॉस पहाड़ियों में स्थित गंज दरेह से मिलता है (यह वही पुरातात्त्विक स्थल है, जहाँ से आनुवांशिक अध्ययन के लिए प्राचीन डीएनए एकत्र किए गए थे)। हमने यह भी देखा कि मेसोपोटेमिया के लोगों

ने इस क्षेत्र में सम्पूर्ण कृषिपरक पैकेज - थोड़ी-सी मसूर के साथ-साथ जौ और गेहूँ की खेती और भेड़ों, बकरियों तथा मवेशियों का पालन - के आम होने के पहले ही अपने जानवरों या बकरियों के साथ स्थानान्तरण शुरू कर दिया था। इसलिए यह क़तई संभव है कि मूल-इलेमाइट बोलने वाले जो लोग सम्पूर्ण कृषिपरक पैकेज - थोड़ी-सी मसूर के साथ-साथ जौ और गेहूँ की खेती और भेड़ों, बकरियों तथा मवेशियों का पालन - ज़ेग्रॉस के दक्षिणी या मध्य क्षेत्र से बलूचिस्तान और मेहरगढ़ जैसे उसके आस-पास के इलाक़ों में आ गए थे, वे चरवाहे रहे हों, जिनका नई-नई उभरती कृषि के साथ थोड़ा-बहुत सम्पर्क रहा हो।

संभव है कि दक्षिण एशिया पहुँचे इनमें से कुछ ज़ेग्रॉसवासी, जैसे कि बलूचिस्तान के ब्राहुइस, आज के दिन तक चरवाहे बने रह गए हों। ये लोग ब्राहुई भाषा बोलते हैं, जो भाषावैज्ञानिक तौर पर इलेमाइट की क़रीबी भाषा पाई गई है। ज़ेग्रॉस से आए अन्य लोग संभव है मेहरगढ़ में बस गए हों और किसान बन गए हों, और वे चरवाहे तथा किसान किसी वक़्त वहाँ की मौजूदा आबादी - प्रथम भारतीयों - के साथ घुल-मिल गए हों। स्वयं ये प्रथम भारतीय तब तक गंगा के मध्यवर्ती मैदान में स्थित लाहुरादेव जैसी जगहों पर कृषि-संबंधी प्रयोग आरम्भ कर चुके थे, जैसा कि हमने पहले देखा है और संभव है कि वे बलूचिस्तान में भी ऐसा ही कर रहे हों।

इसलिए पुरातात्त्विक और आनुवांशिक साक्ष्यों के आधार पर हम जो सर्वश्रेष्ठ अनुमान लगा सकते हैं, वह यही है कि दक्षिण या मध्य ज़ेग्रॉस क्षेत्र के मूल-इलेमाइट या कोई उससे संबंधित भाषा बोलने वाले लोग ईसापूर्व 7000 के बाद कभी दक्षिण एशिया आए, प्रथम हिन्दुस्तानियों के साथ घुले-मिले और इस नई, मिश्रित आबादी ने हिन्दुस्तान के उत्तर-पश्चिमी क्षेत्र में कृषि-क्रान्ति की चिंगारी फूँकी और फिर उन्होंने अगले कुछ हज़ार सालों में हड़प्पा सभ्यता का निर्माण किया।

अगर पुरातत्त्व और आनुवांशिकी पर आधारित इतिहास की यह पुनर्रचना सही है, तो मूल-इलेमाइट भाषा ने इस उपमहाद्वीप के भाषिक इतिहास पर महत्त्वपूर्ण छाप छोड़ी हो सकती है। क्या यह ब्राहुई हो सकती है, जिसके इलेमाइट के साथ के रिश्ते सिद्ध हो चुके हैं? किसी हद तक, हाँ, लेकिन हड़प्पा सभ्यता के भौगोलिक आकार और जनसंख्या के वज़न को देखते हुए कहीं ज़्यादा बड़ा पदचिह्न होना चाहिए। क्या ऐसा कोई चिह्न हो सकता है? हाँ, हो सकता है : द्रविड़ भाषाएँ, जिन्हें हिन्दुस्तान की आबादी का 1/5 हिस्सा बोलता है। आज सारी दुनिया में 25 करोड़ से 30 करोड़ के बीच की संख्या में लोग एक द्रविड़ भाषा बोलते हैं, और इस तरह इसे छह शीर्षस्थ भाषा-परिवारों में शामिल एक भाषा की हैसियत प्रदान करते हैं। इसलिए अब हम उस भाषाशास्त्री अनुसन्धान की ओर रुख़ करते हैं, जो हिन्दुस्तान की द्रविड़ भाषाओं और इलेमाइट के बीच क़रीबी रिश्ता दर्शाता है।

इसकी शुरुआत के लिए द्रविड़ भाषाओं में विशेषज्ञता रखने वाले दो भाषाशास्त्रियों, प्रोफ़ेसर फ्रैंकलिन सी. साउथवर्थ और डॉ. डेविड डब्ल्यू. मैकाल्पिन द्वारा 'साउथ एशिया : द्रविड़ियन लिंग्विस्टिक हिस्ट्री' शीर्षक से लिखित 2013 में प्रकाशित आलेख एक अच्छा बिन्दु

है। मैकाल्पिन इसके पहले मूल-द्रविड़ की शब्दावली की पुनर्रचना कर चुके थे।[4] मूल-द्रविड़, यानी वह प्राचीन भाषा, जिससे सारी द्रविड़ भाषाएँ - सिर्फ़ तमिल, मलयालम, कन्नड़ और तेलुगू ही नहीं, बल्कि गोंडी और कई दूसरी भाषाएँ भी - जन्मी हैं, और 2013 का यह अध्ययन इस शब्दावली का इस्तेमाल इस बारे में नतीजों तक पहुँचने के लिए करता है कि वह भाषा कहाँ और कब बोली जाती रही होगी। मूल-द्रविड़ पर केन्द्रित इस आलेख की शुरुआत इस तरह होती है :

> मूल-द्रविड़ की पुनर्रचित शब्दावली एक ऐसे समाज को प्रतिबिम्बित करती है, जो पशुपालन किया करता था और जिसे कृषि का भी कुछ ज्ञान था। भेड़, बकरी और मवेशियों के लिए प्रयुक्त शब्द मूल-ज़ेग्रॉसियाई, जिससे मूल-इलेमाइट का उद्गम हुआ, भाषा से उत्तराधिकार में मिले थे[5], साथ ही जानवरों को 'हाँकने' और 'चराने' से संबंधित क्रियाओं के लिए प्रयुक्त शब्द, 'रेवड़', 'पशुओं का झुण्ड', 'गड़रिया' के लिए प्रयुक्त शब्द, और बहुत-से ऐसे शब्द, जिनका अर्थ 'मकान/निवास' और 'जानवर/थान', दोनों है, पशु चारण के महत्त्व की ओर संकेत करते हैं। अनाजों के लिए किन्हीं विशिष्ट (शब्दों की) पुनर्रचना नहीं की जा सकती, हालाँकि पुनर्रचित कृषिपरक शब्दावली में खोदने तथा खुदाई के औज़ारों के लिए, फटकने, मथने, कटाई करने, और अनाज को पीसने जैसी क्रियाओं के लिए प्रयुक्त शब्दों के साथ-साथ 'दाना' या 'बीज', 'चोकर' और 'भूसा', और संभवतः हल के लिए भी एक शब्द शामिल हैं। जिन खाद्य वनस्पतियों के नामों की पुनर्रचना संभव है, उनके नाम हैं प्याज़/लहसुन, अरबी, और बैंगन, जिनमें से कुछ नाम बाद में अलग-अलग द्रविड़ भाषाओं में स्थानीय स्रोतों से उधार लिए गए हो सकते हैं। इस तरह इसकी कोई संभावना नहीं है कि ये लोग इस मुक़ाम पर किसी एक स्थान से बँधकर रहने वाले कृषक थे। भूमि की कई अलग-अलग तरह की क़िस्मों की पहचान की गई है, जिनमें निचले इलाक़ों की ज़मीनें, न जोती गई ज़मीनें, और मैदान/खुली जगह शामिल हैं। सामान्य तौर पर, पुरानी इलेमाइट मूल-द्रविड़ से मिलती-जुलती है, नई इलेमाइट ब्राहुई से मिलती-जुलती है। इस तरह हम, प्रस्थान-बिन्दु के तौर पर, यह मान सकते हैं कि मूल-द्रविड़ भाषी समुदाय किसी जगह से आज के ईरान के दक्षिण में आया था।

---

4. भाषावैज्ञानिकों ने पाया है कि समय के गुज़रने के साथ भाषाएँ बदलती रहती हैं और जब बदलती हैं, तो वे कुछ नियमों का अनुसरण करती हैं। कुछ नियम सारी भाषाओं पर लागू होते हैं, जबकि कुछ नियम किसी ख़ास भाषा-परिवार तक सीमित होते हैं। भाषावैज्ञानिकों ने ऐसे कई नियमों की खोज की है, जिनको ज़्यादातर लोगों ने मान्य किया है। ये नियम भाषावैज्ञानिकों को पीछे की दिशा में काम करने की गुंजाइश देते हैं और अगर उनकी पहुँच किसी मूल भाषा से जन्मी कई भाषाओं तक होती है तो उस मूल भाषा की पुनर्रचना करने में उनकी सहायता करते हैं। अतीत में ऐसी कई पुनर्रचनाएँ उस वक़्त एकदम सटीक पाई गई थीं, जब बाद में पुरातत्त्वशास्त्रियों ने ऐसे किन्ही लेखनों की खोज की थी, जो पुनर्रचित शब्दों/भाषा के बहुत क़रीब हैं।

5. डेविड डब्ल्यू. मैकाल्पिन द्वारा किए गए वर्गीकरण के अनुसार मूल-ज़ेग्रॉसियाई दक्षिण-पश्चिम ईरान की प्राचीन भाषा थी, जो मूल-इलेमिटीय और मूल-द्रविड़ भाषाओं में विभाजित हुई, और मूल-इलेमिटीय बाद में इलेमाइट तथा ब्राहुई में, और मूल-द्रविड़ मूल-प्रायद्वीपीय द्रविड़ तथा मूल-उत्तरी द्रविड़ में विभाजित हुई।

यह पुनर्सृजित मूल-द्रविड़ शब्दावली हमें उस कालावधि की आरम्भिक सीमा निर्धारित करने में सक्षम बनाती है, जब मूल-ज़ेग्रॉसियाई-भाषी और मूल-द्रविड़-भाषी अलग हुए होंगे - जो उससे पहले का समय नहीं हो सकता, जब भेड़ और बकरी जैसे जानवरों को पालतू बनाया गया था और कृषि के आरम्भिक रूपों की शुरुआत हुई थी, क्योंकि इन दोनों भाषाओं में पालतू पशुओं के लिए प्रयुक्त पदावली और अनाज को भूसे आदि से अलग करने की प्रक्रिया के लिए प्रयुक्त पदावली एक-जैसी है।

दिलचस्प ढंग से, यह इस अलगाव की निचली सीमा भी निर्धारित करती है: जो लेखन के आविष्कार के बाद की नहीं थी। तर्क एकदम सीधा है : 'tal' शब्द इलेमाइट और मूल-द्रविड़, दोनों भाषाओं में है, लेकिन दोनों में इसके मायने अलग-अलग हैं। इलेमाइट में इसका मतलब है लेखन'; मूल-द्रविड़ में इसका मतलब है 'घुसेड़ना' ('पुश इन')। 1981 में लिखे गए अपने आलेख[6] में मैकाल्पिन स्पष्ट करते हैं कि 'tal' का मूल अर्थ 'घुसेड़ना" था, लेकिन चूँकि मिट्टी की तख़्ती पर लिखने में क़लम को घुसेड़ना पड़ता था, इसलिए इस शब्द का अर्थ 'लिखना' हो गया। मूल-द्रविड़ भाषियों ने 'tal' के पुराने अर्थ को इसलिए बचाकर रखा, क्योंकि वे लेखन का आविष्कार होने से पहले ही इलेमाइटों से अलग हो गए थे, और इसलिए यह शब्द 'लेखन' अर्थ कभी हासिल नहीं कर सका (द्रविड़ भाषाओं में 'लेखन' के लिए इस्तेमाल होने वाला शब्द 'रेखांकन' या 'चित्रण' से आता है)।

चूँकि हम जानते हैं कि बकरियों के पालतूकरण का प्राचीनतम साक्ष्य ईसापूर्व 7900 के आस-पास ज़ेग्रॉस की पहाड़ियों में स्थित गंज दरेह से मिलता है, यह कालावधि अलग होने की उपर्युक्त घटना की ऊपरी सीमा बन जाती है। चूँकि हम यह भी जानते हैं कि क्यूनीफ़ॉर्म लेखन का आविष्कार ईसापूर्व 3000 के पहले कभी हुआ था, इसलिए यह कालावधि अलग होने की उपर्युक्त घटना की निचली सीमा बन जाती है।

इस तथ्य के मद्देनज़र कि ये भाषावैज्ञानिक अध्ययन हड़प्पा सभ्यता के साथ ज़ेग्रॉसियाई संबंध की खोज के आनुवांशिक साक्ष्य मिलने से वर्षों पहले प्रकाश में आ गए थे, इसलिए स्थानान्तरण के संभावित कालक्रम के बारे में इन दो विद्याओं के बीच इस क़दर क़रीबी समानता ध्यान आकर्षित करने वाली है। जैसा कि हमने अध्याय 2 में देखा था, प्राचीन डीएनए का अध्ययन ज़ेग्रॉस के खेतिहरों और हड़प्पा सभ्यता के बीच हुए सम्मिश्रण की अधिकतम बाद की सीमा ईसापूर्व 3000 निर्धारित करते हैं - ठीक वही सीमा जो भाषावैज्ञानिक अध्ययन से सामने आती है। आनुवांशिकीय अध्ययन अधिकतम प्राचीन सीमा का संकेत नहीं देता, लेकिन पुरातत्त्व इस बारे में कुछ कहता है। हम जानते हैं कि पशुओं को पालतू बनाए जाने और वनस्पतियों की खेती किए जाने के प्राचीनतम साक्ष्य मेहरगढ़ से मिलते हैं, जो ईसापूर्व 7000 साल के आस-पास के हैं - जो कि उस कालक्रम से ठीक-ठीक मेल खाती तिथि है जिसकी ओर भाषाविज्ञान संकेत करता है - ख़ास तौर से तब जबकि आप इस तथ्य को ध्यान में रखें कि ज़ेग्रॉस क्षेत्र में अनुमानित तौर पर ईसापूर्व 7900 के बाद हुई अलग होने

---

6. डेविड डब्ल्यू. मैकाल्पिन, 'प्रोटो-इलेमो-द्रविड़ियन : द इविडेन्स ऐंड इट्स इम्प्लीकेशन्स', *ट्रांज़ैक्शन्स ऑफ़ द अमेरिकन फ़िलॉसॅफ़िकल सोसायटी* 71 (3), 1981.

की घटना के बाद ज़ेग्रॉसियाइयों को दक्षिण एशिया पहुँचने में कुछ समय लगा होगा।

ध्यान देने योग्य बात यह भी है कि इलेमाइट और द्रविड़ भाषाओं के बीच रिश्ते की धारणा कितनी पुरानी है। इसका संकेत कई भाषावैज्ञानिकों ने उसके बहुत पहले दे दिया था जब हड़प्पा सभ्यता के अस्तित्व में रहे होने के बारे में किसी को कोई जानकारी नहीं थी।

हड़प्पा सभ्यता की खोज 1920 के दशक में हुई थी, लेकिन एड्विन नॉरिस, जो कि बेहिस्तुन शिलालेखों को पढ़ने में मदद करने वाले अध्येताओं में शामिल रहे थे, 1853 में इस ओर ध्यान दिला रहे थे कि इलेमाइट लिपि विपरीत उच्चारण ध्वनियों का संकेत नहीं करती और उसी सिद्धान्त का अनुसरण करती है, जिसका तमिल लिपि करती है। तीन साल बाद, जब रॉबर्ट काल्डवेल ने पहली *कॉम्परेटिव ग्रामर ऑफ़ द्रविड़ियन ऑर साउथ इण्डियन फ़ैमिली ऑफ़ लैंग्युएजेज़* लिखी, तो उन्होंने तमिल के साथ इलेमाइट के संबंधित होने के पहले संकेत के रूप में नॉरिस के काम को पेश किया था और इन दोनों भाषाओं के बीच के रिश्ते की विस्तार से चर्चा की थी। तब के बाद से, अल्फ़्रैडो ट्रॉम्बेट्टी और आई.एम. दियाकोनॉफ़ समेत बहुत-से दूसरे लोगों ने भी इलेमाइट और द्रविड़ भाषाओं के बीच के रिश्ते का उल्लेख किया है और उसमें विस्तार किया है।

लेकिन इस मसले पर तात्त्विक महत्त्व की और परिश्रमपूर्वक डाली गई दृष्टि मैकाल्पिन के 1981 में लिखे गए विस्तृत आलेख 'प्रोटो-इलेमो-द्रविड़ियन : द इविडेन्स एण्ड इट्स इम्प्लीकेशन्स' से उभरती है। यह एक ज़बरदस्त दक्षता के साथ किया गया काम था, हालाँकि उस समय के बहुत-से भाषावैज्ञानिक उसको स्वीकार करने को लेकर सतर्कता बरत रहे थे। यह अचरज की बात नहीं थी, क्योंकि इलेमाइट दो हज़ार साल से भी ज़्यादा समय पहले लुप्त हो चुकी थी और लिखित इलेमाइट का जो अन्तिम रिकॉर्ड उपलब्ध था, वह ईसापूर्व 450 के आस-पास का था। ऐसे मूल शब्दों की संख्या बहुत ज़्यादा नहीं है, जिनको इतने पुराने लेखन की सीमित आपूर्ति पर आधारित मूल-इलेमाइट के लिए नए सिरे से गढ़ा जा सके। इसके अलावा, संभव है कि मूल-ज़ेग्रॉसियाई और मूल-द्रविड़ ईसापूर्व 7000 से लेकर ईसापूर्व 6000 तक आते-आते एक-दूसरे से अलग हो गई हों और उसके बाद अलग-अलग रास्तों पर चलती हुई अपने-अपने ढंग से विकसित होती रही हों। इसलिए नए सिरे से गढ़ी गई मूल-इलेमाइट या मूल-ज़ेग्रॉसियाई के आधार पर दोनों भाषाओं के बीच संबंध स्थापित करना पहले ही चुनौतीपूर्ण मुश्किल कार्य था।

लेकिन जैसा कि मैकाल्पिन अपने इस गौरवपूर्ण अध्ययन में कहते हैं, "यह मुश्किल ही समानताओं की इन्तिहा को आश्चर्यजनक बनाती है।" इलेमाइट के लिए मैकाल्पिन जिन 250 मूल शब्दों की पहचान कर सके, उनमें से 40 प्रतिशत से ज़्यादा शब्द द्रविड़ भाषा के सहगोत्रीय हैं, या उसके समान हैं। मूल शब्दों की इतनी बड़ी तादाद जो कि 'प्रभावशाली ढंग से संयोग के स्तरों से ऊपर' है, को देखते हुए मैकाल्पिन कहते हैं कि "बुनियादी प्रकरण पहली ही नज़र में तैयार हो जाता है।"

चूँकि यह आलेख 1981 में प्रकाशित हुआ था, साक्ष्य इसके आगे ही एकत्र किए गए, और साउथवर्थ तथा मैकाल्पिन का 2013 का आलेख इसका प्रमाण है। प्राचीन डीएनए की खोज और ज़ेग्रॉस क्षेत्र को दक्षिण एशिया में कृषि की शुरुआत से जोड़ने वाले मौजूदा

पुरातात्त्विक साक्ष्यों के साथ मैकाल्पिन के 1981 के आलेख का निष्कर्ष अब सिर्फ़ बाध्य करने वाला ही नहीं है, अपरिहार्य भी है।

मैकाल्पिन ने जिस तरह के शब्दविषयक संबंधों को उजागर किया है, उनका एक नमूना यहाँ प्रस्तुत है। कहने की आवश्यकता नहीं कि द्रविड़ भाषाओं से परिचय रखने वाले किसी भी व्यक्ति के लिए ये आश्चर्यजनक लगेंगे। मैकाल्पिन ने अपने आलेख में जिन इक्यासी शब्दों की सूची पेश की है, ये उनमें से दस हैं।

1. मूल-इलेमो-द्रविड़ : *hiṭ- (बकरियों के झुण्ड के लिए, बकरी के लिए); अचेमेनिड इलेमाइट : hidu (वयस्क मादा बकरी के लिए, सामान्य तौर पर बकरियों के लिए); मूल-द्रविड़ : *iṭ- (बकरियों के झुण्ड के लिए); तमिल : iṭai (चरवाहा जाति); मलयालम : iṭayan (गड़रिया और ग्वाले की एक जाति)।
2. मूल-इलेमो-द्रविड़ : *pot (युवा पशुओं के लिए); अचेमेनिड इलेमाइट : putu (मेमना); मूल-द्रविड़ : *pōt- (युवा जानवर या वनस्पतियाँ); तमिल : pōttu (पौधा)।
3. मूल-इलेमो-द्रविड़ : *vari (गाड़ने, बाँधने, थामने के लिए); मध्य इलेमाइट : mari- (दबोचने, पकड़ने, जकड़ने के लिए); मूल-द्रविड़ : *vari (बाँधने, आपस में बाँधने, कसने के लिए); तमिल : vari (बाँधने, आपस में बाँधने, कसने के लिए)।
4. मूल-इलेमो-द्रविड़ : *um- (अनाज को तैयार करने के लिए); अचेमेनिड इलेमाइट : umi- (अनाज पीसने के लिए); मूल-द्रविड़ : *um (चोकर, भूसा); तमिल : umi (चोकर, भूसा बन जाना); तेलुगू : umaka (चोकर, भूसा)।
5. मूल-इलेमो-द्रविड़ : *ni (तुम); पुरानी इलेमाइट : ni (तुम); मूल-द्रविड़ : *nī (तुम); यह सारी द्रविड़ भाषाओं में प्रमाणित मूल पद है और इसका ठीक एक ही अर्थ है - तुम।
6. मूल-इलेमो-द्रविड़ : *naḷ- (दिन) मध्य इलेमाइट : nā, nana (दिन [बहुवचन में]); मूल-द्रविड़ : *nāl (दिन)।
7. मूल-इलेमो-द्रविड़ : *toḷ- (छेद करना [to bore, perforate]); मध्य इलेमाइट : tullin (दरार करना, काटना, टुकड़े करना); मूल-द्रविड़ : *toḷ- (छेद करना [to bore, perforate]); तेलुगू : tolucu (छेद करना [to bore, perforate])
8. मूल-इलेमो-द्रविड़ : *cah- (मरना); मध्य इलेमाइट : sa- (उसके जीवन की डोर को काट देना चाहिए); मूल-द्रविड़ : *caH- (मरना); तमिल : cā (k/v/ce (मरना, मुरझा जाना); मलयालम : cākuka/ca- (मरना)।
9. मूल-इलेमो-द्रविड़ : *ul (अन्दर, अन्दरूनी भाग, दिमाग़, हृदय, सोचना); मध्य इलेमाइट : ulhi (निवास-स्थान, आवास, शरण-स्थल); तमिल : uḷḷam (दिमाग़, विचार)।
10. मूल-इलेमो-द्रविड़ : *kaṭ (बिस्तर, सिंहासन); रॉयल अचेमेनिड इलेमाइट : kat (स्थान, सिंहासन); मूल-द्रविड़ : *kaṭṭil (खाट, चारपाई, गौरवपूर्ण सिंहासन); तमिल : kaṭṭil (खाट, चारपाई)।

मूल शब्दों के संदर्भ में दो भाषाओं के बीच संगति मैकाल्पिन के काम का सिर्फ़ एक हिस्सा है; उनके काम का दूसरा उतना ही ठोस हिस्सा आकृति-विज्ञान तथा उन दूसरे तत्त्वों के संदर्भ में उभरती समानताओं पर भी दृष्टि डालता है, जो किसी भी भाषा की रचना में योगदान करते हैं।

एक और चौंकाने वाला साक्ष्य है, जो संकेत करता है कि हड़प्पा की भाषा मूल-द्रविड़ थी, लेकिन इसका ज़िक्र मैकाल्पिन नहीं करते, क्योंकि वह इलेमाइट से नहीं, बल्कि उस अक्कादियाई से जुड़ा है, जो मेसोपोटेमिया की एक प्रभावशाली सामी भाषा थी। अध्याय 2 में हमने देखा था कि एक ऐसा पौधा था, जो हड़प्पा सभ्यता से मेसोपोटेमिया में लाया गया था : तिल। इस तिलहन के लिए जो नाम अक्कादियाई तथा दक्षिण भारत की आज की बहुत-सी दूसरी भाषाओं में प्रचलित है, वह आश्चर्यजनक रूप से एक ही है : इल्लू (ellu)। *लिंग्विस्टिक आर्कियोलॉजी ऑफ़ साउथ एशिया* में प्रोफ़ेसर साउथवर्थ लिखते हैं, "तिल के लिए मेसोपोटेमिया और दक्षिण भारत के बीच एक ही शब्द में साझेदारी (जो अक्कादियाई इल्लू और दक्षिणी द्रविड़ 1: इल्लू से ज़ाहिर होती है) प्रागैतिहासिक सिन्धु घाटी में द्रविड़ भाषाएँ बोलने वालों की मौजूदगी की परिकल्पना को बल प्रदान करती है।"

उन इंडो-यूरोपियन भाषाओं के बारे में क्या कहा जाए, जिनका उस क्षेत्र पर वर्चस्व है, जो कभी हड़प्पा सभ्यता का हिस्सा हुआ करता था? क्या यह संभव नहीं है कि ये भाषाएँ वहाँ हड़प्पा काल में बोली जाती रही होंगी? इस पर हम अध्याय 4 में बात करेंगे, लेकिन यहाँ संक्षेप में यह उल्लेखनीय है कि इंडो-यूरोपियन भाषाओं के सारी दुनिया में फैलने को लेकर आम तौर से जो कालक्रम मान्य है, उसके अनुसार दक्षिण एशिया में इन भाषाओं का आगमन ईसापूर्व 2000 के बाद ही हुआ था, जब हड़प्पा सभ्यता पहले ही पतनोन्मुख हो चुकी थी। इसकी सशक्त पुष्टि प्राचीन डीएनए पर आधरित आनुवांशिक अध्ययनों से हो चुकी है, जो संकेत करते हैं कि इंडो-यूरोपियन भाषाओं को यूरोप में लाने वाले घास के मैदान के चरवाहे हड़प्पा काल के आख़िरी दौर में ही हिन्दुस्तान पहुँचे थे और अपने साथ संस्कृत का आरम्भिक रूप और उससे संबंधित सांस्कृतिक अवधारणाएँ और बलि जैसे अनुष्ठानों की प्रथाएँ लेकर आए थे। इनमें कई प्रथाएँ और विश्वास वेदों में प्रतिबिम्बित होते हैं, ख़ास तौर से सबसे प्राचीन ऋग्वेद में। ये इंडो-यूरोपियन भाषाएँ बोलने वाले नवागन्तुक ख़ुद को 'आर्य' कहते थे। इस सबका मतलब सिर्फ़ इतना ही है कि हड़प्पा सभ्यता का 'आर्यों' या संस्कृत या वेदों से कोई लेना-देना नहीं था, और यह एक 'आर्यों से पहले की' या वेदों से पहले की सभ्यता थी। इस पर और अधिक चर्चा हम अगले अध्याय में करेंगे।

हड़प्पा की लिपि को समझने की प्रक्रिया

तब यह आश्चर्य की बात नहीं कि हड़प्पा की लिपि को समझने की ज़्यादातर कोशिशों ने यह मान लिया है कि इस लिपि में निहित भाषा द्रविड़ थी। बावजूद इसके कि लगभग एक सदी के एकाग्र उद्यमों के बाद भी इस लिपि को समझा नहीं जा सका है, दो स्वतन्त्र विशेषज्ञों के उद्यम इस मामले में उल्लेखनीय हैं। इनमें से एक हैं डॉ. इरावथम महादेवन, जो एक पुरालेखवेत्ता हैं और जिन्होंने उस तमिल ब्राह्मी लिपि को समझने में मदद की थी, जिसमें द्रविड़ भाषा के

प्राचीनतम अभिलेख सुरक्षित हैं; और दूसरे हैं प्रोफ़ेसर आस्को पर्पोला। इस लिपि को पढ़ने की शुरुआत कैसे की जाए, इसके लिए इन दोनों ने ही नए परिप्रेक्ष्य उपलब्ध कराए हैं।

जब तक यह लिपि समझ नहीं ली जाती, तब तक इसका उपयोग उन आम निष्कर्षों को सहारा देने या कमज़ोर करने के लिए नहीं किया जा सकता, जो निष्कर्ष पुरातत्त्व, आनुवांशिकी और भाषाविज्ञान ने निकाले हैं। लेकिन, दो वजहों से महादेवन का वह वक्तव्य उद्धरित करने लायक़ है, जो उन्होंने 2015 में आन्ध्र प्रदेश की कुप्पम स्थित द्रविड़ियन यूनिवर्सिटी में दीक्षान्त समारोह के अवसर पर दिया था। पहली वजह है, इस विश्वास का उनका ज़ोरदार खण्डन कि हड़प्पा के लोग कोई इंडो-यूरोपियन भाषा बोलते थे और वे वेदों से संबंध रखने वाले आर्य थे। और दूसरी वजह है, उस दिशा का उनका वर्णन, जिसकी ओर इस लिपि को समझने के उद्यम उन्मुख हैं :

> जो नतीजे मैंने अब तक निकाले हैं, वे इस बात की पुष्टि करते हैं कि सिन्धु लिपि की भाषा द्रविड़ भाषा का एक आरम्भिक रूप है। मैं यह दावा नहीं करता कि मैंने सिन्धु लिपि को पूरी तरह से समझ लिया है, लेकिन मैं इस बात में गम्भीर विश्वास करता हूँ कि मैंने सिन्धु लिपि के बार-बार सामने आने वाले ऐसे कई संकेतों और क्रमों की व्याख्या के महत्त्वपूर्ण सुराग़ खोजे हैं, जो इस भाषा के द्रविड़ चरित्र और परवर्ती द्रविड़ तथा भारतीय-आर्य परम्पराओं की जुड़वाँ धाराओं में सिन्धु के तत्त्वों के बचे रहने को निर्णायक रूप से साबित करते हैं...
>
> इस बात का ठोस सबूत है कि सिन्धु सभ्यता आर्यों से पहले की थी।
>
> 1. सिन्धु सभ्यता मुख्यतः नगरीय सभ्यता थी, जबकि प्राचीन वैदिक समाज ग्रामीण और चरागाह समाज था। वैदिक काल में कोई नगर नहीं थे।
> 2. सिन्धु की मुहरों में बहुत-से जानवरों के चित्र हैं, लेकिन घोड़े का कोई चित्र नहीं है। घोड़े और आरों से युक्त पहियों वाले रथ आर्य-भाषा-भाषी समाजों के पारिभाषिक लक्षण थे। सिन्धु बस्ती के सबसे दक्षिणी हिस्से में, पश्चिमी डेक्कन के दैमाबाद में पाए गए कांसे के रथ में ठोस पहिये हैं और उसे उभरी हुई कूबड़ वाले दो बैल खींच रहे हैं, न कि घोड़े।
> 3. सिन्धु की मुहरों और मुद्रांकनों में अक्सर बाघ दिखाई देता है, लेकिन इस जानवर का कोई उल्लेख ऋग्वेद में नहीं है।

महादेवन ऐसे ठोस पुरातात्त्विक और भाषावैज्ञानिक साक्ष्य गिनाते चले जाते हैं, जो हड़प्पा सभ्यता की द्रविड़ प्रकृति की पुष्टि करते हैं। इन साक्ष्यों में मुहरों और मुद्रांकनों में चित्रित वे तसवीरें भी शामिल हैं, जो भैंस के सींग वाले देवता, मातृ देवियों, पीपल वृक्ष, सर्प और संभवतः, लिंग प्रतीक की उपासना की ओर संकेत करती हैं, जो सभी प्राचीनतम वेद से नहीं, बल्कि आर्यों से पहले की आबादी से लिए गए हैं। इनमें से बहुत-से प्रतीक उस भारतीय सांस्कृतिक परम्परा का हिस्सा बनते चले गए, जिसे आज हम जानते हैं और यही वह सबसे निर्णायक महत्त्व का तर्क है, जो महादेवन देते हैं। "सिन्धु की धरोहर को द्रविड़ भाषा बोलने वाले भी साझा करते हैं, भारतीय-आर्य भाषाएँ बोलने वाले भी साझा करते हैं।

द्रविड़ धरोहर भाषाई है। भारतीय-आर्य धरोहर सांस्कृतिक है, जिसका संरक्षण उधार लिए गए शब्दों (लोनवर्ड्स), उधार लिए गए पदों (लोन ट्रांसलेशन्स), और मिथकों के माध्यम से किया गया है...। जैसा कि मैं इसे पढ़ता हूँ, सिन्धु लिपि का सन्देश है : 'विविधता में एकता।'

दूसरे शब्दों में, इंडो-यूरोपियन भाषा-भाषियों के दक्षिण एशिया पहुँचने के बाद, हड़प्पाइयों की भाषा दक्षिण भारत तक सीमित रह गई थी, जबकि हड़प्पाइयों की संस्कृति और मिथक भारतीय-आर्य-भाषा-भाषी नवागन्तुकों की संस्कृति और मिथकों में मिल गए, जिससे उस एक अनूठी, समन्वयात्मक परम्परा का निर्माण हुआ, जिसे आज भारतीय संस्कृति के सारभूत हिस्से के रूप में देखा जाता है। इसलिए, वेदों और हड़प्पा सभ्यता की संस्कृति तथा परिपाटियों के बीच प्राचीनतम विच्छेद तो है, लेकिन बाद के वेदों और हड़प्पा सभ्यता के बीच एक संबंध है, क्योंकि ये बाद में हड़प्पाइयों के कुछ विचारों और विषयों का समावेश करते हैं। इस तरह हड़प्पा की धरोहर को द्रविड़ों की भाषा/भाषाओं में, और हड़प्पा परम्परा से भारतीय-आर्यों द्वारा उधार लिए गए मिथकों, पदों और शब्दों में देखा जा सकता है। (विस्तृत विवरण के लिए देखें अध्याय 4 में 'हड़प्पावासी और वेद : असंबंध और संबंध' शीर्षक खण्ड।)

National Museum of India / Angelo Hornak / Corbis / Getty Images

हड़प्पा सभ्यता की एक स्त्री की लघु प्रतिमा। कुछ लोग इस प्रतिमा को 'मातृ देवी' के रूप में देखते हैं।

महादेवन हड़प्पा की लिपि के ऐसे व्याकरणपरक संकेतों की पहचान करते हैं, जो पुल्लिंग एकवचन प्रत्यय का भी प्रतिनिधित्व करते हैं और ग़ैर-पुल्लिंग एकवचन प्रत्यय का भी प्रतिनिधित्व करते हैं। इस लिपि में बार-बार प्रकट होते 'तीर' के निशान की पहचान वे 'अम्पू' ('ampu') के रूप में करते हैं, जो 'तीर' के लिए प्रयुक्त होने वाला द्रविड़ भाषा का शब्द है, लेकिन इसी के साथ वह प्राचीनतम कन्नड़, तमिल और तेलुगू के शिलालेखों में ग़ैर-पुल्लिंग एकवचन प्रत्यय के तौर पर भी प्रयुक्त हुआ है, जिसका मतलब है कि वह स्त्रियों के नामों के अन्त में आता है।[7] इसी तरह, वे हड़प्पा लिपि में बार-बार प्रकट होने वाले घड़े के निशान की पहचान पुल्लिंग एकवचन प्रत्यय 'अनरु' ('anru') के रूप में करते हैं, जिसको अक्सर पुरुष नामों के अन्त में जोड़ा गया था।

हड़प्पा लिपि के बारे में महादेवन का सबसे ज़्यादा चकित करने वाला पर्यवेक्षण यह है कि इसके बहुत-से संकेत हड़प्पा के उन नगरों की ओर इशारा करते हैं, जिनकी बहुत सावधानी के साथ योजना बनाई गई थी और जिनमें ग्रिड-नुमा (चौकोर आकृतियों से युक्त) सड़कें चार प्रमुख दिशाओं और एक ऊँची कृत्रिम छत पर खड़े दीवारों से घिरे क़िलों की ओर जाती हैं। उदाहरण के लिए, वे छोटी अन्दरूनी वर्गाकृति से युक्त एक वर्गाकार संकेत की पहचान सरकारी पदवी 'गृह-स्वामी' के रूप में करते हैं या उसकी पहचान द्रविड़ भाषा के उस 'अकट्टि' ('akatti;) के रूप में करते हैं, जो मूल शब्द 'अकम' ('akam') से उत्पन्न है, जिसका अर्थ होता है घर/महल/क़िले/दिमाग़ के अन्दर। इस व्याख्या में स्वयं यह वर्गाकार आकृति क़िले या दुर्ग की ओर संकेत करेगी, और उसके अन्दर की छोटी वर्गाकार आकृति उसके मुख्य निवासी की ओर संकेत करेगी। पुरानी तमिल में 'अकट्टोन' ('akatton') शब्द का मतलब 'क़िले का स्वामी' होता है। महादेवन का कहना है कि अगस्त्य नाम 'अकट्टि' से आया है और पुराने तमिल साहित्य में अगस्त्य की किंवदंती है। इसके अनुसार माना जाता है कि अगस्त्य वेलिर वंश के अठारह राजाओं और अठारह परिवारों को उत्तर भारत से दक्षिण भारत लेकर गए थे। यह हड़प्पा सभ्यता के शासकों की ओर संकेत हो सकती है, जो इस सभ्यता के पतन के बाद दक्षिण की ओर चले गए थे।

लिपि के बहुत-से संकेतों को स्वयं हड़प्पा के नगरों से जोड़ते हुए वे यह भी दर्शाते हैं कि किस तरह चेर, चोल और पाण्ड्या (ईसा के पहले और बाद की कई सदियों में फैले लम्बे इतिहास से युक्त तीन तमिल राजवंश) को उनकी उन भूमिकाओं के माध्यम से पहचाना जा सकता है, जो उन्होंने हड़प्पा की नगर सभ्यता के भीतर निभाई थीं। वे कहते हैं : "चोल, शासक के 'आस-पास रहने वाले' और 'परामर्श देने वाले' सलाहकार थे। चेर या चेरल आला अफ़सर थे, जो विशिष्ट निवास-स्थलों (केरी) में रहते थे, जिनमें सीमित लोगों को प्रवेश दिया जाता था। पाण्टी (Panti) साधारण नागरिक थे, जो (निचले) नगर 'पाली' की 'पाटी' नामक सड़कों पर रहते थे। ये निष्कर्ष उस लोककथा की पुष्टि करते हैं कि चेर, चोल और पाण्टी भाई थे, जो प्राचीन काल में एक ही स्थान पर साथ-साथ रहते थे।"

7. इस प्रथा को, जिसमें चित्राक्षर का उपयोग उसके प्रकट अर्थ की बजाय उस शब्द का संकेत देने के लिए किया जाता है, जिसकी ध्वनि ठीक वैसी ही होती है, 'रीबस' (rhebus) के नाम से जाना जाता है और आरम्भिक लिपियों में यह प्रथा ख़ासी आम हुआ करती थी।

यह एक सम्मोहक व्याख्या है, लेकिन जब तक इस लिपि को और भी ज़्यादा नहीं समझ लिया जाता, तब हम इसकी सटीकता के बारे में सुनिश्चित नहीं होंगे - भले ही मिस्र की चित्रलिपि में बहुत-से मिलते-जुलते संकेत हैं, जिसमें वर्गाकार आकृतियों के स्थान पर आयताकार आकृतियाँ हैं, जिनके मिलते-जुलते अर्थ हैं : मकान और क़िलेबन्द मकान। मिस्र के प्राचीन शासकों की पदवी फ़ैरो का मतलब भी शब्दशः 'विशाल मकान' होता है।

जहाँ महादेवन ने हड़प्पा के कुछ शिलालेखों के अर्थ निकालने के लिए हड़प्पा की नगर-संरचना का इस्तेमाल किया है, वहीं पर्पोला दूसरे हिस्सों में अर्थ की खोज में खगोल विद्या की ओर मुड़े हैं। उनका तर्क है कि हड़प्पा सभ्यता के दौरान खगोल विद्या उसी तरह महत्त्वपूर्ण और प्रभावशाली थी, जैसे कि वह मेसोपोटेमियाई सभ्यता में थी, विशेष रूप से अगर हम इस तथ्य को ध्यान में रखें कि किस तरह ये नगर मुख्य दिशाओं का अनुसरण करते हुए खड़े किए गए थे।

महादेवन और पर्पोला, दोनों ही यह मानकर चलते हुए शुरुआत करते हैं कि मुहरों पर व्यक्तियों के व्यक्तिवाचक नामों के अंकित होने की संभावना है, जिनके साथ उनकी सरकारी उपाधियाँ जुड़ी भी हो सकती हैं और नहीं भी जुड़ी हो सकती हैं, ठीक उसी तरह जैसा कि मेसोपोटेमिया की मुहरों के मामले में है। खाड़ी और मेसोपोटेमिया से लगभग तीस हड़प्पाई मुहरें बरामद की गई हैं, जो वहाँ संभवतः हिन्दुस्तान के समुद्री सौदागरों द्वारा छोड़ दी गई थीं। यह खोज सौदागरी के वास्तविक उद्गम-स्थल की गारण्टी देने के ढंग में मुहरों के महत्त्व को साबित करती है। महादेवन और पर्पोला, दोनों का यह भी ख़याल है कि इंडो-यूरोपियन-भाषा-भाषी लोगों के आने के बाद हुए हड़प्पा संस्कृति के पतन के बाद की संस्कृति ने हड़प्पा की बहुत-सी अवधारणाओं तथा रीति-रिवाज़ों को आत्मसात कर लिया था। इसलिए, वे इस लिपि के अपने पाठ को प्रामाणिक सिद्ध करने के लिए तमिल जैसी द्रविड़ भाषाओं और संस्कृत जैसी इंडो-यूरोपियन भाषाओं में निहित बाद की परम्पराओं का इस्तेमाल करते हैं।

इस लिपि की गुत्थी को सुलझाने के पर्पोला के प्रयत्नों में सबसे ज़्यादा ध्यान आकर्षित करने वाले प्रयत्न का संबंध हड़प्पा की लिपि में बार-बार सामने आने वाले मछली के संकेत से है। पर्पोला के पाठ के मुताबिक़ हड़प्पा लिपि में मछली का संकेत 'मीन' ('miin') की ओर इशारा करता है, जो मछली और नक्षत्र, दोनों के लिए प्रयुक्त होने वाला द्रविड़ शब्द है। पर्पोला का तर्क है कि हड़प्पा की लिपि में इस संकेत की आवृत्ति - दस में से एक संकेत या तो मछली का है या संशोधित मछली का है - इस ओर संकेत करती है कि इसका ज़्यादातर सामान्य संबंध मछली की बजाय नक्षत्र से है। इसलिए, छह खड़ी रेखाओं के बाद मछली के संकेत का मतलब 'अरु' ('aru') + 'मीन' हो सकता है - जहाँ द्रविड़ में 'अरु' का अर्थ है छह, और 'मीन' का अर्थ है नक्षत्र या मछली। संयोग से, सचमुच ही एक ऐसा नक्षत्र-मण्डल - प्लीएडीज़ - है, जिसे 'अरु-मीन' के नाम से जाना जाता है। हड़प्पा के ऐसे भी शिलालेख हैं, जिनमें सात खड़ी रेखाओं के बाद एक मछली चित्रित है, जिसे द्रविड़ भाषा में 'एलु-मीन' ('elu-miin') पढ़ा जाएगा, जिसका मतलब होगा सात नक्षत्र, जो सप्तऋषि नक्षत्र-मण्डल की ओर संकेत करता है।

पर्पोला के मुताबिक़, प्लीएडीज़ और सप्तऋषि, दोनों ही सिर्फ़ भारतीय मिथकों में ही नहीं, बल्कि भारत की उस पंचांग-संबंधी ज्योतिष-विद्या में भी महत्त्वपूर्ण भूमिका निभाते हैं, जिसका उद्गम संभवतः हड़प्पा में है। यह सुझाव कि हड़प्पा की लिपि में मछली के निशान का मतलब नक्षत्र हो सकता है, पर्पोला से पहले का है, लेकिन उन्होंने इस धारणा को इतना विस्तार दिया है कि किसी के लिए भी उसकी उपेक्षा करना असंभव हो गया है।

Archaeological Survey of India

यूनिकॉर्न का चित्रण करती एक मुहर। इस शिलालेख में सात खड़ी रेखाएँ और उसके बाद एक मछली चित्रित है, जिसका संकेत सप्तऋषि नक्षत्र-मण्डल की ओर हो सकता है।

दक्षिण की ओर जाने वाला मार्ग

अगर हड़प्पा के लोगों की भाषा मूल-द्रविड़ थी, तो यह उत्तर-पश्चिम भारत से दक्षिण भारत कब पहुँची? सबसे ज़्यादा आम धारणा यह है कि यह ईसापूर्व 2000 के उपरान्त कभी इस सभ्यता का पतन होने के बाद और उत्तर-पश्चिम भारत में इंडो-यूरोपियन भाषाएँ बोलने वालों या आर्यों के आने के बाद हुआ था। यही वह घटना है, जिसकी ओर अगस्त्य या अकट्टि की किंवदंती संकेत करती है, लेकिन ज़रूरी नहीं है कि अगस्त्य और उनका वेलिर वंश द्रविड़ भाषाओं को दक्षिण भारत लाने वाले पहले लोग रहे हों, हालाँकि यह संभव है कि वे इन भाषाओं के अपेक्षाकृत सुसंस्कृत रूप को लेकर आए हों।

वस्तुतः, यह सोचने की वजह है कि द्रविड़ भाषाएँ ईसापूर्व 2800 के आस-पास तक, बल्कि शायद ईसापूर्व 2600 में परिपक्व हड़प्पा कालखण्ड के शुरू होने के भी पहले दक्षिण भारत पहुँच चुकी हों। यही वह समय है, जिसके आस-पास हम दक्षिण भारत में, उत्तरी कर्नाटक में, चरवाहागिरी का पहला साक्ष्य देखते हैं। संभव है कि दक्षिण भारत में द्रविड़ भाषाएँ लाने वाले लोग हड़प्पा सभ्यता के नागरिक नहीं, बल्कि चरवाहे रहे हों, जिनमें से कुछ आज तक चरवाहे बने रहे हों, जैसे कि बलूचिस्तान के ब्राहुइ हैं। जैसा कि हमने पहले देखा, जो लोग ज़ेग्रॉस क्षेत्र से दक्षिण एशिया आए थे, वे संभवतः पूर्ण कृषक होने की बजाय गड़रिये थे, और जहाँ उनमें से कुछ लोग (संभवतः उन मूल दक्षिण एशियाइयों के साथ मिश्रित होकर जो पहले से खेती के प्रयोग कर रहे थे) किसानों के रूप में टिककर रहने लग गए, जबकि दूसरे कुछ लोग चरवाहे बने रहे। इस बात की संभावना है कि इनमें से कुछ चरवाहे मवेशियों और बकरियों को दक्षिण भारत लेकर आए हों और वही लोग द्रविड़ भाषा को भी यहाँ लाने वालों में प्रथम रहे हों।

भारत के जलवायुपरक नक़्शे पर एक निगाह डालने से यह बात ज़ाहिर हो जाएगी कि यहाँ घास के मैदान से ढका हुआ एक विस्तृत क्षेत्र है, जो गुजरात और राजस्थान से शुरू होकर, प्रायद्वीप के पश्चिमी हिस्से के समानान्तर, मध्य डेक्कन होता हुआ दक्षिण भारत तक फैला हुआ है। यह चरवाहों के लिए अपने दायरे का विस्तार करने के लिए एकदम सही मार्ग रहा होगा।

पुरावनस्पतिविज्ञानी डोरियन क्यू. फुलर ने 2006 में लिखे गए अपने आलेख 'एग्रीकल्चरल ओरिजिन ऐंड फ्रंटियर्स इन साउथ एशिया : अ वर्किंग सिन्थेसिस' में पालतू पशुओं - मवेशियों, भेड़ों और बकरियों - के उत्तर से प्रायद्वीपीय भारत में लाए जाने के प्रकरण को पेश किया है। उनके मुताबिक़ प्रायद्वीप के भारत के लोगों ने ईसापूर्व 3000 और ईसापूर्व 2300 के बीच कभी दो तरह के छोटे दानों वाले अनाजों और दो तरह की दालों के साथ खेती की शुरुआत की थी। यह उत्तर-पश्चिमी भारत के जौ और गेहूँ जैसा ही फ़सल का एक पैकेज था। उन्होंने इन अनाजों और दालों की स्थानीय स्तर पर उपलब्ध जंगली क़िस्मों को खेती करके उगाया था। पालतू जानवरों - जिनमें मुख्यतः मवेशी, लेकिन भेड़ें और बकरियाँ भी शामिल थीं - के साथ खेती के इस पैकेज के एकीकरण का प्राचीनतम साक्ष्य उन 'राख के टीलों' (गाय के गोबर के जलने से निर्मित राख के टीलों) से मिलता है, जो ईसापूर्व 2200 के आस-पास के हैं। फुलर राख के टीलों की इस परम्परा को कृषकों तथा बाहर से आए चरवाहों के बीच हुए आदान-प्रदान का नतीजा मानते हैं, हालाँकि वे इस संभावना और भाषा के विस्तार के बीच कोई सूत्र स्थापित नहीं करते।

दूसरे शब्दों में, चरवाहागिरी और जानवरों का पालतूकरण अनाजों और दालों की खेती के साथ प्रयोग कर रहे लोगों के क्षेत्र के लिए वह चीज़ रही हो सकती है, जो फ़सलों और पालतू जानवरों के एक सम्पूर्ण पैकेज के विकसित होने का कारण बनी हो। अगर यह आकलन सही है, तो यह संभावना है कि बाहर से आए द्रविड़ भाषा-भाषी लोग दक्षिण भारत में खेती के क़िस्से का निर्णायक हिस्सा रहे हों। लगभग एक हज़ार साल बाद हड़प्पा के नागरिकों के संभावित आगमन ने दक्षिण भारत में द्रविड़ भाषा की मौजूदगी की बुनियाद का इस्तेमाल करते हुए विकास किया होगा।

महाराष्ट्र, गुजरात और उत्तर-पश्चिमी भारत में द्रविड़ स्थलों के नामों की मौजूदगी द्रविड़ भाषाओं के उत्तर-पश्चिमी भारत से दक्षिण भारत में फैलने के और भी साक्ष्य उपलब्ध करा सकती है। प्रोफ़ेसर फ्रैंकलिन सी. साउथवर्थ ने *लिंग्विस्टिक ऑर्कियोलॉजी ऑफ़ साउथ एशिया* में महाराष्ट्र के स्थलों के नामों को लेकर विस्तृत अध्ययन किया था, और उन्होंने लिखा था :

> महाराष्ट्र में स्थलों के द्रविड़ नामों की मौजूदगी के प्राथमिक साक्ष्य को तैयार करने में अनुमानित तौर पर ८०० या उससे भी ज़्यादा ऐसे गाँवों के नामों की भूमिका है, जिनके अन्त में वाली या ओली जुड़े हुए हैं, जिनकी उत्पत्ति संभवतः द्रविड़ भाषा के पल्ली से हुई है, जिसका अर्थ मूल द्रविड़ में 'खेड़ा' या 'गाँव' होता है, और यह (पल्ली) दक्षिण भारत के स्थलों के नामों के अन्त में व्यापक रूप से प्रकट होता है। नाम के बाद में जुड़े -वाली/ओली और -गाँव (जो इंडो-यूरोपियन मूल के ग्राम शब्द से बना है) की मौजूदगी का यह फ़र्क़ संकेत करता है कि महाराष्ट्र के विभिन्न हिस्सों में द्रविड़ और भारतीय-आर्य भाषाएँ बोलने वाले लोग जा बसे थे, जिनमें द्रविड़-भाषी इलाक़ों के तहत मुख्यतः कोंकण (तटीय क्षेत्र) और डेक्कन के पठार का दक्षिणपूर्वी हिस्सा आता था। इस तथ्य के अलावा कि जिन क्षेत्रों में ये प्रत्यय यानी नाम के अन्त में जुड़े शब्द, पाए गए हैं, वे दक्षिण से लगे हुए इलाक़े हैं जो इन्हीं प्रत्ययों के द्रविड़ रूपों को दर्शाते हैं, द्रविड़ भाषा के प्रभाव की संभावना को दूसरे स्थानों के नामों के साथ जुड़े प्रत्ययों से, साथ ही महाराष्ट्र के इन्हीं हिस्सों में स्थानों के मूल नामों से भी बल मिलता है।'

'पल्ली' के द्रविड़ भेदों में कन्नड़ भाषा का 'हल्ली' भी शामिल है, जिसमें अक्सर 'प' की जगह 'ह' ले लेता है।

इसके बाद साउथवर्थ आगे कहते हैं :

> -वाली प्रत्यय और उसके भेदों वाले स्थानों के नाम, यद्यपि महाराष्ट्र की तुलना में कम लेकिन फिर भी, गुजरात, सिन्ध, पूर्वी तथा पश्चिमी पंजाब, हरियाणा, पश्चिमी उत्तर प्रदेश और उड़ीसा में भी मिलते हैं (हालाँकि, पूर्वी हिन्दुस्तान या बाँग्लादेश में नहीं मिलते)...। इस तरह ये क्षेत्र भी अतीत में द्रविड़ भाषी लोगों का घर रहे हो सकते हैं, हालाँकि यहाँ इस व्यापक क्षेत्र का उतने विस्तार के साथ परीक्षण संभव नहीं हुआ है, जितना महाराष्ट्र का हुआ है...

उत्तर-पूर्वी महाराष्ट्र में नदियों के द्रविड़ नामों का अस्तित्व संकेत करता है कि आरम्भिक काल में पूरा-का-पूरा महाराष्ट्र द्रविड़ भाषी रहा हो सकता है...

साउथवर्थ इस संभावना से इंकार नहीं करते कि तटवर्ती और दक्षिण-पश्चिमी महाराष्ट्र में, साथ ही गुजरात में और अन्यत्र भी, स्थानों के द्रविड़ नामों का 'व्यापक रूप से पाया जाना' द्रविड़ भाषियों के दक्षिण भारत से बाद में आए होने का परिणाम भी हो सकता है, लेकिन वे कहते हैं कि "स्थिति जो भी रही हो, हमारा यह निष्कर्ष संभवतः अनुचित नहीं

है कि ईसा की पहली सहस्राब्दी के शुरू होते-होते गुजरात, तटीय महाराष्ट्र और दक्षिणी महाराष्ट्र के विस्तृत इलाक़ों में वे आबादियाँ आकर बस गई थीं, जो रोज़मर्रा के व्यवहार के लिए - प्राथमिक घरेलू भाषा के तौर पर और/या साझा भाषा के तौर पर - एक द्रविड़ भाषा का इस्तेमाल करते थे।"

मूल-द्रविड़ के हड़प्पा की साझा भाषा होने के पुरातात्त्विक, आनुवांशिक और भाषावैज्ञानिक साक्ष्यों के मद्देनज़र यह एक किफ़ायती निष्कर्ष होगा कि उत्तर-पश्चिम भारत से लेकर दक्षिण भारत तक स्थानों के द्रविड़ नामों की मौजूदगी लोगों के इन जगहों से दक्षिण की ओर आने की ओर संकेत करती है।

ऑस्ट्रो-एशियाई भाषा बोलने वाले

अभी तक, हमने ऐसे दो बड़े समुदायों के आगमन और विस्तार का दस्तावेज़ीकरण किया है, जिनका बाद में मिश्रण हुआ और जिन्होंने हड़प्पा सभ्यता की रचना की और हिन्दुस्तान की आबादी की उस संरचना की बुनियाद तैयार की, जिसे आज हम देखते हैं : अफ़्रीका से आए हुए वहाँ के मूल निवासी (अध्याय 1) और ईरान के ज़ेग्रॉस क्षेत्र के गड़रिये (अध्याय 2 और 3)। हम यह इसलिए कर सके, क्योंकि हमारे पास समुचित मात्रा में सामने आए पुरातात्त्विक, आनुवांशिक, भाषावैज्ञानिक और पुरालेख विषयक अनुसन्धानों के नतीजे उपलब्ध हैं, जिन्होंने हमें अपने प्रागैतिहास को उजागर करने की दृष्टि उपलब्ध कराई है, लेकिन एक तीसरा समुदाय भी है, जिसने हमारी सभ्यता में काफ़ी कुछ योगदान किया है, जो कि ऑस्ट्रो-एशियाई भाषा बोलने वालों का समुदाय है, जिनका समुचित अध्ययन नहीं हुआ है, जिसका मतलब है कि उनके बारे में हमारी जानकारी बहुत स्थूल क़िस्म की है। उम्मीद है कि यह कमी जल्दी ही कभी पूरी हो जाएगी।

हिन्दुस्तानी जो भाषाएँ बोलते हैं, वे चार मुख्य भाषा-परिवारों के अन्तर्गत आती हैं - द्रविड़, जो हिन्दुस्तानियों के लगभग 1/5 हिस्से द्वारा बोली जाती हैं, और जिसके दक्षिण एशिया के बाहर कोई रिश्तेदार नहीं हैं; इंडो-यूरोपियन भाषाएँ, जिन्हें तीन-चौथाई हिन्दुस्तानियों द्वारा बोला जाता है और जो दक्षिण एशिया से लेकर यूरोप तक फैली हुई हैं; ऑस्ट्रो-एशियाई, जो लगभग 1.2 प्रतिशत हिन्दुस्तानियों द्वारा बोली जाती हैं और जो दक्षिण एशिया से पूर्वी एशिया तक फैली हुई हैं; और तिब्बती-बर्मी, जो दक्षिण एशिया, चीन और दक्षिण-पूर्व एशिया तक फैली हैं और जो 1 प्रतिशत हिन्दुस्तानियों द्वारा बोली जाती हैं। विभिन्न भाषा-परिवारों की लोकप्रियता और उनका भौगोलिक विस्तार एक ऐतिहासिक व्याख्या की माँग करते हैं, तब भी जबकि हम सभी इस बात पर सहमत हों कि भाषाओं का प्रसार बड़े पैमाने पर लोगों के आगमन से नहीं होता। ऐसे उदाहरण हैं जब भाषाओं का प्रसार बड़े पैमाने पर हुए लोगों के आगमन की बजाय सम्पर्क और अभिजात वर्ग के वर्चस्व की वजह से हुआ है। उदाहरण के लिए, हिन्दुस्तान में अँग्रेज़ी की सर्वव्यापकता यूरोपीयों का हिन्दुस्तानियों पर आनुवांशिक या जनसंख्या की दृष्टि से छा जाने का प्रमाण नहीं है, बल्कि यूरोपीयों और हिन्दुस्तानियों के बीच सघन सम्पर्क के एक लम्बे कालखण्ड के होने का प्रमाण है, जिसके नतीजे में अँग्रेज़ी की निरन्तर लोकप्रियता बनी रही है।

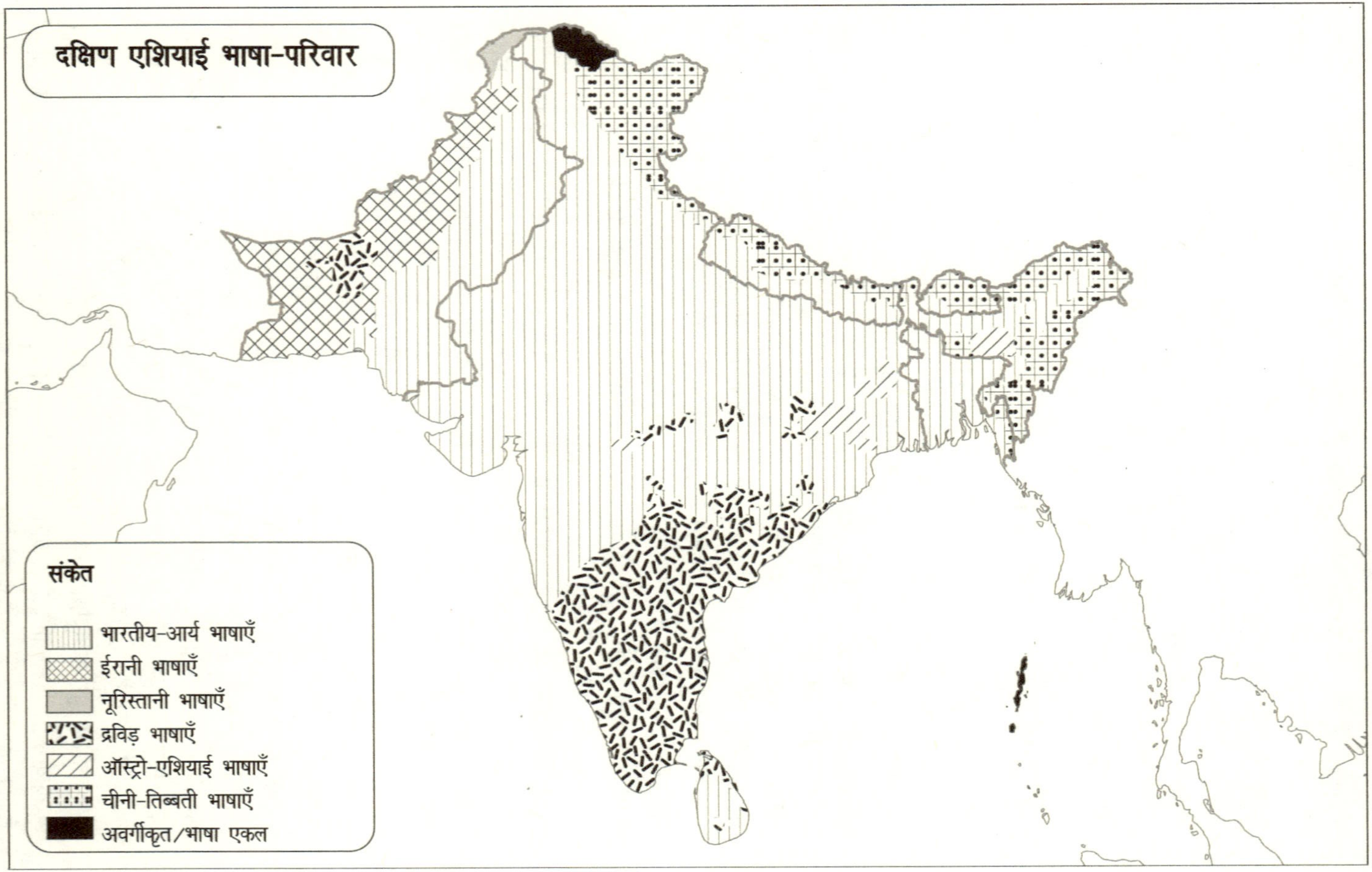
दक्षिण एशियाई भाषा-परिवार
संकेत
भारतीय-आर्य भाषाएँ
ईरानी भाषाएँ
नूरिस्तानी भाषाएँ
द्रविड़ भाषाएँ
ऑस्ट्रो-एशियाई भाषाएँ
चीनी-तिब्बती भाषाएँ
अवर्गीकृत/भाषा एकल

दक्षिण एशिया में द्रविड़ भाषाओं के प्रागैतिहास को हम पहले ही देख चुके हैं, इसलिए इस अनुच्छेद में हम यह समझने की कोशिश करेंगे कि ऑस्ट्रो-एशियाई भाषाओं और तिब्बती-बर्मी भाषाओं का प्रसार जिस रूप में हम देखते हैं, वह किस तरह हुआ। तिब्बती-बर्मी भाषाओं की तुलना में ऑस्ट्रो-एशियाई भाषाओं के प्रागैतिहास के बारे में अपेक्षाकृत अधिक साक्ष्य उपलब्ध हैं, इसलिए हम उसे ही सबसे पहले देखते हैं।

हिन्दुस्तान में, ऑस्ट्रो-एशियाई भाषाएँ दो उप-भाषापरिवारों से संबंध रखती हैं : मुण्डा और खासी। मुण्डाली, सन्थाली और हो जैसी मुण्डा भाषाएँ आज ज़्यादातर पूर्वी भारत के हिस्सों (मुख्यतः झारखण्ड) में बोली जाती हैं और मध्य भारत में भी बोली जाती हैं, जहाँ मध्य प्रदेश और महाराष्ट्र में बोली जाने वाली सूदूर पश्चिमी भाषा कोरकू है। दूसरी तरफ़, खासी प्रधानतः मेघालय में और किसी हद तक असम में बोली जाती है। ऑस्ट्रो-एशियाई भाषा-परिवार के हिस्सों के रूप में मुण्डा और खासी, दोनों ही वियतनाम और कम्बोडिया की तथा नेपाल, बर्मा, बाँग्लादेश, मलेशिया, थाइलैंड, लाओस और उत्तरी चीन के कुछ हिस्सों की मोन-ख्मेर भाषाओं से संबंध रखती हैं। कुल मिलाकर लगभग 10.4 करोड़ लोग ऐसे हैं, जो ऑस्ट्रो-एशियाई भाषा के किसी-न-किसी रूप को बोलते हैं, जिसकी वजह से यह दुनिया का आठवाँ बड़ा भाषा-परिवार बन जाता है। अण्डमान और निकोबार द्वीपों पर बोली जाने वाली निकोबारेसी भी एक ऑस्ट्रो-एशियाई भाषा है।

हिन्दुस्तान में ऑस्ट्रो-एशियाई भाषाओं के उद्गम और प्रसार से जुड़े दो सवाल हैं, जिन पर लम्बे समय से बहस होती आ रही है। पहला, क्या इन भाषाओं का उद्गम हिन्दुस्तान में हुआ था और फिर ये दक्षिण-पूर्व एशिया में और उससे आगे फैली थीं, या फिर ये दक्षिण-पूर्व एशिया से हिन्दुस्तान आई थीं? दूसरा, अगर ये दक्षिण-पूर्व एशिया से हिन्दुस्तान आई थीं, तो क्या ये अपने साथ चावल की खेती की प्रथा भी लेकर आई थीं?

हाल ही में प्रकाशित दो आनुवांशिक अध्ययनों ने इन दोनों सवालों के जवाब उपलब्ध कराए हैं : पहला प्राचीन डीएनए पर आधारित है, जो इस बात की पड़ताल करता है कि दक्षिण-पूर्व एशिया किस तरह आबाद हुआ था, और दूसरा खेती कर उपजाए गए एशिया के चावल के उद्गमों की पड़ताल करता है। पहला शोध मार्च 2018 में प्रकाशित हुआ था और दूसरा उसके एक महीने बाद प्रकाशित हुआ था। 2011 में प्रकाशित एक तीसरे आलेख ने हिन्दुस्तान के ऑस्ट्रो-एशियाई भाषा भाषी लोगों की आबादी की आनुवांशिक संरचना की पड़ताल की थी। वह भी इन सवालों से उलझता था। इसलिए सबसे पहले, स्थानान्तरण का प्रश्न : क्या ऑस्ट्रो-एशियाई भाषा बोलने वाले लोग पूर्व एशिया से दक्षिण एशिया आए थे? इस सवाल का जवाब देने वाले, हालाँकि परोक्ष ढंग से जवाब देने वाले, हाल ही में प्रकाशित आलेख का शीर्षक है 'एन्शिएंट जीनोमिक्स रिवील्स फ़ोर प्रिहिस्टॉरिक माइग्रेशन्स इन्टु साउथ-ईस्ट एशिया'। इसे दक्षिणपूर्व एशिया के छब्बीस संस्थानों और विश्वविद्यालयों से तथा सारी दुनिया से समर्थन मिला था और इसके मुख्य लेखकों में सेंटर फ़ॉर जियोजनेटिक्स, नेचुरल हिस्ट्री म्यूज़ियम ऑफ़ डेन्मार्क के वैज्ञानिक शामिल थे। इस शोध के तहत मलेशिया, थाइलैंड, फ़िलिपीन्स, वियतनाम, इंडोनेशिया और लाओस से मिले लगभग 8000 और 200 वर्ष के बीच की अवधि के प्राचीन डीएनए का उपयोग किया गया था।

इस अनुसन्धान में पाया गया था कि पिछले 4000 या उसके आस-पास के वर्षों के भीतर दक्षिण एशिया की जनसांख्यकीय बनावट में चौंकाने वाले परिवर्तन आए थे, जो कम-से-कम दो बड़े ऐसे बाहरी आगमनों की लहर का परिणाम थे, जिनका उद्गम कृषि क्रान्ति से गुज़र चुके चीन में था। ईसापूर्व 7500 और ईसापूर्व 3500 के बीच चावल और अनाज चीन के यांग्ट्ज़ और यलो रिवर वैली में पूरी तरह से खेती के माध्यम से उपजाए जाने लगे थे और वहाँ ईसापूर्व 2500 के आस-पास धान के खेतों के होने का प्रमाण मिलता है। इन कृषिकर्मी आबादियों के दो स्वतन्त्र आगमन हुए थे - एक ज़मीनी मार्ग से, जिससे दक्षिण-पूर्व एशिया में ऑस्ट्रो-एशियाई भाषाओं के प्रसार की कैफ़ियत मिलती है, और दूसरा समुद्री द्वीपों के रास्ते, जिससे तटीय दक्षिण-पूर्व एशिया (जिसमें मलेशिया, इंडोनेशिया और फ़िलिपीन्स शामिल हैं) और प्रशान्त महासागर तथा मैडागास्कर के द्वीपों में ऑस्ट्रोनेशियाई भाषा-समूह के प्रसार की कैफ़ियत मिलती है। हिन्दुस्तान में ऑस्ट्रोनेशियाई भाषाओं की कोई उपस्थिति नहीं है, इसलिए यह ईसापूर्व 2000 के आस-पास ज़मीनी मार्ग से हुए आगमन की पहली लहर है, जो हमारे क़िस्से के संदर्भ में स्पष्ट तौर पर प्रासंगिक है।

अनुसन्धान बताता है कि दक्षिण-पूर्व एशिया में कृषि लाने वाले ये आगमन वहाँ की 'वंशावली में आकस्मिक परिवर्तन' का कारण बने, जिसके तहत मूल शिकारी-संग्रहकर्ता - जो होआबिनहिआन के नाम से जाने जाते हैं और अंडमान द्वीपों के ओन्ग लोगों से संबंध रखते हैं - ऑस्ट्रो-एशियाई भाषा बोलने वाले लोगों द्वारा विस्थापित कर दिए गए थे। हिन्दुस्तान के ऑस्ट्रो-एशियाई भाषा बोलने वाले लोगों के डीएनए इस अनुसन्धान की पहुँच में नहीं हैं, इसलिए यह उनकी वंशावली के बारे में कोई निष्कर्ष नहीं निकालता, लेकिन चूँकि यह अनुसन्धान दक्षिण-पूर्व एशिया के ऑस्ट्रो-एशियाई भाषा बोलने वाले कृषकों और चीन से हुए ज़मीनी आगमन की लहर के बीच रिश्ते को दर्शाता है, इसलिए यह धारणा पुष्ट नहीं होती कि ऑस्ट्रो-एशियाई भाषा बोलने वाले लोग हिन्दुस्तान से निकलकर दक्षिण-पूर्व एशिया में फैले हो सकते हैं। इसलिए, हिन्दुस्तान में ऑस्ट्रो-एशियाई भाषा बोलने वालों की मौजूदगी की संक्षिप्त कैफ़ियत यह है कि वे चीन से हुए कृषिपरक आगमनों के अंग के रूप में ईसापूर्व 2000 के आस-पास या उसके बाद कभी दक्षिण-पूर्व एशिया से आए थे।

इससे यह संकेत मिलता है कि जिस समय उत्तर-पश्चिमी हिन्दुस्तान में हड़प्पा सभ्यता ढहना शुरू हो रही थी, उसी समय के आस-पास पूर्वी हिन्दुस्तान के रास्ते आ रहे लोगों का एक ताँता लगा हुआ था।

यह आश्चर्य की बात नहीं है, क्योंकि 2011 में 'पॉपुलेशन जनेटिक स्ट्रक्चर इन इंडियन ऑस्ट्रो-एशियाटिक स्पीकर्स' शीर्षक से प्रकाशित एक पहले का अध्ययन इसी तरह के निष्कर्षों पर पहुँच चुका था। यह अध्ययन तीन बड़े भाषा-समूहों - ऑस्ट्रो-एशियाई, द्रविड़ और तिब्बती-बर्मी - को अपने दायरे में समेटते आज के पैंतालीस हिन्दुस्तानियों के आनुवांशिक नमूनों पर आधारित था और इसके लेखकों में अन्य लोगों के साथ-साथ ज्ञानेश्वर चौबे, टोमास किविसिल्ड और मैट मेट्सपालू शामिल थे। इसका निष्कर्ष स्पष्ट था : 'हमारा प्रस्ताव है कि आज के हिन्दुस्तान के ऑस्ट्रो-एशियाई भाषी लोग दक्षिणपूर्व एशिया से हुए प्रसार और हिन्दुस्तानी आबादियों के साथ उनके यौनपरक सम्मिश्रण की उपज हैं'।

इस अध्ययन के लिए हिन्दुस्तान के मुण्डा-भाषी लोगों के बीच एक 'महत्त्वपूर्ण दक्षिणपूर्व एशियाई घटक' (लगभग 25 प्रतिशत) मिला था। इस अध्ययन का कहना है कि हिन्दुस्तान के ऑस्ट्रो-एशियाई भाषा बोलने वालों में दक्षिणपूर्व एशियाई वंशावली का सबसे ज़्यादा सशक्त संकेत उनके वाई-क्रोमोज़ोम में देखा गया था, 'जिनमें से लगभग दो-तिहाई हैप्लोसमूह O2a से संबंध रखते हैं'। यह हैप्लोसमूह अपेक्षाकृत पुराना है और दक्षिण-पूर्व एशिया में इसकी उल्लेखनीय रूप से बहुत ज़्यादा विविधता है, जो इस बात का सशक्त संकेत है कि यह हिन्दुस्तान से वहाँ नहीं गया था, बल्कि वहाँ से हिन्दुस्तान आया था। इस अध्ययन ने यह भी पाया कि दक्षिण-पूर्वी एशियाई संकेत मुण्डा बोलने वालों की एमटी-डीएनए वंशावली में 'पूरी तरह से खो गई है', जिसका मतलब है कि उनकी मातृक वंशावलियाँ भारतीय मूल की हैं।

यह हमें दूसरे सवाल की ओर ले जाता है : क्या ऑस्ट्रो-एशियाई भाषा बोलने वाले लोग हिन्दुस्तान में चावल की खेती लेकर आए थे? संक्षिप्त जवाब है, नहीं, और लम्बे जवाब पर हम थोड़ी देर में आएँगे। जिस अध्ययन ने इस सवाल का जवाब निश्चयात्मक रूप से दिया था, वह अप्रैल 2018 में प्रकाशित हुआ था और उसका शीर्षक था 'जीनोमिक वेरिएशन इन 3010 एक्सेशन्स ऑफ़ एशियन कल्टीवेटेड राइस'। एशिया में चावल की खेती के इतिहास पर केन्द्रित इस आमूल-चूल अध्ययन का नेतृत्व क्रॉप्स साइंस ऐंड द इंटरनेशनल इंस्टीट्यूट ऑफ़ राइस रिसर्च ने किया था और जिस नतीजे पर यह अध्ययन पहुँचा था, वह असन्दिग्ध था : एशियाई चावल (या Oryza sativa), जिसकी इंडिका और जेपोनिका नामक दो प्रमुख प्रजातियाँ हैं, को उपजाये जाने की कई स्वतन्त्र प्रक्रियाएँ थीं। इस बात को यह अध्ययन (जो इंडिका चावल के लिए XI नाम का इस्तेमाल करता है) इस तरह प्रस्तुत करता है : "समग्रतः, हमारे निष्कर्ष - हिन्दुस्तान और चीन, दोनों जगह 9000 साल के दौरान हुई XI की खेती के पुरातात्त्विक साक्ष्य के साथ मिलकर - एशियाई चावल को उपजाये जाने की कई स्वतन्त्र प्रक्रियाओं का समर्थन करते हैं।" जैसा कि हमने पिछले अध्याय में देखा था, उत्तर प्रदेश के सन्त कबीर ज़िले में स्थित लाहुरादेव में ईसापूर्व 7000 में चावल की फ़सल को काटने के साक्ष्य मिले थे, और यह अध्ययन अब अतिरिक्त साक्ष्य उपलब्ध कराता है और चावल की खेती के उद्गम के सवाल का समाधान कर देता है।

लेकिन एक लम्बा क़िस्सा भी है। लाहुरादेव में जिस चावल की फ़सल काटी जाती थी और बाद में जिसकी खेती हिन्दुस्तान में की जाने लगी थी, वह एशियाई चावल की इंडिका प्रजाति थी, जबकि जिस चावल की खेती चीन की यांग्ट्ज़ घाटी में जाती थी, वह जेपोनिका प्रजाति का था। हिन्दुस्तान में चावल की खेती की सम्पूर्ण संभावना के पूरी तरह से खुलने में शायद जेपोनिका के साथ इंडिका के संकरण (हाइब्रिडाइज़ेशन) की ज़रूरत पड़ी होगी।

फुलर के मुताबिक़, हिन्दुस्तान में चावल की खेती की लम्बी प्रक्रिया लगभग 4000 साल पहले पूरी हुई थी, "जब चीनी चावल के साथ संकरण हुआ था'।[8] 2017 में 'अप्रोचिंग राइस डॉमिस्टिकेशन इन साउथ एशिया : न्यू इविडेंस फ़्रॉम इंडस सेटिलमेंट्स इन नॉर्थ इंडिया'

---

8. डोरियन क्यू. फुलर, 'पाथ्वेज़ टु एशियन सिविलाइज़ेशन्स : ट्रेसिंग द ओरिजन ऐंड स्प्रेड ऑफ़ राइस ऐंड राइस कल्चर', राइस (2011)।

शीर्षक से प्रकाशित एक अन्य अध्ययन भी इसी नतीजे पर पहुँचा था : "आँकड़ों से यह भी संकेत मिलता है कि जब पूरी तरह कृषि के माध्यम से उपजाऊ बना ली गई एशियाई चावल की प्रजाति जेपोनिका ईसापूर्व 2000 में सामने आई थी, तो वह एक ऐसे इलाक़े में पहुँची थी, जो चावल की खेती और कृषि की कई तकनीकों से पहले से ही परिचित था।"

इस तरह जो तसवीर उभरकर सामने आती है, वह उत्पादकता में उस वृद्धि की है जो तब होती है, जब जेपोनिका उस इलाक़े में पहुँचता है, जो चावल की खेती से पहले से परिचित है और जब इंडिका के साथ इसका संकरण होता है। यह बात उल्लेखनीय है कि जिस समय - ईसापूर्व 2000 के आस-पास - यह हुआ था, वह वही समय था जब दक्षिण-पूर्व एशिया से ऑस्ट्रो-एशियाई भाषा बोलने वाले लोग आए थे, लेकिन फुलर का मानना है कि जेपोनिका का आगमन उत्तर-पूर्व के रास्ते हुए स्थानान्तरण की बजाय संभवतः हिन्दुस्तान के उत्तर-पश्चिमी क्षेत्र के रास्ते व्यापार की मार्फ़त हुआ होगा।

जिस वजह से फुलर हिन्दुस्तान में जेपोनिका के आगमन के लिए स्थानान्तरण के पूर्वी हिन्दुस्तानी मार्ग का समर्थन नहीं करते, वह यह है कि इसके पक्ष में कोई पुरातात्त्विक या पुरावानस्पतिक साक्ष्य मौजूद नहीं है, लेकिन वे खुद कहते हैं कि इस तरह के साक्ष्य के अभाव की कोई वाजिब वजह हो सकती है : "यह सच है कि बर्मा, असम, युन्नान और बंगाल पुरावानस्पतिक और पुरातात्त्विक रूप से न्यूनतम प्रसिद्ध क्षेत्र हैं - पुरातत्त्व भौगोलिक दृष्टि से बहुत पूर्वाग्रह से ग्रस्त है।" यह भी है कि फुलर का लेख उन प्राचीन डीएनए साक्ष्यों के सामने आने के पहले लिखा गया था, जो ईसापूर्व 2000 के आस-पास चीन से हुए स्थानान्तरण को दक्षिण-पूर्व एशिया में कृषि के प्रसार और ऑस्ट्रो-एशियाई भाषाओं से जोड़ते हैं।

डीएनए साक्ष्य, और ईसापूर्व 2000 के आस-पास हिन्दुस्तान में बहुत-सी एशियाई फ़सलों और पद्धतियों के आगमन के मद्देनज़र एक अपर्याप्त क़िस्म की कैफ़ियत यह हो सकती है कि हिन्दुस्तानी और चीनी सभ्यताओं के बीच ईसापूर्व 2000 के आस-पास से व्यापार और स्थानान्तरण की मार्फ़त और पूर्वी तथा उत्तर-पश्चिमी क्षेत्रों के रास्ते निरन्तर सम्पर्क बढ़ता गया था। और संभव है कि इसमें सिर्फ़ ऑस्ट्रो-एशियाई भाषा बोलने वालों का ही नहीं, बल्कि तिब्बती-बर्मी भाषा बोलने वालों का भी स्थानान्तरण शामिल रहा हो। जिस तरह की बहस ऑस्ट्रो-एशियाई भाषा बोलने वालों के उद्गम को लेकर हुई है, वैसी बहस तिब्बती-बर्मी भाषा (जो चीनी-तिब्बती भाषा-परिवार का हिस्सा हिस्सा है) बोलने वालों के पूर्व एशियाई उद्गम को लेकर कभी नहीं हुई, जोकि आज हिमालयी और उपहिमालयी क्षेत्रों के छोटे इलाक़ों में फैले हैं और जिनकी संख्या लगभग 50.5 लाख है। इस परिवार में मणिपुर की मेइतेई भाषा और अरुणाचल प्रदेश की टानी भाषाएँ शामिल हैं।

फुलर के अनुसार जो फ़सलें हिन्दुस्तान के उत्तर-पूर्वी हिस्से की मार्फ़त असम होती हुई हिन्दुस्तान के मैदानों तक पहुँची थीं, उनकी एक आंशिक सूची यह है : रसीले फलों के वृक्ष, उपजाये गए आम और रेशेदार फ़सल रेमी (Boehmeria nivea)। मुण्डा लोग जो मैदानों की जगह पहाड़ों पर रहना पसन्द करते हैं वे, फुलर के अनुसार, अपने साथ जेपोनिका की बजाय टारो और औस नामक चावल की क़िस्म लेकर आए हो सकते हैं।

आप इसे जिस किसी भी ढंग से देखें, हिन्दुस्तान की आबादी को उसकी मौजूदा शक्ल देने वाले कुछ महत्त्वपूर्ण तत्त्व ईसापूर्व 2000 के आस-पास अपनी सही जगह बना चुके थे : अफ़्रीका से बाहर आए प्रवासियों के वंशज, ज़ेग्रॉस के खेतिहर, ऑस्ट्रो-एशियाई भाषा बोलने वाले लोग और तिब्बती-बर्मी भाषा बोलने वाले लोग, लेकिन एक घटक की तब भी कमी थी : उन लोगों की जो खुद को 'आर्य' कहते थे। उनकी ओर हम अब मुड़ते हैं।

नाम पर टिप्पणी : प्राचीनतम भारतीय सभ्यता के लिए एकदम सही नाम क्या है? क्या हम इसे हड़प्पा सभ्यता के नाम से, सिन्धु घाटी की सभ्यता के नाम से, सिन्ध-सरस्वती सभ्यता के नाम से या सरस्वती सभ्यता के नाम से पुकारें? इस पुस्तक में, हमने पहले खोजे गए नगर के नाम से सभ्यता के नामकरण की शैली का अनुसरण किया है। हड़प्पा प्राचीन भारतीय सभ्यता का वह नगर था जिसे 1920 के दशक में सबसे पहले खोजा गया था, और इसलिए इसे शुरुआती तौर पर हड़प्पा सभ्यता के नाम से जाना गया था। "सिन्धु घाटी की सभ्यता" सही पद नहीं है क्योंकि यह जिस चीज़ को दर्शाना चाहता है उसका दायरा स्वयं सिन्धु घाटी के परे तक फैला हुआ है। यही आपत्ति "सरस्वती घाटी" नाम पर लागू होती है। सिन्ध-सरस्वती घाटी सभ्यता सिन्धु घाटी या सरस्वती घाटी की तुलना में ज़्यादा सटीक नाम हो सकता है, लेकिन घग्गर-हकरा को सरस्वती का नाम देना निर्विवाद नहीं है और, वैसे भी, यह नाम इस सभ्यता के सारे हिस्सों को अपने दायरे में नहीं समेटता - धोलावीरा और लोथल न तो सिन्धु घाटी में हैं और न ही सरस्वती घाटी में हैं। इन वजहों से यह पुस्तक हड़प्पा सभ्यता नाम का लगातार प्रयोग करती रही है।

4

अन्तिम प्रवासी : 'आर्य'

किस तरह घास के मैदान (स्टेपी) के योद्धाओं और चरवाहों ने सबसे पहले यूरोप पर और फिर दक्षिण एशिया पर वर्चस्व स्थापित कर हिन्दुस्तान को उसका सबसे बड़ा भाषा-परिवार, नई मज़हबी रवायतें और एक ऐसा सांस्कृतिक मिश्रण प्रदान किया, जिसमें हड़प्पा सभ्यता की परम्पराओं और घास के मैदान की प्रथाओं का मेल था।

हिन्दुस्तान के प्रागैतिहास से संबंधित ऐसा कोई प्रश्न नहीं है, जिसने उतनी उत्तेजना पैदा की होगी, जितनी इस प्रश्न ने की है : "खुद को आर्य कहने वाले इंडो-यूरोपियन भाषा-भाषी लोग भारतीय उपमहाद्वीप में कब और कैसे पहुँचे?"

यह इसलिए एक अनूठा सवाल है, क्योंकि ऐसा और इतना चरम विवाद इस तरह के सवालों के इर्द-गिर्द व्याप्त नहीं है कि 'पहले निवासी हिन्दुस्तान कब पहुँचे थे?' या 'द्रविड़ भाषा बोलने वाले लोग हिन्दुस्तान कब पहुँचे थे?' या 'मुण्डारी, खासी या मेइतेइ भाषा बोलने वाले लोग हिन्दुस्तान कब पहुँचे थे?' इससे किसी का ग़ुस्सा नहीं भड़कता, जब कहा जाता है कि भारत के मूल निवासी अफ़्रीका से आए थे; या यह कि मुण्डारी, खासी और मेइतेइ बोलने वाले पूर्व एशिया से आए थे। इस सब को उदासीनता के भाव से स्वीकार कर लिया जाता है, क्योंकि आख़िरकार, दुनिया में आज ऐसा कोई राष्ट्र नहीं है, जिसने बार-बार हुए सामूहिक आगमनों की मार्फ़त आकार न लिया हो। यूरोप कम-से-कम दो सामूहिक आगमनों की मार्फ़त अपनी आबादी में हुई वृद्धि का साक्षी रहा है। अमेरिकी महाद्वीप कम-से-कम तीन बड़े आगमनों के साक्षी रहे हैं, जिन्होंने उनकी आबादी को आकार दिया है और ये आगमन उसके भी पहले हुए, थे, जब प्रथम यूरोपीय लोगों ने वहाँ क़दम रखे थे। पूर्व एशिया कम-से-कम तीन बड़े आगमनों का साक्षी रहा है, वहीं मध्य एशिया और पश्चिम एशिया इतने ज़्यादा आक्रमणों और आगमनों के स्थल रहे हैं कि उनका हिसाब रखना मुश्किल है।

और ऐसा भी नहीं है कि हिन्दुस्तानी भी बाहर न भटके हों और उन्होंने दूसरे क्षेत्रों पर ज़बरदस्त असर न डाला हो, ख़ास तौर से ईसा की आरम्भिक सदियों में। एक समय था, जब आज के वियतनाम और कम्बोडिया से लेकर बर्मा, थाइलैंड और इंडोनेशिया तक हिन्दुस्तान के सांस्कृतिक प्रभाव-क्षेत्र में आते थे। यहाँ तक कि चीन भी कुछ समय तक

हिन्दुस्तान के प्रभाव में रहा था। कभी-कभार इसके पीछे आक्रमण भी रहे हो सकते हैं, लेकिन ज़्यादातर इसके पीछे बौद्ध धर्म-प्रचारकों के अपने धर्म के प्रचार के अन्तहीन उद्यम रहे थे, और उससे भी ज़्यादा इसका ताल्लुक़ उन सौदागरों से रहा था, जो मुनाफ़ा कमाने और अपने हितों की रक्षा करने तथा उनमें वृद्धि करने के लिए यात्राएँ करते थे। आज दुनियाभर में बौद्ध धर्म के 48.8 करोड़ अनुयायियों का होना, जिनमें से हिन्दुस्तान में उनकी एक छोटी-सी संख्या है, अपने आप में उस प्रभाव की गवाही देता है, जो प्रभाव हिन्दुस्तान ने सरहदों के बाहर डाला है।

तब फिर इंडो-यूरोपियन भाषा-भाषी लोगों के आगमन के सवाल पर इस विशेष संवेदनशीलता का क्या कारण है? जवाब सीधा-सादा है : यह एक अघोषित, किन्तु मन में अन्दरूनी तौर पर जड़ जमाए बैठी धारणा है कि भारतीय संस्कृति 'आर्य', 'संस्कृत' या 'वैदिक' संस्कृति से अभिन्न है या उसकी पर्यायवाची है। इसलिए, इस सवाल को कि इंडो-यूरोपियन भाषाएँ हिन्दुस्तान कब पहुँची, ठीक उसी तरह देखा जाएगा, जैसे यह पूछा जा रहा हो कि "हमने अपनी संस्कृति का आयात कब किया था?"

लेकिन यह दो स्तरों पर हास्यास्पद है। सबसे पहला यह कि हिन्दुस्तानी संस्कृति 'आर्य' या 'संस्कृत' या 'वैदिक' संस्कृति की पर्यायवाची या उससे अभिन्न नहीं है। 'आर्य' संस्कृति एक महत्त्वपूर्ण धारा थी, जिसने उस अनूठी भारतीय संस्कृति की रचना में योगदान किया था, जिस संस्कृति को हम आज जानते हैं, लेकिन यह किसी भी सूरत एकमात्र धारा नहीं थी। दूसरी धाराएँ भी थीं, जिन्होंने भारतीय सभ्यता को उसकी मौजूदा शक्ल देने में बराबरी का योगदान किया है। दूसरे, यह कहना कि इंडो-यूरोपियन भाषाएँ एक ख़ास ऐतिहासिक मोड़ पर हिन्दुस्तान पहुँची थीं, यह कहने के बराबर नहीं है कि 'वेद' या 'संस्कृत' या 'आर्य' संस्कृति के हिस्से बक्से में बन्द कर बाहर से लाए गए थे और फिर उनको यहाँ नए सिरे से आपस में जोड़ा गया था (रिअसेम्बल किया गया था)। सबसे अधिक संभावना यही है कि आर्य संस्कृति उन लोगों के बीच आदान-प्रदान, अंगीकार और अनुकूलन का नतीजा रही हो, जो हिन्दुस्तान में इंडो-यूरोपियन भाषाएँ लेकर आए थे और जो इस क्षेत्र में पहले से अच्छी तरह बसे हुए लोग थे।

इसलिए हम वापस उसी सवाल पर लौटते हैं : क्या स्वयं को 'आर्य' कहने वाले इंडो-यूरोपियन भाषा-भाषी लोग कहीं बाहर से आए थे, और अगर आए थे, तो कब आए थे?

भारत से बाहर होना गिनती में शुमार न होना

हाल ही तक इस प्रश्न पर बहस के लिए कुछ गुंजाइश बनी हुई थी कि क्या दुनियाभर में इंडो-यूरोपियन भाषाओं के प्रसार की व्याख्या इस बात से की जा सकती है कि इसके पीछे संस्कृत के आरम्भिक रूप के साथ बाहर से हिन्दुस्तान आए लोग नहीं, बल्कि संस्कृत के आरम्भिक रूप के साथ हिन्दुस्तान से बाहर गए लोग रहे हों, लेकिन आनुवांशिक अध्ययन, विशेष रूप से प्राचीन डीएनए पर आधारित आनुवांशिक अध्ययन इस बहस का दरवाज़ा बहुत तेज़ी-से बन्द करते जा रहे हैं। वे यह किस तरह कर रहे हैं, उसका ब्योरा यहाँ प्रस्तुत है।

आज लगभग तीन-चौथाई लोग कोई-न-कोई इंडो-यूरोपियन भाषा बोलते हैं, जैसे कि हिन्दी, गुजराती, बाँग्ला, पंजाबी या मराठी। इसी तरह दुनिया के लगभग 40 प्रतिशत लोग कुछ अन्य व्यापक रूप से बोले जाने वाली इंडो-यूरोपियन भाषाएँ बोलते हैं, जैसे कि स्पेनिश, अँग्रेज़ी, फ़्रांसीसी, पुर्तगाली, ईरानी, रूसी और जर्मन। भारतीय उपमहाद्वीप इंडो-यूरोपियन भाषा-परिवार के दायरे की अन्तिम पूरबी सीमा है। इसलिए यह स्वाभाविक प्रश्न पैदा होता है : यह भाषा-परिवार भारत की प्रभावशाली भाषा कैसे बन गया? इसके केवल दो ही संभावित उत्तर हैं : या तो यह भाषा-परिवार अतीत में कभी बाहर से हिन्दुस्तान आया था या यह हिन्दुस्तान से उसके पश्चिम में स्थित बाक़ी दुनिया में गया था।

हम सबसे पहले दूसरी संभावना पर विचार करते हैं : यह कि एक बड़ी संख्या में संस्कृत या मूल-संस्कृत (प्रोटो-संस्कृत) बोलने वाले हिन्दुस्तानी पश्चिम की ओर गए और वे तथा उनके वंशज ईरान से लेकर मध्य एशिया, पश्चिम एशिया, पूर्वी यूरोप और पश्चिमी यूरोप तक के विराट क्षेत्रों में फैलते चले गए और इस तरह उन्होंने इस पूरे रास्ते में इंडो-यूरोपियन भाषाओं के विभिन्न रूपों को उत्पन्न किया। इस दशा में आप इन सारे क्षेत्रों के आनुवांशिक दस्तावेज़ों में क्या देखने की उम्मीद करेंगे? अफ़्रीका से बाहर निकले लोगों के वंशज, प्रथम भारतीयों के आनुवांशिक निशानी (जनेटिक सिग्नेचर) का अच्छा ख़ासा छिड़काव। जैसा कि हमने पिछले अध्यायों में देखा कि प्रथम प्रवासी समूचे उपमहाद्वीप में फैले थे और वे उस आबादी का भी हिस्सा थे, जिसने हड़प्पा सभ्यता को खड़ा किया था। इसलिए अगर हड़प्पा सभ्यता के पहले या बाद में हिन्दुस्तान से कोई उल्लेखनीय निष्क्रमण इंडो-यूरोपियन भाषाओं के प्रसार की वजह थे, तो हमें मध्य एशिया से लेकर पश्चिमी यूरोप तक सारे रास्ते उनके पैरों के निशान दिखाई देंगे। क्या इस समूचे क्षेत्र में ऐसा कोई विशाल संकेत दिखाई देता है? नहीं। इसके विपरीत, जैसा कि हमने अध्याय 1 में देखा, प्रथम भारतीयों के वंशजों के कोई क़रीबी रिश्तेदार दुनिया में कहीं भी नहीं हैं। इसलिए इस धारणा में कोई दम नहीं है कि हिन्दुस्तान से बाहर गए लोगों ने दुनिया में इंडो-यूरोपियन भाषाओं का प्रसार किया था।

इसका एक अपवाद ज़रूर है, लेकिन उससे सच्चाई पर कोई प्रभाव नहीं पड़ता - यह अपवाद है रोमा, ज़्यादातर यूरोप और अमेरिकी महाद्वीपों में रहने वाला एक अपेक्षाकृत छोटा, यायावर क़बीला, जिसके लोगों को पहले जिप्सियों के नाम से जाना जाता था। आनुवांशिक अध्ययनों ने इस बात की पुष्टि की है कि ये लोग उस अकेले प्रजातीय समूह के वंशज हैं जो क़रीब 1500 वर्ष पहले पश्चिमी भारत (पंजाब, सिन्ध, राजस्थान और हरियाणा के क्षेत्रों) से स्थानान्तरित हुआ था। तो क्या पश्चिम की दिशा में जाते हुए वे अपने में प्रथम भारतीयों की विशिष्ट आनुवांशिक निशानी लिए हुए थे? हाँ, वे लिए हुए थे।

2011 में 'रिकॅन्स्ट्रक्टिंग द इंडियन ओरिजिन ऐंड डिस्पर्सल ऑफ़ द यूरोपियन रोमा' : अ मैटर्नल जनेटिक पर्सपैक्टिव' शीर्षक अध्ययन के मुताबिक़[1] :

---

1. आई. मेंडीज़ाबेल और अन्य, "रिकॅन्स्ट्रक्टिंग द इंडियन ओरिजिन ऐंड डिस्पर्सल ऑफ़ द यूरोपियन रोमा : अ मैटर्नल जनेटिक पर्सपैक्टिव', *पीएलओएस वन* (जनवरी 2011)।

> रोमा में वंशावलियों के दो भिन्न समूहों को अलग किया जा सकता है। विभिन्न रोमा समूहों में यूरोपीय/मध्य पूर्वी हैप्लोसमूहों की संख्या 65% से 94% तक है, जबकि बाक़ी वंशावलियाँ हैप्लोसमूह एम से संबंधित हैं। यह अन्तिम हैप्लोसमूह पूर्वी अफ़्रीका और एशिया में आम है, लेकिन यूरोप में यह गाहे-ब-गाहे ही देखने में आता है।[2] एम हैप्लोसमूह के भीतर की सारी वंशावलियाँ स्पष्ट रूप से एशियाई मूल की थीं, सिर्फ़ एक को छोड़कर जो पुर्तगाली रोमा में पाई गई थी। जो मुख्य एशियाई उपहैप्लोसमूह पाए गए थे, वे थे, M5a1, M18 और M35b, जिनको भारतीय मूल का बताया गया था।

दूसरे शब्दों में, जब भारतीय उपमहाद्वीप से पश्चिम की दिशा में और यूरोप तक लोगों का निष्क्रमण हुआ था, तो वे अपने साथ वाक़ई दक्षिण एशिया के प्रथम निवासियों की एक विशिष्ट आनुवांशिक निशानी लेकर गए थे : गहरे मूलबद्ध मातृक हैप्लोसमूह एम, जो 'यूरोप में गाहे-ब-गाहे पाया जाता है'। चूँकि रोमा लोग यूरोप से इंडो-यूरोपियन भाषाओं का परिचय नहीं कर सके और चूँकि यूरोप या मध्य एशिया में कोई दूसरा महत्त्वपूर्ण विशिष्ट आनुवांशिक एशियाई संकेत नहीं है, इसलिए हमें भारत से हुए निष्क्रमण के अध्याय को समाप्त मानना होगा।

इससे हम दूसरे सवाल पर पहुँचते हैं : अगर हिन्दुस्तान में लोगों के बाहर से हुए आगमनों के नतीजे में भारतीय उपमहाद्वीप में इंडो-यूरोपियन भाषाओं का प्रसार हुआ था, तो ये आगमन कब हुए थे और ये बाहरी लोग कहाँ से आए थे?

'आर्यों' की विशिष्ट आनुवांशिक निशानी

इस सवाल का, जो पिछली एक सदी से भी ज़्यादा समय से अध्येताओं को परेशान और पक्षधरों को अनुप्राणित करता रहा है, अब उसका आनुवांशिक साक्ष्यों द्वारा समाधान होता जा रहा है, जो उन प्राचीन डीएनए को निकालने और उनका विश्लेषण करने की नई तकनीकों से संभव हुआ है। ये हमें यह समझने की गुंजाइश देते हैं कि किस तरह कालान्तर में लोगों की आवाजाही हुई और किस तरह उनकी आबादियों में बदलाव आए। एक ही स्थल के विभिन्न समय या एक ही समय के विभिन्न स्थलों के प्राचीन डीएनए का विश्लेषण करके आनुवांशिकीविद जवाब दे सकते हैं कि कब क्या बदलाव हुए।

लेकिन इंडो-यूरोपियन भाषा-भाषी लोगों के हिन्दुस्तान में आगमन के प्रश्न की और ज़्यादा छानबीन करने से पहले, हमें एक क़दम पीछे हटकर उस प्रश्न के विभिन्न रूपों का जवाब देना उचित होगा, जो हमने लोगों के भारत से बाहर गए होने की परिकल्पना पर चर्चा के दौरान पूछा था। वह सवाल था : अगर इंडो-यूरोपियन भाषाएँ यूरेशिया के बड़े हिस्से में फैली हुई हैं, तो क्या इस भौगोलिक क्षेत्र में कोई विशिष्ट आनुवांशिक निशानी दिखाई देती है? हाँ, ऐसी निशानी है : वाई-क्रोमोज़ोम हैप्लोसमूह R1a या, और भी विशिष्ट

---

2. अफ़्रीका में एमटी-हैप्लोसमूह एम1 को एशिया से हुए विपरीत स्थानान्तरण का परिणाम माना जाता है।

रूप में, उसका सबक्लेड R1a-M417, जिससे दुनिया की लगभग सारी R1a वंशावलियों की जानकारी मिल जाती है। R1a-M417 के बिखराव (डिस्ट्रीब्यूशन) का नक़्शा स्कैंडिनेविया से लेकर दक्षिण एशिया तक इसके विस्तार को दर्शाएगा, जिसके दायरे में लगभग सारी-की-सारी इंडो-यूरोपियन भाषा-भाषी दुनिया आ जाएगी।

क्या हम R1a-M417 को और भी बारीक़ी से देखकर यह समझ सकते हैं कि दुनिया में इसके बिखराव का क्या रूप है? हाँ, हम देख सकते हैं और वह हमें यह दर्शाता है। ईसापूर्व 3800 के आस-पास R1a-M417, दो समूहों, R1a-Z282 और R1a-Z93, में विभाजित हुआ था, और दोनों में बिखराव के बहुत भिन्न विन्यास (पैटर्न) थे। R1a-Z282 सिर्फ़ यूरोप में दिखाई देता है, जबकि R1a-Z93 मध्य एशिया और दक्षिण एशिया में दिखाई देता है और उससे हिन्दुस्तान की लगभग सारी R1a वंशावलियों की जानकारी मिल जाती है। फ़र्क़ आश्चर्यजनक रूप से बहुत बड़ा है। वाई-क्रोमोज़ोम पर अपनी विशेषज्ञता के लिए दुनिया में अत्यन्त प्रसिद्ध वैज्ञानिक डॉ. पीटर ए. अंडरहिल द्वारा मुख्य रूप से लिखित और 2014 में 'द फ़ाइलोजनेटिक ऐंड ज्योग्रफ़िक स्ट्रक्चर ऑफ़ वाई-क्रोमोज़ोम हैप्लोग्रुप R1aÞ शीर्षक से प्रकाशित एक अध्ययन कहता है : "1693 यूरोपीयों के R1a-M417 नमूनों में से 96 प्रतिशत से ज़्यादा R1a-Z282 से संबंध रखते थे, जबकि मध्य और दक्षिण एशिया की 490 R1a वंशावलियों में से 98.4% R1a-Z93 से संबंध रखती थीं, जिनकी संगति पहले प्रस्तावित प्रवृत्ति के साथ बैठती है।" संक्षेप में, R1a-M417 वह वाई-क्रोमोज़ोम हैप्लोसमूह है, जो इंडो-यूरोपियन-भाषा-भाषी क्षेत्र के सर्वाधिक बड़े दायरे के साथ सबसे क़रीबी स्तर का रिश्ता रखता है और उसका सबक्लेड R1a-Z93 हिन्दुस्तान की लगभग सारी R1a वंशावलियों के लिए ज़िम्मेदार है, जबकि उसका बन्धु-क्लेड R1a-Z282 यूरोप की लगभग सारी R1a वंशावलियों के लिए ज़िम्मेदार है।

तब क्या हम जानते हैं कि R1a-M414 और उसके सबक्लेड R1a-Z93 के प्राचीनतम साक्ष्य दुनिया में कहाँ पाए गए हैं? हाँ, हम जानते हैं। सबसे पुराना, ईसापूर्व 5000 और ईसापूर्व 3500 के बीच की अवधि का R1a-M414 यूक्रेन में मिला था, जैसा कि 2017 में प्रकाशित आलेख 'द जीनोमिक हिस्ट्री ऑफ़ साउथईस्टर्न यूरोप' में बताया गया था। यह समारा, रूस में भी पाया गया था, जो ईसापूर्व 2800 के आस-पास का था और पूर्वी यूरोप में भी कई जगहों पर पाया गया था, जो ईसापूर्व 2500 के आस-पास का था।

हिन्दुस्तान में आम तौर से पाया जाने वाला R1a-Z93 मध्य एशिया की स्टेपी के बहुत-से नमूनों में पाया गया है, जो ईसापूर्व 2500 तक के थे। दरअसल, अगले अनुच्छेद में जिस एक अध्ययन की चर्चा विस्तार से की गई है, उसके मुताबिक़ मध्य-से-परवर्ती कांस्य युग (ईसापूर्व 2000 और ईसापूर्व 1400 के मध्य) के दौरान मध्य एशिया की स्टेपी में R1a-Z93 की आवृत्ति 68 प्रतिशत तक थी। इसलिए हम इस निष्कर्ष से बच नहीं सकते कि हिन्दुस्तान की R1a-Z93 आबादी यूरेशियाई स्टेपी क्षेत्र से कहीं से आई थी।

लेकिन हम कैसे जानते हैं कि R1a और उसके उपसमूह हिन्दुस्तान के इंडो-यूरोपियन भाषा भाषी समूहों से जुड़े हैं? इसको जाँचने का एक आसान तरीक़ा है : हिन्दुस्तान के आबादी समूहों के भीतर R1a के बिखराव पर नज़र डालें और देखें कि क्या वे संस्कृत

भाषा के पारम्परिक संरक्षकों, सामान्य तौर पर उच्च जातियों या विशेष रूप से ब्राह्मणों से संबंध रखते हैं। बहुत-से अध्ययनों ने बार बार यह दर्शाया है कि निचली जातियों की तुलना में ऊँची जातियों में R1a की प्रधानता बहुत अधिक है और ब्राह्मणों में अनुसूचित जातियों तथा अनुसूचित जनजातियों की तुलना में लगभग दोगुनी है। इसलिए जो हम देखते हैं, वह एक विशिष्ट आनुवांशिक निशानी है, जो इंडो-यूरोपियन भाषा-भाषी मुल्कों में प्रभावी है और जिसकी हिन्दुस्तान में इंडो-यूरोपियन भाषाओं की प्राचीनतम परत - संस्कृत - के पारम्परिक रखवालों के बीच असाधारण रूप से बुलन्द मौजूदगी भी है।

स्टेपी से हुए आगमन : क़दम दर क़दम

जिस अध्ययन ने इंडो-यूरोपियन-भाषा-भाषी लोगों के हिन्दुस्तान आगमन के सवाल का अन्त कर दिया था, वह 31 मार्च 2018 तक प्रकाशित हो गया था और इसका शीर्षक था 'द जीनोमिक फ़ॉर्मेशन ऑफ़ साउथ ऐंड सेंट्रल एशिया'। पहली बार दक्षिण एशिया, कज़ाकिस्तान और पूर्वी ईरान के प्राचीन डीएनए तक अपनी पहुँच बनाने वाले इस कृतित्व और इसके लब्धप्रतिष्ठ लेखकों की मण्डली की चर्चा अध्याय 2 में विस्तार से की गई थी। इसलिए यहाँ हम अपने सारांश को इस अध्ययन के उस हिस्सों तक सीमित रखेंगे, जो विशेष रूप से 'आर्यों' के आगमन से संबंध रखते हैं।

यह अध्ययन कहता है कि वास्तव में कज़ाक स्टेपी से दक्षिण की ओर कज़ाकों का एक निष्क्रमण हुआ था - पहले ईसापूर्व 2100 के बाद दक्षिण मध्य एशियाई क्षेत्रों की दिशा में, यानी, आज के तुर्कमेनिस्तान, उज़्बेकिस्तान और ताजिकिस्तान की ओर; और फिर ईसापूर्व की समूची दूसरी सहस्राब्दी (ईसापूर्व 2000 से ईसापूर्व 1000) के दौरान दक्षिण एशिया की दिशा में। अपने रास्ते में उन्होंने बैक्ट्रिया-मार्जिआना आर्कियोलॉजिकल कॉम्प्लैक्स (बीएमएसी) पर गहरा प्रभाव डाला था (बीएमएसी वह सभ्यता थी, जो ईसापूर्व 2300 और ईसापूर्व 1700 के बीच पुष्पित-पल्लवित हुई थी और जो ऑक्सॅस नदी पर केन्द्रित थी और आज के उत्तरी अफ़गानिस्तान, दक्षिणी उज़्बेकिस्तान और पश्चिमी ताजिकिस्तान को अपने दायरे में समेटती थी, लेकिन इनसे आगे दक्षिण एशिया की ओर जाने के लिए इसके बाहर-बाहर से निकल जाती थी। यहाँ इस सभ्यता के लोग हड़प्पा सभ्यता के लोगों के साथ मिल गए और इस तरह उन्होंने आज के हिन्दुस्तान की आबादी के प्रमुख स्रोत की रचना की : एन्सेस्ट्रल नॉर्थ इण्डियन्स (पूर्वज उत्तर भारतीय- एएनआई), और एन्सेस्ट्रल साउथ इंडियन्स (पूर्वज दक्षिण भारतीय - एएसआई), जिनकी रचना इसी समय के आस-पास दक्षिण भारत के प्रथम भारतीयों के साथ हड़प्पा सभ्यता के लोगों के मिश्रण से हुई थी।

यह अध्ययन प्राचीन डीएनए में स्थानान्तरणों के संकेतों की खोज के बाद इन निष्कर्षों पर पहुँचा था। उद्धरण दें, तो : "हमारा विश्लेषण 2100 ईसापूर्व के बीएमएसी को घेरते समूहों में स्टेपी के चरवाहों की वंशावली के कोई संकेत नहीं दर्शाता, लेकिन संकेत करता है कि ईसापूर्व 2100 से 1700 के बीच, बीएमएसी समुदाय उन लोगों से घिरे थे, जो इस तरह की वंशावलियों को धारण किए हुए थे।" यह दर्शाता है कि ईसापूर्व 2100 के आस-पास घास के मैदान से बीएमएसी की ओर लोगों का स्थानान्तरण हुआ था।

इसी के साथ, जैसा कि पहले उल्लेख किया गया था, बीएमएसी स्थलों से प्राप्त प्राचीन डीएनए के बीच से, साथ ही शहर-ई-सोख़्ता नामक पूर्वी ईरानी स्थल से प्राप्त प्राचीन डीएनए के बीच से इस अध्ययन ने कुछ विस्मयकारी खोजें की थीं, जिनके ख़ासे प्रभावशाली परिणाम सामने आए थे : ईसापूर्व 3100 और ईसापूर्व 2200 के बीच के समय के तीन बाहरी व्यक्ति, जिनकी आनुवांशिक रूपरेखा अनूठी थी। इसी स्थल से मिले प्राचीन डीएनए नमूनों से भिन्न इनमें प्रथम भारतीयों की वंशावली का 14 से 42 प्रतिशत हिस्सा मौजूद था, उसके अतिरिक्त ज़ेग्रॉस के खेतिहरों की वंशावली भी उनमें मौजूद थी। यह एक ज्ञात तथ्य है कि हड़प्पा सभ्यता का सम्पर्क बीएमएसी और शहर-ई-सोख़्ता से था, इसलिए इस अध्ययन ने निष्कर्ष निकाला था कि ये बाहरी व्यक्ति वहाँ से हाल ही में आए थे। उनके आस-पास के अन्य व्यक्तियों की ही तरह इन व्यक्तियों में भी स्टेपी के लोगों की कोई वंशावली मौजूद नहीं थी। यह इस दृष्टिकोण से मेल खाती बात है कि स्टेपी के चरवाहों ने ईसापूर्व 2100 के आस-पास ही दक्षिण की दिशा में प्रस्थान शुरू किया था।

लेकिन निर्णायक तथ्य अभी आना बाक़ी था। इन वैज्ञानिकों की पहुँच में पाकिस्तान की स्वात घाटी के ईसापूर्व 1200 और ईस्वी वर्ष 1 के बीच की अवधि के प्राचीन डीएनए भी थे, जो शहर-ई-सोख़्ता और बीएमएसी के नमूनों से एक हज़ार साल से भी बाद के थे। स्वात घाटी से प्राप्त ये नमूने शहर-ई-सोख़्ता और बीएमएसी के तीन बाहरी व्यक्तियों के नमूनों से आनुवांशिक तौर पर बहुत मिलते-जुलते थे, और उन्हीं की तरह इनमें प्रथम भारतीयों और ज़ेग्रॉस के कृषकों की वंशावली मौजूद थी। अध्ययन कहता है : "यह इस बात का स्पष्ट साक्ष्य उपलब्ध कराता है कि स्टेपी की वंशावली ईसापूर्व दूसरी सहस्राब्दी में दक्षिण एशियाई समूहों के साथ एकीकृत हुई थी और इसकी संगति इसी समय में स्टेपी समूहों के तूरान की मार्फ़त दक्षिण की ओर हुए विस्तार के साथ भी बैठती है।"

इसके बाद यह अध्ययन इस बात को दर्ज़ करता है कि आज यूरोप और एशिया के इंडो-यूरोपियन भाषाएँ बोलने वाले लोगों की बहुत बड़ी तादाद उस वंशावली को धारण करती है, जिसका संबंध यमनाया के नाम से ज्ञात स्टेपी के चरवाहों से है (यमनाया के बारे में और अधिक चर्चा अगले अनुच्छेद में होगी)। यह चीज़ इस लम्बे अरसे से चली आ रही धारणा से मेल खाती है कि यमनाया बाद के समय की मूल-इंडो यूरोपियन भाषा बोलते थे और इन्हीं ने यूरोप तथा एशिया, दोनों जगहों पर इंडो-यूरोपियन भाषाओं का प्रसार किया था। शुरुआती आनुवांशिक अध्ययनों ने यमनाया के यूरोप में पश्चिम की ओर जाने को दर्ज़ किया था, जिसकी शुरुआत ईसापूर्व 3000 में हुई थी, लेकिन जब तक यह अध्ययन प्रकाशित नहीं हुआ था, तब तक दक्षिण एशिया में स्टेपी की वंशावली के प्रसार की शृंखला का कोई सीधा साक्ष्य उपलब्ध नहीं था। इस अध्ययन के लेखकों का मानना है कि ईसापूर्व दूसरी सहस्राब्दी में स्टेपी समूहों के दक्षिणोन्मुख प्रसार का उनका दस्तावेज़ीकरण अब इस साक्ष्य के अभाव की पूर्ति करता है।

इसके अलावा भी बहुत कुछ है। क्या याद है कि हमने कहा था कि आज के समय की भारतीय आबादी एएनआई हड़प्पाई (प्रथम भारतीय + ज़ेग्रॉस खेतिहर) + स्टेपी के चरवाहे, और एएसआई (हड़प्पाई + प्रथम भारतीय) के बीच हुए मिश्रण का उत्पाद है? जब

आनुवांशिकीविदों ने इस बात की जाँच की थी कि क्या एएनआई-एएसआई के मिश्रण का मॉडल आज की आबादी के 140 समूहों के संदर्भ में मेल खाता है, तो उनमें से दस समूह इस मॉडल के बाहर रह गए थे - इनमें से प्रत्येक का मेल कमज़ोर था, क्योंकि उनमें स्टेपी की वंशावली के स्तर अपेक्षा से कहीं बहुत ज़्यादा थे। उन्नत स्टेपी वंशावली के सबसे ज़्यादा सशक्त संकेत उन दो समूहों में थे, जो पारम्परिक तौर पर उन पुराहितों की हैसियत रखते थे, जिनसे संस्कृत में लिखे गए पाठों का संरक्षक होने की उम्मीद की गई थी। इससे क्या कैफ़ियत मिल सकती है? अध्ययन के मुताबिक़ एक संभावना यह है कि स्टेपी के चरवाहों के दक्षिण एशिया आगमन ने स्टेपी वंशावली के विभिन्न अनुपातों से युक्त विभिन्न समूहों की रचना की थी। और जिन लोगों में स्टेपी वंशावली के उच्चतर स्तर मौजूद थे, उनकी आरम्भिक वैदिक संस्कृति को क़ायम रखने या उसका प्रसार करने में केन्द्रीय भूमिका थी। संभव है कि सगोत्र विवाह (अपने ही समुदाय के भीतर विवाह) आज तक अडिग स्टेपी वंशावली के इसी अतिरेक का नतीजा हो।

यमनाया कौन थे?

अब जबकि हम जानते हैं कि क्या हुआ था, हमें यह पूछना चाहिए कि स्टेपी के ये लोग ठीक-ठीक कौन थे, जो अपनी भाषा का प्रसार करते हुए और दुनिया के इतने बड़े इलाक़े पर एक आनुवांशिक निशान छोड़ते हुए यूरोप और दक्षिण एशिया आए थे। स्टेपी घास और झाड़ियों के मैदानों का एक विशाल क्षेत्र है, जो मध्य यूरोप से चीन तक 8000 किलोमीटर से ज़्यादा के उस विस्तार में फैला हुआ है। यह समूचे इतिहास के दौरान विरले ही कभी आबाद रहा है। लगभग 50,000 से 35,000 वर्ष पहले अफ्रीका से निकले हुए लोगों द्वारा यूरेशिया के ज़्यादातर हिस्से को आबाद किए जाने के बाद विभिन्न क्षेत्र लोगों के उन विभिन्न समूहों द्वारा आबाद हुए थे, जो दूरियों और भौगोलिक बाधाओं की वजह से एक-दूसरे से अलग-थलग पड़े थे और जो, इसलिए, आनुवांशिक तौर पर एक-दूसरे से पृथक रूप में विकसित हुए थे। उस समय जिन लोगों ने स्टेपी को आबाद किया था, उनको आज स्टेपी क्षेत्र के ईस्टर्न हंटर-गैदरर्स (ईएचजी -पूर्वी शिकारी-संग्रहकर्ताओं) के रूप में और साइबेरिया क्षेत्र के एंशिएंट नॉर्थ यूरेशियन्स (एएनई-प्राचीन उत्तरी यूरेशियाइयों) के रूप में वर्गीकृत किया गया है। ये उन लोगों से संबंध रखते हैं, जो लगभग 16,000 वर्ष पहले, बेरिंग लैंड ब्रिज के रास्ते अमेरिकी महाद्वीपों में स्थानान्तरित हुए थे।

इसके बाद, ईसापूर्व 5000 के आस-पास कॉकेसॅस-कैस्पियाई सागर और काला सागर के बीच का वह क्षेत्र, जो पश्चिम एशिया को स्टेपी से जोड़ता है - उससे स्टेपी में लोगों के एक प्रवाह की शुरुआत हुई, जो नई बसाहटों का कारण बनी थी। यमनाया इसी प्रवाह का नतीजा है, और वे कॉकेसॅस तथा स्टेपी के शिकारी-संग्रहकर्ताओं की आबादी, दोनों से समान वंश परम्परा हासिल करते हैं। ईसापूर्व 3700 तक आते-आते, कॉकेसॅस क्षेत्र उस माइकोप संस्कृति का केन्द्र बन गया था, जिसके बारे में लगता है कि उसने यमनाया पर ज़बरदस्त प्रभाव डाला था। उदाहरण के लिए, 'कुर्गन' (अक्सर लकड़ी से बनाई गई क़ब्रों पर पत्थरों और मिट्टी का ढेर लगाकर तैयार किए गए टीले) खड़े करने की प्रथा, जिससे यमनाया बहुत

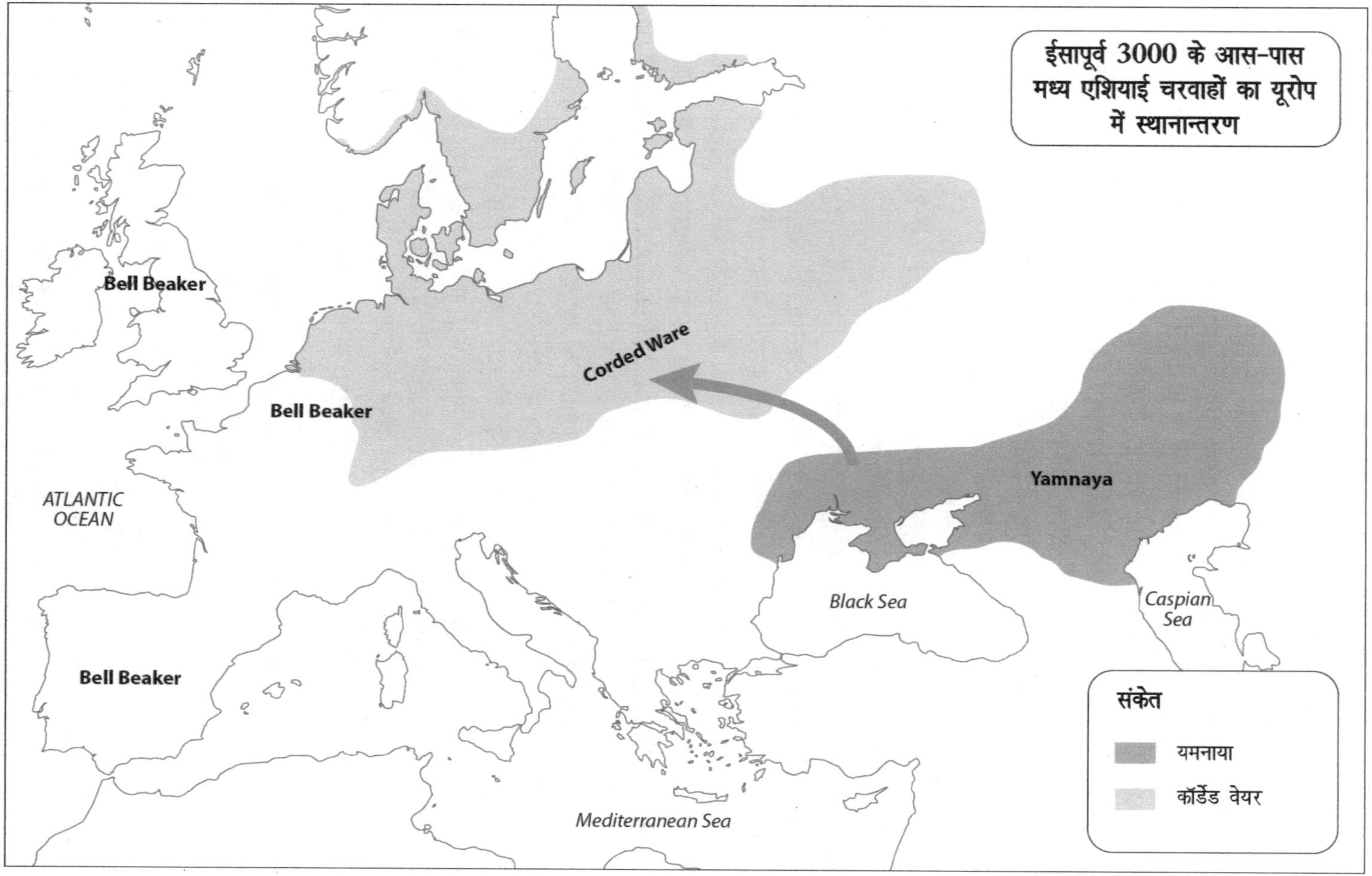
ईसापूर्व 3000 के आस-पास
मध्य एशियाई चरवाहों का यूरोप
में स्थानान्तरण
Bell Beaker
Corded Ware
Bell Beaker
ATLANTIC
OCEAN
Yamnaya
Bell Beaker
Black Sea
Caspian
Sea
Mediterranean Sea
संकेत
यमनाया
कॉर्डेड वेयर

क़रीबी रिश्ता रखते हैं, पहली बार कॉकेसॅस में लक्ष्य की गई थी और अक्सर यह तर्क दिया गया है कि मूल-इंडो यूरोपियन भाषा यमनाया की भाषा बनने से पहले शायद कॉकेसॅस में बोली जाती रही होगी।

यमनाया ने माइकोप जैसी पड़ोसी आबादियों से तीन प्रौद्योगिक नवाचार अपनाए थे, जिन्होंने इतिहास में उनकी भूमिका को आकार दिया था : पहिया, गाड़ी और घोड़ा। हम इस बात का ठीक-ठीक पता लगाने में असमर्थ रहे हैं कि पहिये का आविष्कार किस जगह हुआ था, क्योंकि जैसे ही इसका आविष्कार हुआ था, वैसे ही यह जंगल की आग की तरह समूचे यूरेशिया में फैल गया था। संभवतः इसका आविष्कार एक ही समय में एक से ज़्यादा जगहों पर हुआ था - जैसा कि हमने अध्याय 3 में देखा था, हड़प्पा में ईसापूर्व 3000 से पहले के पहिये के मिट्टी के नमूने प्राप्त हुए हैं। पहिया, गाड़ी और घोड़ा यमनाया के लिए विशेष रूप से उनके क्षेत्र के भूगोल की वजह से उपयोगी थे। उस समय तक स्टेपी के बड़े हिस्से रहने लायक़ नहीं थे, क्योंकि वहाँ बारिश नहीं होती थी, जिससे, नदी घाटियों के क़रीब के इलाक़ों को छोड़कर, ये हिस्से खेती के लिए उपयुक्त नहीं थे और वहाँ भेड़ों तथा मवेशियों के रख-रखाव के लिए बहुत थोड़े-से जलाशय थे।

लेकिन बैलों या घोड़ों द्वारा खींची जाने वाली पहिया गाड़ियों के साथ यमनाया अपने साथ पानी और रसद लेकर स्टेपी में दूर-दूर तक जा सकते थे। इन बोझा ढोने वाले जानवरों ने यमनाया को निश्चय ही अपने मवेशियों को एक झुण्ड में बनाए रखने और बड़ी तादाद में उत्पादकता हासिल करने में सक्षम बनाया होगा। वहाँ से माइकोप जैसी संस्कृतियों के साथ व्यापार की शुरुआत करना और इस तरह समृद्धि और प्रभाव में विकास करना एक क़दम आगे की चीज़ रही होगी। गाड़ियाँ और घोड़े यमनाया के जीवन के लिए कितने महत्त्वपूर्ण थे, यह बात इस तथ्य से ज़ाहिर होती है कि उनको उनके मालिकों के साथ दफ़नाया जाता था, जैसा कि उस युग के कुर्गन में देखा गया है। यमनाया की यह नई गतिशील जीवन-शैली का स्टेपी पर इतना प्रभाव पड़ा था कि लोग इस क्षेत्र की बहुत-सी बस्तियों को छोड़कर चले गए थे। और स्वयं यमनाया जब कभी भी गए थे, तो जो स्थायी ढाँचे वे अपने पीछे छोड़कर गए थे, वे कुर्गन थे। कुछ समय बाद, जिन बसे हुए समुदायों के साथ उन्होंने व्यापार किया था, उनकी वजह से यमनाया ने धातु शोधन की उस विद्या में भी महारथ हासिल कर ली थी, जो टकराव की उस दुनिया में एक महत्त्वपूर्ण दक्षता थी। और टकराव शुरू होने को ही था।

यमनाया ईसापूर्व 3000 के आस-पास यूरोप में आ धमके थे। यह उससे एक हज़ार साल पहले की घटना थी, जब उनके वंशज और रिश्तेदार दक्षिण एशिया पहुँचे थे। पुरातात्त्विक दस्तावेज़ों में यूरोप में लोगों का यह रेला उस कॉर्डेड वेयर नामक नई संस्कृति के माध्यम से प्रतिबिम्बित हुआ था, जो ईसापूर्व 2900 के आस-पास उजागर होना शुरू हुई थी। 'कॉर्डेड वेयर' पद मिट्टी के बर्तनों की उस विशिष्ट शैली की ओर संकेत करता है जिसके तहत बर्तनों पर मरोड़ी हुई रस्सियों के निशान हुआ करते थे और यह संस्कृति स्विट्ज़रलैंड से लेकर यूरोपीय रूस तक की विशाल पट्टी को अपने दायरे में समेटती थी। जर्मनी में प्राचीन डीएनए से यह बात सामने आई थी कि जिन लोगों को कॉर्डेड वेयर बर्तनों के साथ दफ़नाया गया था, उनकी 75 प्रतिशत वंशावली का उत्स यमनाया से संबंधित समूहों में था और बाक़ी का उत्स उन कृषकों में था, जो उस क्षेत्र के पहले के निवासी रह चुके

थे। आगन्तुक यमनाया ज़्यादातर यूरोप में बेल बीकर संस्कृति के प्रसार के लिए भी ज़िम्मेदार थे, भले ही इस संस्कृति का उद्गम उनके साथ नहीं हुआ था। (बेल बीकर उन विशिष्ट क़िस्म के मिट्टी के बर्तनों की शैली की ओर संकेत करती है, जिनमें उलटी घण्टी के आकार में बनाए गए बर्तन शामिल हुआ करते थे।)

ब्रिटेन में बेल बीकर संस्कृति से संबंधित इन आगन्तुक इंडो-यूरोपियन भाषा-भाषी लोगों ने इस द्वीप के उन शुरुआती लोगों की जगह ले ली थी, जिन्होंने स्टोनहैंज का निर्माण किया था। *हू वी आर ऐंड हाउ वी गॉट हियर* नामक पुस्तक में डेविड राइक लिखते हैं कि "बीकर युग के बाद आए ताम्र युग के ब्रितानी और आयरलैंड के कंकालों की अधिक-से-अधिक लगभग 10 प्रतिशत वंशावली का उत्स इस द्वीप के प्रथम कृषकों में था, जबकि बाक़ी 90 प्रतिशत का उत्स उस तरह के लोगों में था, जो नीदरलैंड्स की बेल बीकर संस्कृति से संबंधित थे। आबादी का यह प्रतिस्थापन (रिप्लेसमेंट) कम-से-कम उतना आकस्मिक तो था ही, जितना वह प्रतिस्थापन था, जिसके साथ कॉर्डेड वेयर संस्कृति का प्रसार हुआ था।

लिथुआनियाई-अमेरिकी पुरातत्त्वविद मैरिजा गिम्बुटस 1950 के दशक में कुर्गन परिकल्पना (जिसके मुताबिक़ मूल-इंडो-यूरोपियन भाषा यमनाया द्वारा बोली जाती थी, जो स्टेपी की दफ़नाए जाने की कुर्गन संस्कृति से संबंधित थे) प्रतिपादित करने वाले पहली व्यक्ति थीं। उनका विचार था कि यूरोप में यमनाया का रेला महत्त्वपूर्ण सांस्कृतिक परिवर्तन लेकर आया था। उन्होंने कहा था, "इंडो-यूरोपियन होने की प्रक्रिया एक सांस्कृतिक प्रक्रिया थी, कोई भौतिक रूपान्तरण नहीं था। इस चीज़ को मूल समुदायों पर सफलतापूर्वक नई प्रशासनिक प्रणाली, भाषा और मज़हब लागू करने की सैन्य विजय के रूप में समझा जाना चाहिए।"

गिम्बुटस ने भूमध्यसागर की मातृ देवी की उपासना-पद्धति से पितृसत्तात्मक समाज की उपासना-पद्धति में हुए इस बदलाव और लड़ाकू थंडरर (ज़्यूज़, डायूज़) की पूजा पद्धति को हिंसक बताया था। बावजूद इसके कि उनकी कुर्गन परिकल्पना समय की कसौटी पर कमोबेश खरी उतरती है, उनके द्वारा इस बदलाव के इस क़दर सख़्त पदावली में किए गए इस चित्रण का उन बहुत सारे लोगों ने विरोध किया था, जिनका मानना था कि बदलाव का यह दौर बहुत क्रमिक और शान्तिपूर्ण था। उनके दृष्टिकोण के मुताबिक़, ये आगमन कोई संगठित सैन्य कार्रवाईयाँ नहीं थीं, बल्कि बहुत-से भिन्न क़बीलों और संस्कृतियों के क्रमिक विस्तार थे। गिम्बुटस की आलोचना महत्त्वपूर्ण है, लेकिन इन नए आगन्तुकों ने जिन संस्कृतियों की रचना की थी, उनमें हिंसा को मूल्यवान बनाकर देखने की प्रवृत्ति में पुरुष-केन्द्रिकता स्पष्ट दिखाई देती है - उनकी क़ब्रों के टीलों में ज़्यादातर पुरुष थे, जिनके शरीरों पर अक्सर घावों के साक्ष्य थे और बहुत-सी क़ब्रों में युद्ध की प्रभावशाली कुल्हाड़ियाँ मौजूद थीं।

इस तथ्य का आनुवांशिक साक्ष्य भी है कि यमनाया के विस्तार पुरुष-केन्द्रित थे। डेविड राइक के मुताबिक़ :

> यमनाया जो वाई-क्रोमोज़ोम धारण करते थे, वे लगभग सभी थोड़ी-सी क़िस्मों के थे, जिससे ज़ाहिर होता है कि एक सीमित संख्या में मर्द ही अपने जीन्स का प्रसार करने में असाधारण रूप से सफल रहे होंगे। इसके विपरीत, अपने माइटोकोंड्रियल डीएनए में यमनाया कहीं ज़्यादा विविध क़िस्म के सीक्वेंस धारण किए हुए थे...।

> यमनाया विस्तार भी पूरी तरह दोस्ताना नहीं रहा हो सकता, जैसा कि इस तथ्य से स्पष्ट है कि आज पश्चिमी यूरोप और हिन्दुस्तान, दोनों जगहों पर स्टेपी मूल के वाई-क्रोमोज़ोम का अनुपात बाक़ी जीन-समूहों के मुक़ाबले बहुत बड़ा है। स्टेपी से आई पुरुष वंशावली की इस प्रचुरता का अभिप्राय है कि यमनाया के राजनीतिक और सामाजिक शक्तियों से सम्पन्न पुरुष वंशज स्थानीय सहवास की होड़ में स्थानीय समूहों की तुलना में ज़्यादा सफल थे।

राइक सुदूर दक्षिण-पश्चिम यूरोप के इबेरिया का उदाहरण लेते हैं, जहाँ ईसापूर्व 2500 और ईसापूर्व 2000 के बीच यमनाया से उपजी वंशावली का आकस्मिक आगमन हुआ था। इस कालखण्ड के प्राचीन डीएनए के आधार पर यह पाया गया था कि स्टेपी की वंशावली के आगमन के साथ इन लोगों ने लगभग 30 प्रतिशत इबेरियाई आबादी की जगह ले ली थी। लेकिन, राइक लिखते हैं कि वाई-क्रोमोज़ोम का प्रतिस्थापन (रिप्लेसमेंट) और भी आकस्मिक था : "हमारे आँकड़ों में यमनाया वंशावली को धारण करने वाले लगभग 90 प्रतिशत पुरुषों में स्टेपी मूल के लोगों की तरह के वाई-क्रोमोज़ोम थे, जो उससे पहले के इबेरिया में नहीं थे। स्पष्ट है कि स्टेपी से हुए विस्तार में सत्ता से संबंधित असाधारण ऊँच-नीच और असन्तुलन मौजूद थे।"

आनुवांशिकी इस सवाल का जवाब नहीं दे सकती कि वह किस तरह का बल-प्रयोग रहा होगा, जिसने इस बात को सुनिश्चित किया होगा कि इबेरियाई पुरुष नवागन्तुक यमनाया पुरुषों की तुलना में अपने पीछे बहुत थोड़े-से बच्चों को छोड़कर जाते। क्या उनको मार डाला गया था, खदेड़ दिया गया था या महज़ हाशिए पर धकेल दिया गया था? हम नहीं जानते। आनुवांशिकी केवल इतना बता सकती है कि नतीजा क्या हुआ था : आनुवांशिक समुच्चय से स्थानीय पुरुषों का ख़ासी बड़ी तादाद में सफ़ाया।

पूरब, पश्चिम और फिर से पूरब

जिस वक़्त यूरोप में यमनाया की बाढ़ आ रही थी, लगभग उसी समय वे स्टेपी के पार पूर्व में मिनूसिंस्क जलागम क्षेत्र (बेसिन) और दक्षिण साइबेरिया की अल्ताई पहाड़ियों की ओर भी तेज़ी-से बढ़ रह थे, जहाँ वे उस संस्कृति की रचना करने जा रहे थे, जो बाद में अफ़ानासिएवो संस्कृति के नाम से जानी गई थी, जहाँ के लोग उस तोचारियाई भाषा के शुरुआती रूप का इस्तेमाल करते थे, जो एक लुप्त हो चुकी इंडो-यूरोपियन भाषा थी, लेकिन दक्षिण एशिया के परिप्रेक्ष्य में एक कहीं ज़्यादा निर्णायक विस्तार उसके बाद हुआ था, जब यमनाया पश्चिमी यूरोप में गए थे और उन्होंने वहाँ कॉर्डेड वेयर संस्कृति की रचना की थी। आनुवांशिक साक्ष्य संकेत करते हैं कि तब वहाँ ईसापूर्व 3000 के बाद पश्चिमी रूस के उराल्स के परे वापस एक 'पूर्वोन्मुखी उतार' आया था, जो अपने साथ यमनाया और यूरोपीय मध्य नवपाषाणयुगीन (यूरोपियन मिडिल निओलिथिक : यूरोप_एमएन) किसानों का विशिष्ट कॉर्डेड वेयर मिश्रण लेकर आया था। ईसापूर्व 2600 के आते-आते यमनाया समूची विशाल स्टेपी में कॉर्डेड वेयर और सिन्ताश्ता से लेकर स्रबनाया और ऐंड्रोनोवो तक बहुत-सी

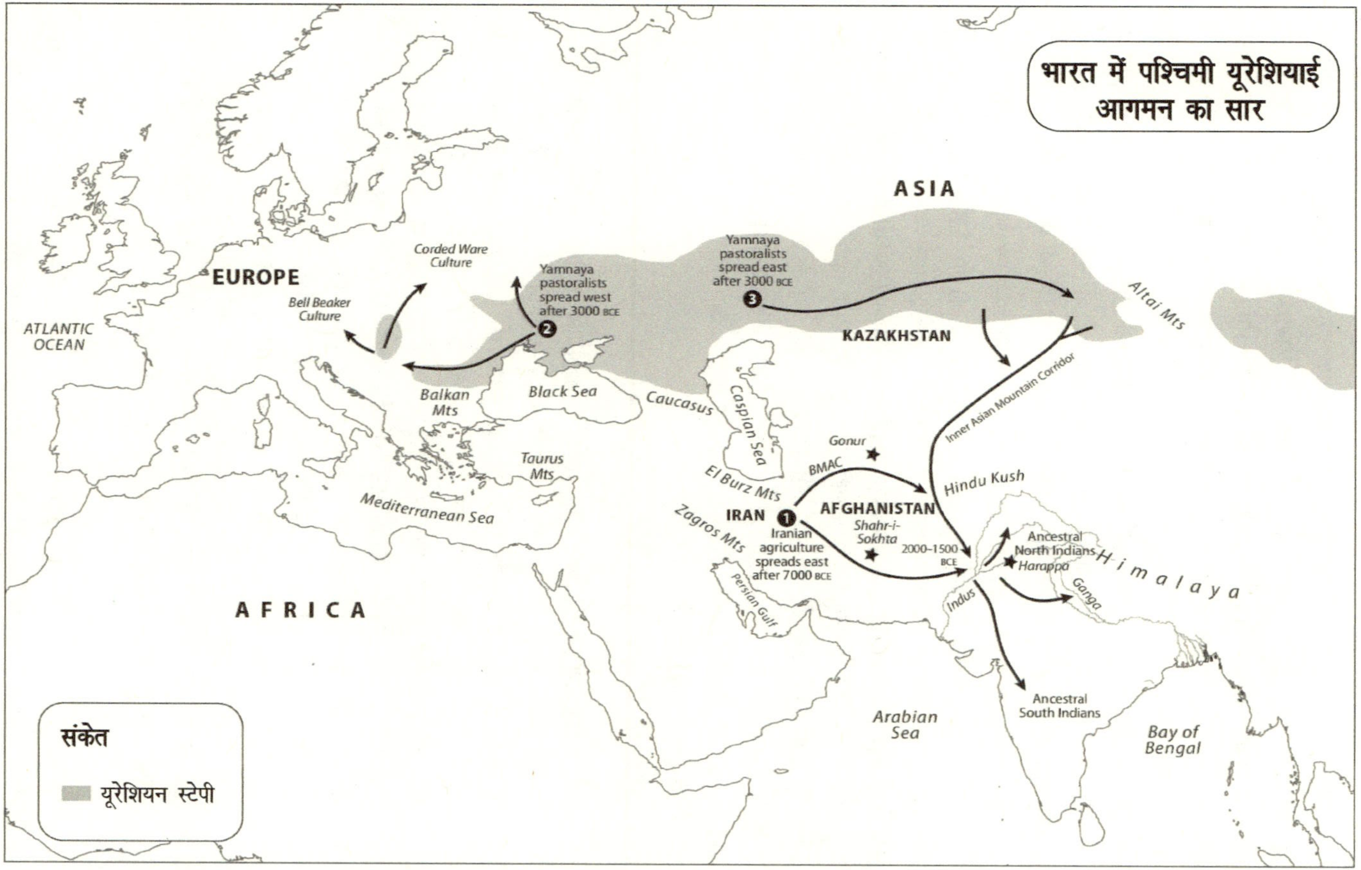

Adapted from 'Genomic Formation of South and Central Asia', bioRxiv, 2018

परवर्ती संस्कृतियों में टुकड़े-टुकड़े होकर बिखर गए थे, जिनमें से हरेक की अपनी अनूठी शैली और प्रथाएँ थीं।

जून 2015 में 'पॉपुलेशन जीनोमिक्स ऑफ़ ब्रॉंज एज यूरेशिया' शीर्षक से *नेचर* में प्रकाशित एक अध्ययन कहता है, "ईसापूर्व 2000 से उराल्स में सिन्ताश्ता संस्कृति के नाम से प्रसिद्ध उस्ताद कारीगरों का एक नया वर्ग उभरा था, जो रथों का निर्माण करता था, घोड़ों का प्रजनन कराता था, उनको प्रशिक्षित करता था और परिष्कृत क़िस्म के नए हथियारों का निर्माण करता था। ये नवाचार बहुत जल्दी समूचे यूरोप और एशिया में फैल गए, जहाँ उन्होंने ऐंड्रोनोवो संस्कृति को जन्म दिया।" जैसा कि इंडो-यूरोपियन भाषाओं और इतिहास के विशेषज्ञ मानवविज्ञान के अमेरिकी प्रोफ़ेसर डेविड डब्ल्यू. एन्थॅनी के दस्तावेज़ बताते हैं, सिन्ताश्ता और ऐंड्रोनोवो, दोनों ही संस्कृतियाँ स्टेपी के लोगों के दक्षिण एशिया में निष्क्रमण के संदर्भ में प्रासंगिक हैं।

अपनी पुस्तक *द हॉर्स, द व्हील ऐंड लैंग्युएज* में एन्थॅनी रूसी पुरातात्त्विक स्थल सिन्ताश्ता और अर्केम तथा ऋग्वेद में वर्णित स्थलों के उत्खनन के दौरान सामने आई प्रथाओं के बीच की समानताओं की विस्तार से छानबीन करते हैं (ऋग्वेद सबसे प्राचीन वेद है, जिसकी तिथियों के बारे में ईसापूर्व 1700 और ईसापूर्व 1100 के बीच की अवधियों के विविध अनुमान हैं[3], हालाँकि इस बारे में कोई एक राय नहीं है कि इसके हिस्से 'आर्यों द्वारा उनके हिन्दुस्तान पहुँचने के पहले लिखे गए थे या नहीं')। ये समानताएँ इस तर्क को मज़बूती प्रदान करती हैं कि जिन 'आर्यों' ने वेदों की रचना की थी और जो भारत में इंडो-यूरोपियन भाषाएँ लेकर आए थे, वे उन लोगों से संबंध रखते थे, जो सिन्ताश्ता और अर्केम जैसे स्थलों पर अपनी सांस्कृतिक प्रथाएँ छोड़ गए थे।

एन्थॅनी के ही शब्दों में :

> इन समानताओं में शामिल हैं, ऋग्वेद 10.18 में कुर्गन का एक संदर्भ ("उन्हें... इस पर्वत पर मृतक को दफ़नाने दो'), दफ़नाने की छत वाली कोठरी में खम्भों के सहारे ("पितर तुम्हारे लिए इस स्तम्भ को थामे रहें') और टेक लगी दीवारों के सहारे ("मैं तुम्हारे चारों ओर टेक लगाता हूँ; मैं पृथ्वी के इस पिण्ड को रखते हुए तुम्हें घायल नहीं करना चाहता")। यह सिन्ताश्ता का एकदम सटीक विवरण है... क़ब्र के गड्ढे, जिनमें शहतीरों और तख़्तों की दीवारों पर सधे लकड़ी के तख़्ते होते हैं। राजसी अन्तिम संस्कार के दौरान दी जाने वाली घोड़े की बलि को ऋग्वेद 1.162 में इस तरह वर्णित किया गया है : "अंगों को अक्षत रखो और उनको उचित क्रम में रखो। एक-एक अंग का नाम पुकारते हुए उनको काटकर अलग करो।" सिन्ताश्ता में घोड़े की बलि... क़ब्रें इस वर्णन से मेल खाती हैं, जहाँ घोड़े के पैरों के निचले हिस्सों को जोड़ों से काटकर अलग किया जाता था और उनको क़ब्र के अन्दर और ऊपर करीने से रखा जाता था।

3. हार्वर्ड यूनिवर्सिटी में संस्कृत के वेल्स प्रोफ़ेसर और हिन्दुस्तान के प्राचीनतम ग्रन्थों के विशेषज्ञ माइकल विट्ज़ेल के अनुसार वेदों की रचना ईसापूर्व 1400 और ईसापूर्व 1000 के बीच हुई थी (डी.एन. झा, "मिटान्नि इंडो-आर्यन माज़्दा ऐंड द डेट ऑफ़ ऋग्वेद', *द कॉम्प्लैक्स हैरिटेज ऑफ़ अर्ली इंडिया, एस्सेज़ इन मैमोरी ऑफ़ आर.एस. शर्मा* [मनोहर पब्लिकेशन्स, 2014])।

एन्थॅनी एक स्रबनाया स्थल का वर्णन करते हैं, जिसकी खुदाई उन्हीं ने की थी और जिसमें स्टेपी के पुरातात्त्विक साक्ष्यों तथा भारतीय और ईरानी मिथकों के बीच के रिश्ते के आश्चर्यजनक साक्ष्य मौजूद थे।[4] ये साक्ष्य शीत ऋतु के मध्य में नए वर्ष और दीक्षा-संस्कार के अवसर पर दी जाने वाली बलि से ताल्लुक़ रखते हैं। यह अनुष्ठान शीतकालीन संक्रान्ति के समय किया जाता था। एन्थॅनी लिखते हैं :

> बहुत-से इंडो-यूरोपियन मिथकों और अनुष्ठानों में इस घटना के संदर्भ निहित हैं। इसकी एक भूमिका नौजवानों को योद्धाओं की श्रेणी में दीक्षित करने की थी और कुत्ता या भेड़िया इसका प्रमुख प्रतीक हुआ करता था। कुत्ते मृत्यु का प्रतिनिधित्व करते थे; लोकोत्तर जगत के प्रवेश-द्वार पर बहुत-से कुत्ते पहरा देते थे या बहुत-से सिरों वाला एक कुत्ता पहरा देता था। दीक्षा के अवसर पर पुराने वर्ष और बचपन की पहचानों, दोनों की मृत्यु हो जाती थी और लड़के जैसे ही योद्धा बन जाते थे, वे मृत्यु के कुत्तों को भोजन देते थे। ऋग्वेद में, योद्धाओं का जो शपथबद्ध भ्रातृसंघ शीत ऋतु के मध्य में बलि-अनुष्ठान किया करता था, उसको व्रत्यों के नाम से जाना जाता था, जिनको श्वान-पुरोहित भी कहा जाता था। इनसे जुड़े उत्सवों में बहुत-सी प्रतियोगिताएँ भी होती थीं, जिनमें काव्य-पाठ और रथों की दौड़ शामिल थीं। समारा नदी-घाटी में क्रास्नोसमारस्कोए की स्रबनाया बस्ती में हमें परवर्ती कांस्य युग में शीत ऋतु में दी जाने वाली कुत्तों की बलि के अवशेष मिले थे... लगभग ईसापूर्व 1750 के...। कम-से-कम 18 या शायद उससे ज़्यादा कुत्तों को जिबह किया गया था।

एन्थॅनी कहते हैं कि रथों का निर्माण करने वाली, क़िलों में रहने वाली सिन्ताश्ता की सल्तनतों ने खुद को नए क़िस्म के हथियारों से सुसज्जित कर रखा था, अन्तिम संस्कार की नई शैली के ऐसे अनुष्ठानों की रचना की थी, जिनमें समृद्धि और उदारता का भव्य प्रदर्शन किया जाता था और धातुओं के उत्खनन तथा उत्पादन की एक ऐसे पैमाने पर शुरुआत की थी, जिसकी इसके पहले स्टेपी में कल्पना भी नहीं की गई थी। अन्ततः ईसापूर्व 2000 के आस-पास कभी वे उराल पहाड़ियों के बीच से रास्ता बनाकर - या उनका चक्कर लगाकर - स्टेपी के पूर्वी हिस्सों में फैल गए थे। वे लिखते हैं, "उनके साथ गई सिन्ताश्ता की पूर्वी बेटियाँ, वे सन्ततियाँ जो बाद में इतिहास में ईरानियों या वैदिक आर्यों के रूप में प्रकट होने वाली थीं। ये पूर्वी और दक्षिणी रिश्ते अन्ततः उत्तरी स्टेपी की संस्कृतियों को एशिया की पुरानी सभ्यताओं के सीधे सम्पर्क में ले आए।"

एन्थॅनी ने अपनी पुस्तक ज़्यादातर पुरातात्त्विक आँकड़ों के आधार पर लिखी थी, लेकिन अब प्राचीन डीएनए ने साबित कर दिया है कि वे पूरी तरह सही थे। 'द जीनोमिक फ़ॉर्मेशन

---

4. इंडो-ईरानियन, स्टेपी के इंडो-यूरोपियन-भाषा-भाषी चरवाहों की एक शाखा थी, जो खुद को 'आर्य' कहते थे और जो दक्षिण एशिया की ओर स्थानान्तरित होकर अन्ततः ईरान और हिन्दुस्तान में बस गए थे। पारसी मज़हब के मुख्य ग्रन्थ ज़ेंड-अवेस्ता और संस्कृत के सबसे प्राचीन वेद ऋग्वेद में चित्रित इनकी संस्कृति और मिथक कई तरह से एक-जैसे हैं।

ऑफ़ साउथ ऐंड सेंट्रल एशिया' ने इस बात की पुष्टि कर दी थी कि ईसापूर्व 2000 और ईसापूर्व 1400 के मध्य स्टेपी के पूर्वी यूरोपीय और उराल में अपेक्षाकृत एक समान आबादी थी, जो उन लोगों से भिन्न थी, जिन्होंने इस क्षेत्र को इससे पहले आबाद कर रखा था। इस आबादी को अलग करने वाला लक्षण था, यूरोपीय किसानों की वंशावली। जिस 'पूर्वाभिमुखी उतार' का ज़िक्र पहले किया गया था, जो कॉर्डेड वेयर संस्कृति का मिश्रण समाए हुए था, वह अब समूची स्टेपी में आम था।

लेकिन एक और भी फ़र्क़ है। जैसे ही आप पूरब की ओर, आज के कज़ाख़िस्तान और रूस में मिनूसिंस्क जलागम क्षेत्र तक, आगे बढ़ते जाते हैं, प्राचीन डीएनए नमूने उस एक और वंशावली के योग को दर्शाने लगते हैं, जिसे 2018 का जीन-समूह अध्ययन पश्चिमी साइबेरियाई हैप्लोसमूह_एचजी के नाम से पुकारता है। यह दर्शाता है कि जैसे ही 'पूर्वी उतार' कज़ाख़िस्तान और पूरब की दिशा में उससे आगे पहुँचा, उसका सामना और मिश्रण एक ऐसी आबादी से हुआ, जिसमें पश्चिमी साइबेरियाई हैप्लोसमूह का एक अंश पहले से मौजूद था। इसलिए इस अध्ययन ने स्टेपी-एमएलबीए_ईस्ट नामक एक नए समूह की रचना की, ताकि उसको उस स्टेपी-एमएलबीए_वेस्ट से अलग किया जा सकता, जिसमें इस तरह की कोई वंशावली नहीं थी।

यह चीज़ हमारे लिए महत्त्वपूर्ण है, क्योंकि संभवतः यही वह स्टेपी-एमएलबीए_ईस्ट है जो अन्ततः स्टेपी से दक्षिण की ओर बीएमएसी और तूरान तक और उसके बाद और भी दक्षिण में भारतीय उपमहाद्वीप तक गई थी। आनुवांशिक अध्ययन दक्षिण एशिया में हुए स्टेपी के प्रवेश को महज़ स्टेपी-एमएलबीए के रूप में चित्रित करते हैं, क्योंकि एमएलबीए_पश्चिम और एमएलबीए_पूर्व, दोनों की भारतीय वंशावली के स्रोतों के रूप में संगति बैठती है, लेकिन संभव है कि एमएलबीए_पूर्व ही दक्षिण एशिया पहुँचा हो, क्योंकि यह भौगोलिक दृष्टि से इस महाद्वीप के ज़्यादा निकट है। इसकी एक और वजह है कज़ाख़िस्तान में R1a-Z93 यानी हिन्दुस्तान में पाए गए स्टेपी मूल का वाई-क्रोमोज़ोम हैप्लोसमूह की प्रबल उपस्थिति।

क्या यह अध्ययन हमें दक्षिण एशिया में 'आर्यों' के आगमन की तिथि के थोड़ा भी क़रीब ले जाता है? यह अध्ययन कई रूपों में उसके क़रीब ले जाता है। चूँकि बीएमएसी प्राचीन डीएनए स्टेपी की उपस्थिति को ईसापूर्व 2100 के बाद की ही दर्शाता है और उसके पहले वह स्पष्ट रूप से अनुपस्थित है, इससे यह बात साफ़ हो जाती है कि स्टेपी के लोगों का आगमन इस रास्ते निश्चित तौर पर इसके पहले नहीं हुआ होगा। इस तथ्य के मद्देनज़र कि बीएमएसी दक्षिण एशिया से बहुत दूर नहीं है और हड़प्पा के लोगों के साथ इसके मज़बूत व्यापारिक संबंध थे, यह आगमन निश्चित तौर पर बहुत बाद में भी नहीं हुआ होगा। ऐसे पुरातात्त्विक साक्ष्य हैं, जो संकेत करते हैं कि बीएमएसी से दक्षिण एशिया की दिशा में ये स्थानान्तरण बाद में जल्दी ही शुरू हो गए होंगे। हड़प्पा क्षेत्र में घोड़े का पहला निर्विवाद साक्ष्य बलूचिस्तान के पिराक से मिलता है और इसकी तिथि, हड़प्पा के परवर्ती दौर, ईसापूर्व 1800 की बताई जाती है। पिराक में टेराकोटा और कच्ची मिट्टी से बनी घोड़ों की छोटी मूर्तियाँ भी थीं - याद करें कि हड़प्पा की किसी भी अन्य मुहर या शिल्प में घोड़े का कोई चित्रण नहीं है। इसका मतलब है कि भारतीय उपमहाद्वीप में स्टेपी के लोगों के पहले आगमन लगभग उसी समय हुए होंगे, जब हड़प्पा सभ्यता पतनोन्मुख रही होगी।

दक्षिण एशिया और यूरोप के बीच समानताएँ

दक्षिण एशिया में लोगों के आगमनों के इतिहास और पश्चिमी यूरोप में लोगों के आगमनों के इतिहास में अचूक समानताएँ हैं, हालाँकि इन आगमनों के ढंग भिन्न-भिन्न हैं। पश्चिमी यूरोप में कृषि प्रौद्योगिकी ईसापूर्व 7000 और ईसापूर्व 5000 के दरम्यान पश्चिम एशिया से आए अनातोलियाई खेतिहरों द्वारा लाई गई थी। लगभग इसी समय दक्षिण एशिया में भी ज़ेग्रॉस के चरवाहों का आगमन हुआ था, हालाँकि यह सवाल बहसतलब है कि वे अपने साथ कृषि का सम्पूर्ण पैकेज लेकर आए थे या नहीं। जैसा कि पहले उल्लेख किया गया था, यह संभव है कि बलूचिस्तान के मेहरगढ़ और उत्तरप्रदेश के लाहुरादेव में कृषि के आरम्भिक प्रयोग पहले ही शुरू हो चुके हों और बाहर से आए लोगों ने कृषिकर्म की नई विधियाँ लाकर कृषि के क्षेत्र में हो रहे इस प्रवेश को रफ़्तार भर दी हो। पश्चिमी यूरोप में आगन्तुक अनातोलियाई खेतिहर और निवासी शिकारी-संग्रहकर्ता विभिन्न स्तरों पर मिश्रित हुए और उन्होंने कई नवपाषाणयुगीन संस्कृतियों को जन्म दिया। दक्षिण एशिया में ज़ेग्रॉस के आगन्तुक गड़रिये प्रथम भारतीयों के साथ मिश्रित हुए और उन्होंने हड़प्पा सभ्यता की रचना की। यूरोप में बाद में स्टेपी के चरवाहों का आगमन हुआ, जिन्होंने स्थानीय निवासियों के साथ मिश्रित होकर वे नए आबादी समूह उत्पन्न किए, जिन्होंने कॉर्डेड वेयर, बेल बीकर और अन्य संस्कृतियों की रचना की या उनका प्रसार किया। दक्षिण एशिया में स्टेपी के आगन्तुक चरवाहे हड़प्पा के लोगों के साथ मिश्रित हुए और उन्होंने नए आनुवांशिक समूह एएनआई की रचना की, वहीं हड़प्पा के लोग प्रथम भारतीयों के वंशज दक्षिण भारतीयों के साथ मिश्रित हुए और उन्होंने नए आनुवांशिक समूह एएसआई की रचना की। दोनों समूहों के बीच, विभिन्न क्षेत्रों में विभिन्न स्तरों पर और विभिन्न कालखण्डों के दौरान, एक बार फिर से मिश्रण हुआ और उन्होंने हिन्दुस्तान की वर्तमान आबादी को जन्म दिया।

यूरोप तथा दक्षिण एशिया के बीच एक समानता लैंगिक पूर्वाग्रह के मामले में भी है, जो स्टेपी से हुए आगमनों में प्रतिबिम्बित होती है, जिसकी ओर इस अध्याय में शुरू में राइक ने संकेत किया है। जब तक हिन्दुस्तान के आनुवांशिकीविद आज के हिन्दुस्तानियों के सिर्फ़ एमटी-डीएनए को देखते रहे थे, तब तक वे स्टेपी से हुए आगमनों का पता नहीं लगा सके थे। वह तो जब उन्होंने वाई-क्रोमोज़ोम वंशावली पर ध्यान दिया, तब जाकर ही स्टेपी से हुए आगमनों की वास्तविकता स्पष्ट हो सकी। एक बार फिर से राइक को उद्धृत करें तो, "स्टेपी से आने वाली पुरुष वंशावली की प्रचुरता का मतलब है कि राजनीतिक या सामाजिक शक्तियों से लैस यमनाया के पुरुष वंशज स्थानीय स्त्रियों के साथ संसर्ग करने की प्रतिस्पर्धा में स्थानीय समूहों के मुक़ाबले ज़्यादा कामयाब रहे...। यह बात साफ़ है कि स्टेपी से हुए विस्तारों में उच्च-निम्न के असाधारण क्रम और शक्ति के असन्तुलन कार्यरत थे।"

यह 'अ जनेटिक क्रोनोलॉजी फ़ॉर द इंडियन सबकॉण्टिनेन्ट प्वाइंट्स टु हैवीली सेक्स-बायस्ड डिस्पर्सल्स' शीर्षक से प्रकाशित आलेख था, जिसने हिन्दुस्तान में लैंगिक असमानता की ओर ध्यान खींचा था। इस आलेख में कहा गया था : "कांस्य युग में मध्य एशिया से आई लोगों की बाढ़ ज़बरदस्त रूप से पुरुष-प्रेरित थी, जिसकी संगति उस पितृसत्तात्मक, पतिकेन्द्रिक और पितृवंशीय सामाजिक संरचना से बैठती है, जो चरवाहा

भारतीय-यूरोपीय समाज की तर्कसंगत विशेषता मानी गई है।" यह आलेख यह भी कहता है कि आज के समय के भारत के आबादी समूहों की 70 से 90 प्रतिशत एमटी-डीएनए वंशावलियाँ प्रथम भारतीयों से उत्पन्न हैं, जबकि 10 से 40 प्रतिशत वाई-क्रोमोज़ोम वंशावलियों की वंश-परम्परा वही है। इस फ़र्क़ का श्रेय बाद में हुए आगमनों के यौनपरक पूर्वाग्रहों को दिया जा सकता है।

बहुत-से सामूहिक आगमनों से जुड़े पश्चिमी यूरोप और दक्षिण एशिया के अनुभवों के बीच एक महत्त्वपूर्ण भेद है। पश्चिमी यूरोप में हर नए आगमन ने उल्लेखनीय रूप से पहले की आबादियों की जगह ले ली थी, जबकि दक्षिण एशिया में इस तरह का विस्थापन कुल मिलाकर बहुत कम हुआ। उदाहरण के लिए, आज यूरोप के बहुत-से हिस्सों में मूल शिकारी-संग्रहकर्ताओं की वंशावली इकाई की संख्याओं तक नीचे जा चुकी है, हालाँकि उत्तरी यूरोप में इसके कुछ अपवाद हैं। इसके विपरीत, हिन्दुस्तान में जब आप (अलग-अलग वाई-क्रोमोज़ोम या एमटी-डीएनए के विपरीत) सम्पूर्ण जीन-समूह पर नज़र डालते हैं, तो पाते हैं कि आज भी यहाँ के अधिकांश आबादी-समूहों का 50 और 65 प्रतिशत के बीच का हिस्सा प्रथम भारतीयों की वंशावली से निर्मित है।

यह फ़र्क़ भाषा के बँटवारे में भी दिखाई देता है : आज 94 प्रतिशत यूरोपीय इंडो-यूरोपियन भाषाएँ बोलते हैं, जबकि यही भाषाएँ लगभग 75 प्रतिशत भारतीय बोलते हैं। द्रविड़ भाषाएँ क़रीब 20 प्रतिशत हिन्दुस्तानियों द्वारा बोली जाती हैं, जबकि पश्चिमी यूरोपीयों के पास ऐसी सशक्त उपस्थिति रखने वाली कोई भी ग़ैर-इंडो-यूरोपियन भाषा नहीं है।

दिलचस्प बात है कि पश्चिमी यूरोप में बास्क़ नामक जो एकमात्र ग़ैर- इंडो-यूरोपियन भाषा बची है, वह उस क्षेत्र में बोली जाती है, जिसने यूरोप में स्टेपी से हुए विराट आगमनों का प्रतिरोध किया था। बास्क़ बोलने वाले लोगों की वंशावली का उद्गम जितना स्टेपी से आए हुए लोगों में है, उससे कहीं ज़्यादा वह यूरोप के आरम्भिक खेतिहरों और शिकारी संग्रहकर्ताओं में है, जिनके साथ इन खेतिहरों का मिश्रण हुआ था। इसलिए यह आश्चर्य की बात नहीं है कि वे स्टेपी से हुए आगमन से पहले की अपनी भाषा और संस्कृति को बचाए रहे। (यहाँ दक्षिण भारत की द्रविड़ भाषाओं के साथ किन्हीं स्तरों पर समानता हो सकती है, क्योंकि दोनों ही ऐसे इलाक़ों में जीवित बचे रहने में कामयाब रहीं, जो स्टेपी से आए हुए लोगों के वर्चस्व से अपने को बचाए रख सके।)

यूरोप में स्टेपी से आए लागों के प्राचीन डीएनए साक्ष्यों ने बहुत-से पुरातत्त्वविदों को आश्चर्य में डाल दिया था, क्योंकि दूसरे विश्व युद्ध के बाद इनके मन में नाज़ियों और उनके सिद्धान्तों और उन विश्वासों के प्रति नफ़रत पैदा हो गई थी, जिनमें एक उनकी यह धारणा भी शामिल थी कि वे पूर्वी यूरोपीयों या यहूदियों से भिन्न 'आर्यों' की एक श्रेष्ठ और 'शुद्ध नस्ल' से संबंध रखते थे; दूसरी यह कि उन्होंने अतीत में बहुत-से देशों को जीता था और वहाँ अपनी 'कॉर्डेड वेयर संस्कृति' का प्रसार किया था; और तीसरी यह कि इस तरह उनका, उनके आस-पास के दूसरों के देशों पर कुदरती और जन्मजात हक़ है। यह नाज़ी धारणाओं के तिरस्कार का ही एक हिस्सा था कि इन पुरातत्त्वविदों ने इस धारणा का ज़ोरदार खण्डन किया था कि अतीत में यूरोप ने ऐसे बहुत-से आक्रमणों या आगमनों को भोगा

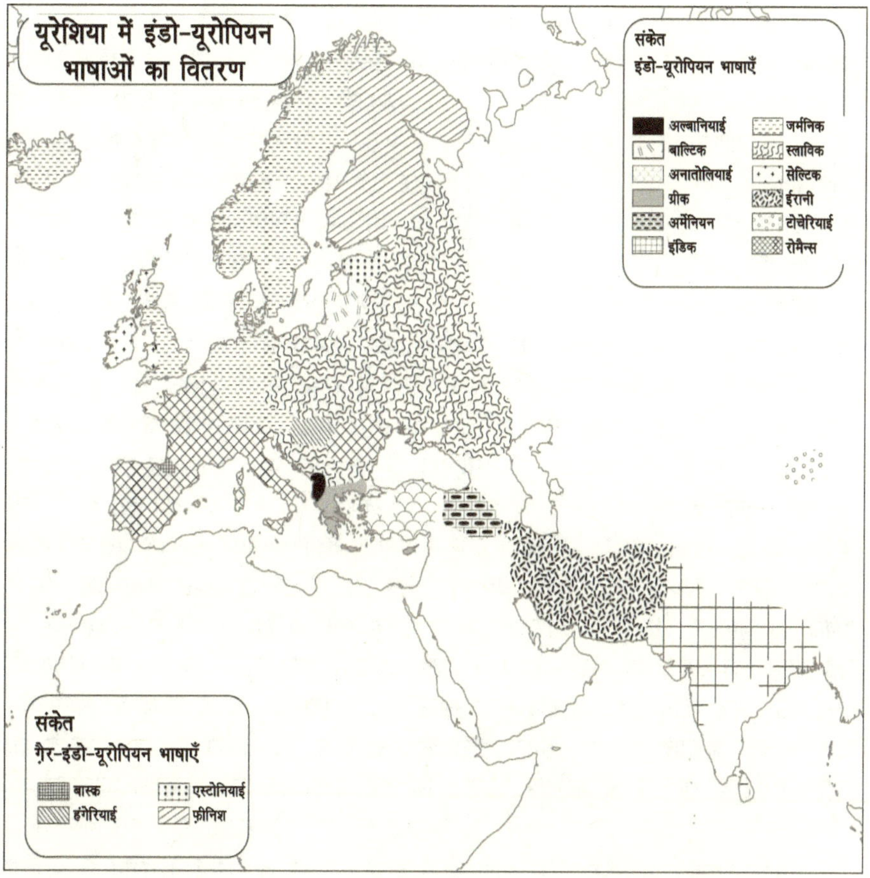

था, जिन्होंने उनकी संस्कृति में बदलाव पैदा किए थे, लेकिन नई आनुवांशिक खोजों ने इन पुरातत्त्वविदों तथा नाज़ियों, दोनों को झूठा साबित कर दिया है। पुरातत्त्वविदों के विश्वास के विपरीत, आज हम जानते हैं कि आगमनों ने सचमुच ही यूरोप की संस्कृति में बदलाव पैदा किए थे। और नाज़ियों के विश्वास के विपरीत, स्टेपी के जिन चरवाहों को वे 'आर्य' कहते थे, वे स्वयं किसी भी सूरत में 'शुद्ध नस्ल' नहीं, बल्कि मिश्रित वंशावली के लोग थे। और भी मार्मिक तथ्य यह है कि वे पूर्वी यूरोप के उसी क्षेत्र से आए थे, जिसके प्रति नाज़ियों के मन में गहरी घृणा का भाव था।

नाज़ियों के सिद्धान्तों को ख़ारिज करने के संवेग के अलावा भी बहुत-से पुरातत्त्ववेत्ताओं और इतिहासकारों के मन में सामूहिक आगमनों को लेकर सन्देह करने के दूसरे कारण थे। उदाहरण के लिए, पुरातत्त्वविद कॉलिन रेन्फ्रू का मानना था कि जैसे ही कृषि ने उड़ान भरी होगी और आबादी में विस्फोट हुआ होगा, वैसे ही किन्हीं भी नए आगमनों के लिए इतने बड़े पैमाने का रूप ले पाना बहुत मुश्किल रहा होगा कि वे इन सघन बसाहटों वाले क्षेत्रों की जनसांख्यिकीय बनावट में बदलाव ला पाते। तब फिर यमनाया इन मुश्किलों से कैसे पार पा सके?

इसका एक कारण यह है कि जब कृषि के प्रसार के साथ आबादी में सहसा वृद्धि हुई, तब बहुत-से क्षेत्रों की बसाहट बहुत घनी नहीं थी। उदाहरण के लिए, परिपक्व हड़प्पा सभ्यता अपने वक़्त की सबसे बड़ी सभ्यता थी, उसकी आबादी अधिकतम पचास लाख आँकी गई थी, जो अफ़गानिस्तान के शॉर्टुघइ से लेकर मकरान तट के सुत्कागन डोर तक दस लाख वर्ग किलोमीटर से ज़्यादा क्षेत्र में फैली हुई थी। और यह आज के समय के महज़ एक नगर, अहमदाबाद, की आबादी से भी कम है। यूरोप के मामले में, पुरातात्त्विक साक्ष्य संकेत करते हैं कि आगन्तुक यमनाया लोगों ने यूरोपीय नवपाषाणयुगीन कृषकों की बसाहट से रहित बड़े इलाक़ों को जंगलों से उस तरह के चारागाहों में बदला था, जिस तरह के भूगोल से वे परिचित थे।

लेकिन एक और व्याख्या की संभावना उस समय उजागर हुई, जब 2015 में आनुवांशिकीविद एस्के विलर्स्लेव द्वारा अन्य लोगों के साथ मिलकर लिखे गए आलेख में कहा गया कि उन्होंने कांस्य युगीन यूरेशिया के जिन 101 प्राचीन व्यक्तियों का विश्लेषण किया था, उनमें से सात व्यक्तियों में यर्सीनिया पेस्टिस (वह जीवाणु जिससे प्लेग होता है) से मिलते-जुलते डीएनए सीक्वेंसों की पहचान कर ली है। ये नमूने उन व्यक्तियों के थे, जो कॉर्डेड वेयर, अफ़ानासिएवो, सिन्ताश्ता और ऐंड्रोनोवो जैसी यमनाया से जुड़ी संस्कृतियों में दफ़्न थे। इस अध्ययन का निष्कर्ष था : "प्राचीन जीनोमिक्स द्वारा यह चीज़ हाल ही में दर्शाई जा चुकी है कि यूरोप और एशिया में कांस्य युग की विशेषताओं में आबादियों की बड़े पैमाने की आवाजाही, सम्मिश्रण और एक आबादी द्वारा दूसरी आबादी की जगह ले लेने जैसी चीज़ें शामिल थीं, जिनके साथ गहन और पुरातात्त्विक दृष्टि से वर्णित सामाजिक तथा आर्थिक परिवर्तन हुए थे। हमारे द्वारा की गई खोजों की रोशनी में यह संभव है कि महामारी के विस्फोटों ने आबादी के विन्यास से संबंधित इन अत्यन्त गतिशील घटनाओं को आसान बना दिया हो या इन घटनाओं ने महामारी के विस्फोटों को आसान बना दिया हो।"

अगर स्टेपी से बड़े पैमान पर आए लोगों द्वारा लाई गई बीमारियों ने यूरोप में आबादी के विन्यास में हुए परिवर्तनों में भूमिका निभाई थी, तो बेशक ऐसा आख़िरी बार नहीं हुआ होगा। अमेरिकी महाद्वीपों में यूरोपीयों द्वारा लाई गई बीमारियों ने उन महाद्वीपों की मूल आबादी को तबाह करने में ख़ासी बड़ी भूमिका निभाई थी। क्या उन्होंने उस हड़प्पा सभ्यता के लुप्त होने में भी कोई भूमिका निभाई थी, जिसका पतन लगभग उसी समय शुरू हो गया था, जब स्टेपी से निकले शुरुआती लोग हिन्दुस्तान पहुँचे थे? यह हम तब तक नहीं जान पाएँगे, जब तक हमें हड़प्पा के परवर्ती कालखण्ड के हड़प्पा, मोहनजो-दड़ो या कालीबंगा जैसे नगरों से कोई सीधे प्राचीन डीएनए साक्ष्य नहीं मिल जाते, लेकिन अगर हमें यह बात पता भी चल जाती है कि बीमारियों ने हड़प्पा की आबादी में गिरावट लाने में कोई भूमिका निभाई थी, तब भी यह पर्याप्त तौर निश्चित है कि यह इस सभ्यता के पतन का कारण नहीं था, क्योंकि इस बात के प्रमाण उत्तरोत्तर बढ़ते जा रहे हैं कि इस सभ्यता का पतन सूखे के एक लम्बे कालखण्ड की वजह से हुआ था - और यह सूखा लगभग उसी समय पड़ा था, जब वह मिस्र, मेसोपोटेमिया और चीन जैसी जगहों की सभ्यता का विनाश कर रहा था।

हड़प्पा सभ्यता के पतन के संभावित कारणों पर केन्द्रित अत्यन्त विस्तृत और कई वर्षों में फैला भूगर्भशास्त्रीय अध्ययन 2012 में 'फ्लूवीअल लैंडस्केप्स ऑफ़ द हड़प्पन

सिविलाज़ेशन'[5] शीर्षक से प्रकाशित हुआ था, जिसने इसके एक स्पष्ट कारण की पहचान की थी : एक लम्बा सूखा, जिसने अन्ततः मानसूनी नदियों को सुखा दिया था या उनको मौसमी बना दिया था और इस तरह इन नदियों की तटवर्ती निवास-व्यवस्था पर दुष्प्रभाव डाला था। इस आलेख के शब्दों में : "जल-संबंधी पर्यावरणपरक दबाव ने उस कृषि-उत्पादन के जोखिम में इज़ाफ़ा किया, जो हड़प्पा के नगरीय जीवन को थामे हुए था और इसके नतीजे में आबादी में गिरावट आई, फ़सलों में विविधता आई और उत्तरी पंजाब, हरियाणा, और उत्तरप्रदेश के मानसूनी नमी वाले क्षेत्रों में बसाहटों में ज़बरदस्त वृद्धि हुई।"

इस अध्ययन के निष्कर्षों की सबसे प्रबल पुष्टि तब हुई, जब भूगर्भीय समय पर अधिकृत तौर पर नज़र रखने वाली संस्था इंटरनेशनल कमीशन ऑन स्ट्रैटीग्राफ़ी (आईसीएस) ने जुलाई 2018 में 'द मेघालयन' नामक एक नए युग को प्रस्तुत किया, जो ईसापूर्व 2200 से आज तक जारी है और जिसकी शुरुआत उस एक बहुत भीषण सूखे के साथ होती है जिसने दुनिया की अनेक सभ्यताओं को कुचल कर रख दिया था - मिस्र की, मेसोपोटेमिया की, चीन की और, बेशक, हिन्दुस्तान की भी। यह भीषण सूखा संभवतः महासागर और वातावरण में आए बदलावों की वजह से पड़ा था।

इसलिए पीछे मुड़कर देखने पर, यह कुछ वैसा ही लगता है जैसे 1944 और 1948 के बीच आर्कियोलॉजिकल सर्वे ऑफ़ इंडिया के महानिदेशक रहे सर रॉबर्ट एरिक मॉर्टीमर ह्वीलर ने हड़प्पा सभ्यता के लोप के लिए उस वक़्त ग़लत व्यक्ति को दोषी ठहराया था, जब उन्होंने लिखा था कि, "परिस्थितिजन्य साक्ष्यों के आधार पर इन्द्र आरोपी ठहरते हैं!" निश्चय ही, उनके कहने का अभिप्राय यह था कि 'आक्रान्ता आर्यों' ने हड़प्पा सभ्यता को नष्ट कर दिया था - जो एक ऐसी बात थी, जिसका कोई पुरातात्त्विक साक्ष्य नहीं था। उनको वर्षा के देवता वरुण की दिशा में देखना चाहिए था![6]

पतन के बाद

निश्चय ही यह संभव है कि हड़प्पा सभ्यता के पतन के कोई एक नहीं, बल्कि बहुत-से कारण रहे हों। हो सकता है कि सूखे की लम्बी अवधि ने इस सभ्यता को ऊर्जा से रिक्त कर दिया हो और मेसोपोटेमिया के साथ इसके व्यापार को तबाह कर दिया हो, जो ख़ुद ही संकट से गुज़र रहा था; संभव है कि इसके नतीजे में हड़प्पा सभ्यता पर हुकूमत करने वाली विचारधारा ध्वस्त हो गई हो और परिणामस्वरूप सार्वभौम मुहरों तथा लिपि जैसे उसके सत्ता और वाणिज्य के प्रतीक लुप्त हो गए हों; संभव है कोई अन्दरूनी विद्रोह हुए हों; ऐसे में संभव है कि हड़प्पा के लोगों ने गंगा घाटी जैसे उपजाऊ क्षेत्रों की ओर चले जाने का कोई उपलब्ध विकल्प चुन लिया हो और पुरानी व्यवस्था को बरक़रार रखने के नए तरीक़े खोजने की बजाय कोई नई ही शुरुआत की हो; और शायद यूरेशियाई स्टेपी के योद्धा-नुमा आगन्तुकों की नई लहर का प्रवाह वह अन्तिम आघात रहा हो, जिसने इस व्यवस्था की कमर हमेशा के लिए तोड़ दी हो, लेकिन

---

5. लिविउ जियोसन और अन्य, "फ़्लूवीअल लैंडस्केप्स ऑफ़ द हड़प्पन सिविलाज़ेशन', *पीएनएएस* (2012)।

6. बाद में सर रॉबर्ट ने अतिरिक्त साक्ष्यों के आधार पर इन्द्र को दोषमुक्त कर दिया था!

जैसा कि हम बाद में देखेंगे, हड़प्पा सभ्यता का भले ही ईसापूर्व 1900 के आस-पास पतन हो गया हो, लेकिन न तो इसके लोग लुप्त हुए, न भाषा लुप्त हुई और न ही अपने समय की इस सबसे बड़ी सभ्यता से जुड़े विश्वास और रीति-रिवाज़ लुप्त हुए।

इसकी वजह यह थी कि जब यह सभ्यता सूखे की लम्बी अवधि की वजह से मन्द पड़ गई, तो हड़प्पा के लोग नई उपजाऊ ज़मीन की तलाश में अपना असबाब, अपनी संस्कृति और कम-से-कम अपनी कुछ प्रथाएँ अपने साथ लेकर पूरब और दक्षिण, दोनों दिशाओं में फैल गए। (हड़प्पा सभ्यता की निरन्तरता के बारे में कुछ आगे के पृष्ठ देखे जा सकते हैं।)

'आर्य' अपने साथ एक चरवाहा जीवन-शैली, बलि के बड़े अनुष्ठानों जैसे नए धार्मिक रीति-रिवाज़, योद्धा परम्परा और घुड़सवारी तथा धातुकर्म लेकर लगभग इसी समय या इसके थोड़े समय बाद आए थे। इसका नतीजा था आबादियों का मिश्रण और एक नए अभिजात वर्ग का निर्माण, जो इतना वर्चस्वशाली तो था ही कि वह समूचे उत्तर पर इंडो-यूरोपियन भाषा आरोपित कर भाषिक बदलाव लाने में सक्षम हो सका। हड़प्पा के लोगों के कुछ विश्वासों और दस्तूरों ने 'आर्यों' की धार्मिक विचारधारा को नया रूप दिया, तो कुछ दूसरे रीति-रिवाज़ लोक धर्म और लोक संस्कृति के रूप में अधिक प्रचलन में बने रहे।

दक्षिण में आगन्तुक हड़प्पाइयों को अपनी भाषा और संस्कृति के लिए एक अधिक अनुकूल वातावरण मिला होगा, आंशिक तौर पर इसलिए कि 'आर्य' अभी प्रायद्वीपीय हिन्दुस्तान तक नहीं पहुँच पाए थे और संभवतः, आंशिक तौर पर उन शुरुआती आगन्तुकों की मौजूदगी की वजह से, जिन्होंने शायद द्रविड़ भाषाओं का प्रसार कर दिया होगा, जैसा कि हमने अध्याय 3 में देखा है।

आनुवांशिकी की भाषा में हड़प्पा के लोगों ने दक्षिण जाकर और प्रायद्वीपीय भारत के प्रथम भारतीयों के साथ मिश्रित होकर पैतृक दक्षिण भारतीयों की उत्पत्ति में योगदान किया था और आगन्तुक 'आर्यों' के साथ मिश्रित होकर पैतृक उत्तर भारतीयों की उत्पत्ति में भी योगदान किया था। इसलिए, वे लोग कई अर्थों में वह सांस्कृतिक गोंद हैं, जो हिन्दुस्तान को जोड़कर रखे है - या, अपने पिछले रूपक में बढ़त करते हुए कहें तो, वे पिज़्ज़ा पर पड़ा हुआ सॉस हैं।

हिन्दुस्तान को अपने 'दूसरे नगरीकरण', जिसकी शुरुआत ईसापूर्व 500 में हुई थी, के लिए हड़प्पा सभ्यता के बाद एक हज़ार साल से भी ज़्यादा समय तक इन्तज़ार करना पड़ा, तो इसकी आंशिक वजह यह हो सकती है कि स्टेपी से आया यह नया वर्चस्वशाली अभिजात वर्ग स्पष्ट तौर पर एक ग़ैर-नगरीय, घूमन्तू जीवन-शैली को प्राथमिकता देता था। जैसा कि एन्थॅनी ने *द हॉर्स, द वील ऐंड द लैंग्युएज* में लिखा है, यमनाया एक घूमन्तू चरवाहा जाति थी, जो जहाँ कहीं भी अपना वर्चस्व क़ायम करती थी, वहाँ की बस्तियों के स्थलों के लोप का कारण बनती जाती थी।

हड़प्पा के लोग और वेद : असंबंध और संबंध

जब स्टेपी के लोग हिन्दुस्तान पहुँचे होंगे, तो उनका सामना एक ऐसी संस्कृति से हुआ होगा, जिसके पास पहले से ही अपने मिथक, धार्मिक विश्वास और रीति-रिवाज़ तथा प्रभावी भाषा या भाषाएँ थीं और वह लम्बे सूखे की वजह से धीरे-धीरे सामने आ रहे विनाश के साथ

धीरे-धीरे अपना तालमेल बैठा रही थी। हमें अभी तक इस बात की जानकारी नहीं है कि अपने को 'आर्य' कहने वाले इन लोगों ने कौन-से विभिन्न रास्ते अपनाए होंगे या उनके कितने अलग-अलग और प्रतिस्पर्धी समूह रहे होंगे। हम सिर्फ़ इतना जानते हैं कि पुरातात्त्विक अवशेषों से प्रकट होने वाली हड़प्पा संस्कृति और वेदों से प्रकट होती इंडो-यूरोपियन संस्कृति (जिसकी शुरुआत सबसे प्राचीन रचना ऋग्वेद के साथ होती है) के बीच का दिखाई देने वाला असंबंध समय गुज़रने के साथ कम होता गया है।

शुरुआती असंबंध के कुछ उदाहरण ये हैं। ऋग्वेद के देवी-देवताओं - इन्द्र, अग्नि, वरुण और अश्विन - हड़प्पा की छवियों के विशाल ख़ज़ाने में किसी भी तरह से निरूपित नहीं हैं। इसकी उलट स्थिति भी इसी तरह सही है : हड़प्पा संस्कृति के प्रभावी प्रतीकों और छवियों - जैसे कि वे सर्वत्र पाई जाने वाली मुहरें, जिनमें वह यूनिकॉर्न चित्रित है, जिसके सामने कोई अंगीठीनुमा या नाँदनुमा कोई चीज़ रखी हुई है; लिपि; मोहनजो-दड़ो का विशाल स्नानागार और उसका महत्त्व; इत्यादि की व्याख्या करने में ऋग्वेद से कोई मदद नहीं मिलती।

दरअसल, एक प्रसंग में ऋग्वेद के सिद्धान्तों और हड़प्पा के रीतिरिवाज़ों के बीच की विषमता ख़ासी चौंकाने वाली है। ऋग्वेद शिश्न-देव (शाब्दिक अर्थ : लिंग-देवता या लिंग-उपासक) की निन्दा करता है, जबकि हड़प्पा के शिल्प किसी के भी मन में इस बात को लेकर सन्देह की गुंजाइश नहीं छोड़ते कि लिंग-पूजा उसके सांस्कृतिक ख़ज़ाने का हिस्सा थी। पुरातत्त्वविद आर.एस. बिष्ट ने हिन्दुस्तान में धोलावीरा के दृश्यात्मक रूप से सबसे ज़्यादा अद्भुत स्थल की खुदाई की थी। वे कहते हैं कि इस बात के स्पष्ट साक्ष्य मौजूद हैं कि इस सभ्यता के पतन के बाद लैंगिक प्रतीकों और मूर्तियों को धोलावीरा और अन्य स्थलों पर जानबूझकर नष्ट कर दिया गया था। ऋग्वेद 7,21.5 में इस संदर्भ में कहा गया है कि 'शिश्न-देव' हमारी पवित्र उपासना के निकट न आने पाएँ', लेकिन मूल पाठ का शाब्दिक अर्थ - और, निश्चय ही उसमें निहित, शत्रुता का भाव - एकदम स्पष्ट है।

Archaeological Survey of India

धोलावीरा में निरवलम्ब (फ़्री-स्टेंडिंग) खड़े हुए लिंगाकार स्तम्भ

आर.एस. बिष्ट धोलावीरा उत्खनन की अपनी रिपोर्ट में लिखते हैं : "उत्खनन से निरवलम्ब (फ्री-स्टैंडिंग) खड़े हुए लिंगाकार स्तम्भों के कम-से-कम छह उदाहरण पाए गए थे। ये निरवलम्ब स्तम्भ लम्बे हैं...और उनका ऊपरी सिरा लिंग से मिलता-जुलता है या वे लैंगिक प्रकृति के हैं। यही वजह है कि वे इरादतन क्षतिग्रस्त या तोड़ी गई हालत में पाए गए हैं।"

धोलावीरा की बैठे हुए पुरुष की मूर्ति के बारे में रिपोर्ट कहती है :

> [यह] संभवतः सबसे बड़ी प्रतिमा] थी, जो हड़प्पा के लोगों ने बनाने की कोशिश की थी...। यह उस दीवार एक हिस्से के रूप में उलटी पाई गई थी, जो परवर्ती हड़प्पाइयों ने खड़ी की थी...। यह छिद्रयुक्त चूनेदार बलुआ पत्थर से निर्मित है...।

Source: Archaeological Survey of India

ऊपरः धोलावीरा के खण्डहरों में उलटे बैठे एक व्यक्ति की प्रतिमा नीचेः प्रतिमा के सामने और साइड का दृश्य, इसके जननांगों को जानबूझकर रगड़ कर ख़राब कर दिया गया था।

यह बैठी हुई मुद्रा में थी, जिसका पेंदा सपाट था, हाथ घुटनों पर टिके थे, दोनों घुटने ऊपर उठे हुए और इस तरह फैले हुए थे, जैसे गुप्तांगों को प्रदर्शित कर रहे हों, क्योंकि मूर्ति में पोशाक के कोई लक्षण नहीं थे। यह मूर्ति एक पुरुष का चित्रण करती है और इसकी रचना यथार्थवाद के निकट है। पेट उभरा हुआ है। मूर्ति का पिछला हिस्सा नीचे झूलते बालों के चित्रण का साक्ष्य भी दर्शाता है। यह भी क्षत-विक्षत है। निश्चित तौर पर इसके साथ तोड़-फोड़ की गई थी, संभवतः उन तमाम मूर्तिशिल्पों की ही तरह जो मोहनजो-दड़ो में पाई गई थीं।

इस मूर्ति का सिर का हिस्सा अब नदारद है। ऐसा लगता है कि इसका सिर जानबूझकर काटा गया था, कुहनियाँ और घुटने भी ख़ासे क्षतिग्रस्त हैं। इस मूर्ति को इरादतन पहुँचाई गई क्षति धार्मिक विश्वास और विचारधारा के प्रतिमानों में आए उन बदलावों का स्पष्ट संकेत हो सकता है, जिनका संबंध संभवतः हड़प्पा के परिपक्व दौर [2600-1900] से है, क्योंकि यह मूर्ति चरण VI [ईसापूर्व 1950-1800] से संबंधित द्वितीय प्रकरण में पाई गई थी। जिस तरह इस मूर्ति को नुकसान पहुँचाया गया है, वह इस बात का स्पष्ट संकेत है कि इसके द्वारा निभाई गई भूमिका चरण VI के निवासियों द्वारा स्वीकार नहीं की गई थी। चरण VI की मुहरों के किसी भी तरह के रूपांकनों से रहित उम्दा अंकन भी विश्वासों और रीति-रिवाज़ों में एक प्रस्थानबिन्दु की ओर संकेत हो सकता है।

ईसापूर्व 1950 और ईसापूर्व 1800 के बीच की अवधि का चरण VI हड़प्पा का परवर्ती चरण है, जब हड़प्पा का परिपक्व दौर समाप्त हो चुका था और यह स्थल कुछ समय के लिए निर्जन तक हो गया था। इस उत्खनन रिपोर्ट के मुताबिक़, "पलायन के एक दौर के बाद सामने आने वाला चरण VI इस मायने में उतना ही महत्त्वपूर्ण है कि इससे न सिर्फ़ निर्माण-योजना, स्थापत्य और सिगिलॉग्रफ़ी (मुहरों से संबंधित) के क्षेत्र के साथ-साथ आर्थिक ढाँचे में बहुत बड़े और दूरगामी परिणामों वाले बहुत-से परिवर्तन हुए, बल्कि इसमें समुदायों के बीच ज़बरदस्त सम्मिश्रण भी हुआ।"

हम नहीं जानते कि धोलावीरा में चरण VI में किसने या किस चीज़ ने ये उलट-फेर किए थे; जहाँ तक हमारी जानकारी है, यह हड़प्पा सभ्यता के अन्तिम चरणों के दौरान हुआ कोई आन्तरिक विद्रोह हो सकता है, लेकिन हड़प्पा के स्थलों पर लैंगिक प्रतीकों और मूर्तिशिल्पों की मौजूदगी और लिंग-उपासना के प्रति ऋग्वेद में दिखाई देने वाला तिरस्कार इनके बीच के अन्तराल की ओर संकेत करता है।

बिष्ट इस धारणा के समर्थक नहीं हैं कि हड़प्पा सभ्यता 'आर्य' सभ्यता या 'वैदिक' सभ्यता नहीं है। वस्तुतः, उनका मानना है कि ऋग्वेद जिस तरह के समाज का नक़्शा प्रस्तुत करता है, वह उस चीज़ के क़रीब है, जिसे हम हड़प्पाई स्थलों पर पाते हैं, लेकिन, वे यह भी स्वीकार करते हैं कि वेदों में 'शिश्न-देवों' की अवहेलना और हड़प्पा सभ्यता में घोड़े का अभाव इस सभ्यता को वैदिक सभ्यता के रूप में पहचानने में समस्या पैदा करते हैं। उनका ख़याल है कि जब तक हड़प्पा की लिपि पढ़ नहीं ली जाती, यह विवाद जारी रहेगा।

हड़प्पा की दुनिया और प्राचीनतम वेद की दुनिया का यह असंबंध ऐसे मामलों में भी साफ़ तौर पर दिखाई देता है, जो विचारधारा की दृष्टि से कम महत्त्वपूर्ण और नीरस क़िस्म के हैं। उदाहरण के लिए, उस समय की बाक़ी सभ्य दुनिया हड़प्पा सभ्यता को मेलुहा के रूप में जानती थी; हड़प्पा के लोग मेसोपोटेमिया की राजनीति में लिप्त थे, इस हद तक कि वे उनके युद्धों में पक्ष भी चुना करते थे; और हड़प्पा तथा मेसोपोटेमिया के बीच के आर्थिक रिश्ते इस हद तक तो क़रीबी थे ही कि हड़प्पा के लोग व्यापार और यहाँ तक कि उत्खनन को आसान बनाने के लिए ओमान प्रायद्वीप में अपने उपनिवेश स्थापित कर सके, लेकिन ये जटिल, परिष्कृत व्यापारिक गतिविधियाँ और नागर संबंध आरम्भिक वैदिक ग्रन्थों में प्रतिबिम्बित नहीं होते। ऋग्वेद की दुनिया और हड़प्पा सभ्यता से उजागर होती भौतिक संस्कृति दो बहुत भिन्न विश्व हैं - और यह बात तब भी सच है, जब हम घोड़े के मसले को बीच में न लाएँ।

हड़प्पा पर घोड़े की चेतना

घोड़े की समस्या यह है : घोड़ा हड़प्पा सभ्यता में बिरले ही कहीं मिलता है। वहाँ न तो वह कंकाल-अवशेष के रूप में मिलता है, न मुहरों और शिल्पों पर अंकित छवियों के रूप में, जबकि यह ऋग्वेद में बहुत प्रमुख और सर्वव्यापी है। इस क़दर कि दो मुख्य देवता, अश्विन, घुड़सवार हैं। दो अन्य देवियों, उषा और अग्नि, का चित्रण घोड़े द्वारा खींचे जाते रथ पर सवारों के रूप में किया गया है। एक ऋचा में सरस्वती नदी को चित्रित करते हुए उसे 'रथ की भाँति विजय के लिए विशाल रूप में रचा गया' बताया गया है। दरअसल, ऋग्वेद में घोड़े की उपस्थिति इतनी प्रमुख है कि कोई भी दूसरा जानवर उसके क़रीब नहीं बैठता। ऋग्वेद में घोड़े के बारे में पाँच ऋचाएँ हैं, लेकिन सिर्फ़ एक ऋचा वृषभ के बारे में है, एक बकरी के बारे में है और एक पक्षी के बारे में है। घोड़े के बारे में एक ऋचा (मण्डल 1; ऋचा 162)[7] घोड़े की बलि का चित्रण इस तरह करती है :

> वे जो देख रहे थे कि घोड़ा तैयार है और कहते हैं, गंध अच्छी है, इसे हटा दो, और मांस को तरसते हुए वितरण की प्रतीक्षा करते हैं और उनके अनुमोदन से श्रम को बढ़ावा देने में मदद मिलती है।
>
> मांस पकाने वाली कड़ाही, मांस का काँटा, जिन पात्रों से मांस का रस छिड़का जाता है, उनका परीक्षण,
>
> गर्म करने वाले बर्तन, व्यंजन के आवरण, आँकड़ा, नक्काशी का फलक और ये सभी घोड़े की बलि में शामिल होते हैं।
>
> शुरुआत उसके आराम करने और लुढ़कने की जगह से हुई, रस्सियों को घोड़े के पैरों के बीच में फँसा दिया गया,
>
> उसने जो पानी पिया, उसने जो भोजन चखा - देवताओं के बीच भी,

7. राल्फ़ टी.एच. ग्रिफ़िथ ने अँग्रेज़ी में इसका अनुवाद भी किया है।

ये सब आपमें शामिल हो सकते हैं।

अग्नि और धुआँ का जाप आपको तोड़े नहीं, न ही चमकती कड़ाही की महक से आप अत्यधिक दुर्बल हो जाएँ।

अर्पित, प्रिय, अनुमोदित और पवित्र, - ऐसे घोड़े देवता अनुग्रह के साथ स्वीकार करते हैं।

जो लोग 'आर्यों' के बाहर से आए होने की धारणा को स्वीकार नहीं करते और इस बात पर ज़ोर देते हैं कि 'आर्य' देशज लोग थे, उनके लिए यह बात स्वयंसिद्ध लगती है कि हड़प्पा सभ्यता 'वैदिक' थी - या उन 'आर्यों' की रचना थी, जिन्होंने वेदों की रचना की थी। वे इस बात के लिए तीन तर्क देते हैं कि हड़प्पा के नगरों में घोड़े या रथ के अभाव को इस सभ्यता की वैदिक पहचान के आड़े क्यों नहीं आना चाहिए। पहला, घोड़े की हड्डियाँ हड़प्पा के बाद के काल में भी दुर्लभ रही हैं, बावजूद इसके इस बात को लेकर किसी को सन्देह नहीं है कि उस समय में घोड़े मौजूद थे। दूसरा, हड़प्पा के वैदिक-आर्य सभ्यता होने के प्रमुख समर्थक पुरातत्त्वविद बी.बी. लाल का कहना है कि "इस देश की गर्म और नम जलवायु में लकड़ी का रथ, या लकड़ी की बनी किसी भी चीज़ का मिलना मुश्किल है। कालीबंगा में मुझे लकड़ी की बनी कोई चीज़ नहीं मिली, सिवाय अनाज के एक दाने के।" तीसरा तर्क है कि गुजरात के सुर्कोतादा के हड़प्पा स्थल से घोड़े की हड्डियाँ मिली हैं, जो ईसापूर्व 2100 और ईसापूर्व 1700 के बीच की हैं और इस खोज को अन्तरराष्ट्रीय स्तर पर प्रामाणिक माना गया है। इन हड्डियों का वाक़ई पुरातत्त्वविद प्रोफ़ेसर सेंडर बोकोन्ई द्वारा परीक्षण भी किया गया था, जिनका यह कहना था कि "वास्तविक घोड़े (इक्युअॅस कैबालॅस) की मौजूदगी ऊपरी तथा निचले जबड़े और दाँतों के इनैमल पैटर्न से और सामने के दाँतों तथा खुरों की हड्डियों के आकार और रूप से प्रमाणित थी। चूँकि उत्तर-प्लाइस्टसीन युग यानी, ईसापूर्व 9700 के बाद, में हिन्दुस्तान में कोई जंगली घोड़े नहीं हुआ करते थे, इसलिए सुर्कोतादा के घोड़े की पालतू प्रकृति सन्देह से परे है।"

यह वक्तव्य दो महत्त्वपूर्ण बातें कहता है। पहली यह कि प्लाइस्टसीन (जो 20.58 लाख वर्ष पूर्व से 11,700 वर्ष पूर्व तक जारी रहा था) के समय से हिन्दुस्तान में कोई जंगली घोड़े नहीं हुए। और दूसरी यह कि इसलिए सुर्कोतादा में पाया गया घोड़ा पालतू होना चाहिए, न कि जंगली, लेकिन इन दो कथनों की निष्पत्ति यह है कि अगर हिन्दुस्तान में पिछले 11,700 वर्षों के दौरान कोई जंगली घोड़े नहीं थे, तो इसका साफ़ मतलब है कि हिन्दुस्तान में घोड़े को पालतू नहीं बनाया गया था, क्योंकि घोड़े का पालतूकरण ईसापूर्व 3500 के पहले नहीं हुआ था। इसलिए, सुर्कोतादा का घोड़ा या तो आयातित है या उस नस्ल से संबंध रखता है, जिसे आयात किया गया था, और यह बात स्वयं बोकोन्ई के कथन से ज़ाहिर होती है।

इसके अतिरिक्त, घोड़े की हड्डियों के स्वयं बोकोन्ई के सत्यापन को रिचर्ड मीडो जैसे उतने ही सम्मानित पुरातत्त्वविदों द्वारा चुनौती दी गई थी। अगर आप यह मान भी लें कि बोकोन्ई सही थे और मीडो ग़लत थे, तब भी ऋग्वेद में जिस तरह का घोड़ा अपनी मौजूदगी रखता है, उसके और हड़प्पा संस्कृति में घोड़े और घोड़े से संबंधित छवियों की लगभग

सम्पूर्ण ग़ैरमौजूदगी के बीच एक अन्तराल तो बना ही रहता है, ख़ास तौर से तब जबकि हम पाते हैं कि हड़प्पा की हज़ारों मुहरों और मुद्रांकनों में मिथकीय यूनिकॉर्न से लेकर वृषभ, भैंस, मोर, हाथी, बाघ और गैंडों तक हर चीज़ चित्रित है। अगर घोड़ों का वजूद था, तो घोड़े की स्टीअटाइट मुहरों को पाने में देश की गर्म, नम जलवायु को बाधक नहीं होना चाहिए।

सैद्धान्तिक तौर पर, हड़प्पा सभ्यता में एक-दो घोड़ों की भौतिक उपस्थिति आश्चर्य की बात नहीं होनी चाहिए, क्योंकि इस बात के ऐतिहासिक दस्तावेज़ हैं कि हड़प्पा के लोग मेसोपोटेमिया के लिए हाथी, भैंसे और मोर का निर्यात किया करते थे और अगर बदले में उन्होंने वहाँ से या कहीं और से एक घोड़ा आयात कर लिया हो, तो इससे किसी को एतराज़ नहीं होना चाहिए, लेकिन घोड़ा जो भूमिका ऋग्वेद में निभाता है और जो भूमिका वह हड़प्पा के पुरातात्त्विक दस्तावेज़ और छवियों में निभाता है या नहीं निभाता है, उनके बीच संबंध के गम्भीर अभाव की समग्र तसवीर इससे बदल नहीं जाती।

पुरातत्त्वविद एम.के.धवलीकर जब घोड़ों और वेदों के रिश्ते पर चर्चा करते हैं, तो वे ऋग्वेद को स्पष्ट तौर पर हड़प्पा के बाद का बताते हुए यह कहते हैं :

> अगर आप कोई उपन्यास पढ़ रहे हों, तो आप उसके लेखन की तिथि का निर्धारण कैसे करेंगे? अगर उसमें किसी मोबाइल फ़ोन का उल्लेख होगा, तो आप कहेंगे कि वह बीसवीं सदी में या उसके बाद लिखा गया था...। इसी तरह ऋग्वेद में दो पहचान-चिह्न हैं। पहला है घोड़े की मौजूदगी। वह बहुत महत्त्वपूर्ण है, क्योंकि वह आर्यों का सबसे प्रिय जानवर है। उसने उनके धार्मिक विश्वासों में एक भूमिका भी निभाई थी...। दूसरा यह है कि ऋग्वेद 'अयस' की भी बात करता है, जिसका अर्थ साफ़ तौर पर काँसा है, क्योंकि जब बाद में लोहे की खोज की गई, तो इसके लिए उनको एक नया शब्द गढ़ना पड़ा था, 'कृष्ण अयस' या काला काँसा।
>
> अब विशुद्ध पुरातात्त्विक साक्ष्य के मुताबिक़ पालतू घोड़ा ईसापूर्व 1900 से दिखाई देना शुरू होता है। यह परवर्ती हड़प्पा कालखण्ड है, जो ईसापूर्व 1900 से ईसापूर्व 1500 का है। इस तरह यह एक निश्चित बिन्दु है - लगभग 1900 या 1800। लोहा उत्तर भारत में ईसापूर्व 1400 से ईसापूर्व 1500 तक आ चुका था। इसलिए आप ऋग्वेद की तिथि को बिना किसी जोखिम के ईसापूर्व 2000 और ईसापूर्व 1400 के बीच कहीं रख सकते हैं।

दूसरे शब्दों में, प्राचीनतम वेद हड़प्पा के बाद का है।[8]

---

8. प्रोफ़ेसर विट्ज़ेल के मुताबिक़, चूँकि लोहा भारतीय उपमहाद्वीप के उत्तर-पश्चिमी हिस्से में (यानी, उस क्षेत्र में जिसमें बाहर से आए 'आर्य' सबसे पहले बसे थे) ईसापूर्व 1000 के आस-पास ही प्रकट होता है, इसलिए ऋग्वेद उसके बाद ही लिखा गया हो सकता है।

सभ्यता के अवशेष

वैदिक साहित्य कई सदियों के दौरान लिखा गया था, और यह याद रखना महत्त्वपूर्ण है कि उसके तथा हड़प्पा के बीच की असंगति समय के गुज़रने के साथ-साथ कम होती गई थी। वैदिक पाठ जितने ही बाद के हैं, उतनी ही हड़प्पा की सांस्कृतिक धरोहर के साथ उसके संबंधित होने की संभावना है। अगर ऋग्वेद 'शिश्न-देव' के प्रति विरोध रखता था और उसका तिरस्कार करता था, तो ईसापूर्व 500 और ईसापूर्व 100 के बीच रचे गए उपनिषदों के साथ यह स्थिति नहीं रह गई थी। द्रविड़ भाषाओं से लिए गए शब्दों की संख्या भी आरम्भिक वैदिक साहित्य की तुलना में बाद के वैदिक साहित्य में ज़्यादा है। हड़प्पा की ऐसी बहुत-सी मुहरें, मुद्रांकन और टेराकोटा की छोटी-छोटी मूर्तियाँ हैं, जो योग की याद दिलाती हैं, लेकिन ऋग्वेद में योग के कोई स्पष्ट हवाले नहीं हैं, लेकिन *कठोपनिषद* तक आते-आते उसके स्पष्ट संदर्भ मिलने लगते हैं। हड़प्पा की एक मुहर एक ऐसी आकृति को दर्शाती है जिसमें जानवरों से घिरी एक इंसानी आकृति सींग-युक्त साफा पहने हुए योग-नुमा मुद्रा में बैठी हुई है और कुछ लोगों ने उसकी व्याख्या करते हुए उसे शिव का एक आरम्भिक चित्रण बताया है। बहुत-से इतिहासकार और पुरातत्त्वविद इस व्याख्या को यह कहते हुए नकारते हैं कि यह बाद की अवधारणाओं का सुदूर अतीत पर आरोपण है। जहाँ यह तर्क सही हो सकता है, वहीं यह संन्यासी शिव की परवर्ती धारणाओं तथा हड़प्पा की मुहरों पर अंकित छवियों, विश्वासों और मिथकों के सम्मिलन की संभावना को खुला रखता है।

यह आश्चर्य की बात नहीं है, क्योंकि समय गुज़रने के साथ-साथ आगन्तुक संस्कृतियाँ अक्सर पहले से मौजूद संस्कृतियों को अपना लेती हैं, उनके अनुरूप ढल जाती हैं और उनमें घुल-मिल जाती हैं और बहुत संभव है कि आर्यों तथा हड़प्पावासियों ने भी विभिन्न सांस्कृतिक क्षेत्रों और भौगोलिक इलाक़ों में विभिन्न स्तरों पर यही किया हो। और, निश्चय ही, वैदिक साहित्य की बजाय आम सामाजिक व्यवहारों में हड़प्पा सभ्यता की सांस्कृतिक निरन्तरता कहीं ज़्यादा प्रतिबिम्बित होती है।

मकानों का निर्माण जिस तरह आँगन के चारों ओर होता है; बैल गाड़ियाँ; कंगनों/चूड़ियों का महत्त्व और उनको पहने जाने का ढंग; जिस तरह पेड़ों की पूजा की जाती है और विशेष रूप से पीपल के वृक्ष की पवित्रता; सर्वत्र पाए जाने वाले भोजन पकाने के हिन्दुस्तानी बर्तन और कुल्हड़; भैंसे का उपासनापरक महत्त्व; ज़ेवरों, मिट्टी के बर्तनों और मुहरों पर पाई जाने वाली सजावटें और रूपांकन; पाँसों के खेल और शतरंज का आरम्भिक रूप (पाँसे और शतरंज-नुमा बोर्ड हड़प्पा के कई स्थलों पर पाए गए हैं); सादगीपूर्ण लोटा जिसका इस्तेमाल नहाने के लिए आज भी किया जाता है; और यहाँ तक कि सिन्दूर लगाने का ढंग और नापतौल की कुछ पद्धतियाँ - हड़प्पा सभ्यता की परम्पराओं को हम जिन रूपों में धारण करते हैं, उनकी संख्या अनगिनत है।

गुजरात के लोथल नामक हड़प्पा स्थल पर पाए गए एक फूलदान पर एक चित्र है जिसमें सुराही की बग़ल में एक कौए को दर्शाया गया है और एक हिरण उसकी ओर मुड़कर देख रहा है। इसे देखकर लगता है जैसे इसमें प्यासे कौए के पंचतन्त्र के क़िस्से को चित्रित

किया गया हो। इसलिए संभव है कि जो क़िस्से हम अपने बच्चों को सुनाते हैं, उनमें से कुछ हड़प्पा के लोग भी अपने बच्चों को सुनाते रहे हों।

इसलिए, ईसापूर्व 2000 के आस-पास जिस चीज़ का अन्त हुआ था, वह सत्ता-संरचना थी, जिसने उस सभ्यता को सात सदियों से भी ज़्यादा समय तक जारी रखा था और उसके साथ ही उसकी लिपि, मुहरों, मानकीकृत ईंटों और यूनिकॉर्न जैसी कुछ विचारधाराओं का भी अन्त हो गया था, लेकिन दक्षिण एशिया की इस पहली सभ्यता की दूसरी बहुत-सी चीज़ें जो आम आदमी के जीवन का अंग थीं, वे बनी रहीं और इसी के साथ उसके कुछ दार्शनिक और सांस्कृतिक आधार भी बरक़रार और जारी रहे। हम उन सबको पहचान नहीं सकते, लेकिन वे बुनियादें हैं, जिन पर आज हमारी संस्कृति, परम्पराएँ और इतिहास खड़े हैं।

हड़प्पाइयों और 'आर्यों' के बीच आदान-प्रदान की लम्बी प्रक्रिया के अन्त में हम जो देखते हैं, वह है इंडो-यूरोपियन भाषाओं द्वारा ज़्यादातर उत्तरी, पश्चिमी और पूर्वी भारत की आरम्भिक भाषाओं की जगह ले लेना और एक ऐसी समन्वयात्मक संस्कृति का उभरना जिसमें मौजूद तत्त्व हड़प्पा संस्कृति तथा ऋग्वेद, दोनों में पहचाने जा सकते हैं। जिस तरह हड़प्पा की लिपि और मुहरें इतिहास के धुँधलके में खो गई थीं, उसी तरह वेदों के कुछ आरम्भिक देवता और अनुष्ठान खो गए थे।

स्वयं आर्यों के धर्मग्रन्थों की भाषा संस्कृत (वह भाषा, जिसमें हम कम-से-कम परिवर्तनों की उम्मीद करेंगे, जैसी कि तमाम धर्मग्रन्थीय भाषाओं से की जाती है) भी हड़प्पा की भाषाओं के साथ अपने आदान-प्रदान की वजह से किसी हद तक बदली थी। मूर्धन्य व्यंजन (जिनका उच्चारण करने के लिए आपको अपनी ज़बान को मोड़कर तालू से टकराना होता है) इंडो-यूरोपियन भाषाओं में बहुत कम पाए जाते हैं, लेकिन वे आर्यों से पहले की भारतीय भाषाओं में, जैसे कि द्रविड़ भाषा-परिवार में बहुत आम हैं। इन्होंने स्वयं ऋग्वेद की संस्कृत में अपनी जगह बना ली थी। इसके उदाहरणों में पुष्टि, गण, वर्ण, और पूर्ण शामिल हैं। इस बात को ध्यान में रखते हुए कि संस्कृत के सबसे क़रीब की भाषा पुरानी ईरानी (ओल्ड ईरानियन) तक में कोई भी मूर्धन्य व्यंजन नहीं हैं, संस्कृत में इन व्यंजनों की समय के गुज़रने के साथ हुई उत्तरोत्तर बढ़ती उपस्थिति को आम तौर से उन भाषाओं के प्रभाव के रूप में देखा जाता है, जो हिन्दुस्तान में संस्कृत के आने के पहले प्रचलित थीं। ऋग्वेद में द्रविड़ भाषाओं से लिए गए शब्दों की संख्या बहुत सीमित है, लेकिन बाद के वेदों में यह संख्या तेज़ी से बढ़ती गई है।[9]

---

9. हार्वर्ड विश्वविद्यालय के प्रोफ़ेसर विट्ज़ेल के मुताबिक़ मूर्धन्य व्यंजन उत्तर-पश्चिमी भारत के 'भाषा-पारिवारिक आदान-प्रदान के लक्षण' हैं, और ये द्रविड़ भाषाओं के अतिरिक्त खोतेन्सी साका और वाही जैसी पूर्वी ईरानी बुरुशास्की जैसी अलग-थलग भाषाओं में पाए जाते हैं। वे इस ओर भी ध्यान आकर्षित करते हैं कि ऋग्वेद के लगभग 300 बाहरी शब्दों में द्रविड़ भाषाओं के बहुत थोड़े-से शब्द हैं।

कॉर्डेड वेयर का उदाहरण

हड़प्पा के लोगों तथा आगन्तुक 'आर्यों' के बीच हुए टकराव से एक नई संस्कृति का उभरना आश्चर्य की बात नहीं है, क्योंकि यह ठीक वैसी ही घटना है, जैसी एक हज़ार साल पहले तब घटित हुई थी, जब स्टेपी के चरवाहे बड़ी तादाद में पश्चिमी यूरोप में आए थे। यूरोप की कॉर्डेड वेयर संस्कृति, जो यूरोप में स्टेपी यमनाया के आगमन का सर्वाधिक ध्यानाकर्षी संकेत है, उनके द्वारा स्टेपी से नहीं लाई गई थी। यह यमनाया और यूरोप के उन नवपाषाणयुगीन किसानों के बीच हुए आदान-प्रदान का नतीजा था, जिनके सम्पर्क में वे आए थे।

डेविड एन्थॅनी *द हॉर्स, द व्हील ऐंड लैंग्युएज* में इसका विवरण इस तरह देते हैं :

> कॉर्डेड वेयर परिसर की भौतिक संस्कृति उत्तरी यूरोप के लिए ज़्यादातर स्थानीय थी, लेकिन उसमें अन्तर्निहित व्यवहार यमनाया की भौतिक संस्कृति से बहुत मिलते-जुलते थे - गतिशीलता (जिसके लिए बैलों और घोड़ों द्वारा खींची जाने वाली गाड़ियों का इस्तेमाल किया जाता था) पर आधारित चरवाहा अर्थव्यवस्था की व्यापक स्वीकार्यता, और उसके अनुरूप औपचारिक प्रतिष्ठा और पशुधन में वृद्धि।

वे लिखते हैं कि कॉर्डेड वेयर परिसर के पारिभाषिक लक्षण थे :

> [एक, चारागाही] गतिशील अर्थव्यवस्था, जो (काफ़ी कुछ स्टेपी के यमनाया की ही तरह) बसाहटों के लगभग विलुप्त होने का परिणाम थी, उन अन्तिम संस्कारों का लगभग सार्वभौमिक स्तर पर अपनाया जाना, जिसके तहत (यमनाया की ही तरह) टीलों के नीचे एकल क़ब्रें हुआ करती थीं, पत्थर की बनी हथौड़ा-कुल्हाड़ियों (हैमर-एक्सेज़) का प्रसार...और ख़ास तरह के कॉर्ड-सज्जित कपों तथा बीकरों से जुड़ी पीने की संस्कृति का प्रसार, जिनमें से ज़्यादातर स्थानीय शैलीपरक प्रारूपों वाले थे...

एंटीक्विटी नामक पत्रिका में 2017 में प्रकाशित एक आलेख में स्वीडन के गोथेनबर्ग विश्वविद्यालय में पुरातत्त्व विभाग के प्रोफ़ेसर क्रिस्तियान क्रिस्तियानसन और उनके तीन सहयोगी लेखकों ने इसकी गहराई से छानबीन की थी कि कॉर्डेड वेयर संस्कृति किस तरह अस्तित्व में आई थी। यह आलेख, पशुओं के लिए स्टेपी-नुमा चरागाह तैयार करने के उद्देश्य से बड़े पैमाने पर जंगलों को जलाए जाने के अलावा, इस पर विस्तार से बात करता है कि यूरोप में स्टेपी के लोगों के आगमन से क्या हुआ था। इन लेखकों को बहुत-से क़ब्रिस्तानों से ऐसे व्यवस्थित साक्ष्य मिले हैं, जो दर्शाते हैं कि "कॉर्डेड वेयर संस्कृति के मर्द अपने समुदाय से बाहर विवाह किया करते थे, जिसके लिए वे संभवतः स्त्रियों का अपहरण कर उनसे विवाह करते थे," क्योंकि क़ब्रों में दफ़्न बहुत-सी स्त्रियाँ स्थानीय मूल की नहीं थीं और वे बचपन के दौरान एक भिन्न क़िस्म का भोजन करती थीं। इसकी पुष्टि आनुवांशिक साक्ष्यों से भी हुई है, जो कॉर्डेड वेयर संस्कृति की स्त्रियों में, उस संस्कृति के पुरुषों के मुक़ाबले अधिक वैविध्यपूर्ण एमटी-डीएनए हैप्लोसमूहों की मौजूदगी दर्शाते हैं।

यह अध्ययन कहता है :

> अगर नए आगन्तुक समूहों में मुख्यतः मर्द ही हों, तो समुदाय से बाहर विवाह एक चतुराईपूर्ण और संभवतः ज़रूरी नीति होती है। एक विस्तार लेती चारागाहमूलक अर्थव्यवस्था के संदर्भ में यह एक संभावित परिदृश्य है और इसकी पुष्टि उत्तरी जर्मनी और डेन्मार्क में, जटलैंड की एकल क़ब्र/कॉर्डेड वेयर संस्कृति के आरम्भिक परिसर से मिले पुरातात्त्विक आँकड़ों से होती है, जहाँ की 90 प्रतिशत क़ब्रों में पुरुष दफ़्न थे। इसे बाद में और भी समर्थन हिन्दुस्तान से लेकर बाल्टिक और आयरलैंड के ऐतिहासिक स्रोतों से मिलता है। ये इन समाजों के एक ख़ास लक्षण के रूप में योद्धा नौजवानों के उन दलों का वर्णन करते हैं, जिनमें 12-13 से लेकर 18-19 साल की उस उम्र तक के लड़के शामिल होते थे, जब वे पूर्ण विकसित योद्धाओं की श्रेणी में पहुँचने के लिए तैयार होते थे। इस तरह के नौजवान युद्ध-दस्तों का नेतृत्व वरिष्ठ पुरुष किया करते थे और उनको उनके दीक्षा अनुष्ठान के अंग के रूप में अक्सर 'ब्लैक यूथ' या कुत्तों और भेड़ियों का नाम दिया जाता था।

क्रिस्तियानसन और उनके सह-लेखकों के मुताबिक़, चारागाही अर्थव्यवस्थाएँ जो काफ़ी कुछ सामरिक क़िस्म की और गतिशील होती हैं, कृषिपरक व्यवस्थाओं पर प्रभुत्व जमाने की ओर प्रवृत्त होती हैं। चरवाहा समाजों से आए नौजवान पुरुषों के संगठित दस्ते नए अधिकार-क्षेत्रों में बसने चले जाते हैं और अपने साथ अक्सर कृषि संस्कृति की स्त्रियों को बलपूर्वक अपनी पत्नियाँ बनाकर ले जाते हैं।

यह आलेख इस बात का परीक्षण करता है कि मिट्टी के बर्तनों के निर्माण की यह अपने तरह की कॉर्डेड वेयर शैली किस तरह अस्तित्व में आई थी। लेखक कहते हैं कि यमनाया के पास मिट्टी के बर्तनों का निर्माण करने की कोई मज़बूत परम्परा नहीं थी, क्योंकि उनकी घूमन्तू जीवन-शैली के लिए ऐसी चीज़ों का इस्तेमाल आवश्यक था, जो आसानी-से न टूटतीं और उनको गाड़ियों में लादकर आसानी-से ले जाया जा सकता। उदाहरण के लिए, वे सामान रखने की चीज़ों का निर्माण करने के लिए चमड़े, लकड़ी या पेड़ की छालों का इस्तेमाल करते थे।

इसलिए आरम्भिक कॉर्डेड वेयर संस्कृति की क़ब्रों में कॉर्डेड वेयर संस्कृति के मिट्टी के बर्तन मौजूद नहीं हैं। ये बर्तन बाद में जाकर ही उत्तरी यूरोप में प्रकट होते हैं। अध्ययन कहता है कि इसकी वजह यह थी कि कॉर्डेड वेयर मिट्टी के बर्तनों के निर्माण की शुरुआत उसके बाद ही हुई थी, जब मिट्टी के बर्तन बनाने वाली दक्ष स्त्रियों का रिश्ता यमनाया संस्कृति के साथ जुड़ा। उन्होंने सिरेमिक के वे बर्तन बनाने शुरू किए, जो यमनाया के सामान रखने के चमड़े, लकड़ी तथा बुनकर तैयार किए गए बर्तनों की नक़ल हैं। अध्ययन कहता है कि इस परिकल्पना की पुष्टि पुरातात्त्विक खोज के नतीजे में प्राप्त लकड़ी के छोट-छोटे पायदानों से युक्त एक सु-संरक्षित सपाट कटोरे से होती है (जिसका इस्तेमाल रातों-रात दूध से दही या अन्य दुग्ध उत्पाद तैयार करने के लिए किया जा सकता है)। लकड़ी के इस बर्तन का सिरेमिक रूप समूचे यूरोप में कॉर्डेड वेयर बर्तनों का विशिष्ट उदाहरण बना गया था।

एक पहले से मौजूद समाज के साथ किसी आगन्तुक समाज की सांस्कृतिक मुठभेड़, ज़ाहिर है, देश-काल के अनुरूप बदलती रहेगी, लेकिन आगन्तुकों के रीति-रिवाज़ों और आचार-व्यवहारों को ध्यान में रखते हुए यह मानना युक्तिसंगत होगा कि यूरोप और हिन्दुस्तान में हुए स्टेपी के लोगों के विपुल आगमनों के बीच कुछ सूत्र एक जैसे रहे होंगे।

उदाहरण के लिए, काव्यात्मक और आलंकारिक रचनाओं के लिए संस्कृत के प्रयोग पर केन्द्रित राजा भोज द्वारा ग्यारहवीं सदी में रचित पुस्तक 'सरस्वतीकण्ठाभरण' (सरस्वती का हार) कहती है, "असंस्कृत लोगों की भाषा यज्ञ-संबंधी अनुष्ठानों में प्रयोग के लिए नहीं है; स्त्रियों से किसी को भी प्राकृत के सिवाय और कुछ बोलते हुए नहीं दर्शाना चाहिए; न ही कुलीन लोगों से खिचड़ी भाषा में बात करते हुए, न ही अशिक्षितों से संस्कृत में बात करते हुए दर्शाया जाना चाहिए।"[10]

किसी को भी स्त्रियों से प्राकृत के अलावा किसी और ज़बान में बात करते हुए दर्शाने वाली काव्यात्मक रचनाओं के ख़िलाफ़ यह आदेश संभवतः जड़ीभूत परिपाटी है, जो यथार्थवादी चित्रण के सरोकार के भीतर से विकसित हुई थी, क्योंकि संभव है कि स्त्रियों का संबंध स्टेपियों से आए उन 'उच्च-कुलीन' या 'आर्य' पुरुषों से भिन्न, किसी अन-'आर्य', भाषिक संस्कृति से रहा हो, जिनके साथ उन्होंने इन पुरुषों के आगमन के शुरुआती दौर में विवाह किया था।

बहु-स्रोतीय सभ्यता, न कि एक-स्रोतीय

हिन्दुस्तान और यूरोप, दोनों ही जगहों पर इंडो-यूरोपियन भाषा-भाषी लोग वे अन्तिम आगन्तुक थे, जो यहाँ के आबादीपरक विन्यास को बदलने की दृष्टि से पर्याप्त महत्त्वपूर्ण थे। उसके बाद से हिन्दुस्तान बहुत-सी घुसपैठों का साक्षी रहा है। इनमें ईसापूर्व 326 में सिकन्दर की सेनाओं से लेकर ईसापूर्व 150 के आस-पास शकों या स्काइथियनों, 450 ईसा के आस-पास हूणों, 710 ईसा के आस-पास अरबों, 1526 ईसा में मुग़लों और फिर पुर्तगालियों, फ़्रांसीसियों, डचों और अँग्रेज़ों की घुसपैठ शामिल हैं, लेकिन इनमें से किसी ने भी हमारी आबादी की संरचना पर नाज़ुक और छोटे-से प्रभाव के अलावा अन्य कोई प्रभाव नहीं डाला, हालाँकि हमारी संस्कृति पर उनके प्रभाव अक्सर बड़े रहे हैं। यह बात हम डीएनए और आनुवांशिकी विज्ञान की वजह से निश्चयपूर्वक कह सकते हैं। और न ही इस बात की कोई संभावना है कि कोई बाहरी आगमन या आक्रमण भविष्य में भी हमारी आबादी की संरचना में बदलाव ला सकता है। इसीलिए इस अध्याय का नाम हमने 'अन्तिम प्रवासी' रखा है। हमारा साझा इतिहास एक ऐसी अनूठी संस्कृति रचने का रहा है, जो अनेक परम्पराओं और अनुभवों से अपने तत्त्व हासिल करती है। हम एक बहु-स्रोतीय सभ्यता हैं, एक-स्रोतीय सभ्यता नहीं हैं।

---

10. शेल्डन पॉलक, 'द लैंग्युएज ऑफ़ द गॉड्स इन द वर्ल्ड ऑफ़ मैन' (पर्मानेंट ब्लैक, 2006)।

ईसापूर्व 2000 के आस-पास कभी अन्तिम प्रवासी 'आर्यों' के आने तक इस महाद्वीप के हिन्दुस्तानी पहले ही पृथ्वी की (अगर एकमात्र सबसे बड़ी नहीं तो) सबसे बड़ी आबादियों में से एक आबादी बन चुके थे; वे एक कृषि क्रान्ति और फिर एक ऐसी नगरीय क्रान्ति का नेतृत्व कर चुके थे, जो अपने समय की सबसे बड़ी सभ्यता की रचना का कारण बनी थी; और वे लगभग हर क्षेत्र में, उत्तर, दक्षिण, पूर्व और पश्चिम में, एक कृषिपरक परिवर्तन की अगुवाई कर रहे थे। यह कहना एकदम सटीक होगा कि भारत के जिस रूप को हम आज जानते हैं, उसकी नींव हड़प्पा सभ्यता के कालखण्ड के दौरान ही पड़ चुकी थी।

हड़प्पा सभ्यता के मद्धिम पड़ने के बाद के कोई हज़ार वर्ष का समय दक्षिण एशिया के आधुनिक मनुष्यों के इतिहास का सबसे ज़्यादा अशान्त और विक्षुब्ध समय रहा होगा, लेकिन हमारे पास इसका बहुत थोड़ा-सा रिकॉर्ड है और इसलिए बहुत थोड़ी-सी समझ उपलब्ध है। उस सब पर नज़र डालें जो हुआ था : एक दीर्घकालीन और अपने समय की सबसे बड़ी सभ्यता लम्बे सूखे की वजह से टुकड़े-टुकड़े होकर बिखर गई और सत्ता और प्रतिष्ठा के इसके अत्यन्त स्पष्ट प्रतीक धीरे-धीरे लुप्त हो गए, जिसके साथ-साथ स्वयं नगरीय रूप वाला जीवन भी लुप्त हो गया; लोग नए जीवन की खोज में पूरब और दक्षिण की ओर निकल गए; उत्तर-पश्चिम से प्रवासियों का एक नया समूह आया, जो अपने साथ नई भाषाएँ और एक ऐसी नई संस्कृति लेकर आया, जो यज्ञपरक अनुष्ठानों पर बल देती थी और जो नगरीय बसाहटों पर चरवाहागिरी तथा मवेशियों के पालन पर बल देती थी; प्रवासियों का एक और समूह उत्तर-पूर्व से आया, जो अपने साथ नई भाषाएँ, नई उपजाई गई वनस्पतियाँ और संभवतः गीली ज़मीन पर खेती करने की तकनीक तथा चावल की एक नई क़िस्म लेकर आया...और इस तरह भारतीय संस्कृति में उबाल आया। आज चार हज़ार साल बाद, जिस दौरान इसमें जब-तब यहूदियों से लेकर सीरियाइयों से लेकर पारसियों तक के नए घटक शामिल होते रहे हैं, यह अब भी गुनगुनी बनी हुई है।

उपसंहार

इतिहास को उसकी सही स्थिति में रखकर देखना

यह पुस्तक हमें क्या बताती है, इसकी आत्मपरक व्याख्या और इस बात की पड़ताल कि जाति किस तरह अस्तित्व में आई

इस पुस्तक के चार अध्यायों में हमने देखा कि हिन्दुस्तानी पिज़्ज़ा किस तरह बना, जिसकी नींव या बुनियाद लगभग 65,000 वर्ष पूर्व रखी गई थी, जब अफ़्रीका से बाहर निकले प्रवासी हिन्दुस्तान पहुँचे थे। सॉस उस समय तैयार होना शुरू हो गया था, जब ईसापूर्व 7000 के बाद ज़ेग्रॉसियाई चरवाहे बलूचिस्तान पहुँचे, प्रथम भारतीयों के साथ उनका मिश्रण हुआ और उसके बाद उन्होंने मिलकर हड़प्पा सभ्यता का निर्माण किया। जब यह सभ्यता टूटकर बिखर गई, तो सॉस समूचे उपमहाद्वीप में फैल गया। फिर, ईसापूर्व 2000 के बाद 'आर्य' आए और समूचे पिज़्ज़ा पर चीज़ का छिड़काव हुआ, लेकिन यह छिड़काव दक्षिण के मुक़ाबले उत्तर पर बहुत ज़्यादा हुआ। इसी समय के आस-पास पिज़्ज़ा की वे महत्त्वपूर्ण टॉपिंग्स आईं, जिन्हें हम विभिन्न क्षेत्रों में विभिन्न मात्रा में देखते हैं - ऑस्ट्रो-एशियाई और तिब्बती-बर्मी भाषा बोलने वाले। और फिर, काफ़ी बाद में, निश्चय ही यूनानी, यहूदी, हूण, शक, पारसी, सीरियाई, मुग़ल, पुर्तगाली, अँग्रेज़, सिद्धी आए - जिनमें से सभी ने भारतीय पिज़्ज़ा पर छोटे-छोटे निशान छोड़े।

तमाम रूपकों की तरह ही यह निश्चय ही हास्यास्पद सरलीकरण है, लेकिन यह उस हद तक काम का है, जिस हद तक यह हमारे स्वरूप के बारे में गहरी जड़ें जमाए बैठीं और समस्याओं से भरी ग़लत धारणाओं को सुधारने में मदद करता है। यह लगभग आम धारणा है कि 'आदिवासी' या 'मूल निवासी' या 'जनजातीय' लोग, जो आबादी का लगभग 8 प्रतिशत हिस्सा हैं, वे हिन्दुस्तान की बाक़ी आबादी से बहुत न्यारे और भिन्न लोग हैं। यह एक ऐसी धारणा है, जिसके नतीजे में उनको हेय दृष्टि से देखा जाता है, ऐसे लोगों के रूप में नहीं, जिन्होंने एक ख़ास तरह की जीवन-शैली को जारी रखने का चुनाव किया है, बल्कि ऐसे लोग जो 'हम नहीं' हैं। अब हम जानते हैं कि यह निराधार धारणा है। आदिवासी 'हम' हैं।

ये आदिवासी बाक़ी आबादी के साथ आनुवांशिक तौर पर बहुत कुछ साझा करते हैं क्योंकि वे प्रथम भारतीयों की वंशावली को धारण करते हैं और उनको आज के हिन्दुस्तान की बुनियाद रखने वाली आबादी के रूप में देखा जाना चाहिए। जैसा कि हमने देखा कि भारतीय आबादी की समग्र जीन सामूहिक वंशावली का 50 से 65 प्रतिशत हिस्सा प्रथम भारतीयों की सन्ततियों की वंशावली से आया है। और आज के हन्दुस्तान में ऐसा कोई आबादी समूह नहीं है, जो प्रथम भारतीयों की वंशावली को धारण न करता हो, फिर वह कोई भी भाषा क्यों न बोलता हो या वर्णाश्रम व्यवस्था के तहत किसी भी जाति का क्यों न हो। ऐसे में यह कहना कितना सटीक है कि हड़प्पा सभ्यता की सर्वाधिक आसानी-से पहचानी जा सकने वाली छवि उस 'डांसिंग गर्ल' (जो पुस्तक के आवरण पर प्रकाशित है) की है, जो सहज ही एक आदिवासी लड़की हो सकती है। जैसा कि हमने अध्याय 2 और 3 में देखा, प्रथम भारतीय उस पहली नगरीय क्रान्ति का हिस्सा थे। (एक तरफ़ : हम निश्चय ही यह नहीं जानते कि वह लड़की 'नाच रही' थी या नहीं; जो हम जानते हैं, वह यह है कि उसकी मुद्रा ज़बरदस्त रूप से आकर्षक और अल्हड़ है, जो आज भी ऊर्जा और प्रामाणिकता दर्शाती है।)

आदिवासियों और अनुसूचित जातियों के प्रति तिरस्कार उस अन्तर्निहित विश्वास-व्यवस्था की देन है, जो उनको 'अन्य बनाती है' और आज हम जानते हैं कि 'अन्य' बनाए जाने की इस प्रक्रिया को बंद करना क्यों ज़रूरी है। यह प्रवृत्ति सामान्य तौर पर हमारे अपने प्रागैतिहासिक स्थलों के प्रति हमारी उदासीनता को भी दर्शाती है। ज्वालापुरम से लेकर भीमबेटका और धोलावीरा तक, इन स्थलों में रुचि और इनके साथ तादात्म्य का अभाव लगभग उतना ही स्पष्ट है, जितनी हमारे पश्चिमी पड़ोसी की ऐसी ही उदासीनता इस उपमहाद्वीप में इस्लाम के आगमन के पहले के ऐतिहासिक स्थलों को लेकर है। हम तब इस बात को जानेंगे कि हम परिपक्व हो गए हैं और तभी हम अपने अतीत को सम्पूर्ण अर्थों में अपना पाएँगे, जब हिन्दुस्तान के प्रागैतिहासिक स्थल ऐसे पर्याप्त दर्शकों को आकर्षित करने लगेंगे, जो यह देखकर उत्साहित और रोमांचित होंगे कि उनके पूर्वजों ने क्या किया था और उन्होंने किस तरह का जीवन जिया था।

जिस दूसरी ग़लत धारणा को पिज़्ज़ा का रूपक ठीक करने में मदद करता है, वह उस साझा संस्कृति के उद्गमों के बारे में है, जिसे हम आज समूचे उपमहाद्वीप में अनुभव कर सकते हैं। आज यह देख पाना संभव है कि इस साझा संस्कृति के ज़्यादातर हिस्से का बुनियादी स्रोत वह शक्तिशाली हड़प्पा सभ्यता है, जो अपने परिपक्व रूप में सात सदियों तक जारी रही थी और जो अपने समय की सबसे बड़ी सभ्यता थी, आबादी और क्षेत्रपरक विस्तार, दोनों ही दृष्टियों से।

आर्यवर्त और मगध

हड़प्पा सभ्यता के पतन और स्टेपी से हुए प्रवासियों के आगमन के बाद की सदियों में जो कुछ हुआ, उसका ज़्यादातर हिस्सा प्रासंगिक पुरातात्त्विक अँधेरे में छिपा हुआ है (जो कि आश्चर्य की बात नहीं हैं, अगर हम इस तथ्य को ध्यान में रखें कि अन्यत्र स्टेपी के चरवाहों के आगन्तुक समूहों का आकार स्थायी बसाहटों में बड़ा नहीं था)। जैसा कि पहले उल्लेख

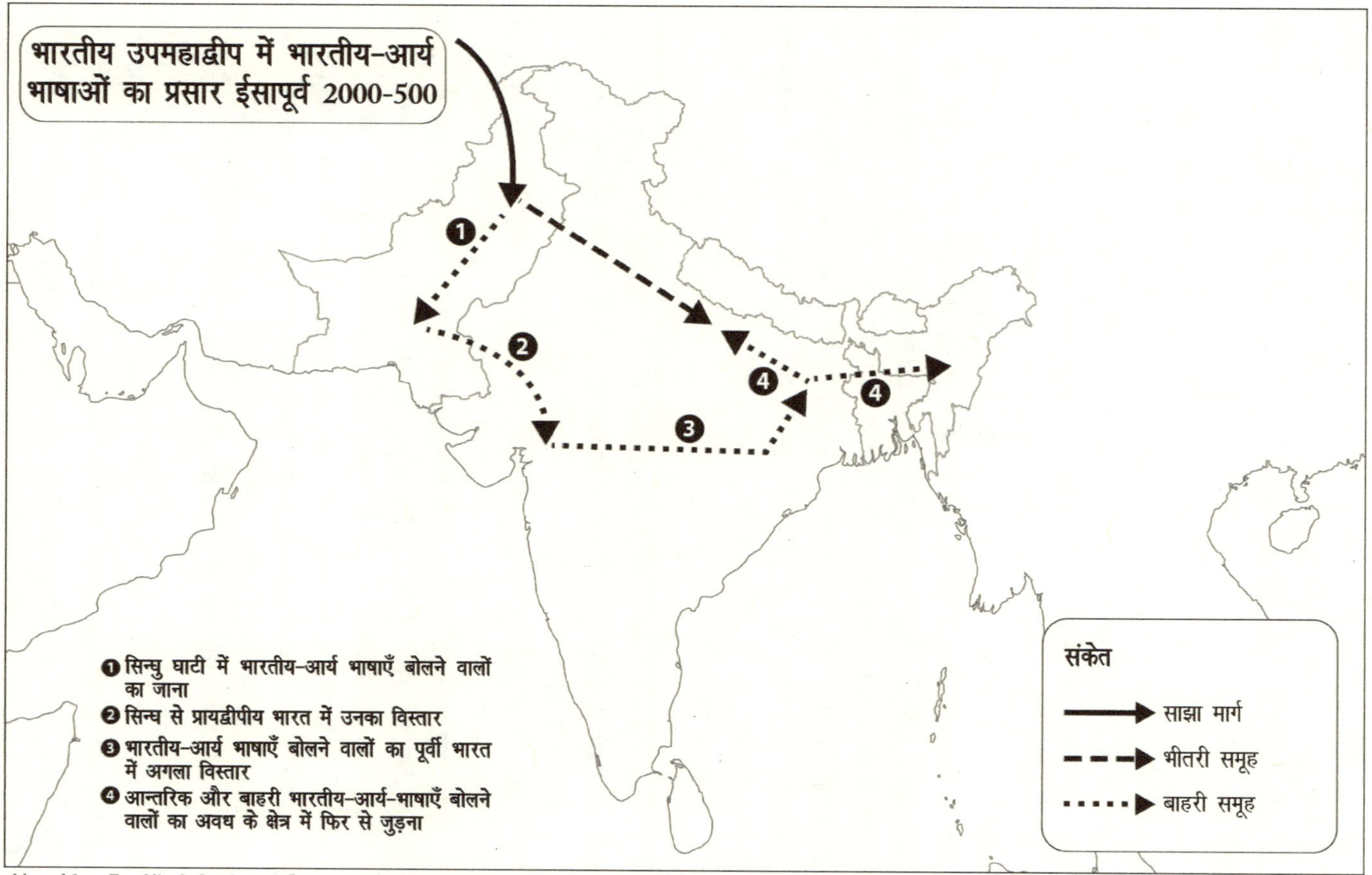

Adapted from Franklin C. Southworth, Linguistic Archaeology of South Asia, *RoutledgeCurzon, 2005*

किया गया था, हम नहीं जानते कि 'आर्य' आगन्तुक किस रास्ते से आए थे या उनके कितने समूह रहे हो सकते हैं या ये आगमन किस समय तक जारी रहे हो सकते हैं, लेकिन आरम्भिक वैदिक साहित्य के माध्यम से हम यह जानते हैं कि इंडो-यूरोपियन-भाषा-भाषी समूहों के बीच तकरारें हुई थीं, इसलिए इन आगन्तुकों की बहुलता तो स्वाभाविक रूप से मान्य है। भाषाविज्ञान और अब आनुवांशिकी आगमन की प्रक्रिया पर थोड़ी ज़्यादा रोशनी डाल सकती है।

'ग्रियर्सन परिकल्पना' 1930 के दशक में भारतीय भाषाई सर्वेक्षणकर्ता सर जॉर्ज ग्रियर्सन ने प्रस्तुत की थी और फिर इसमें 2005 में फ्रैंकलिन सी.साउथवर्थ ने कुछ और जोड़ा था। इस परिकल्पना के मुताबिक़ भारतीय-आर्य भाषाओं का दो सामाजिक-भाषाई क्षेत्रों में उपविभाजन किया जा सकता है, जिनमें से एक होगा 'आन्तरिक' (या उत्तर-मध्य) क्षेत्र और दूसरा होगा 'बाहरी' (दक्षिण पश्चिमी-पूर्वी) क्षेत्र। इस विभाजन के तहत, उत्तर-मध्य की भाषाओं में हिन्दी, पंजाबी, राजस्थानी, बुन्देली और पहाड़ी शामिल होंगी, जबकि दक्षिण पश्चिमी-पूर्वी भाषाओं में बाँग्ला, बिहारी, उड़िया, मराठी, और कोंकणी शामिल होंगी। साउथवर्थ ने इस विषय पर *द लिंग्विस्टिक आर्कियोलॉजी ऑफ़ साउथ एशिया* के एक लम्बे अध्याय में चर्चा की है और वे कहते हैं कि इस तरह के विभाजन की कैफ़ियत "मध्य एशिया के चरवाहा लोगों के दीर्घकालिक, धीमी गति के प्रवाह से मिल सकती है, जो भारतीय-ईरानी सीमान्तप्रदेशों में चलते हुए पंजाब तक और फिर एक ओर पूर्व की ओर गंगा तक, और दूसरी ओर सिन्धु से डेक्कन और पूरब में उसके और भी आगे तक गए।"

वे ध्यान दिलाते हैं :

> उत्तर-मध्य और दक्षिण पश्चिम-पूर्वी भाषाओं के बीच का क्षेत्रीय विभाजन उस विभाजन के तुल्यरूप है, जो हिन्दू परम्परावादियों की भूमि आर्यवर्त और उन क्षेत्रों के बीच है जिन्हें म्लेच्छ-देशों के नाम से जाना जाता है, जिनके बारे में यह माना जाता था कि वहाँ ग़ैर-आर्य भाषाएँ बोली जाती थीं, और हिन्दू अनुष्ठानों का निष्पादन नहीं किया जाता था। यह संभवतः महत्त्वपूर्ण है कि यह विभाजन मध्य और सीमान्त इलाक़ों के बीच संवाद विकसित हो चुकने के लम्बे समय बाद तक भी साहित्य में प्रकट होता रहा। ये दोनों इलाक़े भौगोलिक रूप से उस विन्ध्य कॉम्प्लैक्स के माध्यम से विभाजित हैं, जिसमें पर्वतों, पहाड़ियों और पठारों की अटूट शृंखला शामिल है और जो समूचे मध्य भारत के आर-पार फैले हैं। यादव वंश (प्राचीन भारतीय-आर्य वंशावली की एक शाखा जिसकी कुख्याति यह है कि यह स्थानीय रवायतों को अपनाने की वजह से कलुषित हो गई थी) का विवरण इन लोगों को मुख्यतः विन्ध्य कॉम्प्लैक्स के दक्षिण या पूर्व में रखता है।

(ऊपर के पैराग्राफ़ में जिन 'ग़ैर-आर्य भाषाओं' का उल्लेख हुआ है, उनका अभिप्राय वे ग़ैर इंडो-यूरोपियन भाषाएँ नहीं हैं, जैसा आज उन्हें समझा जाता है। उनका अभिप्राय केवल उन्हीं भाषाओं से है, जो उन 'बाहरी' क्षेत्रों के अन्तर्गत आती हैं, जिनको आर्यवर्त के परम्परावादी 'ग़ैर-आर्य' मानते थे।)

आनुवांशिक साक्ष्य यह संकेत भी देते हैं कि भारत आईं 'आर्य' आबादियों के भीतर एक उपसंरचना भी थी, जिसका मेल उस भाषिक उपसंरचना से बैठ सकता है, जिसकी ओर ग्रियर्सन और साउथवर्थ ने इशारा किया है। 2018 का 'द जीनोमिक फ़ॉर्मेशन ऑफ़ साउथ ऐंड सेन्ट्रल एशिया' शीर्षक का आलेख भी यही कहता है। आलेख यह भी दर्ज़ करता है कि आज के जिन 140 भारतीय आबादी-समूहों का अध्ययन किया गया है, उनमें से दस में 'महत्त्वपूर्ण स्तर पर ज़्यादा' स्टेपी वंशावली मौजूद है :

> हमें ब्राह्मण_तिवारी और ब्राह्मण_यूपी में स्टेपी वंशावली के अत्यन्त सशक्त दो संकेत मिले थे और अधिक व्यापक तौर पर उन समूहों में संकेतों की चौंकाने वाली समृद्धि थी, जो पारम्परिक तौर पर पुरोहितों की हैसियत रखते थे। ये उत्तर भारत में सर्वाधिक उल्लेखनीय थी...यह समृद्धि इसलिए चौंकाने वाली है, क्योंकि ये समूह उस साहित्य के पारम्परिक संरक्षकों में से हैं, जो आरम्भिक संस्कृत में लिखे गए थे।
>
> एक संभावित व्याख्या यह है कि दूसरी सहस्राब्दी के मध्य में दक्षिण एशिया में स्टेपी मध्य से लेकर परवर्ती कांस्य वंशावली का जो धाराप्रवाह आगमन हुआ, उसने स्टेपी वंशावली के विभिन्न अनुपातों से युक्त समूहों की रचना की थी। इनमें से जिस समूह में स्टेपी की अपेक्षाकृत अधिक वंशावली मौजूद थी, उसने आरम्भिक वैदिक संस्कृति के प्रसार में केन्द्रीय भूमिका निभाई थी।

अगर इसका अनुवाद भाषा संबंधी साक्ष्यों के परिप्रेक्ष्य में किया जाए, तो सारे आगन्तुक इंडो-यूरोपियन समूहों की प्रवृत्तियाँ या दृष्टिकोण एक जैसे नहीं थे। कुछ (जो, अगर ग्रियर्सन की भौगोलिक पदावली का इस्तेमाल करके कहें तो, 'आन्तरिक समूहों' से संबंध रखते थे) अपने सामाजिक संबंधों में (और संभवतः भाषा के इस्तेमाल के मामले में) घोर परम्परावादी थे और स्थानीय आबादियों के साथ आनुवांशिक तौर पर कम मिश्रित थे, वहीं 'बाहरी समूहों' से संबंध रखने वाले काफ़ी कम कट्टर थे।

भाषा और आनुवांशिकी के स्तरों पर परिलक्षित होने वाला यह भेद मूल ग्रंथों के संदर्भों में भी देखा जा सकता है, ख़ास-तौर से उन मूल ग्रंथों के संदर्भों में जो 'आयवर्त' और *म्लेच्छ-देश* से संबंध रखते हैं। जैसा कि लूज़ान विश्वविद्यालय के संस्कृत और भारतीय अध्ययन के एमेरिटस प्रोफ़ेसर यूहानस ब्रोंकहर्स्ट द्वारा लिखित पुस्तक *ग्रेटर मगध* में कहा गया है, "वैयाकरण पतंजलि ईसापूर्व 150 के आस-पास लिखी गई अपनी टीका *महाभाष्य* में एक दिलचस्प सवाल पूछते हैं और फिर खुद ही उसका जवाब देते हैं : "आर्यों की भूमि कौन-सी है? यह क्षेत्र है पूरब में जहाँ सरस्वती लुप्त हो जाती है, पश्चिम में कालका का जंगल, हिमालय का दक्षिणी भाग, और उत्तर के पारियात्रा पर्वत।" कालका जंगल को पारम्परिक तौर पर गंगा और यमुना के संगम के निकट माना जाता है और पारियात्रा पर्वत विन्ध्याचल पर्वत हैं, क्योंकि बहुत-से दूसरे दस्तावेज़ आर्यवर्त का उल्लेख गंगा और यमुना के बीच की भूमि के रूप में करते हैं।

ब्रोंकहर्स्ट लिखते हैं कि "पतंजलि के *महाभाष्य* का यह अंश लगभग जस-का-तस अन्य ग्रन्थों, यथा, बौधायन धर्म सूत्र और वशिष्ठ धर्म सूत्र में मिलता है। वे आगे कहते

हैं : "ये दोनों ग्रन्थ यह भी जोड़ते हैं कि कुछ लोगों के अनुसार आर्यवर्त गंगा और यमुना के बीच की भूमि है, जिससे इस धारणा की पुष्टि होती है कि कालका जंगल दरअसल इन दो नदियों के संगम पर या उसके निकट स्थित था। ओलिवेल का तर्क है कि ये दोनों धर्म सूत्र पतंजलि से बाद के हैं। अगर यह सही है, तो इससे इस दृष्टिकोण की पुष्टि होती है कि गंगा और यमुना के संगम-स्थल से पूर्व का क्षेत्र बहुत-से ब्राह्मणों के लिए पतंजलि के बाद भी कमोबेश एक विदेशी इलाक़ा था।"

ध्यान दें कि आर्यवर्त की यह परिभाषा मोटे तौर पर, ग्रियर्सन और साउथवर्थ द्वारा परिभाषित, दक्षिणप श्चिमी-पूर्वी क्षेत्र के 'बाहरी' भाषा समूह के विपरीत उत्तर-मध्य क्षेत्र के 'आन्तरिक' भाषा समूह से मेल खाती है। याद रहे कि जब पतंजलि 'आर्यों' की भूमि को परिभाषित कर रहे थे, तब उसके पूर्व के इलाक़े इंडो-यूरोपियन भाषा बोलने वाले लोगों से आबाद हो चुके थे और वस्तुतः, ये क्षेत्र भारत के उस दूसरे नगरीकरण के महत्त्वपूर्ण केन्द्र थे, जिसकी शुरुआत ईसापूर्व 500 के आस-पास, यानी, हड़प्पा सभ्यता के पतन के काफ़ी बाद में हुई थी। पहला भारतीय साम्राज्य, यानी मौर्यों के साम्राज्य (ईसापूर्व 322-180), का उदय भी इसी क्षेत्र में हुआ था, जो उस क्षेत्र के बाहर है, जिसे सावधानीपूर्वक आर्यवर्त के नाम से परिभाषित किया गया है। यही वह क्षेत्र था, जिसे मगध कहा जाता था, जिसमें ईसापूर्व सातवीं और पाँचवीं सदियों के बीच जैन और बौद्ध धर्म का उदय हुआ था। (बौद्ध धर्म को ईसापूर्व छठवीं और चौथी सदी के बीच और जैन धर्म को ईसापूर्व सातवीं और पाँचवीं सदी के बीच का माना जाता है।) इन दोनों धर्मों ने तत्कालीन धर्मग्रन्थों, यज्ञ-अनुष्ठानों और सामाजिक रूढ़ियों को चुनौती दी थी।

आर्यवर्त के अभिजात वर्ग के मन में म्लेच्छ-देशों के प्रति घृणा का जो भाव था, उसकी क्या वजह थी? ब्रोंकहर्स्ट इसे इस तरह देखते हैं :

> ऊपर उद्धृत अंश के अनुसार, गंगा-यमुना के संगम-स्थल के पूर्व में स्थित क्षेत्र को पतंजलि के समय में ब्राह्मणों का अधिकार-क्षेत्र नहीं माना जाता था। इससे इस तथ्य का निराकरण नहीं होता कि ब्राह्मण वहाँ रह रहे थे। इसकी बजाय, इससे यह संकेत मिलता है कि इस क्षेत्र में रहने वाले ब्राह्मणों को वह सम्मान प्राप्त नहीं था, जिसका वे स्वयं को हक़दार मानते थे। दूसरी ओर, पतंजलि के आर्यवर्त में हम यह मानकर चल सकते हैं कि उनको, कम-से-कम किसी हद तक, वह सम्मान प्राप्त था। इस क्षेत्र में ब्राह्मणों की प्रभावी सामाजिक हैसियत हमें उस कालखण्ड के लिए 'ब्राह्मण समाज' या 'वैदिक समाज' जैसे पदों के इस्तेमाल की गुंजाइश देती है, जिस कालखण्ड के दौरान वैदिक साहित्य लिखा जा रहा था। इन पदों का अभिप्राय निश्चय ही यह नहीं है कि इस समाज के सारे सदस्य ब्राह्मण थे। यह अभिप्राय तो और भी नहीं है कि जो लोग वैदिक अनुष्ठान किया करते थे, वे सब-के-सब ब्राह्मण ही थे।

ब्राह्मण समाज का पारिभाषिक लक्षण यह रहा होगा कि यज्ञ-अनुष्ठानों में पुरोहित वर्ग को अच्छा-ख़ासा दान प्राप्त होता होगा और शासकों तथा ब्राह्मणों के बीच आत्मीय और सहजीवी संबंध रहे होंगे।

ब्रोंकहर्स्ट के मुताबिक़, गंगा-यमुना के संगम-स्थल के पूर्व की गंगा घाटी का राजनीतिक इतिहास इस धारणा की पुष्टि करता है कि यह क्षेत्र आदर्श ब्राह्मण समाज नहीं था।

> यह वह जगह है, जहाँ उस मौर्य साम्राज्य की नींव पड़ी थी, जिसने दक्षिण एशियाई उपमहाद्वीप के बड़े हिस्से को अपने दायरे में समेट लिया था। अगर हमारे स्रोतों पर विश्वास किया जा सके, तो इस साम्राज्य का कोई भी शासक ब्राह्मणों या उनके विचारों में रुचि नहीं रखता था। मगध के आरम्भिक नरेशों - श्रेणिका बिम्बसार और अजातशत्रु - को बौद्ध तथा जैन, दोनों अपने धर्म का मानते थे। नन्द वंश के राजा, जिन्होंने ईसापूर्व 350 के आस-पास साम्राज्य की शक्ति को पाटलिपुत्र में संघटित किया था, जैनों के ज़बरदस्त संरक्षक के रूप में उभरते लगते हैं। चन्द्रगुप्त मौर्य ने नन्दों को उखाड़ फेंका था, लेकिन शायद उसकी दिलचस्पी भी ब्राह्मणों में उनसे ज़्यादा नहीं थी जिनकी जगह उसने ली थी। उसके बेटे बिन्दुसार ने उन आन्दोलनों को, ख़ास तौर से अजीविकों को, संरक्षण दिया था, जो ब्राह्मणवादी नहीं थे। उसके बेटे अशोक की रुचि बौद्ध धर्म में थी; और उसके तुरन्त बाद के उत्तराधिकारियों की दिलचस्पी अजीविक धर्म और जैन धर्म में थी। यह शुंगों, जो स्वयं ही ब्राह्मण थे, के आने के साथ ही शायद हुआ होगा, जब ब्राह्मणों ने समाज में वह जगह बनानी शुरू की होगी, जिस पर वे अपना अधिकार समझते थे। यह ईसापूर्व 185 के आस-पास हुआ था। चालीस या पचास साल बाद, जैसा कि हमने देखा, वैयाकरण पतंजलि गंगा-यमुना के संगम के पूर्व के क्षेत्र को आर्यों की भूमि मानने को तैयार नहीं थे।[1]

मगध के बारे में यह दृष्टिकोण निश्चय ही अन्ततः बदला था, जैसा कि ब्रोंकहर्स्ट ने लिखा है। तीसरी सदी के पहले कभी लिखे गए *मानव धर्म शास्त्र* या *मनुस्मृति* में आर्यवर्त को समुद्र से समुद्र तक फैले हुए रूप में परिभाषित किया गया थाः "समान पर्वत-शृंखलाओं यानी, हिमालय और विन्ध्य की शृंखलाओं, के बीच की जो भूमि पूर्वी समुद्र से पश्चिमी समुद्र तक फैली हुई है, उसे 'आर्यवर्त' - आर्यों की भूमि - कहा जाता है।" *महाभाष्य* और *मनुस्मृति* के लिखे जाने के बीच कहीं मगध की विचारधारा में संभवतः इतना पर्याप्त बदलाव आ गया था कि आर्यवर्त का अभिजात वर्ग इसे अपना मानने लगा था। इस मुद्दे पर हम जल्दी ही वापस लौटेंगे।

आन्तरिक और बाह्य परम्पराओं के फ़र्क़ से शायद इस बात की कैफ़ियत मिल सकती है कि जब जाति व्यवस्था ने सहसा अर्थवत्ता हासिल की थी, तो क्यों की थी - और तभी क्यों की थी। 2013 में 'जनेटिक इविडेंस फ़ॉर रीसेंट पॉपुलेशन मिक्सचर इन इंडिया' शीर्षक से प्रकाशित एक आनुवांशिक अध्ययन ने इस बात को ग़लत साबित कर दिया है कि जब 'आर्य' इस महाद्वीप में आए थे, तो उन्होंने ही इस आबादी पर जाति-व्यवस्था थोपी थी।

1. ब्रोंकहर्स्ट लिखते हैं कि "अगर कालिदास के *मालविकाग्निमित्र* पर भरोसा किया जा सके तो, यह शायद कोई संयोग नहीं है कि शुंग सेनापति जिसने अन्तिम मौर्य की हत्या कर शुंग वंश की स्थापना की थी, पाटलिपुत्र में नहीं, बल्कि उससे बहुत दूर विदिशा में जकर बसा था।"

इस निबन्ध के सहलेखकों में प्रिया मूर्जानी, कुमारस्वामी थंगराज, लालजी सिंह, डेविड राइक और अन्य लोग शामिल थे।

इन वैज्ञानिकों ने भारतीय उपमहाद्वीप के तिहत्तर आबादी-समूहों के जीन-समूह-व्यापी आँकड़ों के आधार पर अध्ययन किया था। उसके नतीजे हतप्रभ कर देने वाले थे। इस अध्ययन ने दर्शाया था कि ईसापूर्व 2200 और सन् 100 के मध्य विभिन्न भारतीय आबादियों के बीच व्यापक सम्मिश्रण हुआ था, जिसका परिणाम यह हुआ था कि लगभग सारे हिन्दुस्तानियों ने प्रथम भारतीयों, हड़प्पावासियों और स्टेपी के लोगों की वंशावली अर्जित कर ली थी, हालाँकि निश्चय ही इसके कई स्तर थे। यह आलेख कहता है कि "हिन्दुस्तान ने कई हज़ार साल पहले अपने आबादीपरक विन्यास में एक रूपान्तरण को झेला था। यह रूपान्तरण एक ऐसे क्षेत्र से आया था, जिसमें हुआ आबादी का एक बड़ा मिश्रण उस मिश्रण जैसा ही था। इसमें नितान्त क़रीबी समूहों के बीच का मिश्रण भी, अपने ही समुदाय के भीतर विवाह-संबंधों की ओर मुड़ने की वजह से दुर्लभ हो जाता है।"

हम पहले ही देख चुके हैं कि किस तरह, जब हड़प्पा सभ्यता का पतन होने लगा था, तो आबादियों का बड़े पैमाने पर उत्तर-पश्चिम से दक्षिण और पूर्व, दोनों दिशाओं में स्थानान्तरण हुआ था और आबादियों के बीच बहुत ज़्यादा अन्तरमिश्रण हुआ था। इसलिए यह आश्चर्य की बात नहीं है, भले ही यह अध्ययन इस बात को सामने लाता है कि वह मिश्रण ख़ासा गहरा था : "पिछले कुछ हज़ार सालों के दौरान लगभग सारे समूह बड़े स्तर के मिश्रण की प्रक्रिया से गुज़रे थे, जिनमें भील, चमार और कलार जैसे वे आदिवासी समूह भी शामिल थे, जिनसे शायद अधिक अलग-थलग बने रहने की उम्मीद की जा सकती थी।"

आश्चर्य में डालने वाली बात, क्योंकि वह सहज बुद्धि के विपरीत जाती है, यह है कि मिश्रण की यह प्रक्रिया सन् 100 के आस-पास कभी समाप्त हो गई थी। हम दो ऐसे अलग-अलग समूहों की कल्पना कर सकते हैं, जो लम्बे अरसे तक अपनी आनुवांशिक दूरी बनाए रखने के बाद अचानक फ़ैसला करते हैं कि अब बहुत हुआ और मिश्रित होना शुरू कर देते हैं, लेकिन ऐसे समूहों की कल्पना करना ज़्यादा मुश्किल है, जो पहले से ही मिश्रित हो रहे थे और उन्होंने अचानक एक दिन तय किया कि अब इस सिलसिले को ख़त्म करना चाहिए और इसी के साथ उन्होंने अन्तरमिश्रण की प्रक्रिया को रोक दिया। यह आनुवांशिक अध्ययन कहता है कि जो हुआ था, वह ठीक यही था। यह कुछ ऐसा था मानो सन् 100 के आस-पास एक नई विचारधारा ने कामयाबी और सत्ता हासिल कर समाज पर नए सामाजिक प्रतिबन्ध और एक नई जीवन-शैली थोप दी थी। यह सामाजिक ढाँचे को बदलने का एक ऐसे पैमाने पर किया गया उद्यम था, जो न इसके पहले कभी किया गया था, न इसके बाद, और, अगर आनुवांशिक अनुसन्धान के परिणामों पर विश्वास करें, तो यह उद्यम अनियंत्रित तरह से कामयाब हुआ था।

यह अध्ययन अन्तरमिश्रण पर हुए इस आकस्मिक पटाक्षेप को जाति-व्यवस्था की शुरुआत के साथ जोड़ता है : "ब्राह्मणों, क्षत्रियों, वैश्यों, और शूद्रों से निर्मित चतुर्वर्ण व्यवस्था का उल्लेख ऋग्वेद के उस एक हिस्से में ही मिलता है, जो संभवतः बाद में जोड़ा गया

है। विशिष्ट क़िस्म की सामाजिक या व्यावसायिक भूमिकाएँ निभाने वाले लोगों के अपने ही समुदाय के भीतर विवाह-संबंध बनाने वाले समूहों की जाति-व्यवस्था का ऋग्वेद में कहीं कोई उल्लेख नहीं है और इनका ज़िक्र केवल उन्हीं ग्रन्थों में किया गया है, जो ऋग्वेद के सदियों बाद लिखे गए हैं।"

क्या ईसापूर्व पहली सहस्राब्दी की अन्तिम सदियों में मौर्य साम्राज्य के अन्त का विचारधारा में आए इस बदलाव के साथ कोई संबंध हो सकता है? क्या मौर्यों की पराजय अन्ततः इस महाद्वीप से बौद्ध धर्म के लोप और जैन धर्म के पतन की पूर्वसूचना भी थी? क्या यह संभव है कि आर्यवर्त की रूढ़ परम्पराओं, जिनमें सामाजिक पदानुक्रम का सख़्त दृष्टिकोण और 'वर्णसंकरण' या विभिन्न वर्गों या नस्लों के बीच मिश्रण का विरोध शामिल था आदि ने मगध की अधिक उदार, उन्मुक्त, प्रगतिशील और अनुष्ठान-विरोधी विचारधारा को पराजित कर दिया हो - वह मगध, जिसने इन रूढ़ परम्पराओं को चुनौती दी थी?

क्या ईसापूर्व की चौथी और दूसरी सदियों के बीच आर्यवर्त के मुख्य भूभाग में मौर्य साम्राज्य के तीव्र विस्तार ने उस ब्राह्मणवादी विचारधारा के सामने ख़तरा पैदा कर दिया था, जो यज्ञों, ब्राह्मणों की श्रेष्ठता और शासक वर्ग के साथ उनके विशेष रिश्तों पर आधरित थी और क्या आर्यवर्त ने इसी की प्रतिक्रिया में जवाबी हमला किया था? तब क्या वे समय गुज़रने के साथ 'शुचिता' और अन्तर्सामुदायिक विवाह के सख़्त नियम के लम्बे समय से चले आ रहे अपने आदर्शों को उस बाक़ी समाज पर लागू करने में कामयाब रहे, जिसमें पूरबी भारत के वे इंडो-यूरोपियन-भाषा-भाषी लोग शामिल थे, जो उन आदर्शों को साझा नहीं करते थे, भले ही वे भी खुद को 'आर्य' कहते थे? ब्रोंकहर्स्ट ने अपनी पुस्तक में इनमें से कुछ सवाल उठाए हैं।

इस चर्चा से कुछ चीज़ें सामने आती हैं। हिन्दुस्तान में जाति-व्यवस्था और इस उपमहाद्वीप में आर्यों का आगमन एक-दूसरे के पर्याय *नहीं* हैं। भारतीय समाज पर जाति-व्यवस्था की बेड़ियाँ दो हज़ार साल बाद ही पड़ी थीं। और इसके रूप लेने के समय तक विभिन्न स्तरों पर अन्तरमिश्रण घटित हो चुका था। इसलिए अम्बेडकर का यह कहना सही था कि शूद्र हिन्दुस्तान के बाक़ी जातीय समाज से आनुवांशिक तौर पर भिन्न नहीं हैं, लेकिन संभवतः वे पर्याप्त दूर तक नहीं गए - वे इसके बावजूद आदिवासियों को बाक़ी सभी से भिन्न मानते लगते थे। आज हम जानते हैं कि यह बात सही नहीं है, क्योंकि उनके जीन्स हर किसी के भीतर मौजूद हैं, भले ही वह जाति-व्यवस्था के पदानुक्रम में कहीं पर भी क्यों न हो। अम्बेडकर 'आर्यों' के आगमन से पूरी तरह इंकार करने के मामले में भी ग़लत थे, हालाँकि इस ग़लती के लिए उनको दोषी नहीं ठहराया जा सकता, क्योंकि उनके पास जीन-समूह संबंधी वे आँकड़े नहीं थे, जो आज हमारे पास हैं।

पूर्वी भारत या मगध में सांस्कृतिक जोश की शुरुआत मौर्य साम्राज्य के पल्लवित-पुष्पित होने के सदियों पहले हो चुकी थी और इसे नगरीकरण, नए धर्मों और दर्शनों तथा वणिक वर्गों की बढ़ती हुई समृद्धि और प्रभाव जैसी चीज़ों में देखा जा सकता है। यह पहले ही अपने प्रभाव और विचारों को समूचे उपमहाद्वीप में और इसके बाहर भी दूर-दूर तक फैला चुका था। जाति-व्यवस्था के द्वार इसके बाद ही, संभवतः कई पीढ़ियों और सदियों के दौरान,

संस्थापित और बन्द हुए थे और इस तरह उन्होंने देश को कई रूपों में अन्दर की दिशा मेंमोड़ दिया था।

उपलब्धियों और साहसिक कारनामों का समय

ईसा सन् के शुरू होने के पहले की पाँच या छह सदियाँ और उसके बाद की कुछ सदियाँ हिन्दुस्तान के इतिहास के सबसे अधिक सृजनात्मक और प्रगतिशील कालखण्डों की श्रेणी में आएँगी। उपनिषदों की रचना हुई, जिनकी अन्तर्दृष्टियों और दर्शन ने दुनियाभर में लाखों लोगों को उत्प्रेरित किया और भारतीय उपमहाद्वीप के अधिकांश चिन्तन पर गहरा प्रभाव डाला। दुनिया के पहले प्रचारपरक जैन और बौद्ध धर्मों का उदय हुआ, जो अपने संस्थापकों के उपदेशों और उन्हीं के साथ-साथ नए भाषाई विचारों तथा साहित्य-रूपों को हिन्दुस्तान के कोने-कोने तक और बौद्ध धर्म के मामले में, तत्कालीन तौर पर ज्ञात दुनिया के कई कोनों तक ले गए। पूर्वी एशिया को भारत के सांस्कृतिक विचारों के सम्मोहन में बाँधा जाना; चीन को मन्त्रमुग्ध कर देना...यह सूची जितनी ही लम्बी है, उतनी ही उत्तेजक भी है। सन्देशों को समुद्र-पार भेजे जाने, सरहदें पार करने और साहसिक कारनामों की ज़्यादातर शुरुआत हिन्दुस्तान के पूर्वी या दक्षिणी हिस्सों से हुई होगी, जहाँ अन्तरमिश्रण और समुद्र-पार यात्राओं पर उस तरह के प्रतिबन्ध नहीं थे, जिनको लागू करना आर्यवर्त को अनिवार्य लगता था।

इन प्रबल सांस्कृतिक प्रवाहों की गति उसके सदियों बाद तक जारी रही थी, जब एक नया सामाजिक पदानुक्रम और एक नई जीवन-शैली इस उपमहाद्वीप में आम हो गई थी और समूहों के बीच उस तरह का मिश्रण वर्जित हो गया था, जो उसके पहले देखने में आता रहा था। अभिजात वर्ग की नई भाषा और बौद्धिक विमर्श के माध्यम के रूप में संस्कृत दरअसल लैटिन के संभावित अपवाद को छोड़कर, संभवतः प्राचीन इतिहास की किसी भी भाषा के मुक़ाबले अधिक प्रभावशाली भाषा बन गई थी। जैसा कि शेल्डन पॉलक ने अपनी उत्कृष्ट पुस्तक *द लैंग्युएज ऑफ़ गॉड्स इन द वर्ल्ड ऑफ़ मैन* में कहा है, "संस्कृत का प्रसार लैटिन की तरह सैन्य आक्रमणों के माध्यम से नहीं, बल्कि समझाइश और सहमति के माध्यम से हुआ था। समूचे उपमहाद्वीप और समुद्र-पार दक्षिण-पूर्व एशिया के राजा और राज्याकांक्षी लोग संस्कृत द्वारा उपलब्ध कराई जाने वाली प्रतिष्ठा और सुख-सुविधा, और उसी के साथ-साथ राजा के पद और सामाजिक संरचना के बारे में उसके उन सिद्धान्तों की चाह रखते थे, जिनके लिए दूसरी जगहों के प्रभु वर्ग के बीच एक तैयारशुदा बाज़ार उपलब्ध प्रतीत होता था। इस भाषा में साहित्य की जो शक्तिशाली काया थी, जिसमें रामायण और महाभारत के वे दो विराट महाकाव्य शामिल थे, जो मन्त्रमुग्ध और उत्प्रेरित करने की अपनी सामर्थ्य के मामले में आज भी बेमिसाल बने हुए हैं। उस साहित्य की काया की शिराओं में सत्ता और सामाजिक संरचना का वह नया सिद्धान्त प्रवाहित होता था, जो जितना ग्रहण करने वालों को क़ायल करता था, उतना ही उसके दाताओं को भी करता था।

यह अपरिहार्य नहीं था

लेकिन इस नई सामाजिक निर्मिति के लिए एक बहुत बड़ी सामाजिक क़ीमत भी चुकानी पड़ी थी, जैसा कि आनुवांशिकी संकेत करती है, जिसके बारे में, एक बार फिर, डेविड राइक अपनी पुस्तक *हू वी आर ऐंड हाउ वी गॉट हियर* में स्पष्ट करते हैं :

> लोग, 1.3 अरब से ज़्यादा लोगों वाले हिन्दुस्तान को व्यापक रूप से विशाल आबादी वाला देश समझते हैं और सचमुच ही हिन्दुस्तानी और इस मुल्क से बाहर के लोग इसे इसी रूप में देखते हैं, लेकिन आनुवांशिक तौर पर, यह स्थिति को देखने का ग़लत ढंग है। हान चीनी वाक़ई एक बड़ी आबादी हैं। वे हज़ारों साल से बिना किसी रुकावट के मिश्रित होते रहे हैं। इसके विपरीत, अगर हैं भी तो ऐसे बहुत थोड़े-से हिन्दुस्तानी समूह हैं, जो जनसंख्या की दृष्टि से बहुत बड़े हैं और एक ही गाँव में एक-दूसरे के अगल-बगल रहने वाले हिन्दुस्तानी जाति-समूहों के बीच का आनुवांशिक अन्तर उत्तरी और दक्षिणी यूरोपीयों के बीच के आनुवांशिक अन्तर के मुक़ाबले दो या तीन गुना ज़्यादा है। सच्चाई यह है कि हिन्दुस्तान बहुत बड़ी संख्या में छोटी-छोटी आबादियों से मिलकर बना है।

सार रूप में कहें, तो ईसा की दूसरी सदी में जिस सामाजिक ढाँचे को इस मुल्क पर थोपा गया था, उसने इस मुल्क को काटकर 'टुकड़े-टुकड़े' कर दिया था (यहाँ मैं 2018 के टेलीविज़न न्यूज़ चैनल की चर्चाओं में इस्तेमाल की गई शब्दावली का इस्तेमाल कर रहा हूँ)। जब आप किसी समाज को इस तरह विभाजित कर देते हैं, तो उस समाज के व्यक्तियों में निहित संभावनाओं को चरम सीमा तक ले जाने की समाज क्षमता बुरी तरह प्रभावित होती है और उतना ही महत्त्वपूर्ण यह कि एक ही छोटे-से इलाक़े में रहने वाले लोगों के बीच सह-अनुभूति मद्धिम पड़ जाती है और इस तरह उन साझा कार्रवाईयों की संभावना को विफल कर देती है, जो हर किसी के हित में होतीं।

इस चीज़ ने हिन्दुस्तान को एक राष्ट्र के रूप में किस हद तक बाधित किया, यह शायद एक ऐसा सवाल है, जिसका जवाब किसी दिन सिर्फ़ समाजविज्ञानी ही दे सकेंगे। आज तो हम सिर्फ़ इतना जानते हैं कि यह अपरिहार्य नहीं था। यह वह दिशा नहीं थी, जिसकी तरफ़ हिन्दुस्तान सन् 100 के आस-पास तक बढ़ रहा था, जब लगता है, हम सहसा ठहर गए थे, और हमने एक निर्णायक महत्त्व के सामाजिक मुद्दे को नज़रअन्दाज़ कर दिया था, हालाँकि यह सोचना ग़लत होगा कि आर्यवर्त जिस चीज़ का प्रतिनिधित्व करता था - या उसके भीतर का एक अभिजात समूह जिस चीज़ का प्रतिनिधित्व करता था या जिसे वह प्राथमिकता देता था और मगध या पूर्वी भारत जिस चीज़ का प्रतिनिधित्व और व्यवहार करता था, उन दोनों के बीच का विचारधारात्मक टकराव सहसा थम गया था। बौद्ध धर्म ने जिस देश में जन्म लिया था, वहाँ अपनी पराजय के बाद भी वह सदियों तक अपना अस्तित्व बनाए रहा था, हालाँकि उसकी स्थिति उत्तरोत्तर कमज़ोर होती गई थी।

इनमें से कुछ लड़ाइयाँ सन् 100 में जाति-व्यवस्था के आगमन के सात सदियों बाद भी लड़ी जा रही थीं, इसे हम आदि शंकर के कृतित्व से जानते हैं, जिन्होंने बौद्ध और जैन धर्मों

के दर्शन की ज़िम्मेदारी सँभाली थी। यह बात हम उन पुरातात्त्विक और साहित्यिक स्रोतों से भी जानते हैं, जिनमें बौद्धिक और भौतिक, दोनों तरह के निरन्तर विवाद को दर्ज़ किया गया है और भक्ति जैसे उन धार्मिक आन्दोलनों से भी जानते हैं, जिन्होंने बेज़ुबानों को ज़बान दी थी। जब भीमराव अम्बेडकर ने बीसवीं सदी में जारी अन्यायों को चुनौती देनी चाही थी, तो उन्होंने अपने लिए और अपने अनुयायियों के लिए बौद्ध धर्म का चुनाव किया था। उनका यह चुनाव दर्शाता है कि किसी समाज की रचना किस तरह होनी चाहिए, इसको लेकर मतभेद के ऐतिहासिक सिलसिले आज दिन तक जारी हैं। इस अर्थ में, मोहनदास करमचन्द गाँधी और भीमराव अम्बेडकर के बीच के असाधारण विचारधारात्मक टकराव को भी उसी संदर्भ में देखा जाना चाहिए, जो टकराव जीवन और समाज को लेकर अनुदार आर्यवर्त के सर्वश्रेष्ठ दर्शन तथा मगध की श्रेष्ठतम विवेकशीलता और प्रगतिशीलता के बीच दृष्टिगोचर होता था।

इतिहासकार रोमिला थापर कहती हैं :

> जब हम अपनी सांस्कृतिक धरोहर का आकलन करते हैं, तो हम अक्सर इस तथ्य को या तो भुला देते हैं या उसके महत्त्व को कम करके आँकते हैं कि तार्किकता और सन्देह आरम्भिक भारतीय चिन्तन के अभिन्न अंग हुआ करते थे। यह चीज़ चार्वाक/लोकायत चिन्तकों तक ही सीमित नहीं थी, बल्कि कुछ दूसरे दार्शनिक सम्प्रदायों में भी साफ़ दिखाई देती है, जैसे कि दरअसल बौद्ध और जैन चिन्तन में देखी जा सकती है। हमने प्रश्न पूछने की एक ऐसी परम्परा को विरासत में पाया है, जो केवल दार्शनिक चिन्तन तक ही सीमित नहीं है, बल्कि जो लोकप्रिय साहित्य से भी ज़ाहिर होती है। इस परम्परा का पोषण करना भी उतना ही अच्छा होगा।

साझा सवाल, अनेक जवाब

अगर हमें अपने प्रागैतिहास से कुछ सीख मिलती है, तो वह उसी चीज़ की सीख है, जो रूढ़ हो चुकी है : अनेकता में एकता। हम एक ऐसे भौगोलिक क्षेत्र में रहते हैं, जिसे एक साझा सभ्यता और संवादपरक इलाक़े की संज्ञा दी जा सकती है। हमारी बौद्धिक और सांस्कृतिक चर्चाओं, बहसों और विवादों के विषय विशिष्ट रूप से हमारे अपने हैं, लेकिन हमारे पास इनके सहमतिपरक जवाब नहीं हैं : हमारे जवाब और प्रतिक्रियाएँ उन विभिन्न परम्पराओं तथा ऐतिहासिक अनुभवों पर निर्भर हैं, जिन्हें हमारे बीच के विभिन्न समुदाय धारण किए हुए हैं। हिन्दुस्तानियों के रूप में हमने भी उसी इतिहास को जिया है, लेकिन हमने इसके कुछ हिस्सों को विभिन्न छोरों पर अनुभव किया है। एक ओर दक्षिण तथा पूर्वी हिन्दुस्तानियों और दूसरी ओर उत्तरी तथा पश्चिमी हिन्दुस्तानियों की राजनीतिक या भोजन संबंधी प्राथमिकताएँ हैं। इन प्राथमिकताओं के बीच के अन्तर उस तरह के अन्तरों को प्रतिबिम्बित करते हैं, जो इन लोगों के बीच हैं और जिनमें से कुछ बहुत गहरे हैं।

उदाहरण के लिए हमारी भोजन-संबंधी आदतों को ही लें। स्पष्ट है कि उत्तर भारतीय और पश्चिम के भारतीय, पूर्वी या दक्षिण भारतीयों की तुलना में दूध और दूध से बनी चीज़ों का ज़्यादा इस्तेमाल करते हैं और मांस-मछली का बहुत कम इस्तेमाल करते हैं। राजनेता

और व्याख्याकार अक्सर इनको सामाजिक-राजनीतिक भेदों के रूप में देखते हैं, लेकिन इसकी एक अन्य बुनियादी वजह है : जीन्स। या और भी विशिष्ट ढंग से कहें तो, 13910T नामक वह जीन उत्परिवर्तन (जीन म्यूटेशन), जिसकी शुरुआत कोई 7500 साल पहले यूरोप में हुई थी। यह जीन मानव-शरीर को शैशवावस्था से परे वयस्क अवस्था तक में दूध को पचाने की गुंजाइश देता है। *होमो सेपियन्स* दुनिया के अकेले ऐसे स्तनधारी हैं, जिन्होंने यह क्षमता हासिल की है। यह आश्चर्य की बात नहीं है, क्योंकि इस तरह का उत्परिवर्तन तब तक अनावश्यक रहा होगा, जब तक कि मनुष्यों ने इस बात को समझ नहीं लिया होगा कि वे मवेशियों या बकरियों को पाल सकते हैं और दूध के लिए उनका दोहन कर सकते हैं, लेकिन जैसे ही उन्होंने मवेशियों को पालना शुरू किया, वैसे ही वयस्कों के रूप में दूध को पचा सकने की क्षमता ज़बरदस्त रूप से उपयोगी हो गई होगी, और समय के साथ-साथ इसके अनुकूल बैठने वाली उत्परिवर्तित जीन का विकास-प्रक्रिया में वरण कर लिया गया होगा।

वयस्क अवस्था में दूध को पचा लेने की क्षमता दुनिया के चार अलग-अलग इलाक़ों में एक से अधिक बार विकसित हुई थी, लेकिन यूरोपीय उत्परिवर्तन 13910T हमारे लिए ख़ास महत्त्व रखता है, क्योंकि जिन ज़्यादातर हिन्दुस्तानियों में वयस्क अवस्था में दूध को पचा लेने की क्षमता है, वे इस यूरोपीय उत्परिवर्तन को धारण करते हैं। लैक्टेस पर्सिस्टेंस (शैशवावस्था के बाद दूध पचा लेने की क्षमता के लिए तकनीकी नाम) से जुड़े सवालों का जवाब देने के लिए भारत के सभी बड़े भाषा-समूहों और क्षेत्रों से एकत्र किए गए डीएनए नमूनों का देशव्यापी परीक्षण[2] जिन बहुत-से नतीजों पर पहुँचा था, उनमें तीन इस प्रकार हैं : पहला, हिन्दुस्तान में इसकी मौजूदगी का क्रम उत्तर-पश्चिम से दक्षिण-पूर्व की दिशा में उत्तरोत्तर घटता हुआ है। दूसरा, यह उत्परिवर्तन यूरोपीय उत्परिवर्तन से मिलता-जुलता है। तीसरा, केवल 1/5 हिन्दुस्तानी ही वयस्क अवस्था में दूध पचा पाते हैं और पश्चिमी तथा उत्तरी भारत के लोगों में ऐसा करने की सबसे अधिक संभावना है। इस जीन की आवृत्ति का दायरा पश्चिम और उत्तर भारत के कुछ हिस्सों में 40 प्रतिशत से लेकर उत्तर-पूर्व भारत के कुछ हिस्सों में 1 प्रतिशत तक है।

इस तरह इससे यह बात अन्ततः स्पष्ट हो जाती है कि पूर्वी या दक्षिणी भारत के लोग उत्तरी और पश्चिमी भारत के लोगों की तुलना में बहुत कम दूध क्यों पीते हैं। वयस्कों के रूप में इनमें से ज़्यादातर इसे पचाने में सक्षम नहीं होते। यह दोहराना उचित है कि सारे बच्चे दूध पी सकते हैं, चाहे उनमें यह जीन हो या न हो। जिनमें यह जीन होता है और जिनमें यह नहीं होता, उनके बीच का फ़र्क़ यह है कि इस जीन से युक्त बच्चे अपने बाक़ी जीवन भर दूध पीते और पचाते रह सकते हैं, जबकि जिनमें इस जीन का अभाव होगा, वे अपनी उम्र के पहले वर्ष और वयस्क होने के बीच के किसी समय में यह क्षमता खो देंगे।

इस सबका शाकाहारी होने या उत्तर-पश्चिम तथा दक्षिण-पूर्व के बीच मांस-मछली के भक्षण में सापेक्षिक अन्तर से क्या संबंध है? यह संबंध सीधे-सीधे इस तरह है : जो

---

2. आयरीन गैलेगो रोमेरो और अन्य, 'हर्डर्स ऑफ़ इंडियन ऐंड यूरोपियन कैटल शेयर देयर प्रिडॉमिनेंट अलेली फ़ॉर लैक्टेस पर्सिस्टेंस', *मॉलिक्युलर बायोलॉजी ऐंड इवोल्यूशन* (2012)।

हिन्दुस्तानी इस जीन उत्परिवर्तन से युक्त हैं, उनके लिए दूध पचा लेने की क्षमता पशु-प्रोटीन के स्रोत के तौर पर मांस या मछली की जगह दूध के इस्तेमाल का विकल्प उपलब्ध कराती है और लगता है कि उनमें से ज़्यादातर लोगों ने यही विकल्प चुना हुआ है। नेशनल सैम्पल सर्वे द्वारा किए गए उपभोक्ताओं के पारिवारिक ख़र्च के सर्वेक्षण से इसकी पुष्टि हुई थी। ये आँकड़े बताते हैं कि कुल मिलाकर जो राज्य बड़ी तादाद में दूध का सेवन करते हैं, वे उतनी ही कम मात्रा में मांस, मछली और अंडे खाते हैं, जबकि बहुत बड़ी मात्रा में मांस, मछली और अंडे खाने वाले राज्य उतनी ही कम मात्रा में दूध का सेवन करते हैं।

स्पष्ट है कि दूध और मांस के बीच एक अदला-बदली जारी है, लेकिन सिर्फ़ कुछ ही क्षेत्रों में। कृपया इसे भी ध्यान में रखें कि जो क्षेत्र ज़्यादा दूध और कम मांस का सेवन कर रहे हैं, वे ठीक वही क्षेत्र हैं, जिनमें इस जीन का उत्परिवर्तन अधिक प्रभावी है और इसका उलटा भी इसी तरह सही है।

जीन का यह क़िस्सा हमें यह बताता है कि हिन्दुस्तान के सामाजिक नक़्शे पर हम जो ताने-बाने देखते हैं, उसके पीछे और हमारी सभ्यता के साझा सवालों (जिनमें यह सवाल भी शामिल है कि क्या खाया जाए और क्या न खाया जाए) के जवाबों में जो भिन्नता है, उसके पीछे अच्छे ख़ासे कारण हैं। एक इकहरी संस्कृति को गढ़ने के उद्देश्य से इन भेदों और तानो-बानों को मिटाने की कोशिश करना ख़ास तरह का अ-भारतीय उद्यम होगा, जो विपत्तियों की संभावनाओं से भरा और विफलता के लिए अभिशप्त होगा।

भारतीय संस्कृति को बलपूर्वक कृत्रिम समरूपता देने की निरन्तर और अभिशप्त कोशिश के पीछे एक वजह उस ढंग में है, जिससे हमारा इतिहास लिखा गया है और अक्सर औचित्य सिद्ध करते हुए लिखा गया है। अब तक, इतिहास की पुस्तकों के लिए यह उचित हुआ करता था कि वे समय के उस बिन्दु के साथ अपनी शुरुआत करती थीं, जबसे दस्तावेज़ उपलब्ध होते थे और उसके पहले के हिस्सों की या तो उपेक्षा कर देती थीं या बहुत-से-बहुत, उनको थोड़े-से पैराग्राफ़ों में ख़ारिज़ क़र देती थीं। हिन्दुस्तान में इसका नतीजा यह हुआ कि हर कोई हमारे इतिहास की शुरुआत लगभग 4500 वर्ष पहले मानने लगा, जब हड़प्पा सभ्यता अपनी परिपक्व अवस्था में पहुँच गई थी या शायद जब उसके सदियों बाद वेद लिखे गए थे (और बहुत-से लोग इन दो घटनाओं को ग़लत ढंग से आपस में गड्डमड्ड कर देते हैं)। यह समझ में आने वाली बात थी, क्योंकि अभी हाल तक इस बात की पुष्टि करने का कोई आसान तरीक़ा उपलब्ध नहीं था कि प्रागैतिहास के दौरान क्या हुआ था और लोग ज़्यादा-से-ज़्यादा बुद्धिमत्तापूर्ण अनुमान भर लगा पाते थे, लेकिन अब, प्राचीन डीएनए की वजह से, यह तेज़ी-से बदल रहा है, हिन्दुस्तान में भी और अन्यत्र भी। जैसे-जैसे समूचे यूरेशिया में इस डीएनए तक लोगों की पहुँच बढ़ती जा रही है और उसका विश्लेषण किया जा रहा है, वैसे-वैसे हम अपने प्रागैतिहास की उत्तरोत्तर बारीक़ समझ हासिल करते जा रहे हैं और अब समय आ गया है कि हम अपना इतिहास वहाँ से लिखना शुरू करें, जहाँ से उसे शुरू होना चाहिए - यानी, लगभग 65,000 वर्ष पूर्व हिन्दुस्तान में आधुनिक मनुष्यों के आगमन के साथ। अगर इतिहास को अविकृत रखना है और उसे देश के लोगों से जोड़े रखना है, तो उसे सही दिशा में उन्मुख होना ज़रूरी है : उसकी शुरुआत उन प्रथम भारतीयों के साथ होनी चाहिए, जो आज की आबादी की बुनियाद हैं।

यह मुश्किल नहीं होना चाहिए। हमारी सभ्यता अपने सर्वश्रेष्ठ समय में बहिष्कार करके नहीं, बल्कि समावेश करके अपनी महान क़ाबिलियत का परिचय देती रही है। हड़प्पा सभ्यता का निर्माण उस आबादी ने किया था, जो प्रथम भारतीयों और ईरान के ज़ेग्रॉस क्षेत्र के आरम्भिक दौर के कृषकों की वंशावली का मिश्रण थी। जब बौद्ध धर्म-प्रचारक पहली बार भारत के सांस्कृतिक लोकाचार को लेकर चीन, दक्षिण-पूर्व एशिया और मध्य एशिया गए थे, तो उनका यह अभियान धर्म-प्रचार के ऐसे उत्साह से प्ररित था, जो वैश्विक और सर्व-समावेशी था, जिसमें जाति, पन्थ या नस्ल का कोई भेद-भाव नहीं था। इसने अपने सिद्धान्त और आचार-पद्धतियाँ हिन्दुस्तान के पिछले इतिहास के तमाम हिस्सों से ली थीं, जिनमें 'आर्यों' का इतिहास भी शामिल था, बावजूद इसके कि वह उनके धार्मिक संस्कारों, यज्ञ-विधानों और पदानुक्रम के विचारों को चुनौती दे रहा था। इसलिए यह स्वाभाविक था कि बौद्ध धर्म दुनिया का ऐसा पहला दर्शन बना, जिसमें करुणा को अपनी अन्तर्दृष्टियों और सन्देश में, मानव-निर्मित या नैसर्गिक सीमाओं की परवाह किए बिना, सारे मनुष्यों के साथ साझा करने की ज़बरदस्त आकांक्षा थी। तथ्य यह है कि बुद्ध का सन्देश सारी दुनिया में उनके उन 48.8 करोड़ अनुयायियों के साथ आज भी फल-फूल रहा है, जो उनके द्वारा उच्चारित सिद्धान्तों पर चलने की कोशिश कर रहे हैं। इस अनूठे भारतीय दर्शन के वैश्विक आकर्षण का प्रमाण है, जिसकी जड़ें उसी मिट्टी में हैं, जिसमें उपनिषद विकसित हुए थे और वह उन्हीं प्रेरणाओं से पोषण प्राप्त कर रहा है।

भारतीय इतिहास के बारे में दो परस्पर विरोधी दृष्टिकोण हैं - एक वह 'अपरिवर्तनशील भारत' जो, जैसा कि कार्ल मार्क्स ने इसे समझा था, ग़लत जगह अटककर रह गया था और नहीं जानता था कि आगे कैसे बढ़ा जाए, या वह भारत, जिसका समय के गुज़रने के साथ 'सनातन' वैदिक परिपूर्णता से अधोपतन हो चुका था। ये दोनों ही दृष्टिकोण ग़लत हैं और ग़लत समझ पर आधारित हैं। हिन्दुस्तान हमेशा से परिवर्तनशील रहा है, न कि अपरिवर्तनशील और इसका इतिहास निश्चय ही पतनोन्मुखता का इतिहास नहीं है। हिन्दुस्तान का इतिहास गतिशील रहा है, ऊर्जा और उग्र तकरारों से उतना ही भरापूरा जितना किसी भी समाज का इतिहास होगा और यह जातिवाद के उस भारी बोझ के बावजूद है, जिसे हम दो हज़ार सालों से ढोते आ रहे हैं।

तो हम हिन्दुस्तानी वाक़ई हैं कौन?

हम खुद को एक-स्रोतीय नहीं, बल्कि बहु-स्रोतीय सभ्यता के रूप में ही सबसे अच्छी तरह से परिभाषित कर सकते हैं, जो अपनी सांस्कृतिक प्रेरणाएँ, अपनी परम्पराएँ और अपने रीति-रिवाज़ विविध क़िस्म की वंश-परम्पराओं और बाहरी आगमन के इतिहासों से प्राप्त करती है। अफ़्रीका से आए वे निर्भीक खोजी प्रवासी, जो 65000 साल पहले इस मुल्क की ज़मीन पर आए ,जिनकी वंशावली आज भी हमारी आबादी की आधारशिला है; वे लोग जो पश्चिम एशिया से आए और जिन्होंने कृषि-क्रान्ति और हड़प्पा सभ्यता खड़ी करने में योगदान किया और फिर उन नई प्रथाओं, अवधारणाओं और द्रविड़ भाषाओं के साँचे का काम किया जो आज हमारी ज़्यादातर संस्कृति को समृद्ध करते हैं; वे जो पूर्व एशिया से आए, और अपने

साथ नई भाषाएँ और वनस्पतियाँ और कृषि तकनीक लेकर आए; और वे जो मध्य एशिया से अपने साथ उस संस्कृत का आरम्भिक रूप लेकर आए, जो आगे जाकर महान भाषा बन गई और उसी के साथ इस भाषा से जुड़े वे विश्वास और प्रथाएँ लेकर आए, जिन्होंने हमारे समाज को बुनियादी तरीक़ों से नया रूप प्रदान किया; और वे जो उनके भी बाद में शरण तलाशते हुए या विजय हासिल करने या व्यापार करने आए, और फिर जिन्होंने यहीं बस जाने का फैसला किया - उन सबने आपस में मिलकर इस सभ्यता का निर्माण किया, जिसे हम भारतीय कहते हैं। हम सब भारतीय हैं। और हम सब बाहर से आए हुए प्रवासी हैं।

परिशिष्ट

घग्गर-हकरा घाटी

उन यूरेशियाई आगमनों के बढ़ते हुए प्राचीन डीएनए साक्ष्यों के बावजूद, जिन्होंने यूरोप से लेकर दक्षिण एशिया की आबादी के विन्यास को बदलकर रख दिया था, ऐसे भी कुछ लोग हैं जो इस बात पर ज़ोर देते हैं कि 'आर्यों' के बाहर से आए होने का क़िस्सा अनेक पीढ़ियों, महाद्वीपों और वैज्ञानिक विषयों को अपने दायरे में समेटते विराट षड्यन्त्र का हिस्सा है। उनका एक मुख्य तर्क ऋग्वेद में उल्लिखित विशाल नदी सरस्वती को उस घग्गर नदी के रूप में पहचानने के इर्द-गिर्द खड़ा हुआ है, जो वर्षा के पानी पर निर्भर, ज़्यादातर सूखी रहने वाली मौसमी नदी है, जिसका उद्गम शिवालिक पहड़ियों की तराई में है और जो पंजाब, हरियाणा और राजस्थान से होकर बहती हुई पाकिस्तान स्थित चोलिस्तान और सिन्ध की यात्रा करती है। यह नदी हिन्दुस्तान में ज़्यादातर घग्गर के नाम से और फिर हकरा के नाम से प्रसिद्ध है। यह आज सामान्य तौर पर स्वीकृत धारणा है कि घग्गर-हकरा की घाटी में बड़ी संख्या में हड़प्पा-वासियों की बस्तियाँ थीं। हड़प्पा सभ्यता को दो नदी-शृंखलाओं सिन्धु और घग्गर-हकरा पर आधारित करके वर्णित करना ही सबसे अच्छा है।

बाहर से हुए आगमन को नहीं मानने वालों का तर्क इस तरह आगे बढ़ता है : यक़ीनन, घग्गर-हकरा ही प्राचीन सरस्वती है, क्योंकि इसकी स्थिति इस नदी के ऋग्वेद में दिए गए यमुना और सतलुज के बीच होने के वर्णन के साथ एकदम सटीक बैठती है। सरस्वती जिस तरह आज कमज़ोर, मौसमी जल-धारा बनकर रह गई है, वह सिर्फ़ इसलिए है, क्योंकि ईसापूर्व 2000 के आस-पास कभी भूगर्भीय हलचल ने हिमालय के उस हिमगलन की दिशा को मोड़ दिया था, जिसका पानी इसमें बहता था। एक भूगर्भीय हलचल ने सतलुज की दिशा मोड़ दी थी, जो बहकर सरस्वती/घग्गर-हकरा में आती थी, और इसे व्यास से मिला देती थी और फिर दोनों मिलकर सिन्धु में जा मिलती थीं। भूगर्भीय हलचल की दूसरी घटना ने हिमालय में एक समतल, सँकरा, ऊँचा ढलान पैदा कर दिया था, जिससे हिमनदों का पानी सरस्वती की दिशा से हटकर यमुना की दिशा में बहने लगा था।

सरस्वती को दुर्बल बना देने की इस घटना की ही वजह से - हिन्दुस्तान के राखीगढ़ी और कालीबंगा से लेकर पाकिस्तान के गनवेरीवाला तक - सरस्वती के आस-पास की भूमि पर बड़ी संख्या में बसी हड़प्पा की बस्तियाँ उजड़ गईं और इसके परिणामस्वरूप स्वयं हड़प्पा की सभ्यता का अन्त हो गया, लेकिन चूँकि ऋग्वेद सरस्वती के बारे में अत्यन्त स्तुतिपूर्ण

शब्दावली में बात करता है और इसे एक ऐसी 'महाप्रतापी नदी' के रूप में चित्रित करता है,'जो पर्वत-शिखरों को तोड़ देने की सामर्थ्य रखती है', इसलिए वैदिक काल के लोग अनिवार्यतः उस समय सरस्वती घाटी में रहे होंगे, जब इस नदी ने अपनी शक्ति खो नहीं दी थी और जिसका मतलब है कि ये लोग वहाँ हड़प्पा काल में रहे होंगे। और, इसलिए, वैदिक काल के लोग हड़प्पा काल के लोग हैं।

अगर इस तर्क को यूरोप और दक्षिण अफ़्रीका में हुए स्टेपी के आगमनों के सारे साक्ष्यों के समक्ष रखा जाए, तो यह एक कमज़ोर तर्क प्रतीत हो सकता है, लेकिन इस तर्क ने सरस्वती नदी के नाम की महाकाव्यात्मक प्रतिध्वनि की वजह से ध्यान खींचा था, लेकिन, इस तर्क की कई गम्भीर समस्याएँ हैं। हम उन पर एक-एक करके नज़र डालते हैं।

सबसे पहले, यह बात निश्चयपूर्वक नहीं कही जा सकती कि ऋग्वेद में जिस नदी को एक 'महाप्रतापी' और 'पर्वत-शिखरों को तोड़ देने की सामर्थ्य रखने वाली' नदी के रूप में वर्णित किया गया है, वह भारत की ही नदी है और अफ़ग़ानिस्तान की वह हरहावती नदी नहीं है, जिसके साथ 'आर्यों' का परिचय हिन्दुस्तान की उनकी उस यात्रा के दौरान हुआ हो सकता है, जो यात्रा उन्होंने अफ़ग़ानिस्तान के रास्ते की थी। (भारतीय-आर्य भाषा के अक्षर 'ह' और भारतीय-ईरानी भाषा के अक्षर 'स' के बीच आपसी अदला-बदली आम बात रही है, जिसके सुविदित उदाहरणों में 'हिन्दु' का 'सिन्धु' हो जाना और 'सप्त सिन्धु' का 'हप्त हिन्दु' हो जाना शामिल है। इसलिए हरहावती और सरस्वती लगभग एक ही नाम है।) आज, हरहावती अर्घन्दब के नाम से जानी जाती है, जो हिमालय के हिमगलन से जल प्राप्त करने वाली हेल्मंड की मुख्य सहायक नदी है। हेल्मंड सचमुच ही 'पर्वत-शिखरों को तोड़ने की सामर्थ्य रखने वाली महाप्रतापी नदी' है। यह भी संभव है कि 'आर्य' अफ़ग़ानिस्तान की जिस नदी के सम्पर्क में सबसे पहले आए थे, उसका नाम बाद में उस कमज़ोर, वर्षा-जल पर निर्भर नदी को दे दिया गया हो, जिसे आज सतलुज और यमुना के बीच स्थित घग्गर-हकरा के नाम से जाना जाता है और ऋग्वेद में इस परवर्ती सरस्वती का वर्णन एक सामूहिक/मिश्रित स्मृति से किया गया हो। आख़िरकार, हमारे प्रिय नायकों, नदियों और स्थलों के नाम सारे हिन्दुस्तान में प्रकट होते ही रहते हैं। हिन्दुस्तान में ऐसी अनेक नदियाँ भी हैं, जो अपना नाम सरस्वती से लेती रही हैं।[1]

लेकिन कुछ दूसरी बड़ी समस्याएँ भी हैं : लगता है कि सरस्वती या घग्गर-हकरा एक बार नहीं, बल्कि कई बार सूखी हैं। ईसापूर्व 2000 की तिथि उस समय के संदर्भ में कोई विशेष महत्त्व नहीं रखती, जब सरस्वती 'दुर्बल' हो गई थी। इस बात की पुष्टि वे रॉबर्ट राइक्स तक करते हैं, जो अंतरराष्ट्रीय स्तर पर प्रतिष्ठित जलविज्ञानी हैं और जिनको अक्सर वे लोग उद्धृत करते हैं, जो वैदिक युग के लोगों और हड़प्पाइयों को एक ही मानते हैं। 1968 में राइक्स ने घग्गर-हकरा के निकट स्थित कालीबंगा नामक महत्त्वपूर्ण हड़प्पा-स्थल का अध्ययन करके अकादमिक पत्रिका *एंटीक़्विटी* के लिए 'कलिबंगन : डैथ फ़्रॉम नेचुरल कॉज़ेज़' शीर्षक से एक आलेख लिखा था। राइक्स कहते हैं कि कालीबंगा को इसलिए त्याग

1. प्रोफ़ेसर राजेश कोचर की पुस्तक *द वैदिक पीपल में सरस्वती* और हरहावती के इस मुद्दे पर विस्तार से बताया गया है।

दिया गया था, क्योंकि नदी सूख गई थी, लेकिन इसके बाद वे आगे लिखते हैं : "समग्र आलेख के एक हिस्से को गढ़ने वाले आकलन और एकदम सटीक बैठने वाले पुरातात्त्विक साक्ष्य से उभरने वाली सामान्य परिकल्पना क्रमशः सिन्धु और गंगा की नदी-शृंखलाओं द्वारा यमुना के क्रमिक जलाधिग्रहण (ऑल्टरनेटिंग कैप्चर) से जुड़ी है।" दूसरे शब्दों में, राइक्स सिन्धु और गंगा के निचले डेल्टाओं में विभिन्न समय में पानी को यमुना के रास्ते गंगा में, या सरस्वती और सतलुज के रास्ते सिन्धु में बहते हुए देखते हैं। इसके बाद वे एक तालिका तैयार करते हैं, जो ईसापूर्व 2500 और सन् 500 के बीच सिन्धु और गंगा में पानी के पाँच क्रमिक दिशा-परिवर्तनों को दर्शाती है, जिनमें से जिस दिशा-परिवर्तन की वजह से कालीबंगा को निर्जन छोड़ दिया गया था, वह इन्हीं में से एक था। इसलिए अगर यह सही भी है कि 'आर्य' आज की घग्गर-हकरा को ऋग्वेद में सरस्वती के रूप में चित्रित कर रहे थे, तो इसका अनिवार्यतः यह मतलब नहीं निकलता कि यह चित्रण ईसापूर्व 2000 के पहले के, हड़प्पा काल के पर्यवेक्षणों पर आधारित था, क्योंकि संभव है कि घग्गर-हकरा हड़प्पा सभ्यता के पतन के बाद के कालखण्डों तक में भी जीवित रही हो।

पुरातत्त्वविद वी.एन. मिश्र का भी यही आकलन है, जो सरस्वती घाटी में स्थलों के बँटवारे के उनके अध्ययन पर आधारित है। 1993 में उन्होंने लिखा था :

> ये सारे साक्ष्य दर्शाते हैं कि घग्गर-हकरा का जलवैज्ञानिक इतिहास बेहद उलझा हुआ है, जो संकेत करता है कि सतलुज और यमुना की दिशाओं का घग्गर-हकरा की दिशा से हटना न तो अनूठी घटना थी और न ही यह घटना एक ही समय में घटित हुई थी; इसकी बजाय यह घटना कई बार हुई थी...
>
> नए आँकड़ों की रोशनी में यह निश्चयपूर्वक कहा जा सकता है कि सतलुज और यमुना, दोनों अतीत में, हड़प्पा सभ्यता के कालखण्ड में भी और उसके पहले तथा बाद में भी, घग्गर के तल में बहती थीं।

दूसरे शब्दों में, सरस्वती/घग्गर-हकरा के आख़िरी बार सूखने की जो तिथि बताई गई है, वह अभी भी पूरी तरह निश्चित नहीं है और उसका इस्तेमाल इस दावे के लिए नहीं किया जा सकता कि ऋग्वेद हड़प्पा सभ्यता का पतन होने के पहले लिखा गया था। हो सकता है कि वैदिक लोग हड़प्पा सभ्यता का अन्त होने के बाद उस नदी के तटों पर रह रहे हों, जिसे वे सरस्वती कहते थे।

लेकिन क्या यह संभव है कि वैदिक युग में घग्गर-हकरा 'महाप्रतापी' नदी रही हो? हार्वर्ड विश्वविद्यालय में संस्कृत के वेल्स प्रोफ़ेसर माइकल विट्ज़ेल एक मुश्किल की ओर संकेत करते हैं। बाहरी आगमन से इंकार करने वाले लोगों का मानना है कि सरस्वती उस भूगर्भीय हलचल की घटना की वजह से आंशिक रूप से सूख गई थी, जिसने सतलुज को, जो पहले सरस्वती में जाकर मिलती थी, व्यास से जोड़ दिया था और उसके बाद वह सिन्धु से मिल गई थी, लेकिन ऋग्वेद के तीसरे मण्डल की 33वीं ऋचा में सतलुज को व्यास से मिलते हुए और फिर उसके साथ मिलकर बहते हुए रूप में वर्णित किया गया है। इसका मतलब है कि ऋग्वेद के लिखे जाने के समय तक सरस्वती सतलुज के पानी को, अगर वह

पानी उसमें पहले से मौजूद था, तो सिन्धु में गँवा चुकी थी। उस सूरत में यह संभव नहीं है कि वह 'पर्वत-शिखरों को तोड़ने की सामर्थ्य रखने वाली महाप्रतापी नदी' रही होगी। यहाँ प्रस्तुत है टी.आर. ग्रिफ़िथ के अनुवाद में संबंधित ऋचा का वह अंश, जिसमें सतलुज के साथ व्यास के संगम का वर्णन किया गया है। (व्यास का वैदिक नाम विपास है और सतलुज का वैदिक नाम सुतुद्रि है) :

> पर्वत के वक्ष-स्थल से आगे की ओर, जैसे दो बेलगाम द्रुतगामी घोड़ियाँ एक-दूसरे से होड़ करने को अधीर हों,
> अपने बछड़े को चाटती दो शुभ्र गो माताओं की तरह, विपास और सुतुद्रि वेगपूर्वक बहती जाती हैं।
> इन्द्र से प्रेरित जिससे तुम प्रार्थना करते हो कि वे तुमसे विनती करें, तुम इस तरह बहो महासागर की ओर जैसे रथ दौड़ रहे हों।
> साथ-साथ बहती हुई, अपनी महातरंगों के साथ उफ़नती हुई, हे पारदर्शी जलधाराओं, तुम दोनों एक-दूसरे का पीछा करती हो

(जहाँ तक यमुना के पानी का घग्गर-हकरा में जा मिलने का सवाल है, अगर वह उसमें मिलता था तो, ऋग्वेद ने यमुना का उल्लेख एक अलग नदी के रूप में न किया होता। यमुना तब 'सरस्वती' होती। यमुना का सरस्वती से स्वतन्त्र उल्लेख इस बात का प्रमाण है कि अगर यमुना गंगा में जा मिलने के लिए चुपचाप सरस्वती में प्रवेश कर गई थी, तो यह ऋग्वेद के लिखे जाने के पहले हुआ था।)

विट्ज़ेल पाकिस्तानी पुरातत्त्व मोहम्मद रफ़ीक़ मुग़ल द्वारा किए गए सर्वेक्षण का हवाला देते हैं, जिसमें यह बताया गया था कि ईसापूर्व 1500 तक सरस्वती के पाकिस्तानी हिस्से में बस्तियाँ हुआ करती थीं, जिससे यह संकेत मिलता है कि यह नदी तब भी, हड़प्पा सभ्यता के पतन के बाद भी, अच्छी तरह से बह रही थी।[2]

ऊपर उद्धृत अनुमान भाषा-शास्त्रीय और पुरातात्त्विक साक्ष्यों और सीमित संख्या में किए गए भूगर्भशास्त्रीय अध्ययनों पर आधारित हैं और इसलिए, हाल ही में किए गए दो विस्तृत अध्ययनों पर ध्यान देना उचित होगा : 2012 में लिखा गया एक आलेख 'फ्लूवियल लैंडस्केप्स ऑफ़ हड़प्पन सिविलाइज़ेशन' और 2017 में लिखा गया आलेख 'काउंटर-इन्ट्यूटिव इन्फ़्लुअन्स ऑफ़ हिमालयन रिवर मॉर्फ़ोडायनामिक्स ऑन इंडस सिविलाइज़ेशन अर्बन सेटलमेंट्स'। पहला आलेख वुड्स होल जिअग्रफ़िक ओशियनोग्रफ़िक इन्स्टिट्यूशन, मैसाचुसेट्स के भूगर्भविज्ञानी लिविउ गिओसन, इंग्लैंड की यूनिवर्सिटी ऑफ़ अबर्डीन के पीटर डी. क्लिफ़्ट, पुरावनस्पतिविज्ञानी डोरयन क्यू. फुलर और अन्य लोगों ने मिलकर लिखा था। दूसरा आलेख इंडियन इंस्टीट्यूट ऑफ़ टेक्नॉलॉजी, कानपुर के भूगर्भविज्ञानी अजीत सिंह और राजीव सिंह,

---

2 मुग़ल वे पुरातत्त्वविद हैं, जिन्होंने घग्गर-हकरा घाटी में स्थित चोलिस्तान में अनेक हड़प्पाई बस्तियों की खोज की है, जो हमें आज इस बात की पुष्टि की गुंजाइश देती हैं कि हड़प्पा सभ्यता दो नदी-शृंखलाओं - सिन्धु तथा घग्गर-हकरा - पर आधारित थी।

सेंटर फ़ॉर न्यूक्लियर टेक्नॉलॉजी ऑफ़ टेक्निकल यूनिवर्सिटी ऑफ़ डेन्मार्क तथा अन्य लोगों ने मिलकर लिखा था।

पहला अध्ययन हड़प्पा सभ्यता के संभावित करणों को समझने के लिए इस सभ्यता के दौरान जलवायु और नदी के प्रवाह में आए परिवर्तनों की पड़ताल करता है और दो स्पष्ट नतीजों पर पहुँचता है। पहला, बाढ़ की तीव्रता में धीरे-धीरे आई कमी ने शुरुआत में संभवतः सघन कृषि को उत्प्रेरित किया था और ईसापूर्व 2500 के आस-पास नगरीकरण को प्रोत्साहित किया था, लेकिन मानसून की बारिश में आई निरन्तर कमी ने बाढ़ पर आधारित और अन्ततः बारिश पर आधारित कृषि पर बुरा प्रभाव डाला। दूसरा निष्कर्ष घग्गर-हकरा के बारे में था :

> इन पिछली मान्यताओं के विपरीत कि हिमनदों के जल से पोषित एक विशाल हिमालयी नदी, जिसे कुछ लोग मिथिकीय नदी सरस्वती के नाम से पहचानते हैं, सिन्धु और गंगा के तटों के बीच की ऊपरी ज़मीन पर स्थित हड़प्पा के मुख्य क्षेत्र को पानी दिया करती थी, हमने यह दर्शाया है कि होलोसीन के दौरान केवल मानसून के पानी पर निर्भर नदियाँ ही सक्रिय थीं। जैसे ही मानसून कमज़ोर पड़ा, मानसूनी नदियाँ धीरे-धीरे सूखती गईं या मौसमी बनकर रह गईं, और उन्होंने अपने तटों के आस-पास निवास योग्य वातावरण पर बुरा असर डाला। जलीय वातावरण के दबाव ने हड़प्पा के नगरीय जीवन को सहारा देने वाले कृषि उत्पादन की संवेदनशीलता में इज़ाफ़ा किया, जिसके नतीजे में बस्तियों के आकार छोटे होते गए, फ़सलों में विविधता आती गई, और ऊपरी पंजाब, हरियाणा और उत्तरप्रदेश के मानसूनी नमी वाले क्षेत्रों में बस्तियों का ज़बरदस्त इज़ाफ़ा होता गया।

दूसरे शब्दों में, ईसापूर्व लगभग 10,000 के बाद से घग्गर-हकरा वर्षा-जल से पोषित नदी रही है और, इसलिए यह संभव नहीं कि वह ऐसी 'महाप्रतापी नदी' रही हो, जिसमें किसी हिमगलन से पोषित नदी की तरह 'पर्वत-शिखरों को तोड़ देने की' सामर्थ्य रही हो।

अजीत सिंह और अन्य लोगों द्वारा किया गया दूसरा अध्ययन भी इतने ही सशक्त निष्कर्ष पर पहुँचा था : सिन्धु सभ्यता की बस्तियाँ किसी प्रवाहमान नदी-घाटी के पास नहीं, बल्कि एक परित्यक्त नदी-घाटी के पास बसी हुई थीं। यह अध्ययन कहता है :

> रेत की आयु को जानने के लिए ऑप्टिकली स्टिम्युलेटेड लूमनेसन्स तकनीक का इस्तेमाल करते हुए हमने यह दर्शाया है कि इस दिशा में सतलुज का प्रवाह सिन्धु की बसाहट के बहुत पहले रुक गया था और मौजूदा दिशा में मुड़ जाने की इसकी प्रक्रिया पिछले लगभग 8000 साल बीतने के कुछ ही समय बाद पूरी हो गई थी। इस तरह सिन्धु की नगरीय बस्तियाँ हिमालय की किसी प्रवाहमान नदी के किनारे विकसित होने की बजाय एक परित्यक्त नदी के किनारे विकसित हुई थीं...। हमारा यह संकेत है कि यह परित्यक्त कटी हुई घाटी नगरीय विकास के लिए एक आदर्श जगह थी, क्योंकि इसमें हिमालय की नदी-शृंखलाओं के बीच के उन क्षेत्रों

के मुक़ाबले एक टिकाऊपन था, जिनको नियमित रूप से विनाशकारी बाढ़ों और जलधाराओं के पार्श्विक स्थानान्तरण का सामना करना पड़ता था।

यह अध्ययन कहता है कि सतलुज के दिशा-परिवर्तन के बाद भी हिमालय की तराइयों से निकली - काफ़ी कुछ आज की घग्गर की तरह की - कमज़ोर मानसून-पोषित नदियाँ इस अवशिष्ट घाटी में बहती रही थीं, और इस तरह वे सिन्धु की नगरीय बस्तियों के टिके रहने में मदद करती रही थीं। इस अध्ययन ने घाटी में ईसापूर्व 3000 के बाद तलछट के जमाव में आती गई उस कमी को दर्ज़ किया था, जो संभवतः मानसून की सघनता की गिरावट की वजह से आई थी।

अध्ययन कहता है कि "निष्कर्षतः हमारे ये नतीजे ऐसी किसी हिमालय-पोषित नदी के अस्तित्व की संभावना को दृढ़तापूर्वक ख़ारिज़ करते हैं, जिसने घग्गर-हकरा जलधारा के किनारे सिन्धु सभ्यता की बस्तियों का पोषण किया हो। इसकी बजाय, अवशिष्ट सतलुज घाटी ने अपना ध्यान मानसून-पोषित नदी प्रवाह पर केन्द्रित किया था, जैसा कि घाटी में बिखरी हुई तलछट के जमाव के ऊपरी हिस्से में जमा बहुत सूक्ष्म रेत-कणों से साबित होता है।

2012 के अध्ययन से भिन्न 2017 का यह अध्ययन इस सवाल को लेकर स्पष्ट तौर पर कुछ नहीं कहता कि क्या हिन्दुस्तान के ग्रीष्मकालीन मानसून के कमज़ोर होने की वजह से इस सभ्यता का पतन हुआ था। यह अध्ययन कहता है कि "जहाँ स्वतन्त्र जलवायुपरक दस्तावेज़ 4,200 से 4,000 वर्ष पहले हिन्दुस्तान के बड़े हिस्सों में ग्रीष्मकालीन मानसून के व्यापक तौर पर कमज़ोर होते जाने के मज़बूत साक्ष्य उपलब्ध कराते हैं, और हमारे सारांश 5,000 साल पहले तलछट के जमाव की दर में आई उल्लेखनीय कमी की ओर संकेत करते हैं, वहीं ताज़ा नदी-विषयक घटनाक्रमों में ऐसे समाधानों का अभाव है, जिनके आधार पर मज़बूत निष्कर्ष निकाले जा सकते हैं।"

लेकिन, 2012 के अध्ययन की इन खोजों को कि लम्बे समय तक मानसून के कमज़ोर पड़े रहने की वजह से ही घग्गर-हकरा सूखी थी, जुलाई 2018 में उस समय ज़बरदस्त शाबाशी मिली, जब भूगर्भीय समय पर निगरानी रखने वाली अधिकृत संस्था इंटरनेशनल कमीशन ऑन स्ट्रैटीग्राफ़ी (आईसीएस) ने मेघालयी नामक उस एक नए युग को प्रस्तावित किया, जो ईसापूर्व 2200 से अब तक जारी है। यह इसलिए महत्त्वपूर्ण है, क्योंकि आईसीएस के मुताबिक़, मेघालयी युग की शुरुआत उस विराट सूखे के साथ हुई थी, जिसने दुनिया भर की अनेक सभ्यताओं को कुचलकर रख दिया था, जिनमें मिस्र, मेसोपोटेमिया, चीन और निश्चय ही हिन्दुस्तान की भी सभ्यता शामिल थी। यह विराट सूखा संभवतः महासागर और वातावरण के संचलन में आए बदलाव के कारण पड़ा था।

इस क़िस्म के वर्गीकरण को मान्य करने के लिए आईसीएस के पास एक ऐसे बदलाव का स्पष्ट और असन्दिग्ध साक्ष्य होना ज़रूरी है, जो अपने विस्तार में वैश्विक हो। मेघालयी के मामले में यह साक्ष्य मेघालय की मामलू गुफ़ा के तल से उभरती हुई स्टलैग्माइट की परतों में मौजूद ऑक्सीजन अणुओं के आइसोटोप में आया एक विचलन है। इंग्लैंड की यूनिवर्सिटी ऑफ़ वेल्स के प्रोफ़ेसर माइक वाकर ने एक नए युग के प्रस्ताव को विकसित करने के लिए

ज़िम्मेदार होलोसीन वैज्ञानिकों के अन्तरराष्ट्रीय दल का नेतृत्व किया था। उन्होंने एक न्यूज़ एजेन्सी से कहा था कि "आइसोटोप का बदलाव मानसून की बारिश में 20 से 30 प्रतिशत की कमी को दर्शाता है।"

इसलिए आज ज़बरदस्त साक्ष्य यह है कि घग्गर-हकरा को सिकोड़ देने वाली घटना वह भूगर्भीय हलचल नहीं थी, जिसने इसके पानी को छीन कर गंगा या सिन्धु को दे दिया था, बल्कि एक विराट सूखा था, जिसका वैश्विक प्रभाव पड़ा था। एक बार फिर दोहराएँ तो, घग्गर एक मानसून-पोषित नदी थी, जो मानसून की विफलता की वजह से कमज़ोर पड़ गई थी, न कि वह महाप्रतापी, हिमगलन-पोषित नदी जो 'पर्वत-शिखरों को तोड़ देती थी', जैसा कि आर्यों के बाहर से आए होने से इंकार करने वाले ज़ोर देते हैं।

आभार

यह हिस्सा असामान्य रूप से लम्बा है, क्योंकि पुरातत्त्व, आनुवांशिकी, भाषाविज्ञान, पुरालेख विज्ञान, भाषा-विकास-विज्ञान (फ़िलोलॉजी) और इतिहास के उन अकादमिकों, वैज्ञानिकों और विशेषज्ञों की संख्या बहुत अधिक है, जिन्होंने पिछले छह वर्षों के दौरान अपने ज्ञान को मुझसे साझा किया है और जिसके लिए मैं उनको धन्यवाद देना चाहता हूँ। उन वर्षों के दौरान मुझे उनमें से कुछ लोगों को व्यक्तिगत रूप से और उन सबको, दशकों लम्बे उनके अकादमिक लेखन के माध्यम से उनके अनुभवी रूप को समझने का अवसर मिला। अगर कोई ऐसा व्यक्ति है, जिसका नाम यहाँ होना चाहिए, लेकिन नहीं है, तो इस असावधानीवश हुई चूक के लिए मैं क्षमा चाहता हूँ।

मुझे अपने आभार-ज्ञापन की शुरुआत उन चार महान विशेषज्ञों के साथ करनी होगी, जो अब हमारे बीच नहीं रहे। हिन्दुस्तान के अत्यन्त लब्धप्रतिष्ठ पुरालेख-विज्ञानी डॉ. इरावथम महादेवन इस पुस्तक के प्रेस में जाने के समय दिवंगत हो गए थे। चेन्नई के उनके घर में मैंने उनके साथ जो वक़्त गुज़ारा था, जिस दौरान हमने भारतीय प्रागैतिहास की उस सबसे कठिन समस्या यानी हड़प्पा की लिपि को बूझने पर चर्चा की थी, जिसके साथ वे उलझ रहे थे। यह मेरे लिए बहुमूल्य रूप से यादगार बना रहेगा। ठीक उस वक़्त, उनका जाना विशेष रूप से पीड़ादायी है, जब भारतीय सभ्यता को लेकर उनकी अन्तर्दृष्टियाँ ताज़ा अनुसन्धानों के माध्यम से सही साबित हो रही हैं।

उतनी ही दुर्भाग्यपूर्ण क्षति उत्कृष्ट पुरातत्त्वविद प्रोफ़ेसर एम.के.धवलीकर और प्रोफ़ेसर वी.एन.मिश्र के जाने से हुई है, जिन्होंने अलग-अलग समय पर दक्षिण एशिया के पुरातत्त्वविज्ञान के प्रमुख संस्थान डेक्कन कॉलेज, पुणे में निदेशक के रूप में काम किया था। आनुवांशिकीविद प्रोफ़ेसर लालजी सिंह के देहावसान से भी बड़ी क्षति हुई है, जो बनारस हिन्दू विश्वविद्यालय के कुलपति थे। धवलीकर और मिश्र, दोनों का ही आतिथ्य मुझे पुणे में प्राप्त हुआ था और दोनों ने ही हड़प्पा सभ्यता के बारे में अपनी गहरी समझ को मेरे साथ इस तरह साझा किया था कि मैं कितने ही अन्य आलेखों को पढ़कर उस तरह की समझ हासिल न कर सका होता। सिंह के साथ मेरी मुलाक़ात बनारस हिन्दू विश्वविद्यालय में हुई थी। उन्होंने मुझे हिन्दुस्तान में आनुवांशिकी विज्ञान की संभावना की झलक उपलब्ध कराई थी।

इतिहास और पुरातत्त्व की हिन्दुस्तान की महान विदुषी रोमिला थापर और आर्कियोलॉजिकल सर्वे ऑफ़ इंडिया के पूर्व महानिदेशक डॉ.बी.बी. लाल ने भी दिल्ली में हुई मेरी मुलाक़ात के दौरान मुझे उदारतापूर्वक अपना मूल्यवान समय दिया। थापर की लिखी

अनेक पुस्तकें प्राचीन भारतीय इतिहास की प्रमुख ग्रन्थ बन चुकी हैं। थापर ने मेरे अनुसन्धान के आरम्भिक दौर में ही मुझे सही दिशा दिखाई थी और अपनी धारदार टिप्पणियों से मुझे अपने तर्कों पर पुनर्विचार करने के लिए प्रेरित किया। लाल ने 'आर्यों के आगमन' संबंधी बहस में मेरी समझ को पैना बनाने में मदद की।

विश्वविख्यात भाषा-विकास-विज्ञानी और हार्वर्ड यूनिवर्सिटी के संस्कृत-विशारद प्रोफ़ेसर माइकल विट्ज़ेल और कोलम्बिया यूनिवर्सिटी के प्रोफ़ेसर शेल्डन पॉलक इस पुस्तक के लेखन में अपरिमित रूप से सहायक रहे हैं। संस्कृत पर पॉलक के अपूर्व काम और ईमेल पर उनके साथ हुई मेरी बातचीत ने ईसा की आरम्भिक सदियों के हमारे इतिहास पर नई रोशनी डाली। हिन्दुस्तान के प्राचीनतम ग्रन्थों पर विट्ज़ेल का बुनियादी महत्त्व का काम, भारत के प्रागैतिहास से संबंधित अहम मुद्दों पर उनके लेखों और मेरे फ़ोन कॉल्स तथा ईमेल पर उनके साथ हुए वैचारिक आदान-प्रदान ने मुझे स्पष्ट नए परिप्रेक्ष्य सुलभ कराए। इन दोनों महानुभावों ने मेरी पाण्डुलिपि को पढ़ा और उस पर मूल्यवान सुझाव और टिप्पणियाँ दीं, जिसके लिए मैं इन दोनों को धन्यवाद देता हूँ।

जैसा कि पाठकों ने देखा होगा कि विश्व के प्रागैतिहास को नई शक्ल देने वाले ज़्यादातर प्राचीन डीएनए अनुसन्धान का नेतृत्त्व हार्वर्ड मेडिकल स्कूल के प्रोफ़ेसर डेविड राइक ने किया है। उनकी पुस्तक, उनके शोध आलेख और उनके साथ हुआ मेरा वैचारिक आदान-प्रदान हमारे प्रागैतिहास की मेरी यात्रा में निर्णायक मुक़ाम रहे हैं।

सेंटर फ़ॉर सेल्युलर ऐंड मॉलिक्युलर बायोलॉजी (सीसीएमबी), हैदराबाद के डॉ. कुमारस्वामी थंगराज अक्सर इनमें कुछ रिपोर्टों के सह-लेखक या सह-निर्देशक रहे थे और मुझे अपने इस काम के आरम्भिक दौर में उनसे सीसीएमबी में मिलने का सुअवसर प्राप्त हुआ था। थंगराज ने हिन्दुस्तान की आबादीपरक आनुवांशिकी पर कई प्रभावशाली शोध आलेखों का लेखन किया है।

इस पुस्तक को इसकी मौजूदा शक्ल देने में जिन चार लोगों ने प्रत्यक्ष या परोक्ष भूमिका निभाई है, वे विशेष उल्लेख के अधिकारी हैं : कर्नाटक विश्वविद्यालय के प्रोफ़ेसर रवि कोरिसेट्टर, जिन्होंने हिन्दुस्तान के प्रागैतिहास पर कुछ अत्यन्त महत्त्वपूर्ण काम किया है; आनुवांशिकीविद और इंडियन स्टेटिस्टिकल इंस्टीट्यूट, कोलकाता के लब्धप्रतिष्ठ प्रोफ़ेसर पार्थ मजूमदार; डेक्कन कॉलेज के निदेशक प्रोफ़ेसर वसन्त शिन्दे; और हड़प्पा के इतिहास पर केन्द्रित अनेक प्रसिद्ध पुस्तकों की लेखिका प्रोफ़ेसर शेरीन रत्नागर।

रत्नागर ने मेरे इस काम में हमेशा उत्सुक रुचि ली और अपनी आलोचना के मामले में साफ़गोई बरती। शिन्दे ने मुझे डेक्कन कॉलेज, पुणे के प्रभावशाली पुस्तकालय का उपयोग करने की अनुमति दी। जब मैंने भारत की आनुवांशिकी के इतिहास पर अपना शोध आरम्भ किया, तो इस विषय पर मजूमदार का काम मेरे लिए आँख खोल देने वाला साबित हुआ। कोरिसेट्टर ने आन्ध्र प्रदेश के करनूल ज़िले के ज्वालापुरम स्थल और कर्नाटक के बेल्लारी ज़िले के संगनकल्लू स्थल की मेरी यात्रा को संभव बनाया। ये दोनों वे स्थल हैं, जिनकी खुदाई उन्होंने की थी। कोरिसेट्टर अब बेल्लारी में एक संग्रहालय तैयार कर रहे हैं, जो पूरी तरह से प्रागैतिहास पर केन्द्रित होगा।

कर्नाटक और आन्ध्र प्रदेश के इन स्थलों जितना ही आकर्षक मेरे लिए पुरातत्त्वविद और प्रोफ़ेसर शान्ति पप्पू की चेन्नई के बाहरी हिस्से में स्थित उनकी प्रयोगशाला और उससे जुड़ा कार्यालय रहे। पप्पू और उनके लोगों का दशकों लम्बा काम उल्लेखनीय रूप से फलदायी रहा है।

जिन दो अन्य पुरातत्त्वविदों से मैं मिला, वे थे डेक्कन कॉलेज के पूर्व प्रोफ़ेसर के. पद्दैया, जिन्होंने अन्य स्थलों के साथ-साथ कर्नाटक की हुंस्गी-बेइचबल घाटी में खुदाई की थी; और डॉ. आर.एस. बिष्ट, जिन्होंने हिन्दुस्तान के सर्वाधिक महत्त्वपूर्ण हड़प्पाई स्थल धोलावीरा की खुदाई की थी।

इस पुस्तक के लेखन के दौरान निर्णायक मोड़ तब आया, जब जून 2017 में मैंने *द हिन्दू* में 'हाउ जनेटिक्स इज़ सेटलिंग द आर्यन माइग्रेशन डिबेट' शीर्षक से एक लेख लिखा था। दो लोग थे, जिन्होंने इस लेख को संभव बनाया था - इंग्लैंड की हडर्सफ़ील्ड यूनिवर्सिटी के प्रोफ़ेसर मार्टिन बी. रिचर्ड्स, और स्टैनफ़ोर्ड यूनिवर्सिटी के डॉ. पीटर अंडरहिल, जो वाई-क्रोमोज़ोम के विश्वस्तरीय विशेषज्ञ हैं। भारतीय उपमहाद्वीप के आनुवांशिक कालानुक्रम पर रिचर्ड्स के आलेख ने मुझे अतीत की खोजों को नई रोशनी में देखने का अवसर दिया। अंडरहिल ने आबादीपरक आनुवांशिकी के क्षेत्र की अनेक मौलिक खोजों की अगुआई की है। इन दोनों के उदारतापूर्ण सहयोग के लिए मैं इनका आभारी हूँ।

हार्वर्ड मेडिकल स्कूल से सम्बद्ध और 'द जीनोमिक फ़ॉर्मेशन ऑफ़ साउथ ऐंड सेंट्रल एशिया' के प्रमुख लेखक वागीश नरसिंहन इस क्षेत्र में हुए ताज़ा अनुसन्धानों की सूक्ष्मताओं और उनके अन्तरसंबंधों को समझने में मेरे लिए अत्यन्त सहायक रहे हैं। प्रिया मूर्जानी, जो अब कैलिफ़ोर्निया यूनिवर्सिटी से सम्बद्ध हैं, और जो हिन्दुस्तान में हुए आनुवांशिक सम्मिश्रण के काल-निर्धारण संबंधी अध्ययन की प्रमुख लेखिका हैं, अन्तर्दृष्टि का एक और स्रोत थीं।

दक्षिण और मध्य एशिया की जीनसामूहिक निर्मिति पर केन्द्रित आलेख के सह-लेखक, आनुवांशिकीविद डॉ. नीरज राय से मेरी मुलाक़ात लखनऊ में बीरबल साहनी इंस्टीट्यूट ऑफ़ पैलियोसाइंसेज़ में हुई थी, जहाँ वे एक ऐसी प्रयोगशाला तैयार कर रहे हैं, जिसमें प्राचीन डीएनए का विश्लेषण करने की क्षमता होगी। राय आज वे व्यक्ति हैं, जो हिन्दुस्तान में प्राचीन डीएनए शोध पर सर्वाधिक एकाग्रता के साथ काम कर रहे हैं।

जो भाषावैज्ञानिक इस पुस्तक के लिखे जाने में अत्यन्त महत्त्वपूर्ण रहे हैं, वे हैं प्रोफ़ेसर फ्रैंकलिन सी. साउथवर्थ और डॉ. डेविड डब्ल्यू. मैकाल्पिन। ये दोनों ही व्यक्ति दक्षिण एशियाई भाषाओं के विशेषज्ञ हैं। मैं हड़प्पावासियों पर इस पुस्तक का अध्याय उनके सहयोग के बिना न लिख सका होता। मैकाल्पिन ने द्रविड़ भाषाओं और इलेमाइट के बीच के रिश्ते पर अत्यन्त विशद आलेख लिखा है। उन्होंने द्रविड़ और इलेमाइट भाषाविज्ञान की बारीकियों और आनुवांशिकी संबंधी ताज़ा खोजों के प्रभाव पर चर्चा करने के लिए मुझे कई घण्टों का वक़्त दिया था।

सुप्रसिद्ध पुरातत्त्वविद प्रोफ़ेसर माइकल पेट्राग्लिया एक और वैज्ञानिक थे, जिनकी मुझे बहुत सारी और सामयिक मदद प्राप्त हुई थी। उनके साथ हुई बातचीत ने मुझे अरब के रास्ते अफ़्रीका से हुए निष्क्रमण को समझने में सक्षम बनाया।

इतिहासकार और प्रोफ़ेसर आर. चम्पकलक्ष्मी से मैं चेन्नई में मिला था। उन्होंने दक्षिण एशिया के इतिहास की बेहतर समझ हासिल करने में कृपापूर्वक सहायता की। तारा-भौतिकीविद और गहन सूझ से भरी पुस्तक *द वैदिक पीपल* के लेखक डॉ. राजेश कोचर और आनुवांशिकीविद डॉ. ज्ञानेश्वर चौबे उन कई लोगों में से हैं, जिनसे इस पुस्तक को लिखने के दौरान मुझे वार्तालाप करने का अवसर मिला।

यहाँ यह उल्लेख करना महत्त्वपूर्ण है कि मैं जिन लोगों से मिला, वे एक ही तरह की धारणा रखने वाले लोग नहीं थे। उनमें से बहुत-से लोग भारतीय प्रागैतिहास की केन्द्रीय बहस में विपरीत छोर पर रहे हैं। इसीलिए मुझे उन सबसे मिलना और बात करना और उनके तर्कों को सुनना अनिवार्य था।

उतना ही महत्त्वपूर्ण यह प्रतिवाद है : अगर इस पुस्तक में किसी तरह की त्रुटियाँ हुई हैं, तो मैं इसकी ज़िम्मेदारी का बोझ उन लोगों पर नहीं डालता, जिनसे मैं मिला, जिनसे मैंने बात की या इस पुस्तक को लिखते हुए जिन पर भरोसा किया है। अगर इसमें त्रुटियाँ हैं, तो उन सबके लिए मैं ही ज़िम्मेदार हूँ।

दो लोग हैं, जिनके साथ मैंने निकट सम्पर्क में रहते हुए एक दशक से भी ज़्यादा समय तक काम किया है और जिनका मैं अत्यन्त ऋणी हूँ, क्योंकि उन्होंने मेरे लेखकीय जीवन की मुश्किल घड़ियों में मुझे अपने अनुग्रह से नवाज़ा है : आनन्दबाज़ार पत्रिका समूह के पूर्व सम्पादक अवीक सरकार, और *बिज़नेस स्टैंडर्ड* के चेयरमैन टी.एन. निनान।

आरम्भिक भारतीय उन तीन प्रकाशनों का अत्यन्त ऋणी है, जिन्होंने पिछले कुछ वर्षों के दौरान इस विषय से संबंधित मेरे लेख प्रकाशित किए थे – *द हिन्दू, स्क्रोल* और *क्विण्ट*। मैं इनके सम्पादकों को धन्यवाद देता हूँ।

मैं नॉन-फ़िक्शन के सम्पादक पार्थ पी. मेहरोत्रा को भी धन्यवाद देता हूँ, जिनके विवेकपूर्ण पर्यवेक्षणों, धैर्य और उदारतापूर्ण व्यावसायिक रवैये ने इस क़िस्सागोई की गुणवत्ता में अपरिमित सुधार किया।

मैं प्रबन्ध सम्पादक जयश्री राम मोहन का, उनके बुद्धिमत्तापूर्ण हस्तक्षेपों के लिए कृतज्ञ हूँ। पुस्तक के जिस आवरण की वजह से आपने यह पुस्तक ख़रीदी है, उसका सारा श्रेय आर्ट डायरेक्टर गेविन मॉरिस को जाता है। पाण्डुलिपि के सम्पादक सिन्सी जोस की चौकन्नी निगाहों ने बहुत-सी ग़लतियाँ और असंगतियाँ पकड़ ली गईं। नक़्शानवीस मोहम्मद हसन ने दिलचस्प नक़्शे तैयार किए, जिनकी वजह से उम्मीद है कि पाठक इस क़िस्से को ज़्यादा आसानी-से समझ सकेंगे।

अन्त में उतना ही महत्त्वपूर्ण मेरा परिवार है।

मेरे दिवंगत पिता प्रोफ़ेसर के.एम. जोसेफ़ ने पुस्तकों और विचारों की दुनिया के प्रति मेरी आँखें खोली थीं।

इस पुस्तक के कुछ हिस्से उन कुछ महीनों के दौरान लिखे गए थे, जो मैंने केरल में बिताए थे। मेरी माँ चिन्नमा जोसेफ़, और मेरी बहन प्रोफ़ेसर थंकम्मा इमेन्युएल की वजह से मेरा वह प्रवास सुखद और मेरा लेखन सहज बना रह सका।

अगर मैं अपनी पत्नी शिबा का ज़िक्र नहीं करता हूँ, तो ये कृतज्ञता-ज्ञापन अधूरे होंगे। उसकी सहज सतर्कता और विचारों की स्पष्टता से मेरा लेखन दशकों से लाभान्वित होता रहा है। जब कभी उसने मेरा लिखा कोई प्रारूप पढ़ा है, तो उसने व्याकरण की अपनी सही समझ और तर्क का इस्तेमाल करते हुए उसके ऐसे कोनों की ओर रोशनी डाली है, जिनके वजूद के बारे में मैं कभी नहीं जानता था। यह इस विषय और इसके महत्त्व में उसकी निरन्तर दिलचस्पी ही थी, जिसकी वजह से यह पुस्तक उन वर्षों के दौरान भी जारी रह सकी, जब लगता था कि यह कभी पूरी नहीं हो पाएगी। उसने मेरी पाण्डुलिपि के पन्नों को, जो अन्तहीन समय दिया, उसके लिए मैं उसको धन्यवाद देता हूँ।

मेरी बेटी खेम्ता ने वे मुश्किल सवाल पूछकर अपनी भूमिका निभाई, जिनके जवाब मैंने इस पुस्तक के साथ देने की कोशिश की है।

Bibliography

Anthony, David W. *The Horse, the Wheel and Language: How Bronze-Age Riders from the Eurasian Steppes Shaped the Modern World*. Princeton University Press, 2007.

Bellwood, Peter. *First Farmers: The Origins of Agricultural Societies*. Blackwell Publishing, 2005.

——. *First Migrants: Ancient Migration in Global Perspective*. Wiley Blackwell, 2013.

Bellwood, Peter, ed. *The Global Prehistory of Human Migration*. John Wiley & Sons, 2013.

Bisht, R.S. *Excavations at Dholavira: 1989–90 to 2004–05*. Archaeological Survey of India, 2015.

Bronkhorst, Johannes. *Greater Magadha: Studies in the Culture of Early India*. Brill, 2007.

Bronkhorst, Johannes, and Madhav M. Deshpande. *Aryan and Non-Aryan in South Asia: Evidence, Interpretation and Ideology*. Manohar Publishers & Distributors, 2012.

Bryant, Edwin F., and Laurie L. Patton, ed. *The Indo-Aryan Controversy: Evidence and Inference in Indian History*. Routledge, 2005.

Cavalli-Sforza, L. Luca, Paolo Menozzi, and Alberto Piazza. *The History and Geography of Human Genes*. Princeton University Press, 1994.

Childe, Gordon V. *Man Makes Himself.* New American Library, 1951.
——. *The Urban Revolution.* Town Planning Review. Liverpool University Press, 1950.
——. *What Happened in History.* Puffin, 1985/1942.
Danino, Michel. *The Lost River: On the Trail of the Sarasvati.* Penguin Books, 2010.
Gimbutas, Marija. *The Prehistory of Eastern Europe, Part One: Mesolithic, Neolithic and Copper Age Cultures in Russia and the Baltic Area.* American School of Prehistoric Research, Harvard University, Peabody Museum, 1956.
Harari, Yuval Noah. *Sapiens: A Brief History of Humankind.* Penguin Random House, 2015.
Joan, Aruz, ed., with Ronald Wallenfels. *Art of the First Cities: The Third Millennium BC from the Mediterranean to the Indus.* Metropolitan Museum of Art, 2003.
Kochhar, Rajesh. *The Vedic People: Their History and Geography.* Orient Blackswan, 2000.
Korisettar, Ravi, ed. *Beyond Stones and More Stones.* Mythic Society, 2017.
Krishnamurti, Bhadriraju. *The Dravidian Languages.* Cambridge University Press, 1998.
Kuz'mina, Elena E. *The Origin of the Indo-Iranians,* edited by J.P. Mallory. Koninklijke Brill NV, 2007.
Lal, B.B. *The Rigvedic People: Invaders, Immigrants or Indigenous? Evidence of Archaeology and Literature.* Aryan Books International, 2015.
——. *The Sarasvati Flows On: The Continuity of Indian Culture.* Aryan Books International, 2002.
Lal, Pranay. *Indica: A Deep Natural History of the Indian Subcontinent.* Penguin Random House India, 2016.
Liverani, Mario. *Uruk: The First City.* Equinox Publishing Ltd, 2016.
Mallory, J.P. *In Search of the Indo-Europeans: Language, Archaeology and Myth.* Thames & Hudson, 1991.
Oppenheimer, Stephen. *Out of Eden: The Peopling of the World.* Constable & Robinson Ltd, 2004.

Ostler, Nicholas. *Empires of the Word: A Language History of the World*. HarperCollins Publishers, 2005.

Parpola, Asko. *The Roots of Hinduism: The Early Aryans and the Indus Civilization*. Oxford University Press, 2015.

Petraglia, Michael, and Bridget Allchin, eds. *The Evolution and History of Human Populations in South Asia*. Vertebrate Paleobiology and Paleoanthropology Series, edited by Eric Delson. Springer, 2007.

Pollock, Sheldon. *The Language of Gods in the World of Men*. Permanent Black, 2006.

Possehl, Gregory L. *The Indus Civilization: A Contemporary Perspective*. Altamira Press, 2002.

Ratnagar, Shereen.*The End of the Great Harappan Tradition*. Manohar Publishers & Distributors, 2000.

——. *Understanding Harappa: Civilization in the Greater Indus Valley*. Tulika Books, 2001.

Reich, David. *Who We Are and How We Got Here: Ancient DNA and the New Science of the Human Past*. Oxford University Press, 2018.

Renfrew, Colin. *Prehistory: Making of the Human Mind*. Weidenfeld & Nicolson, 2007.

Roberts, Alice. *The Incredible Human Journey: The Story of How We Colonised the Planet*. Bloomsbury Publishing, 2009.

Shulman, David. *Tamil: A Biography*. Harvard College, 2016.

Singh, Upinder. *A History of Ancient and Early Medieval India: From the Stone Age to the 12th Century*. Dorling Kindersley India Pvt. Ltd, 2009.

Southworth, Franklin C. *Linguistic Archaeology of South Asia*. RoutledgeCurzon, 2005.

Thapar, Romila. *The Past as Present: Forging Contemporary Identities through History*. Aleph Book Company, 2014.

——. *The Penguin History of Early India: From the Origins to AD 1300*. Penguin Books India, 2003.

Wells, Spencer. *The Journey of Man: A Genetic Odyssey*. Penguin Books, 2002.

Journal articles and scientific papers

Akhilesh, Kumar, et al. 'Early Middle Palaeolithic Culture in India around 385 to 172 ka Reframes Out of Africa Models'. *Nature*, 2018..

Allentoft, Morten E., et al. 'Population Genomics of Bronze Age Eurasia'. *Nature*, June 2015.

Basu, Analabha, Neeta Sarkar-Roy, and Partha P. Majumder. 'Genomic Reconstruction of the History of Extant Populations of India Reveals Five Distinct Ancestral Components and a Complex Structure'. *PNAS*, February 2016.

Bates, J., C.A. Petrie, and R.N. Singh. 'Approaching Rice Domestication in South Asia: New Evidence from Indus Settlements in Northern India'. *Journal of Archaeological Science*, February 2017.

Bednarik, Robert G. 'Palaeolithic Art in India'. *Man and Environment*, January 1993.

Belfer-Cohen, Anna, and Nigel A. Goring-Morris. 'Becoming Farmers: The Inside Story'. *Current Anthropology*, October 2011.

Boivin, Nicole, et al. 'First Farmers in South India: The Role of Internal Processes and External Influences in the Emergence and Transformation of South India's Earliest Settled Societies'. Paper presented at the 'International Seminar on the First Farmers in Global Perspective' in Lucknow, 2006. Published in *Pragdhara* 18.

Clarkson, Chris, et al. 'Human Occupation of Northern Australia by 65,000 Years Ago'. *Nature*, July 2017.

Constantini, Lorenzo. 'The First Farmers in Western Pakistan: The Evidence of the Neolithic Agro-pastoral Settlement of Mehrgarh'. Paper presented at the 'International Seminar on First Farmers in Global Perspective' in Lucknow, January 2006. Published in *Pragdhara* 18.

Daly, Kevin G., et al. 'Ancient Goat Genomes Reveal Mosaic Domestication in the Fertile Crescent'. *Science*, July 2018.

Damgaard, Peter de Barros, et al. 'The First Horse Herders and the Impact of Early Bronze Age Steppe Expansions into Asia'. *Science*, May 2018.

During Caspers, Elisabeth C.L. 'Sumer, Coastal Arabia and the Indus Valley in Protoliterate and Early Dynastic Eras: Supporting Evidence for a Cultural Linkage'. *Journal of the Economic and Social History of the Orient*, 22(2), 1979.

Fuller, Dorian Q. 'Agricultural Origins and Frontiers in South Asia: A Working Synthesis'. Institute of Archaeology, University College of London, 2006.

——. 'Ashmounds and Hilltop Villages: The Search for Early Agriculture in Southern India'. *Archaeology International*, November 2000.

Gallego-Llorente, M., et al. 'The Genetics of an Early Neolithic Pastoralist from the Zagros, Iran'. *Scientific Reports*, May 2016.

Giosan, Liviu, et al. 'Fluvial Landscapes of the Harappan Civilization'. *PNAS*, 2012.

Goring-Morris, Nigel A., and Anna Belfer-Cohen. 'Neolithization Processes in the Levant: The Outer Envelope'. *Current Anthropology*, October 2011.

Gyaneshwer, Chaubey, et al. 'Population Genetic Structure in Indian Austroasiatic Speakers: The Role of Landscape Barriers and Sex-specific Admixture'. *Molecular Biology and Evolution*, February 2011.

Haak, Wolfgang, et al. 'Massive Migration from the Steppe Was a Source for Indo-European Languages in Europe'. *Nature*, June 2015.

Jarrige, Jean-François. 'Mehrgarh Neolithic'. Paper presented at the 'International Seminar on First Farmers in Global Perspective' in Lucknow, 2006. Published in *Pragdhara* 18.

Joseph, Tony. 'How Genetics Is Settling the Aryan Migration Debate'. *The Hindu*, 16 June 2017.

——. 'How We the Indians Came to Be'. *Quint*, 2 April 2018.

——. 'Who Built the Indus Valley Civilization?' *The Hindu*, 23 December 2017.

——. 'Who Were the First Settlers of India'. *The Hindu*, 5 September 2017.

Karmin, Monica, et al. 'A Recent Bottleneck of Y Chromosome Diversity Coincides with a Global Change in Culture'. *Genome Research*, April 2015.

Kenoyer, Jonathan Mark. 'Changing Perspectives of the Indus Civilization: New Discoveries and Challenges'. *Puratattva*, 2011.

——. 'The Harappan State: Was It or Wasn't It?' *Wisconsin Archaeological Reports*, Volume 3, 1994.

Kristiansen, Kristian, et al. 'Re-theorising Mobility and Formation of Culture and Language among the Corded Ware Culture in Europe'. *Antiquity*, April 2017.

Laziridis, Iosif, et al. 'Genomic Insights into the Origin of Farming in the Ancient Near East'. *Nature*, August 2016.

Librado, Pablo, et al. 'The Evolutionary Origin and Genetic Makeup of Domestic Horses'. *Genetics*, October 2016.

Lipson, Mark et al. 'Ancient Genomes Document Multiple Waves of Migration in Southeast Asia Prehistory'. *Science*, 2018.

Madella, Marco, and Dorian Q. Fuller. 'Palaeoecology and the Harappan Civilization of South Asia: A Reconsideration'. *Quaternary Science Reviews*, 2006.

Mahadevan, Iravatham. 'Dravidian Proof of the Indus Script via the Rigveda: A Case Study'. Indus Research Centre, Roja Muthiah Research Library, 2014.

——. 'Early Tamil Epigraphy: From the Earliest Times to the Sixth Century CE'. Central Institute of Classical Tamil, 2014.

——. 'How Did the Great God Get a Blue Neck? A Bilingual Clue to the Indus Script'. *Journal of Tamil Studies*, December 2008.

——. 'Indus Fish Swam in the Great Bath: A New Solution to an Old Riddle'. Indus Research Centre, Roja Muthiah Research Library, August 2011.

——. 'Interpreting the Indus Script: The Dravidian Solution'. Convocation address at the Dravidian University, Kuppam, Andhra Pradesh, February 2015.

Majumder, Partha P. 'The Human Genetic History of South Asia'. *Current Biology*, February 2010.

——. 'Understanding the Aryan Debate: Population Genetics Concepts and Frameworks'. *Current Science*, March 2018.

Majumder, Partha P., and Analabha Basu. 'A Genomic View of the Peopling and Population Structure of India.' *Cold Spring Harbor Perspectives in Biology*, 2015.

Mathieson, Iain, et al. 'Genome-wide Patterns of Selection in 230 Ancient Eurasians'. *Nature*, 2015.

McAlpin, David W. 'Brahui and the Zagrosian Hypothesis'. *Journal of the American Oriental Society*, July 2015.

——. 'Proto-Elamo-Dravidian: The Evidence and Its Implications'. *Transactions of the American Philosophical Society*, 1981.

McColl, Hugh, et al. 'Ancient Genomics Reveals Four Prehistoric Migration Waves into Southeast Asia'. bioRxiv, 2018.

Mellars, Paul, et al. 'Genetic and Archaeological Perspectives on the Initial Modern Human Colonization of Southern Asia'. *PNAS*, 2013.

Mendizabel, I., et al. 'Reconstructing the Indian Origin and Dispersal of the European Roma: A Maternal Genetic Perspective'. *PLOS One*, January 2011.

Misra, V.N. 'Indus Civilization and the Rgvedic Sarasvati'. Proceedings of the 'Twelfth International Conference of the European Association of South Asian Archaeologists' held in Helsinki University, 5–9 July 1993. Suomalainen Tiedeakatemia, 1994.

——. 'The Role of the Rgvedic Sarasvati in the Rise, Growth and Decline of the Indus Civilization'. Annals of the Bhandarkar Oriental Research Institute, 2011. Speech delivered at the Bhandarkar Oriental Research Institute in Pune, 27 August 1998.

Mishra, Sheila, Naveen Chauhan, and Ashok K. Singhvi. 'Continuity of Microblade Technology in the Indian Subcontinent since 45 ka: Implications for the Dispersal of Modern Humans'. *PLOS One*, July 2013.

Moorjani, Priya, et al. 'Genetic Evidence for Recent Population Mixture in India'. *American Journal of Human Genetics*, September 2013.

Narasimhan, Vagheesh, et al. 'The Genomic Formation of South and Central Asia'. bioRxiv, March 2018.

Pagani, Luca, et al. 'An Ethnolinguistic and Genetic Perspective on the Origins of the Dravidian-Speaking Brahui in Pakistan'. *Man in India*, 2017.

Palanichamy, Malliya Gounder, et al. 'West Eurasian mtDNA Lineages in India: An Insight into the Spread of Dravidian Language and the Origins of the Caste System'. *Human Genetics*, March 2015.

Parpola, Asko. 'A Dravidian Solution to the Indus Script Problem'. Kalaignar M. Karunanidhi Classical Tamil Research Endowment Lecture delivered at the World Classical Tamil Conference, Central Institute of Classical Tamil, 25 June 2010.

——. 'Study of the Indus Script'. Paper read at the '50th ICES' Tokyo Session, 19 May 2005.

Petraglia, Michael, et al. 'Population Increase and Environmental Deterioration Correspond with Microlithic Innovations in South Asia ca. 35,000 Years Ago'. *PNAS*, July 2009.

Pickrell, Joseph K., and David Reich. 'Toward a New History and Geography of Human Genes Informed by Ancient DNA'. *Trends in Genetics*, September 2014.

Poznik, David G., et al. 'Punctuated Bursts in Human Male Demography Inferred from 1,244 Worldwide Y-Chromosome Sequences'. *Nature Genetics*, 2016.

Raikes, Robert. 'Kalibangan: Death from Natural Causes'. *Antiquity*, December 1968.

Rasmussen, Simon, et al. 'Early Divergent Strains of *Yersinia pestis* in Eurasia 5000 Years Ago'. *Cell*, October 2015.

Reich, David, et al. 'Reconstructing Indian Population History'. *Nature*, September 2009.

Robert, Patrick, Nicole Boivin, and Michael Petraglia. 'The Sri Lankan "Microlithic" Tradition c. 38,000 to 3,000 Years Ago: Tropical Technologies and Adaptations of *Homo sapiens* at the Southern Edge of Asia'. *Journal of World Prehistory*, June 2015.

Romero, Irene Gallego, et al. 'Herders of Indian and European Cattle Share Their Predominant Allele for Lactase Persistence'. *Molecular Biology and Evolution*, 2012.

Sengupta, Sanghamitra, et al. 'Polarity and Temporality of High Resolution Y-Chromosome Distributions in India Identify Both Indigenous and Exogenous Expansions and Reveal Minor Genetic Influence of Central Asian Pastoralists'. *American Journal of Human Genetics*, February 2006.

Silva, Marina, et al. 'A Genetic Chronology for the Indian Subcontinent Points to Heavily Sex-biased Dispersals'. *BMC Evolutionary Biology*, 2017.

Singh, Ajit, et al. 'Counter-intuitive Influence of Himalayan River Morphodynamics on Indus Civilisation Urban Settlements'. *Nature Communications*, 2017.

Southworth, Franklin C., and David W. McAlpin. 'South Asia: Dravidian Linguistic History'. In *Encyclopedia of Global Human Migration*, Blackwell Publishing Ltd, 2013.

Tewari, Rakesh, et al. 'Early Farming at Lahuradewa'. Paper presented at the 'International Seminar on First Farmers in the Global Perspective' in Lucknow, January 2006. Published in *Pragdhara* 18.

Thakur, B., A. Saxena, and I.B. Singh. 'Paddy Cultivation During Early Holocene: Evidence from Diatoms in Lahuradewa Lake Sediments, Ganga Plain'. *Current Science*, June 2018.

Thangaraj, Kumarasamy, et al. 'In Situ Origin of Deep Rooting Lineages of Mitochondrial Macrohaplogroup M in India'. *BMC Genomics*, June 2006.

Thangaraj, Kumarasamy, et al. 'Reconstructing the Origin of Andaman Islanders'. *Science*, May 2005.

Underhill, Peter, et al. 'The Phylogenetic and Geographic Structure of Y-Chromosome Haplogroup R1a'. *European Journal of Human Genetics*, January 2015.

Wang, Wensheng, et al. 'Genomic Variation in 3,010 Diverse Accessions of Asian Cultivated Rice'. *Nature*, 2018.

Warmuth, Vera, et al. 'Reconstructing the Origin and Spread of Horse Domestication in the Eurasian Steppe'. *PNAS*, May 2012.

Westaway, K.E., et al. 'An Early Modern Human Presence in Sumatra 73,000 to 63,000 Years Ago'. *Nature*, August 2017.

Witzel, Michael. 'Autochthonous Aryans? The Evidence from Old Indian and Iranian Texts'. *Electronic Journal of Vedic Studies* 7-3 (EJVS), 2001.

——. 'The Languages of Harappa'. February 2000. www.people.fas.harvard.edu/~witzel/IndusLang.pdf

Zeder, Melinda. 'The Origins of Agriculture in the Near East'. *Current Anthropology*, October 2011.

अनुवादक के बारे में

मदन सोनी हिन्दी के लेखक हैं, जो मुख्यतः साहित्यालोचना के क्षेत्र में सक्रिय हैं। आलोचना पर केन्द्रित उनकी अनेक पुस्तकें प्रकाशित हो चुकी हैं। उन्होंने विश्व के कई शीर्षस्थ लेखकों और चिन्तकों की रचनाओं के अनुवाद किए हैं, जिनमें शेक्सपियर, लोर्का, नीत्शे, एडवर्ड बॉण्ड, मार्ग्रेट ड्यूरास, ज़ाक देरीदा, एडवर्ड सईद, उम्बर्तो एको *(द नेम ऑफ़ द रोज़)*, जेम्स डब्ल्यू. डॅगलस की पुस्तक *गाँधी* और *अकथनीय* आदि शामिल हैं। मंजुल प्रकाशन के लिए उनके द्वारा किए गए अनुवादों में हरमन हेस्स का उपन्यास *सिद्धार्थ*, विश्व के प्रसिद्ध लेखकों की कहानियों का संचयन *चुग़लख़ोर दिल* और अन्य कहानियाँ, डैन ब्राउन का उपन्यास *दि दा विंची कोड*, युवाल नोआ हरारी की पुस्तकें *सेपियन्स : मानव-जाति का संक्षिप्त इतिहास*, *होमो डेयस* और *21वीं सदी के लिए 21 सबक़*, प्रमोद कपूर की पुस्तक *गाँधी : एक सचित्र जीवनी*, शीला रेड्डी की पुस्तक *मिस्टर ऐंड मिसेस जिन्ना* और एस. हुसैन ज़ैदी की पुस्तक *डोंगरी से दुबई* तक आदि शामिल हैं।

भोपाल स्थित राष्ट्रीय कला-केन्द्र भारत भवन के मुख्य प्रशासनिक अधिकारी के पद से सेवा-निवृत्त सोनी को अनेक सम्मान और पुरस्कार प्राप्त हुए हैं, जिनमें मानव संसाधन विकास मन्त्रालय, संस्कृति विभाग की वरिष्ठ अध्ययन-वृत्ति और रज़ा फ़ाउण्डेशन पुरस्कार शामिल हैं। वे नान्त (फ़्रांस) के उच्च अध्ययन संस्थान के फ़ैलो भी रहे हैं। उनसे madansoni12@gmail.com पर सम्पर्क किया जा सकता है।

www.ingramcontent.com/pod-product-compliance
Lightning Source LLC
LaVergne TN
LVHW040428051026
849517LV00002B/513
* 9 7 8 9 3 9 0 0 8 5 0 8 8 *